SIR B. H. LIDDELL HART
李德哈特
張和聲——譯

戰敗者的觀點

THE OTHER SIDE OF THE HILL

Germany's Generals, Their Rise and Fall, with Their Own Account of Military Events, 1939-45

全新典藏版

尊重戰敗者，洞悉你的競爭對手
軍事戰略大師「李德哈特」必讀經典

To

MY SON, ADRIAN

and

to all who helped

in this effort to be of service to history

目次

PART III 德將觀點

二戰初期歐洲戰事

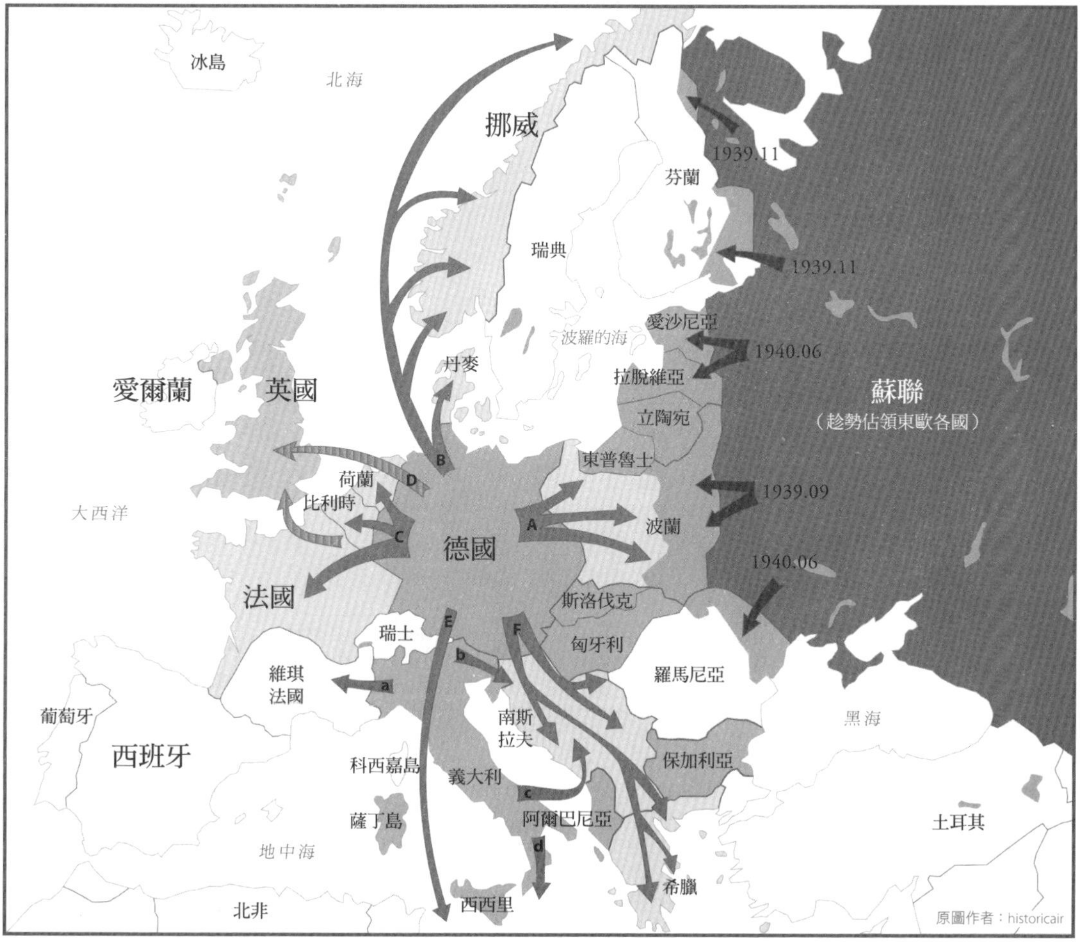

德國攻勢——

A 1939.09 波蘭戰役

B 1940.04 挪威、丹麥戰役

C 1940.05 法蘭西戰役

D 1940.08 不列顛空戰

E 1940.12 北非戰役

F 1941.04 巴爾幹戰役

義大利攻勢——

a 1940.05 維琪法國

b 1940.06 南斯拉夫

c 1940.09 希臘

d 1940.10 北非

打敗波蘭後，德軍在華沙勝利遊行。(NARA)

1933 年，希特勒從總統興登堡手中接過組閣權，德國從此邁向戰爭之路。(Bundesarchiv)

軸心聯盟，希特勒與墨索里尼 1940 年 6 月在德國慕尼黑留影。(NARA)

1940年，法國淪陷，雷諾 FT-17 戰車成了德軍嬉鬧的「玩具」。(NARA)

部分未能及時撤出敦克爾克的英法聯軍。(NARA)

巴黎陷落，希特勒參觀他的「戰利品」。德軍原本以為戰爭已經結束了，無法解編返國讓基層士氣低落。(NARA)

1941 年，攻擊蘇聯的「巴巴羅沙」作戰，德軍勢如破竹。(NARA)

法國諾曼第的德國守軍，德國高層不斷猜測盟軍反攻登陸地點會在哪裡。(NARA)

美國第八航空軍大規模轟炸，把戰火帶到德國本土。(NARA)

戰爭對投降的人來說已經結束了，戰俘用自己的小刀切割食物，美軍對他們的管理似乎較為鬆散。(NARA)

投降的高階軍官在美軍後送軍艦上談笑風生，他們可以在英國的戰俘營渡過剩下的戰爭歲月。(NARA)

德軍戰俘齊步走下美軍 LST 戰車登陸艦。(NARA)

擊毀的四號戰車，這款德軍主力戰車在各個戰場建立不少戰功。(NARA)

情報人員研究德軍遺留下來的兵棋沙盤，了解後者如何做防守部署。(NARA)

戰火使德國城市面目全非，民眾遭受不必要的懲罰。

凱特爾元帥代表德軍簽署投降書。(NARA)

德軍將領群像

塞克特

布倫堡

克魯格

凱特爾

曼斯坦

布勞齊區

隆美爾

古德林

托馬

圖片來源：Bundesarchiv

初版序言

收錄克洛克（John Wilson Croker）的通信與日記（The Croker papers : the correspondence and diaries of the late Right Honourable John Wilson Croker, secretary to the admiralty from 1809 to 1830）的文集記述著這麼一個故事。[1] 克洛克和威靈頓公爵在旅途中，經常以猜測每座山的那一邊的地形來消磨時光。威靈頓屢屢猜中，克羅克大感驚訝，公爵答道：「你知道為什麼嗎？為了猜測山另一邊的情況，我付出了一生的精力。」

威靈頓公爵「山的那一邊」這句話後來被延用到軍事上，也就是擁有更為寬廣的感知能力，從而知道「山的那一邊」正在發生什麼事情，了解對手究竟在想些什麼。這是將官在推斷時應當具備的想像力，也成了情報功能的代名詞。

二戰結束後，我有幸到「山的那一邊」去探險，為英國外交部政治情報組（ＰＩＤ）做的某些工作，使我在一段不短的時間內可以和德軍將領接觸。多次的交談後，我適時收集戰事的證據，否則這些證據將隨著記憶的衰退而湮滅，或因事後的顧慮而變色。

研究德軍將領，傾聽他們的陳述，有助於加深對二戰的理解，這些將領並非都如人們印象中那種典型的普魯士軍人。倫德斯特庶幾近之，然而他謙恭有禮，舉止得體，且富幽默感，

1 編註：克洛克當時任職於英國海軍部秘書長。

這顛覆了世人對他們的印象。倫德斯特身陷囹圄卻從不怨天尤人，對種種嚴酷的待遇泰然處之，不失軍人的尊嚴，使大多數與他接觸過的英國軍人肅然起敬，而虐待戰俘未必能讓勝利者臉上增光。青壯的德軍將領憑藉納粹的寵信才身居高位，他們盛氣凌人，狂暴粗野，與倫德斯特形成鮮明的對比。然而絕大多數德國軍人與上述兩類不同，前者並不那麼頤指氣使咄咄逼人，他們本應當個銀行經理或工程師的。

他們實質上是專注於軍事專業的技術專才，對專業領域以外的事情知之甚少。所以不難看出希特勒是如何蒙蔽他們、操控他們，將他們當成便利的工具以售其奸。

瞭解一些戰前的軍事狀況有助於我們釐清他們的證言，這不僅可以省時間，也能消除那些在戰爭行將結束時曾廣泛流傳的誤解。那些誤解認為，如同一九一八之前，德軍參謀本部對於侵略戰爭負有關鍵性責任，紐倫堡大審也多少受到這種觀點的影響。德國有軍人參與反抗運動，長期以來一直密謀要推翻希特勒，但由於上述偏見，使得英美政府未能對他們做出即時而有效的協助。

對於那些能夠客觀了解在兩次大戰之間的德國軍隊的人來說，要指說德國參謀本部具備影響力的這種陳舊觀念是不合時宜的。但傳言依然為人們所信，幻覺又是如此地冥頑難消。其不幸的後果便是延遲了希特勒的倒台，本來戰爭可能在提前幾個月甚至早幾年就結束。歐洲直到戰後才開始明白因此誤解所產生的惡果。

在我最初研究二戰戰史時，不少富有歷史使命的人士提供了幫助，在此謹向他們致謝。尤其要感謝金斯頓（F. S Kingston）上尉，他精通德語，善解人意，為我與德軍將領的交談提供了極大的便利。與此同時，我還得感謝在「山的那一邊」的人士，感謝他們為此項研究所作的貢獻，感謝他們之中大多數人在討論歷史事件時所持有的客觀態度。下述人士在本書尚未定稿時曾提供頗有價值的意見，在此一併致謝。他們是：少將珀西・霍巴特爵士（Sir Percy

Hobart）、賈斯特·威爾莫特（Chester Wilmot）、艾特金森（G. R Atkinson）和德斯蒙德·弗勞爾（Desmind Flower）。

迪爾福德寓所

迪爾福德

一九四八年一月

增修版序言

本書的初版是根據五年前（編註：一九四四年至一九四五年間），我與被俘虜沒有多久的德軍將領對談時收集的資料撰寫而成的。自那以後，我又收集了大量新的素材，其中很多的內容是來自其他我在一九四五年之前尚未有機會接觸到的德軍將領。同時，我也查閱相關的檔案資料，以對新素材進行查核。這個版本就是修訂和增加新內容的成果。

本書第二和第三部分，相關歷史證詞是取自德軍將領的親自口述，除修訂了初版大部分的內容，還新增三個章節。第一部分是筆者對戰事和人物的概述，沒作多少修訂，只是新增一章獨立討論古德林。雖然一九四〇年時的古德林，並非舉足輕重的幹部，但他卻是德軍屢傳捷報的關鍵人物。

儘管已對拙著進行了充分地修正，但筆者仍不敢言自己是在「撰寫歷史」。撰寫二戰史的時機尚未成熟，只有在資料更為齊全的條件下才可能做到這一點。[2]拙著旨在以清晰易讀的形式，為民眾提供二戰史上一些不可或缺的重要讀本。要撰寫如此大規模戰爭的歷史，對另一方的材料收集非常重要。如果只是從「山的這一邊」來看待這場戰爭，不僅眼光會受到侷限，歷史真相也難免會受到歪曲。

當我數年前研究第一次世界大戰歷史時，就有著深刻的教訓。僅就戰事而言，若對敵方的意圖、決策、資源和戰略漠然無知，那麼你對任何戰役或作戰的描述必然失真。所以二戰一結束，我馬上抓緊時機，藉由親自訊問德軍將領的機會，到「山的那一邊」去調查，因為此時他們對戰事的記憶尚比較清晰，對戰爭的印象也還沒受到戰後各種見聞和思潮的影響。

許多盟軍將領都已經出版戰時回憶錄，德軍將領最終無疑也會這麼做。德軍將領因戰後長期的身陷囹圄，自由受到種種限制，他們回憶錄的出版肯定會有所延遲，有些至今尚未問世。就史料的出版而言，這無疑是一大缺憾。從另一方面看，自傳的作者往往將自身利益和一己名聲看得比歷史的真實性更重。任何國家的政治家和將領在有利於自己的時機和方式編纂回憶錄時，往往對本身的行為會刻意掩護，對歷史的曲解莫此為甚。所以最好能及時對當事人進行查證，並將他們的陳述與有關資料反覆核實，這樣才能更好地還原真實的歷史。

我對被俘德軍將領詢問各種不同的問題，盡可能客觀地將他們的回答收集起來，刪繁就簡，取其精華編纂成書。如果要把那些原始材料全部納入，不僅卷帙浩瀚，也讓讀者感到頭緒紛繁，因為在探索真相的時候，要擊穿「防線」，最好的辦法就是經常改變切入的方式。任何一個有經驗的審訊人員都知道，以時斷時續、聲東擊西的審訊方式，最易問出不為人知的事實真相。平心而論，在遇到棘手的問題時，這個方法屢試不爽。部份證言能夠經由繳獲的檔案文件證實他們所言不假，也因此揭露不少歷史真相，讓我得以修正之前的一些刻板看法。

德軍將領個人的誠信和所提供的證詞準確性因人而異，這種現象並不意外。但就我個人的經歷而言，在談及軍事問題時（亦是本書探究的主題），德軍將領要比其他人更為客觀。儘管他們的結論往往如啤酒上的泡沫那樣淺薄，但之中許多人對事實的精準度卻非常地在意。一九四四年參與密謀推翻希特勒的一些德軍將領，就是因為執著於精準和詳細記錄的習慣而暴

2 編註：李德哈特生前最後一本作品，《第二次世界大戰戰史》花了作者 22 年時間收集資料和撰寫，並在他身後才由李德哈特夫人於 1970 年安排出版。

光，最後賠上了性命。如從歷史學的角度來看，這種執著卻具有非常高的價值。

與此同時，我盡可能對從每一個將領對話中收集到的資料做多方的查核。本書有關他們的陳述，大部分內容都經過反覆查驗。如果有另一方的說法不同於我所收集到的部份，書中均會另作說明。

德軍將領自然有意為他們參與希特勒侵略行為找出種種藉口，當然也並非全無理由。在這一點上，我要比紐倫堡大審時的公訴人更瞭解戰前的情況。我著手戰後研究時，也非常清楚他們那些先入之見的錯謬所在。

作為一個軍事記者，在兩次世界大戰之間，我一直十分關注歐洲事態的演變，尤其是德國方面的種種態勢。對我來說，與他們保持直接或間接的聯繫並不是一件難事，因為我的軍事著作在德國也有不少讀者，有些德軍要員曾親自把我的著作譯成德語。

大多數閱覽過敝人戰前作品的讀者都知道，我曾就納粹的威脅發出過警示，並堅決反對「綏靖」政策。早在希特勒掌權之前，我就曾指出種種不祥之兆。那時我也十分清楚，與德皇時代相比，德軍參謀本部對希特勒的影響微乎其微，對於希特勒的侵略計畫，參謀本部的角色與其說是慫恿，我更傾向於是抑制。

這一事實能夠從繳獲的檔案證實。戈培爾的日記也使這一點更為明瞭，他在日記中大肆詆毀德軍將領，指責他們一直以來與希特勒和納粹信念作對。

一方面，盟軍要求德國要無條件投降；另一方面，希特勒對軍隊卻仍具有相當的蠱惑能力，加上暴君的警察和情報系統的嚴密控制。而作為愛國者，德軍將領又急於保全自己的國家，這使他們處於兩難的困境。對此，現在應該可以有更深刻的理解。我在書中對他們的「盲目」有所批評，但是我也不得不懷疑，在同樣的情況下，要推翻這樣一個政權，其他國家的將領能否做得更好？

儘管德軍將領屈從於希特勒，但他們在部隊盡力保持軍人的尊嚴，與納粹的觀念時常發生衝突，能做到這一點堪稱難能可貴，許多盟軍的戰俘也曾為此作證。戰爭期間，我曾走訪法國、比利時和荷蘭，經常有些堅定的反納粹份子向我表明，大致上那些佔領任務為主的正規軍舉止不但與親衛隊有別，甚至比前來解放自己的盟軍部隊表現得更好。如此口碑應當歸功於某些德軍將領的舉止，尤其是倫德斯特。

德軍將領理當受到指責的，應該是他們對納粹的胡作非為置若罔聞。即使那盡是些將領們不願做的壞事，雖然也有一些例外，但大部分人還是缺乏勇氣挺身去表達抗議。然而，若不是將官對希特勒的狂暴意圖巧妙地不予以執行，或至少七折八扣，希特勒那些野蠻的命令將導致更嚴重的暴行，淪陷國家將蒙受更深重的苦難。

反抗惡行的道德勇氣並非是任何軍隊都具有的共通性。我曾遇到許多盟軍的將領，他們私下對盟軍非人道的轟炸表示遺憾，並說那是在恐嚇平民，但是我從未見有人膽敢就此公開或正式表示抗議。他們通常也對盟軍的「野蠻行為」視而不見，他們若提出抗議，其代價頂多不過是仕途受挫，而不會像德軍將領那樣有性命之虞。

伍爾沃頓公園
白金漢郡
一九五〇年六月

PART I

希特勒和他的將領
HILTER'S GENERALS

內部矛盾造成的分裂 | 塞克特重整德軍 | 布倫堡和傅利奇時期
布勞齊區和哈爾德時期 | 旗開得勝全靠古德林 | 烈陽下的軍人——隆美爾
時運不濟的將領 | 永遠的老兵——倫德斯特

第一章　內部矛盾造成的分裂

戰時發生的一切在當時看來和在戰後往往迥然不同，戰後通常可以看得更清楚。領導人物的形象變化之大尤其如此。領袖的公眾形象在戰時常常失真，而且隨著勝負的潮起潮落而浮沉。

戰前，尤其是一度征服西方之時，希特勒形同巨人，他身兼拿破崙的戰略、馬基維里的狡詐和穆罕默德的激情。德軍第一次在俄國受挫，希特勒的形象就開始褪色。至二戰行將結束時，希特勒被視為不懂軍事的魯莽漢，他那些瘋狂的命令和愚笨無知大大成全了同盟國的勝利。德軍的一切災難均歸咎於希特勒，德軍的一切成就則歸功於德軍參謀本部。

對希特勒的這種描述顯然是不真實的，盡管其中也不乏某些真實之處。希特勒決非一個愚蠢的戰略家，恰恰相反，他聰明過人，當然他也逃不脫聰明反被聰明誤的命運。

他擅長出其不意，在戰略心理方面堪稱大師，並將戰略心理學提升到一個新的高度。早在戰前，他就曾告訴同夥如何在挪威發動大膽的突襲，一舉佔領挪威，如何將法軍誘離馬奇諾防線。他比任何將領更清楚，怎樣才能兵不血刃，先期挫敗抵抗力量，以達到不戰而屈人之兵的效果。他洞悉對手的心理，將其玩弄於股掌之中，戰略藝術運用之妙堪稱史無前例。

希特勒常常與他的軍事專家意見相左，而事實又往往證明他是對的。專家的失策反映出他的高明，使其威望與日俱增。這樣的結果致使軍事專家在後來說話沒有份量，哪怕他們對戰況的看法更為正確。在俄國的戰役中，希特勒的缺點壓倒了他的天賦，一錯再錯導致了徹底失敗。儘管如此，我們還是不要忘了，身為戰略家的拿破崙也曾為自己的勝利而陶醉，在同樣的地點，希特勒也犯下了同樣的致命錯誤。

希特勒的致命傷在於他拒絕「停損」，在勝利的機會日趨渺茫之時，仍然執迷於進攻。但這顯然也是第一次世界大戰時協約國將領福煦、海格（Haig）和德國最高統帥部的決策者興登堡及魯登道夫最大的失策。這些人都是職業軍人。德軍在法國的潰敗很大程度上應歸咎於希特勒猶豫不決，遲遲不肯批准從法國及時撤退。這種態度也與當年的福煦如出一轍。關鍵的區別在於當年身處戰場的法軍將領（並非比較高明）對福煦並不俯首聽命，而在一九四四年和一九四五年，德軍將領卻不敢違抗希特勒的命令。

正是通過探究這種對希特勒的恐懼和德軍最高統帥部的內部矛盾，我們才能對德軍戰略計畫受挫的原因做出真實的解釋。希特勒的戰略直覺和德軍參謀本部的戰略運籌結合在一起，本當產生壓倒一切的力量，但是雙方衝突所產生的致命矛盾卻成了他們對手的大救星。

參謀本部體制下所產生的老派將領在戰爭中自始至終是德國戰略思想的執行者。但是在捷報頻傳的日子裡，人們並沒有了解他們的作用，等到戰爭的格局發生逆轉，老派將領才為同盟國所關注，並視其為真正可怕的大敵。在二戰的最後一年，德軍參謀本部的代表人物倫德斯特成為人們關注的重點。無論在戰事方面，還是在推翻納粹的政變問題上，人們常問的不是希特勒將做甚麼，而是倫德斯特會有何作為。

人們曾把德軍將領視為千人一腦、鐵板一塊，具有驚人的政治能量。這種印象說明了為什麼同盟國方面一直指望德國將領會推翻希特勒，但這種指望最終落空。它也說明了公眾為什麼堅信德軍將領和希特勒一樣可怕，應對德國的侵略行為負責。這種看法若是指第一次世界大戰尚情有可原，如今早就過時了。對於第二次世界大戰的爆發，德軍將領所起的作用有限，其作用最多就像一個失靈的煞車。

戰爭開始時，德軍將領的效能對希特勒的成功貢獻頗大，但他們的作用被希特勒的成功所掩蓋。當希特勒頭上的光環黯然失色時，在外部世界的眼中，這些將領的作用開始突顯，但實際上他們在自己國家裡卻已經是力不從心了。

這種情況是由一系列原因造成的。這些將領代表著保守的秩序，這種傳統對新一代毫無感召力量。新一代德國人是在革命精神和對國家社會主義狂熱的信念中長大的。將領們的任何行動，若是要反對執政黨，尤其是反對擅長蠱惑民眾的元首，都難以得到部下的效忠。軍事將領一向對公眾事務頗為疏離，希特勒又狡猾地使他們對國政民情懵懂無知，致使其行動受到牽制。另一個因素是，他們嚴守軍紀，對自己在國家元首前作的效忠誓言難以釋懷。一個自視甚高的軍人卻違背誓言豈非荒唐可笑，這是一種絕對真實的情感，也是致使其綁手綁腳不敢犯上的最為冠冕堂皇的理由。當然，大難臨頭，卻置同胞和國家的最高利益而不顧，這通常是因為一己私利從中作祟。從希特勒崛起到德國失敗的十二年裡，德軍將領始終力圖排斥來自外界的干擾，為保持其在軍事領域的專業主導權而作出不懈的努力。然而，是追逐個人的野心還是割捨一己私利，這對矛盾構成了他們致命的弱點。

內鬥第一階段以軍方的絕對優勢而告終，但這種優勢是通過希姆萊才間接地確立的。希姆萊利用希特勒的恐懼，促使希特勒一舉剪除了羅姆（Roehm）上尉和其他衝鋒隊（Sturmabteilung, SA）的骨幹。雖然並不能肯定後者是否真的要推翻希特勒，但他們欲篡奪軍權是確鑿無疑的。這股勢力被消滅以後，希特勒變得更加倚仗將領的支持，後者也得以在軍界重樹自己的最高威望。

第二階段在一九三八年達到高潮。那時，軍事將領中了希姆萊的另一個圈套。一九三三年，希特勒任命布倫堡（von Blomberg）將軍為國防部長。布倫堡對希特勒俯首貼耳，這使他的部下為之惶惶不安。布倫堡將軍還娶了自己辦公室的打字員，這使他的部下更為反感。希特勒卻對這場「平民化」的婚姻表示祝福，並親臨婚禮捧場。不久，希姆萊便拋出一紙警方密件，聲稱新娘原來是個妓女。不知是真還是假，希特勒大光其火，立刻將布倫堡撤職。希姆萊又拋出一份警方文件，誣陷全軍總司令傅利奇（von Fritsch）將軍是同性戀。傅利奇又被希特勒解除一切職務，此事後來在法庭上得到澄清，傅利奇卻未能復職。（本書第三章對這次危機有詳細描述）

希特勒利用道德危機打擊軍方將領，抓住機會控制整個軍隊。在讓希姆萊加強其影響力的同時，為自己掌控最高戰略指揮權打開方便之門。德軍將領曾就傅利奇受誣陷之事集體抗議，但凱特爾（Keitel）的幕後操控分化將軍們的團結。凱特爾將軍接替了布倫堡的職位，但他的地位更低，不過是希特勒的附庸而已。布勞齊區（von Brauchitsch）將軍被任命為陸軍總司令，他既不親納粹，也不反納粹，在軍中頗有人望。希特勒這一著頗為精明，既可對軍方有所安撫，又確保總司令不像傅利奇那麼難以駕馭。

布勞齊區將軍卻不像希特勒預想的那麼聽話，為了維護軍方的權力，他組成了一個強大的同盟。他發出警告，聲稱德軍尚未為戰爭做好充分的準備，告誡希特勒不要貿然挑起戰爭，試圖以此來阻撓納粹的侵略外交政策。參謀總長貝克（Beck）將軍的支持使布勞齊區的反戰立場更為堅定。貝克將軍公開譴責希特勒的好戰政策，被希特勒怒而撤職。即使在希特勒即將對捷克斯洛伐克痛下殺手時，布勞齊區將軍和貝克將軍的繼任者哈爾德（Franz Halder）還試圖加以反對，但是英法政府屈從於希特勒的戰爭威脅卻如釜底抽薪，致使將軍們的努力無功而返。

德國兵不血刃佔領了捷克斯洛伐克，這使希特勒威望大增，他進而兵指波蘭。將軍們試圖說服希特勒除非蘇聯承諾保持中立，不可冒險開戰。但自此以後，他們再也無能為力了。另一方面，希特勒一旦得手，他便可以說服大多數將士，英法會袖手旁觀，突襲波蘭不會讓德國陷入一場大戰。

佔領波蘭後，將領們發現希特勒打算擴大衝突，在西線發起進攻。他們為之憂心忡忡，與希特勒的關係也再度趨於緊張。他們認為進攻的風險實在太大，也不相信有可能征服法國。但是他們的異議再次遭到壓制，他們後來所謂要採取一致行動推翻希特勒云云，結果也是一事無成。要責怪他們在這個階段無所作為顯然也有失公正，因為即使將領們要反對希特勒，部下也不會響應。而且，在國家處於戰爭的關頭，他們自然也不願以叛逆者的形象出現。

面對將領的質疑，希特勒悍然下令入侵法國。侵法的成功，部分原因在於希特勒應用新的戰術和新式武器，而那些保守的老帥對此曾持懷疑的態度。部分原因在於希特勒將一名下級軍官提出的一個極為大膽的新計畫付諸實行。還有部分原因在於法國軍方所犯的大錯，那是連他們也沒能料到的。

當然，德軍的能征善戰是希特勒成功征服法國不可或缺的因素，而正是由於希特勒突然莫名其妙的猶豫不決，才致使德軍沒能及時渡過英吉利海峽，一舉大獲全勝。諷刺的是，德軍將領對勝利所作的貢獻反而進一步削弱了他們自己的地位。勝利使希特勒在世人面前大出風頭，勝利的桂冠沒有戴到將軍們的頭上，而是套到了希特勒的頭上。希特勒刻意為自己加冕炫耀，其內心也以世上最偉大的戰略家自許，從此更是對將軍們職權範圍內的事務橫加干涉，更加無視來自軍方與自己意見相悖的看法。

當得知希特勒有意入侵蘇聯時，大多數德國將領都深感憂慮。但就像許多專家一樣，他們對專業以外的事情不甚了了，希特勒通過所謂的「政治情報」，讓將領們確信俄羅斯的內在弱點將影響其軍事力量，入侵蘇聯勢在必行。征蘇初期，德軍戰果輝煌，但這些戰鬥的勝利並不具有決定性意義，其部分原因在於他們低估了俄軍的抵抗能力，還有部分原因在於德軍內部對進攻目標存在著分歧。冬季臨近了，大軍稍作停頓是合理的。但莫斯科近在咫尺，希特勒和將帥都抑制不住進攻的誘惑。他們不惜一切代價發起猛攻，但取勝的機會卻日趨渺茫。莫斯科的慘敗對德軍幾乎是致命的打擊。

然而希特勒卻善於利用這次失敗來鞏固自己的權力。陸軍總司令布勞齊區因病辭職，希特勒取而代之，親自出任陸軍統帥。這一著不僅加強了希特勒的權力，而且將公眾對戰敗的指責歸咎於將領的失誤。布勞齊區的解職就像一個將軍因戰敗而引咎辭職，「因病」不過是通常照顧面子的推託之詞。對希特勒而言，這真是一舉兩得。

在以後的戰爭中，希特勒就能夠把將領的戰略建議置之度外，甚至直接否決軍事指揮官的具體判斷。若有人提出異議，他就讓另一個有野心，熱衷於進攻的軍官取而代之，因為大多數軍人出於本能都喜歡進攻。與此同時，武裝親衛隊（Waffen SS）在軍內的勢力日益膨脹，納粹的密探遍佈各個指揮部，指揮官都受到監視，軍方的實力受到削弱。將領要想推翻希特勒，其成功的可能性日趨減少。他們能做的無非是盡力執行元首的命令，或許也可以說盡力讓這些命令早日產生惡果。有理由猜測，某些德軍將領之所以樂於執行那些荒唐的命令，無非是想讓希特勒的圖謀受挫，從而儘早結束這場戰爭。

第二章　塞克特重整德軍

對第一次世界大戰極具影響的德國將軍，在一戰爆發的前七年就已退役，並在開戰的前一年去世。此人就是希里芬將軍（von Schlieffen），他來自波羅的海沿岸的默克倫堡（Mecklenburg）。正是此人親自制定最為傑出的侵法計畫，準備了衝破法軍強大防線的「開罐器」，培訓為操控戰爭的參謀本部成員。希里芬計畫為了從翼側進攻法國，不惜破壞比利時的中立，從而將英國拖入戰爭。由於希里芬將軍的後繼者鑄成大錯，計畫沒能得逞，但它差點讓德國在一個月內就大獲全勝。

塞克特將軍（von Seeckt）對第二次世界大戰極具影響，他早在二戰爆發的前十年就已退役，在開戰的前三年去世。[3]塞克特將軍來自位於默克倫堡和丹麥之間的什列斯威好斯敦（Schleswig-Holstein）地區。正是此人在一戰後親自打造了能征善戰的德國陸軍，為德軍的發展壯大奠定了堅實的基礎。一戰後，戰勝國制定的和平協議力阻德軍重建一支像樣的軍隊。塞克特的計畫主要是擊破種種阻礙重振德軍雄風，其意義非凡。二戰初期德軍戰果輝煌，很大程度上要歸功於塞克特將軍當年對防衛軍的精心打造。

塞克特計畫對重組德軍極為重要，若無視塞克特計畫的影響，對二戰時期希特勒將領的任何評價都無甚價值可言。只有對塞克特計畫予以充分的認識，才能對那些在二戰期間嶄露頭角的德軍將領作出切要的評價。有這樣一個共同的背景，我們就不難看清這種軍隊的模式是如何打造成功的。更重要的是，當德軍參謀本部尚為凡爾賽條約所禁時，它已經在地下運作，為德軍的東山再起打下了堅實的基礎。

在第一次世界大戰期間，塞克特中校已經成為克魯克（Kluck）第一軍團的參謀長，他親眼目睹了一項精心策劃的方案如何在實施時一步步出錯，一次決戰的勝利如何在垂手可得之時化作雲煙。一九一五年，塞克特在戰場上嶄露頭角，當時他是陸軍元帥麥根森（von Mackensen）的智囊。麥根森是輕騎兵出身，素來驍勇善戰。塞克特頭腦冷靜，足智多謀，在他的謀劃下，麥根森在奧匈帝國（今波蘭中部）的戈爾利采（Gorlice）給俄軍致命的一擊。俄軍被分割成兩塊，從而元氣大傷，一蹶不振。塞克特在這場戰役所倡導的戰術已經包含現代滲透式進攻戰術的元素。現代滲透式進攻戰術強調集中兵力，一舉攻破敵方最為薄弱的環節，然後盡量深入重地。傳統的進攻戰術則注重堂堂正正地進軍，然後調動預備隊去攻克敵軍最為頑固的防線。

塞克特在戰場上一顯身手，從此聲名鵲起。從一個隱身於麥根森背後的智囊成為德軍上下眾口讚譽的英雄。當時軍中盛傳：「麥根森在哪裡，塞克特就在哪裡，塞克特在哪裡，勝利就在哪裡。」塞克特一直在東線戰役中發揮著舉足輕重的作用，但不幸的是他不屬於興登堡—魯登道夫派系，也不會受到他們的重視。從一九一六年到一戰結束，該派系一直掌控著德軍最高權力機構。不過那也使塞克特的聲名免於被西線最終的潰敗所玷污。戰後塞克特作為德方代表團的顧問參與巴黎和會，後來也就順理成章地成為德國防衛軍總司令。在和約有關條文的限定下，防衛軍規模甚小，全體官兵僅十萬人。

塞克特從此竭盡全力打造德軍，把條文的約束轉化成可能的發展空間，從而使德軍再振

3 編註：塞克特有「德意志國防軍之父」稱號，一九三四年五月到中國擔任國民政府陸軍總顧問，協助建立國軍德械師，是國軍現代化的推手。一九三五年三月，塞克特因健康理由返國。

雄風。在當時這種格局下，任何國家的任何一個軍人都會如此行事。此事有先例可循，一八〇六年後，法國曾迫使普魯士解除武裝，普魯士將軍沙恩霍斯特（Scharnhorst）成功地加以化解，暗中成立一支軍隊，而正是這支軍隊在七年後轉敗為勝，重創拿破崙的法軍。塞克特和他的弟子效法前賢，雖然他們所處的環境更為惡劣，他們做得卻更為巧妙。

德國軍方往往視民眾如草芥，動輒使整個民族一敗塗地，新成立的共和國領導自然對軍方心存芥蒂。這是塞克特首先必須克服的障礙。興登堡和魯登道夫這幫武夫一向對文官驕橫跋扈。塞克特則彬彬有禮，富有外交手腕，對國內事務亦有清晰的理解，這給文官留下很好的印象。他那親近可人的作風與普魯士將領的橫蠻粗魯形成鮮明的對照。他風度翩翩，趣味高雅，世事洞明又不張揚，以致贏得「史芬克斯」（Sphinx）的外號。他那略為玩世不恭的態度和冷嘲熱諷固然令軍方高層反感，卻讓政治家們感到放心，認為他不那麼盲目狂熱，確信他能將理性的克制與尚武精神有效結合。

塞克特使軍隊在整體上與政治分清界線。在這舉步維艱的時代，他對新建的共和政體的效忠眾所皆知，這使他不僅能夠如老派軍人所熱衷的那樣從事半公開的政治活動，還能使他更巧妙地掩飾其擴軍計畫。在既得利益集團允許的範圍內，他盡可能確保「國家防衛軍」（Reichswehr）的骨幹選自曾經戰爭考驗的軍官和士官。[4]塞克特的防衛軍規模不大，目標是要把僅有四千名軍官和九萬六千名士兵的部隊塑造成將來一旦時機成熟時，可以迅速擴張成一支強大的軍隊。這些官兵既可以擔任教官，也是優良的領導人才。按照新的準則，訓練的標準要求極高，官兵士氣之高、技能之精遠遠超過帝國軍隊。

塞克特通過隱秘的計畫加強這支骨幹隊伍，讓軍官有更全面的歷練，使老兵的軍事技能不至於荒廢，這在一支被強制剝奪現代化武裝的軍隊裡原本是很難付諸實踐的。許多參謀和技術人員被外派到日本、中國、南美洲、波羅的海諸國和蘇聯進行短期交流，在那些地方，他們有機會實際操作戰車。另外一些軍官參與民航運輸，以獲取飛行的經驗。在德國，那些復員的軍人利用許多非官方組織的名義，繼續進行軍事操練。他們利用各種各樣的藉口，來保留足夠的武器作訓練之用。

這些策略證明，為了回避和約的限制，塞克特這個聰明的軍人和他的部屬是何等足智多謀。負責監督落實和約的協約國軍官也常常為之擔憂。但是，如果過分強調塞克特等人在德國日後再次發動戰爭的作用的話，是一個歷史性的錯誤。如果德國要東山再起，重新構成嚴重的威脅，塞克特的所為畢竟還是微不足道。一九三三年，希特勒上台後，大肆擴軍備戰，而協約國則坐視不管。自那以後，德國的侵略步伐才有實質性的進展。

塞克特更為實在的貢獻在於他所提供的一系列思想重新激發了德軍的活力，使德國軍隊在一個新的發展路線上挺進。戰勝國慣於在數量上遏制德國軍隊，塞克特則使德軍在素質方面佔據優勢。他的防衛軍奉機動性為鐵則，其基本觀點在於：在現代世界，只要機動神速，快速出擊，一支精兵就能比龐大的舊式軍隊更為機動善戰，更易取得先機。塞克特的這個觀點無疑得之其一戰時在東線的經驗，東線戰場的機動空間要比西線更大。重建後的防衛軍首次頒布的操典就強調：「兵有所動，必出其不意，否則難以克敵制勝。」靈活性是另一個要訣。「預備隊應使用於已獲成功之地點，從事擴張戰果，為達此目的，縱使削弱原來重點方面之戰力，亦在所不惜。」為提升靈活性，防衛軍迅速發展通訊系統，在這方面的投入要遠遠大於當時任何一國的軍隊。靈活性還在於它強調各階層指揮官都要打破傳統，要深入第一線，時刻掌握戰況，以便更迅速地對作戰發揮影響力。

4 編註：威瑪共和國在一九一九至一九三五年之間的武裝力量，部隊的人數與武器都受到凡爾賽條約的嚴格限制。

戰後的德軍操典竭力推崇部隊的機動能力，這與法國軍隊所提倡的戰略形成鮮明的對照。法國人總結道：「戰爭有兩大要素：火力和機動，兩者相較，火力優先。」一九一八年，法軍一再採取緩慢移動的戰術，就是這種軍事教條最為鮮明的體現。這種戰略思想的區別預示著不祥的後果。

但是德國人的這種觀點並非僅僅是為了對付和約所造成的不利因素。塞克特在新編操典的前言中直言不諱地寫道：「這些軍事條例是基於一支現代大軍的軍事力量、武器裝備和部隊所需的其他裝備而擬定的，而不僅僅是針對根據和約所組成的十萬人的德軍。」

一九二六年，塞克特犯了個錯誤，他批准威廉皇儲的長子參加防衛軍的演習，在政治上引起一場軒然大波。[5]塞克特被迫引咎辭職，他為打造德軍所做的努力就此終止。雖然塞克特的思想不像其他德國將領那麼狹窄，畢竟還是有著明顯侷限，尤其是他後來作為德意志人民黨的發言人經常發表一些人民黨並不成熟的觀點，進行政治投機。不過，塞克特獨創的軍事思想的影響卻依然有增無減。

離開部隊後，塞克特在一九二八年撰寫了《軍人之思想》（Thoughts of a Soldier）一書，該書清楚地反映了他的遠見卓識。他在書中對過去徵募大軍的做法提出質疑，認為那樣做往往事倍功半，只能導致漫長的消耗戰。「龐雜的軍隊往往行動遲緩，難以靈活機動，所以也難以克敵制勝，只會被龐大的規模所壓垮。」而且，尤其在和平時期，重要的是「盡可能減少軍事機構內的男性冗員」。科技和戰術技能對未來的戰爭至關重要。倉促徵募的大軍沒法受到充分的訓練，如果與數量有限卻訓練有素的敵手交戰，其結果無非是化為「砲灰」。這個預言在一九四〇年化為事實，當時德軍屈指可數的幾個裝甲師和俯衝轟炸機就把兵員龐雜裝備不整的法國軍隊打得落花流水、一敗塗地。

塞克特認為「作戰部隊」最好由「長期服役的職業軍人組成，而且盡可能要用志願役」。

一個國家的男性勞動力最好主要用於軍事工業，以便給正規軍提供充足的先進武器裝備。必須事先制定武器的類型，並具備快速大批量生產的能力。

與此同時，國內所有身體健康的年輕男子都必須接受短期的軍事訓練，「對年輕人固然要進行軍事訓練，但更要注重體能和精神紀律訓練」。這套訓練系統有助於加強軍民聯繫，鞏固國家的統一。「受過軍訓的民眾雖然尚不適應機動作戰或在正規戰中有決定性作用，但足以保衛國土，同時也能給戰場上的正規部隊源源不斷地提供優質兵源。」一九四〇年，德軍步兵師的主要兵源就是通過這種方法徵召的。他們只要跟隨先鋒部隊，把守已經攻克的地區就行了。隨著其戰鬥經驗的增加，這些人就可以按照塞克特所預想的那樣擴充到衝鋒陷陣的先頭部隊中。

「總之，在我看來，未來的戰爭關鍵在於軍隊的機動性，兵不在多而在於精，加上飛機配合，其戰鬥力更強。無論是進攻還是防守，全體部隊都要同時處於機動的狀態。」

奇怪的是在論述機動性時，塞克特的著作幾乎沒有涉及戰車，而是大談汽車運輸和騎兵的作用。他甚至不無詩意地寫道：「只要按照現代的標準加以訓練和配置，騎兵的作用並不會如日落西山，在未來的歲月裡，他們的長矛仍將充滿自信地迎風招展。」後來有人認為塞克特之所以諱言裝甲部隊純粹是出於政治上的謹慎，他書中的「騎兵」就是戰車的代名詞。這種觀點難以自圓其說，因為塞克特在倡議徵兵和發展軍用飛機時均直言不諱，而凡爾賽條約對這些也是嚴加禁止。

5 編註：威廉皇儲在德皇威廉二世宣布退位後，隨王室成員逃至荷蘭。一九二三年，威廉皇儲保證不參與政治而獲准返回德國。

綜觀塞克特的所作所為，與其說他是未來的先驅，不如說他更是一個時代的風雲人物。他頗有軍事遠見，顯然已經清楚地認識到任何進攻必須依靠機動作戰能力，但他還沒有認識到唯有裝甲部隊才能使機動作戰付諸實施。機動作戰的可行性和進攻的必要性，這些任務尚有待於後人——尤其是古德林來完成。

塞克特的思維顯然也受到過去戰爭的影響，他認為空軍進攻的首要目標就是要摧毀敵方的空軍。德國空軍在波蘭將此付諸實踐，進攻法國時也在某種程度上如法砲製，入侵英國時又企圖故伎重演，卻遭遇英國空軍的強力反擊，受到重創。

有關戰爭和生命這些範圍更大的問題上，塞克特的某些看法也不無偏頗。他認為親歷戰爭恐怖的軍人要比政治家更為謹慎，不會輕易捲入戰爭。這固然有其道理，但是他由此認為軍人才是真正的「和平主義者」，那也未免言過其實了。軍方這種典型的辯解在每個國家都是司空見慣的現象。檢視任何發動侵略戰爭的國家相關檔案，找不到支援塞克特這種觀點的證據。塞克特聲稱高階軍官具有「基於知識和責任感的和平主義傾向」，事實往往並非如此。

塞克特認為「軍國主義」和「侵略」不過是標語口號而已，這種說法未必有理。但是他的言論卻已敏銳地預見到當政策旨在獲取權力之時，「政治家馬上會發現這樣或那樣的阻撓，首先便會由此推論這將對其政策構成威脅，進而推斷這將危及國家的聲望，最終會推定這種攻擊事關國家存亡，為保衛祖國，當不惜舉國一戰」。

現代心理學傾向於顛覆對歷史的道德批判，塞克特對此頗有微詞，他那些冷嘲熱諷的議論隱約地閃現著內在的人道精神和先見之明。他曾說：「尼祿習慣於借著焚燒基督徒的光焰才能上床就寢，現在看來已經不能簡單地將他視為殘忍的暴君，而要把他當作一個智者，一個有點古怪的現代獨裁者。」這不是在暗諷納粹之流所鼓吹的所謂新道德嗎？在強調「戰鬥」的價值時，他那警句般的斷言含意深長——「有智無勇，百無一用。有勇無智，危害無窮。」他博學好思，曾明智地告誡世人：「『戰爭是政略的延續』，已經成為眾人皆知的格言，這是很危險的，同樣可以言之有理的是：『戰爭是政略的破產。』」

塞克特刻意讓軍隊超然於政治的做法本身也有其危險性。他強調軍隊獨立不倚，軍政截然分離，這樣也就放棄了軍人對膽大妄為的政治家潛在的制約作用。這樣，塞克特式的軍人就成了當代的彼拉多（Pontius Pilate），以服從命令為藉口，不負任何責任。[6]純粹的軍事理論走向極端就會與明智的政策相悖。如果軍人僅僅關注極端的軍事目的，而對重大的政策不聞不問，他就會喪失自己的底線，全盤接受原本可以阻止的政治觀點，因為從純粹的戰略觀點看，那樣做似乎是正確無誤的。

參謀本部本是軍人職業精神的象徵，但在那裡軍人精神的統一性實際上從沒達到原則上所要求的程度，這就使潛在的危險更大。參謀本部內在的「政治」和個人野心使這種職業精神為之分裂。塞克特不僅回顧了參謀本部的歷史，也預見了它的未來，他寫道：「參謀本部的歷史……將是一部反映事實的歷史，它將講述其傲慢與驕橫、自負與嫉妒，以及人性的種種弱點。它將反映天才與官僚之間的爭鬥，揭示勝利和失敗的潛在因素。它不僅有勝利的榮光，也不乏悲劇的色彩。」

參謀本部實際上就是要以集體的智慧替代軍事天才，因為天才不會在軍隊亟待其人之際應時而生。作為一個等級森嚴的官僚機構，參謀本部在本質上就是要鉗制天才的發展，而以提高整體水準來加以彌補。參謀本部在運作時所產生的波折不是因為個人天賦的差異，而是因為各人的觀點衝突和利益不同。面對升遷的機會，將軍們往往會隱忍內心的質疑，這就使希特勒

6 編註：羅馬帝國猶太行省的總督，是他下令要耶穌釘在十字架上。

有足夠的時間來分化軍方的共識。任何軍隊都會有這種現象，但在專制獨裁下，其表現尤為典型。新近得到提升的軍官往往自信其所面臨的境遇要比前任更好，自己不會重蹈前任的覆轍。這種格局無疑會成為任何統治者手中強有力的杠杆。

第三章　布倫堡和傅利奇時期

塞克特的後任是海伊（Heye），海伊任職四年後，哈默斯丹將軍（Hammerstein）繼任。兩人的才幹都遠不如塞克特，不過他們都繼續執行塞克特的原有政策。哈默斯丹對納粹勢力的壯大深感不安，對納粹的信條和手段無不感到憎惡。他甚至要拋棄塞克特所謂軍人不干涉政治的信念，打算採取強硬措施阻止希特勒奪權。威瑪共和國總統興登堡陸軍元帥的決定卻使哈默斯丹難有作為，興登堡任命希特勒為總理，從而使其權力具有憲法的有效性。何況哈默斯丹的擔憂並不為其他將領所認同，他們是「純正而簡單」的軍人。哈默斯丹痛苦地感到這些將領被「軍隊擴張的美妙前景和升遷的大好機會」所迷惑，已經誤入歧途。

希特勒一上台便任命布倫堡將軍為國防部長，這是極為重要的一步。選上布倫堡是因為賴赫勞上校（von Reichenau）推薦。賴赫勞是個野心勃勃的傢伙，曾在東普魯士當過布倫堡的參謀長，與希特勒過從甚密。布倫堡本人對希特勒並不了解，他的性格在許多地方也與希特勒截然相反。他接受任命並認真工作再一次說明了那樣的軍人頭腦有多麼單純。

布倫堡

布倫堡曾在日內瓦裁軍會議，擔任德國代表團的首席軍事顧問約一年時間。他剛過五十歲，與德國將領的平均年齡相比尚屬年輕，他的突然升遷自然會引來他人的嫉妒。德國將領瞧不起希特勒這個「波希米亞下士」，這種態度也會使他們更加嫉恨希特勒提拔的軍官。這些將領原本對希特勒的上台頗為讚許，因為這正迎合他們自己的擴軍計畫，但是，一個前下士居然要對軍界事務橫加干涉，則必然遭到他們的冷嘲熱諷，進而對希特勒出於一己偏愛的軍事任命馬上質疑。

布倫堡就任國防部長以後，就一直受到高階將領的歧視，同僚的側目而視迫使他只能依靠希特勒的支持，也使他凡事不問是非，違心遵從希特勒的旨意行事。頗具諷刺意味的是布倫堡生性活潑，與生硬的「普魯士軍人」不同，這使他在依附希特勒的時候很不自在。這種矛盾的狀態致使其他軍人給他起了個綽號叫「橡皮獅子」（Rubber Lion）。

新政權中不少領導人性情暴戾，目中無人，布倫堡卻非如此。如果說他比其他軍官更親納粹，部分的原因在於他更為理想主義，浪漫的激情使他對有些現象視而不見。納粹運動一度曾吸引不少理想主義者，雖然其中大多數人要比布倫堡年輕。不過軍人往往成熟較慢。布倫堡生性浪漫，崇尚騎士精神，並以此來看待現代軍人職業。一九三二年，我們在日內瓦相遇時，他就明顯地表現出這種傾向。他對新的軍事觀念頗感興趣，特別是將戰術當成是巧妙的遊戲、具有新藝術特徵的軍事思想。不過在提到復興騎士精神的可能性時，他顯得尤為起勁。談到戰爭中的「紳士風度」，他簡直都有點激情難抑了。長期觀察軍方高層，難免使人對其所謂的軍人精神產生懷疑，布倫堡堪稱異數，雖然不無幾分天真，但他對軍人的職業信念確是真摯無欺的。他身材魁梧，舉止謙和，言談坦然，不像有些軍官那樣專橫跋扈面目猙獰。不幸的是他得對付兩大敵對的集團，成為兩邊受氣的夾板。假如環境好一點，他本來可以成為一個更偉大的角色。

然而，在某些重要領域，布倫堡的作用卻比表面看來更為有效。在遵守戰爭法方面，德國軍隊在與西方敵對國交戰時的表現要比第一次世界大戰好得多，這是第二次世界大戰中出乎人們意料之外的一大特點。按理「普魯士軍國主義」加上「納粹主義」本來會使情況比一戰時更糟，但德軍的舉止相對有所改進，他們比較注意避免讓自己的行為成為歷史的汙點，這要歸功於布倫堡和一大批與他持相同觀點的同僚，他們對部隊灌輸比較文明的軍人行為準則。相比一九一四年的前輩，一九四〇年入侵比利時和法國的德軍表現得更為克制。這是一個比較明智的策略，它有助於減輕佔領國人民的痛楚感，安撫一下人們的情緒。若不是蓋世太保和武裝親衛隊的胡作非為，這種策略本來會產生更為長遠的效果。

在戰術方面，布倫堡對德軍發展趨勢的轉折也有重要的貢獻。哈默斯丹將軍不斷強調德軍傳統的攻擊準則，但無確實方法及新式技術可徹底實施訓練。在東普魯士，布倫堡有過應用新戰術的經驗，這種戰術比較現實地承認現代防禦能力的長處，力圖將這種防禦性的優勢轉化為進攻性的優勢。它不主張攻堅克敵，而強調將敵人誘離防線，促使其倉促進軍，貿然進攻，使其陷入困境。趁其慌亂之際，殺一個回馬槍，予以致命的一擊。假裝撤退或以突襲威脅敵方的交通線都可以作為誘敵的餌。當我在研究薛爾曼（Sherman）喬治亞戰役時，這種「釣餌行動」的巨大潛力令我為之嘆服。它以進攻的戰略綜合防禦的戰術，猶如劍與盾的配合。在後來的一些軍事作品中，我對如何將其應用於現代戰爭有做了詳細敘述。正是因為布倫堡對此感興趣，這才導致了我們的第一次會面。[7]

對於這種以戰車來取代騎兵歷史地位的新式機動作戰思想，布倫堡比當時大多數將軍都

---

7 薛爾曼的戰術也曾激發巴頓將軍的想像力，他對迂迴進攻和捨棄輜重以取得主動的戰術更是擅長。一九四四年，在巴頓將率軍前往諾曼第之前，我與他有一面之緣。他說曾認真研讀過我著作中有關薛爾曼在南北戰爭期間喬治亞的戰例，我們一起探討如何在現代戰爭中應用那些戰術。巴頓後來從諾曼第長驅直入法國摩澤爾（Moselle），就是運用這些戰術。伍德（Wood）將軍也是這類戰術思想的推崇者，他在抵達塞納河後寫信給我，說明他率領第四裝甲師如何成功地應用這種戰術衝鋒陷陣的。

更為欣賞。除了皇家戰車團，英國陸軍對這種新觀念的反應卻是不冷不熱。賴赫勞自始至終是這種思想的熱切擁護者，他曾親自將我的著作譯成德語。不過他不像古德林和托馬（Thoma）那樣全盤接受裝甲戰的觀念。自一九三四年起，古德林和托馬親自打造德國的裝甲部隊。

第二次世界大戰最初兩年，德國裝甲部隊大顯神威，其戰術大獲全勝。這給戰前那些針對戰敗國所作的裁軍措施以極大的諷刺。從物質層面看，那些措施是有效壓制德國的。德軍所發動的一系列入侵，規模甚小，即使加在一起也談不上已經恢復到兵力強盛。在納粹政府公開拋棄凡爾賽條約之前，德國的擴軍實質上尚不足以構成嚴重的威脅。正是由於英法等戰勝國在關鍵時刻的遲疑不決才使得德國趁機坐大。而且，強制裁軍使德國能夠廢棄一戰時所積存的陳舊武器，得以輕裝上陣。保留那些陳舊武器的戰勝國反而受到舊式戰術的束縛，還會對自己的軍事力量估計過高。一旦德國開始重整旗鼓，它就有更大的空間來應用新的戰術思想，發展新式武器。

戰勝的協約國嚴禁德軍再設參謀本部，這反而促使新軍事觀念的發展。如果讓原有的參謀本部運作，保留其笨拙的組織形式，它就會像其他參謀本部一樣為其龐雜的冗員和死板的條條框框所拖累。被迫轉入地下後，德軍參謀本部的成員反而不再受到這些條條框框的束縛，可以專心致志為未來從事富有建設性的思考，其作戰效率大為提高。你可以從形式上摧毀參謀本部這樣的軍事組織，卻無法壓制其成員的思想活動——思想是壓制不了的。

第一次世界大戰後對德國的軍隊限制，其實際後果便是為德國軍隊實現更有效的現代化掃清了道路，政治上一旦時機成熟，它便可重新武裝，東山再起。對其軍隊現代化程度的限制主要在於國內的保守主義和利益衝突，而不是因為來自外部的制裁。

傅利奇

國防部長的地位使布倫堡能夠實行他所傾心的新戰術思想，能夠消解那些冥頑不化的老將軍的抵制，而不像其他國家，尤其是法國那樣的情況。但是，他的地位畢竟如一個「緩衝器」，這一弱點使他的思想難以得到廣泛的傳播和迅速的發展。一九三三年底，布倫堡企圖讓賴赫勞取代哈默斯丹為陸軍總司令，德國的資深將領一致反對，這次任命因此落空。在將軍們的建議下，興登堡選中傅利奇（Fritsch）將軍。傅利奇是個軍事全才，但無論在政治上還是在軍事上，他都代表保守勢力。他深知戰車和飛機的價值，但又視新式武器為「新貴」，傾向於將其置於附屬的地位。更有甚者，後來成為參謀總長的貝克將軍（Ludwig Beck）就對戰車「革命」持批評態度，一如他對納粹革命的態度。可見，德國軍事組織雖然先於其他國家打造摩托化部隊，但走的還是介於新舊模式之間的折衷路線。

一九二〇年到一九二三年間，傅利奇是塞克特領導的國防部裡，相對年輕的參謀，從事重建防衛軍工作。之後，他調去團級單位，擔任砲兵連連長。後來在東普魯士擔任參謀長。一九二七年，他又回到國防部協助接任的布倫堡將軍。他的主要工作是負責制定作戰計畫，該計畫準備在西線加強防守遏制法國的同時向波蘭發動突然攻擊。這個計畫尚處於雛形，不過它在一九三九年得到全面實施，由於部隊的摩托化，其範圍和速度大大超過了原計畫。

在納粹執政前，傅利奇已經顯示出他非同尋常的外交天賦，這在老派的德國軍官中是不多見的。那些民主人士喜歡提一些刁鑽的問題，如軍費預算為何增加，為何一支規模有限的軍隊需要配備如此眾多的幹部和軍官。對此傅利奇往往能夠應對自如。他擅長巧言回避問題的要點，打消提問者的好奇心。他知道如何來堵住這些人的嘴，他會利用愛國主義，利用這些人的弱點，或者培養與他們的友情。他通常不苟言笑冷若冰霜，但為了達到某個目的，會馬上變得滿面春風溫馨可人。

隨著納粹的權力越來越大，將軍們意識到必須有個能幹的人出頭來捍衛軍官的權力。傅利奇正是最合適的人選，早在一九三四年他就是一個頗具名望的戰略家，並因此獲得擢升。而他的第一次升遷正是為了遏制以羅姆上尉為首的非職業軍人的野心，羅姆的勢力擴張將危及職業軍人的權力和利益。傅利奇向希特勒提供情報，證明羅姆計畫加強衝鋒隊的武裝以取代正規軍，其目的是為發動推翻希特勒的政變鋪平道路。出於不同的目的，希姆萊也從另一個方面向希特勒進言詆毀羅姆。他們成功地說服希特勒下令在一九三四年六月三十日血腥清洗衝鋒隊。

這樣既加強了傅利奇與希特勒的關係，也使他贏得了德國其他各派勢力的支持，因為他們出於各種理由害怕納粹的勢力過分強大。傅利奇一度使軍方在國內的政治角逐中拔得頭籌，這樣他便可以與希姆萊周旋自如。

但是，在對外問題上，軍方與希特勒的關係卻趨於緊張，分歧不是在於政策，而在於步調的快慢。希特勒聲稱德國有權與西方享有平等的權利，要求廢止凡爾賽條約強加於德國的種種限制，傅利奇和他的同僚對這種強硬的態度頗為讚許。（一九三三年，在希特勒的支持下，他們著手準備將德軍從八個師擴張到二十四個師，並開始生產武器。）一九三三年十月，希特勒事先沒有與軍方磋商，突然宣佈德國脫離國際聯盟。此舉引起軍方的懷疑，他們擔心德國會因此陷入危險的孤立。希特勒在演講中大肆攻擊蘇聯也讓軍方感到不安，因為德國軍方與蘇聯紅軍的高層關係不錯，紅軍把先進的武器裝備借給德軍操練，因條約限制，這些新式武器在德國是禁止的。

一九三五年三月，希特勒公然向全世界宣佈，他拋棄了凡爾賽條約的枷鎖，把部隊擴張至三十六個師，並在德國恢復徵兵制。聲明之前，希特勒並沒有與軍方高層協商。軍方大吃一驚，因為他們明白這是虛張聲勢，德國並沒有為擴充至三十六個師做過任何準備工作。軍方固然贊成擴軍，但是他們擔心一下子將軍隊擴充三倍將削弱其戰鬥效率。軍方對這個決定和希特勒的大言不慚保持懷疑，這使希特勒極為惱火，因為其他國家已經默認了他的聲明，既沒有提出嚴正的抗議，也不曾懷疑他在吹牛。希特勒認為，當他需要這些將領展現激情迸發之時，他們卻像燒不開的溫開水。

一年後，希特勒派德國軍隊進駐萊茵非軍事區，世界再度為之震驚。這次他事先與軍方高層商討，但也只是在行動的前夕。軍方擬定計畫和下達命令的時間不到二十四小時。布倫堡對這次行動表示強烈質疑，他擔心風險太大，尤其是進駐萊茵西部。希特勒做了一些讓步，同意僅派三個營進駐萊茵，萬一法國反應強烈，比較容易撤兵。但是法國反應平平，冒險僥倖成功，希特勒狂喜之餘也對將領們的所作所為極為震怒，這些軍人表面上與他同步前進，實際上卻意圖拖慢腳步。

對於德國這些挑釁行為，法英政府卻逆來順受，這大大慫恿了希特勒的侵略野心。英法政府強調所有的外國勢力不得干涉西班牙內戰，希特勒對此嗤之以鼻，公然向佛朗哥提供軍援。他向旁人解釋道：「這樣做的主要目的是要把列強的注意力吸引到伊比利半島，以便在德國從容擴軍時不受干預」。佛朗哥政變成功就能在西班牙建立法西斯政權，切斷法國和英國的海上交通。

傅利奇卻反對這麼做，他看到就西班牙問題公然向西方挑戰，在戰略上並不明智。在他的反對下，原先準備派往西班牙的三個師削減到僅有一個裝甲營的臨時分遣隊。挑釁之舉的接連成功使納粹頭目得意忘形，他們對傅利奇的謹小慎微極為不滿。傅利奇加強與蘇聯紅軍的聯繫更使這幫人惱怒萬分。希特勒的反布爾什維克心結，正好為惡語詆毀傅利奇的政敵提供了肥沃的土壤。傅利奇在重建的軍隊中努力建立傳統的軍人精神，抵禦納粹思想的滲透，這也加劇了他與希特勒的矛盾。

與此同時，傅利奇與布倫堡的矛盾也在加劇。傅利奇和他的夥伴認為布倫堡本應維護軍方的利益，但他已經為希特勒所迷惑，置軍方的利益於不顧。在他們看來，布倫堡的屈從表明他已經在自己的制服上佩掛納粹的徽章。他們給他起了個外號叫「小希特勒」，那是納粹電影裡一個狂熱崇拜希特勒的年輕人。

雙雙撤職

一九三八年一月危機發生了，事件表面與實際的原因相差甚遠。布倫堡愛上了辦公室裡的打字員，並娶她為妻。希特勒表示讚許，他認為這項婚姻可向公眾表明國社黨領導下的軍事領袖們思想開明，與公眾打成一片，娶妻成親不再講究門當戶對，希特勒親自出席婚禮以示祝賀。其他高級軍官認為布倫堡娶辦公室小職員的做法不太得體，但並不像外界傳說的那樣，是軍官們的抗議導致布倫堡的下台。事實上，即使有什麼抗議，也早就由希姆萊提前下手了。

布倫堡結婚不久，希姆萊就向希特勒呈示一份警方密件，聲稱新娘曾做過妓女。戰後美國調查人員揭露正是希姆萊把那個女人安插在布倫堡的辦公室，誘其上鉤。希特勒對此事大動肝火，因為他親自出席這個「街頭蕩婦」的婚禮，真是出醜。他立刻將布倫堡撤職，甚至將他從軍官團中除名。

這件事尚不足以令其他軍官擔憂，但接下來的打擊卻著實令人惶恐。在新國防部長人選出爐之前，希姆萊又拋出一份警方密件，說傅利奇犯同性戀罪。事實上，這份文件所指的是另一個與傅利奇名字相近的人士，但希姆萊卻當面指證那個人就是傅利奇。希特勒為此解除傅利奇的職務。

根據列里希特將軍（Rohricht）的說法，希姆萊這樣做的目的在於阻止傅利奇接替布倫堡成為國防部長，那將使他掌握全部武裝力量的大權。「誰當上國防部長，誰就會成為德國空軍司令戈林的頂頭上司。要越過戈林提拔新人並非易事，傅利奇軍階高於戈林，是唯一可能的人選。希姆萊誣陷的目的不僅是為了戈林，也是為了實現他自己的野心。他的所作所為是為了親衛隊逐步篡奪軍權做準備。」

傅利奇要求法庭調查，費盡周折才同意舉行一次，那還是在倫德斯特代表全體將領出面強烈要求後才成功的。勉強同意舉行聽證後，希姆萊又企圖由他自己來主持法庭調查。司法部長向傅利奇施予援手，宣稱此案必須由軍事法庭來處理，希姆萊趕緊網羅他的證人。為了確保證人能夠出庭和他們的人身安全，軍方派部隊護送證人。出庭時，希姆萊的主要證人推翻了自己的證詞，還為此丟了性命，傅利奇總算討回清白。

希特勒趁機取得武裝部隊的指揮權，聲稱將領們的所作所為令他失望。布倫堡原先的職位權力下降，繼任的凱特爾將軍（Wilhelm Keitel）在希特勒眼裡不過是個十足的馬屁精。與此同時，布勞齊區（Walther von Brauchitsch）取代傅利奇，就任陸軍總司令。等到傅利奇澄清對他的誣陷時，已經沒有位子留給他了。由此可見，這次危機是經過精心策劃的，其結果是為希特勒的奪取權力鋪平道路，希姆萊的勢力也因此有所加強。

在奪權的各個階段，希特勒都擅長利用派系之爭，利用人們明哲保身的本能。他善於玩弄權術，唯恐任何一個部門坐大，從而阻撓他實現自己的野心。雖然參謀本部已於一九三五年重組，但它的權限已經不如原先的參謀本部。在軍事部分，參謀總長須服從陸軍總司令，政治事務則歸國防部長負責。而且，國防部長布倫堡還同時是國防軍最高統帥。

最高統帥部（OKW）統合三軍共同的政治事務與行政工作，一個規模較小的「國防防衛處」（Landedverteidigung），與三軍配合研究邊界事務的政策和策略。這個步驟似乎是要建立一個屬於國防軍（Wehrmacht）的參謀本部，但由於其他方面的種種顧慮，最後並沒有實現。

陸軍總司令部（OKH）對建立屬於國防軍的參謀本部的想法極為反感，因為這會削弱他們的地位，並取代OKH成為解散前的那個參謀本部的繼承人。他們爭辯道，要讓OKH這樣一個長期固有的組織，隸屬於一個新成立且不專業的新機構非常不妥。陸軍總司令部認為，大陸作戰是德國極為重要的軍事問題，陸軍總部必須擁有掌控大局的權力。海軍也持反對態度，海軍高層向來不願讓「旱鴨子」來對自己指手畫腳。空軍司令戈林出於個人利益也竭力反對。布倫堡擔心各方阻撓，反復強調新機構規模極小，他無意讓其成為「老大」。希特勒雖然希望削弱陸軍參謀的權力，但是他也不願看到一個更高的機構來取代它，因為那同樣會對他掌控權力礙手礙腳。所以他轉變立場不再支持成立國防軍參謀本部。國防軍最高統帥布倫堡被撤職以後，希特勒有意將最高統帥部的參謀組織，保持在一個僅有「局處」地位的機構。

那時，參謀本部雖然服從希特勒的指揮，但還掌握著制定戰略的權力。然而，希特勒一直企圖削弱參謀本部的影響力，以實現他隨心所欲制定戰略的野心。

軍方原本規定參謀本部全體人員在制定軍事決策時，需對其上司負有共同的責任，但可以保留不同的意見。這樣他們便可以越級上訴。早在一八一三年起，德國就一直實行這項規定，是年冬季，希特勒採取進一步措施公然廢止該規定。按照新的規定，參謀總長必須完全服從陸軍總司令命令，不能提出異議。這一改變削弱了參謀總長和其他參謀的影響力。

第四章　布勞齊區和哈爾德時期

希特勒任命布勞齊區取代傅利奇，而布勞齊區也欣然從命，這件事乍看起來似乎不可思議。布勞齊區毫不諱言他曾經效忠於前共和政權，在政治和經濟問題上傾向於自由主義觀點，公開批評納粹的政策。他對容克貴族和納粹的狂妄均十分反感。[8]在常人眼裡，布勞齊區看重榮譽感，決不是一個利己主義者。他具有強烈的正義感，關心他人，深得同事和部下的信任。一九三八年二月，布勞齊區卻接受希特勒的委任，這是因為他在巨大的利益誘惑下很快屈從於一己野心，還是因為他以為擔此重任便能力挽狂瀾？第二種可能性似乎更大，因為事實表明，在傅利奇被解職後，布勞齊區仍與他交好，不止一次地向他表示慰問，這令納粹頭目極為反感。然而，事件的演變卻表明布勞齊區從此將如履薄冰，想要挺胸闊步那可太難了。

選上布勞齊區純屬妥協的產物。希特勒起初想任命賴赫勞，倫德斯特和其他人提出這會引起軍方的強烈反對。布勞齊區在常人的眼裡是個可靠而有進取心的軍人，雖然出身於砲科，卻要比其他高階將領更了解戰車的潛能。另一方面，他也不像傅利奇之類的老派軍人那麼保守。布勞齊區最明顯的優點就是能討各派人士的喜歡，這樣就能打消人們的疑慮，掩蓋這次人事變動背後的政治動機以及此前的內部爭鬥，布勞齊區為人謙遜也使人們相信他不會像傅利奇那麼難以對付。

8　編註：Junker，容克為德語譯音，指普魯士貴族和大地主階級。十九世紀中葉逐漸演變成半封建型貴族地主，成為德意志帝國右翼勢力的主要支持力量。

然而，希特勒很快就發現，彬彬有禮的布勞齊區並不比傅利奇更容易操控，他同樣不允許政界對軍隊的滲透。布勞齊區上任後首先採取措施改善基層士兵的福利，爭取讓他們在復員後有較好的前景。他整飭軍紀，堅持不讓納粹組織與軍隊沾上邊。布勞齊區力圖加快改進軍隊的裝備，同時設法緩衝納粹咄咄逼人的對外政策，以免過早地引發衝突，參謀總長貝克將軍也力挺布勞齊區。貝克是個精明能幹的軍人，但他反對戰車，也反對希特勒的侵略政策，傾向於低估希特勒依靠新式武器所取得的戰果。

希特勒將其意圖挑明之後，布勞齊區八月初召集全體高階將領開會，通知他們貝克將軍草擬了一份備忘錄，如果大家同意，他將面呈希特勒。然後，貝克宣讀了備忘錄的內容。備忘錄認為德國的政策應當盡量避免挑起戰爭，尤其不應在「蘇台德地區這樣的小問題」上冒戰爭之險。報告指出德國軍隊的弱點，認為德軍的力量尚不足以對抗可能形成的各國聯軍。它強調即使美國不直接參戰，它也很可能利用其資源向德國的對手提供武器裝備。

倫德斯特曾對我描述會議的情況，他說：「貝克讀完備忘錄，布勞齊區站起來說，如有任何不同意見請在備忘錄上呈希特勒之前提出來。沒人表示異議，報告送上去後，希特勒氣得火冒三丈。」貝克因此被解職，哈爾德繼任參謀總長。

反對派的意見就這樣被立刻壓了下去，當九月捷克斯洛伐克危機迫在眉睫之際，布勞齊區又向希特勒進言，德國軍隊尚未做好戰爭準備，告誡希特勒要有所收斂，不可輕易挑起戰火。新任參謀總長哈爾德並沒有附和希特勒的主張，而是繼續前任的路線，支持布勞齊區。這讓希特勒明白要想破壞鐵板一塊的軍方絕非易事。哈爾德的軍事觀點相當保守，但像貝克一樣，他也有政治上的遠見，不願拿國家的前途去孤注一擲。他擔心新建立的德國軍隊羽翼未豐，經不起大戰的考驗。希特勒絕不會聽取諫言改變心意，有鑑於此，哈爾德便加快步伐，準備以武力來反對希特勒的政策和政權。

然而，法英兩國政府更怕開戰，根本不願為捷克斯洛伐克冒險一戰，致使希特勒在慕尼黑輕而易舉地將蘇台德地區收入囊中。

接二連三的勝利讓希特勒的氣燄更難遏制。次年春天，他公然推翻慕尼黑協定，佔領捷克，並馬不停蹄地向波蘭進逼，要求將但澤歸還給德國，德國有權建造橫穿波蘭走廊通往東普魯士的境外鐵路和公路。希特勒無視他人的看法，根本不明白在這種形勢下提出所謂有限的要求顯然是太過分了。波蘭斷然拒絕，並在英國的支持下變得態度強硬。希特勒認為自己受到挫傷，為之大怒，加緊施加壓力。為了指望波蘭能俯首聽命，保住自己的面子，希特勒越來越傾向進行戰爭冒險——只要風險不至於太大。

希特勒與軍方高層商討波蘭問題，布勞齊區的回答比凱特爾更為明確。布勞齊區認為如果反對者僅僅限於波蘭，結果「很可能」對德國有利。但是他強調如果德國還要與法國和英國、蘇聯交戰，那就很難指望能獲勝。法國駐柏林大使庫隆德（Coulondre）在六月初得知這個情報後，向政府回報消息。

納粹分子本來就對布勞齊區阻止軍隊納粹化的做法頗多怨言，如今他又在波蘭問題上提出質疑，並對把義大利視為盟友一事冷言冷語，這使納粹更加惱火，於是他們發起了反對布勞齊區的運動。這就可以解釋為什麼布勞齊區不得不對外宣稱他忠於元首，還在坦能堡（Tannenberg）威脅波蘭，發表情緒激烈的演講，雖然他的這些行為也可以理解為是要做一番自我表白。布勞齊區之所以發表這樣的講話也是可以理解的，他可能認為這番言辭不會造成多大的危險，因為任何一個明白當時軍事格局的人都難以想像如果蘇聯袖手旁觀，處於這種毫無希望的戰略地位，英法會真正為了波蘭不惜一戰。考慮到布勞齊區有關蘇俄的說法，迫於形勢，希特勒全盤放棄以往的反蘇政策，力圖使蘇聯保持中立。一旦轉變立場，希特勒立刻著手加快與蘇聯簽訂協議。英國政府當時也在和蘇聯談判，卻一再遲疑不決。兩者形成鮮明的對比。

儘管德蘇協議已經公佈，英國政府還是無視合理的軍事邏輯，決定向德國宣戰，把法國也拖上了戰爭道路。不過，在英國錯誤謀略顯現之前，希特勒已經下令入侵波蘭。這時，布勞齊區和哈爾德也正全力以赴地制定作戰方案，他們沉浸於軍事事務之中，已經將原先的憂慮置於腦後。

布勞齊區和哈爾德親自出馬制定作戰方案，此戰迅速獲勝。他們賦予前線指揮官充分的自主權，在秉持著傳統又能展現出主動和靈活，表明指揮官自主的價值。倫德斯特的南面集團軍扮演著主要角色，在衝破波蘭防線後，倫德斯特命令賴赫勞所屬，擁有大部分摩托化師的第十軍團向北迂迴到華沙，切斷波軍位於中央的部隊，這是一個決定戰役成敗的舉動。陸軍總司令部原以為波軍已經撤退到東南部，於是命令第十軍團直線前進，越過維斯瓦河（Vistula）。但是倫德斯特和他的參謀長曼斯坦（Manstein）估算到波軍主力還滯留在華沙西側，可以將他們包圍在維斯瓦河附近。在此關鍵時刻，前線指揮官可以自行作出決斷，其價值已為結果所證實。而在下一次戰役情況相似的關鍵時刻，希特勒卻一意孤行，從而付出極大的代價。

入侵波蘭的勝利讓希特勒陶醉不已。但陶醉中也夾雜著一絲擔憂，他擔心如果不能確保西線的局勢穩定，東線的形勢很可能惡化。陶醉與恐懼的相互作用迫使希特勒決定不計後果，採取新的行動。

布勞齊區和哈爾德並沒有像希特勒那樣被勝利衝昏頭，戰爭的塵埃一旦落定，他們便意識到這場勝利所帶來的後果相當棘手，意識到進一步捲入戰爭的危險所在。波蘭會戰結束後，希特勒認為在西線採取攻勢能迫使同盟國求和，布勞齊區和哈爾德均持反對態度，他們看得更遠，甚至打算用武力來解決希特勒。但是，僅僅是幾個月的太平尚不足於支撐長久的和平。那年冬天，邱吉爾在廣播中公開號召「向德國開戰」，希特勒自然會利用這點來堵住布勞齊區和哈爾德的嘴，戰爭的動力正驅使著戰爭的列車隆隆向前。

德軍於一九四〇年四月入侵挪威，這是希特勒第一次事先未經醞釀便貿然舉兵。紐倫堡大審時的證據表明，入侵挪威與其說是出自希特勒的欲望不如說是出自他的恐懼，它是勸阻和慫恿兩種勢力影響的結果。雖然入侵輕而易舉地取得了成功，但希特勒也由此陷入身不由己的窘境。最先提出勸阻的是挪威親納粹分子吉斯林（Quisling），他認為無論挪威政府是否默許，英國都有可能出兵佔領挪威沿海地區。德國海軍司令部也擔心事態如此發展，因為這樣就會加強英國對德國海軍的封鎖，使德國的潛艇難以施展威力。十一月底，蘇芬戰爭爆發，英法向芬蘭施以援手。正如精明的德國人所猜測的，英法背後的目的是企圖借此控制戰略要地斯堪地納維亞半島。希特勒還是認為挪威保持中立對德國更有利，不希望擴大戰爭。十二月中旬，在和吉斯林會晤後，希特勒便決定靜待吉斯林在挪威發動政變，以此實現自己的圖謀。

一月，邱吉爾在廣播講話中呼籲中立國參加反對希特勒的戰爭，同盟國行動的升級使希特勒更加緊張。二月十八日，英國驅逐艦哥薩克號（HMS Cossack）衝入挪威海域，攔截德國補給船阿提馬克號（Altmark），上船營救被德軍俘虜的英國海員。當時，正是坐鎮英國海軍部的邱吉爾親自下達這些命令的。希特勒火冒三丈，他想為了營救區區幾個海員，邱吉爾居然不顧挪威的中立地位，那麼他也極有可能下令切斷從挪威北部港口城市納爾維克（Narvik）運往德國的鐵礦石運輸線，那些鐵礦石對德國可是至關重要的資源。

關於這點，倫德斯特也曾告訴過我：「邱吉爾的廣播內容使希特勒勃然大怒，正如後來羅斯福的講話一樣，他們就是要激怒希特勒。希特勒一再向陸軍總部強調，如果不及時動手，英國就會在這個中立地區先下手為強。」海軍上將福斯（Voss）也在現場，他以自己在海軍總司令部的經歷向我證實了這一點，他說：「英國海軍對阿提馬克號的攻擊對希特勒具有決定性的影響，它是點燃入侵挪威之戰的『導火線』。」

阿提馬克號遭襲之後，希特勒立刻命令法根霍斯特將軍（Falkenhorst）召集軍隊參與挪威作戰，準備佔領挪威的港口。在二月二十三日的會議上，海軍總司令賴德爾上將（Raeder）強調：「保持挪威的中立是穩定整體局勢，保證鐵礦石運輸線通暢的最上策。」但是他繼續說：「正如我們以前反覆聲明的，絕不能允許英國先下手佔領挪威，我們不能無所作為。」

這時，從挪威傳來的情報表明吉斯林的黨羽節節敗退，英國方面的情報卻表明，跡象顯示在當地的行動是有事前規畫的，包括部隊集結和安排交通運輸等行動都是如此。三月一日，希特勒下令出征挪威。九日，海軍總部上呈他們的作戰計畫，認為英國對挪威的入侵迫在眉睫，詳細說明緊急採取行動的必要性。德國海軍憂心忡忡，但要完成全部的準備工作又尚需時日，為了防止英國運輸艦先行登陸，只能派潛艇埋伏在挪威港口近海準備攔截。

三月十三日，芬蘭宣佈投降，這打亂了同盟國的計畫，使他們失去了企圖在納爾維克登陸的藉口。海軍上將賴德爾在二十六日晉見希特勒時就表示，目前已不必過於擔心英國軍隊會馬上在挪威登陸。但是考慮到英國肯定很快就會另找藉口，重新試圖切斷鐵礦石運輸線，所以「遲早德國都得將代號『維塞爾演習』（Weserübung）的入侵挪威計畫付諸實施」，與其延誤，不如趁早動手。希特勒表示同意，便確定了具體日期。既然準備工作進行到這個地步，入侵挪威已如箭在弦上。幾乎與此同時，同盟國決定向挪威和瑞典政府重新施壓。他們準備四月五日在挪威海域佈水雷，八日第一批運兵船隊向挪威的納爾維克出發。但是佈雷行動一直推遲到七日晚上才開始，第二天下午，德國侵略部隊就先起航了。

四月九日一早，主要由軍艦運來的德國先遣部隊，沒花多少力氣就佔領了挪威從奧斯陸到納爾維克的主要港口。這個結果表明，同盟國的計畫缺乏有效的實施手段，他們的反抗不堪一擊，德國人佔領了整個挪威和丹麥。這次成功的入侵並沒有動用到任何的西線部隊，也沒有影響西線的戰備部署。而且，直接指揮這次行動的是最高統帥部，而不是陸軍總司令部。

有關西線侵略方案的形成過程比較複雜，非三言兩語所能講清，留待後面的章節加以詳述。暫且先來描述一下該計畫的概況，揭示其中一些有關大局的基本要素，有了這樣一些背景知識，可以更有利於我們講述人物的作用和德國內部的爭議。

在世人看來，德軍的突襲堪稱典範，但他們的神機妙算才真正算得上不同凡響。由精銳裝甲部隊所組成的同盟國左翼部隊，成功被誘導進入比利時和荷蘭，這就是德軍制勝的關鍵。盟國左翼被誘離陣地，陷入困境，這才使德國的裝甲部隊能迅速穿越盟國左翼的中心地帶，一舉奠定勝局。而且，德軍的裝甲部隊直驅海峽地帶，在盟軍的前線撕開一個突破口，摩托化師緊隨其後，迅速沿著整個突破口築成一道防線。這種戰術以防守來協助進攻，猶如四兩撥千斤。它將進攻的重負拋到了處於劣勢的盟軍的身上，盟軍要先突破重圍，集結被打散的部隊才能有所作為。這就是神機妙算的戰略精髓所在。

隨著盟軍左翼的崩潰，其失敗的命運已是在劫難逃了。只有一部分軍隊丟棄全部裝備，經由敦克爾克（Dunkirk）從海上倉皇出逃。要不是希特勒突然下令讓神速前進的裝甲部隊在敦克爾克郊區止步待命，這些盟軍一個也跑不了，其原因且在後面再詳加探討。痛失全滅敵軍的後果當時並沒有馬上顯露出來，在左翼被殲以後，駐守在法國漫長防線的盟軍殘部難以抵擋德軍猛烈的進攻，在德軍再次發起進攻前，法國防線的崩潰只是遲早問題。一戰時，德國企圖先深入敵方防線，然後再圍剿對方。但事實證明那個包圍圈太大了，非德軍所能勝任。一九四〇年，德軍指揮高層的策略是集中優勢兵力速戰速決，各個擊破，最終達到全滅敵軍的目的。

但是，如同當年的拿破崙，德國的策略並未成功，它受到來自英倫三島的持續抵抗，只要英國還在，它就像「肉中刺」一直讓德國人寢食難安。德國國防軍擅長陸戰，對那些逐漸發展的局勢有充分準備，但對於眼前的突發狀況則未必能應對自如。大規模的海上入侵需要運用新的技術，動用船艦裝備，面對這些無法預見的情況，德軍就有點束手無策了。

海戰處於兩難的境地，陸戰則所向披靡，這就驅使德國人去重蹈拿破崙的覆轍——侵略蘇聯，而反蘇本來就是納粹理論中固有的信念。希特勒妄圖在拿破崙曾經失敗的地方取得勝利，布勞齊區和哈爾德則不以為然，他們想要遏制希特勒的侵蘇野心，但德軍在歐洲大陸的輝煌戰績使他們難以推行溫和的政策。而且，在納粹眼裡，征服蘇聯是輕而易舉之事，儘管布勞齊區和哈爾德的看法與此大相徑庭，他們比較重視蘇聯人的力量，但這也使他們容易接受那種觀點，即認為要趁早動手，免得蘇聯的力量變得更強。

布勞齊區和哈爾德制定的侵蘇計畫和一九四〇年發動的戰爭基於相同的原則，即突破紅軍防線中的薄弱環節，將敵軍各部分割開來，迫使那些守軍要靠反攻來突破重圍。他們力圖將俄軍的有生力量殲滅在俄國邊界，儘量不讓它全身而退，避免為了追擊敵軍而深入重地。俄羅斯地形開闊，較之西線更有利於德軍迂迴出擊，不利的方面在於那裡沒有像英吉利海峽那樣自然形成的障礙，德軍在突破後難以咬往敵人窮追猛打。

一開始侵蘇計畫如願以償，德軍取得一系列勝利，加上蘇聯領導人起初過於輕敵，德國差點就大獲全勝。德軍裝甲部隊所向披靡，成功地將蘇聯主力分割包圍，其中還包括一大部分裝備優良的精銳部隊。從整體上來看，不利因素超過有利因素，俄羅斯開闊的空間固然有利於德軍進攻，但它那延綿不絕的縱深地帶也有利於俄國人及時撤退，從而避開全滅的厄運。隨著戰事的延續，不利因素卻變得越來越大。

另一個不利因素是裝甲部隊數量有限。裝甲部隊是德軍進攻的利器、取勝的法寶。一九四〇年西線的勝利首先要歸功於裝甲部隊，當時十個裝甲師衝鋒陷陣，為後續的一五〇個正規師級部隊打開缺口，使它們得以從容佈防。一九四一年德軍入侵蘇聯時，裝甲師增至二十一個，但各師戰車的戰力只有原先的二分之一。在開闊的前線，裝甲師數量增多可以提高其機動能力，各師攻擊力量的減弱在入侵的初期也無傷大局。確實，按照正統的軍事觀念，要守衛已經攻克的地區，必須增加步兵的比例，增加裝甲師的做法是可取的。但是，隨著戰爭的延長，尤其是當德軍逼近大城市，遭遇更頑強的抵抗時，有限的攻擊力就成了嚴重的問題。

正是在這些頑強的「岩石」上，德軍勝利的希望被撞得粉碎。德軍越靠近這些目標，進攻的方向就越明確，迷惑敵人迴旋的餘地也就越小。希特勒天生擅長迂迴進攻的戰略，並多次得逞，此時面對近在咫尺的大肥肉，他早已將這種戰略置於腦後。結果，正如當年的拿破崙，莫斯科成了他致命的磁鐵。

德軍本來企圖在蘇軍撤退之前將其殲滅在聶伯河（Dnieper）以西，但是沒有成功。面對這種局面，下一步該如何行動，德國高層意見不一，後來還一直爭論不休。布勞齊區和哈爾德希望直撲莫斯科，希特勒則主張向南橫掃烏克蘭。有一些將領支持希特勒的看法，這使他更堅定了自己的主張。但是當德軍在基輔成功地包圍了紅軍後，希特勒又改變主張。雖然冬季已經臨近，希特勒還是決定在南面德軍通過烏克蘭向高加索挺進的同時，繼續朝向莫斯科。十月初，希特勒宣佈攻佔莫斯科的大決戰已經開始，他決定將自己的聲名押在這場豪賭上。

開戰之初，德軍戰果輝煌。波克（Bock）在維亞濟馬（Vyazma）包圍了六十萬紅軍。然而就在完成包圍之時，嚴冬降臨了，在通往莫斯科泥濘的道路上，德軍垂手可得的勝利陷入了泥沼。希特勒還要加強進攻，有些將領認為德軍必須後撤，加強防守，冬天宜守不宜攻，對敵我雙方都是如此。希特勒根本聽不進要他謹慎從事的勸告。布勞齊區、哈爾德和波克也傾向於繼續進攻莫斯科。畢竟當初他們頗費周章才使希特勒改變主意支持進攻莫斯科，如今他們自然也不情願就此止步。十一月，德軍準備再次進攻，但是德軍的意圖過於明顯，各路德軍聚集在一起進攻莫斯科倒也使俄國可以集中兵力重點防守，免得分心兼顧其他地方的安危。此一階段的進攻由希特勒直接指揮，除了檯面上的事務外，布勞齊區已經不再具體負責任何事情。莫斯科戰役失敗後不久，德軍又從蘇聯西南部港市羅斯托夫（Rostov）敗退，九月份就正式宣佈布勞齊區撤職。希特勒決定「遵從自己的直覺」，親自掌控德國陸軍的最高指揮權，早在一九三八年二月將布倫堡撤職之時，希特勒就已經實質掌握了三軍的指揮權責。

希特勒剝奪布勞齊區的權力，這表明軍人最終喪失了對戰略和軍事政策的決策權。從此以後這個「波希米亞下士」就可以對高階將領頤指氣使，對軍事大計獨斷專行。將領們的權力僅限於提提建議，略示異議而已。身不由己的執行者難以出色地完成任務。

狄特馬（Dittmar）在我們的交談中追溯這一轉變的經過。他說：「波蘭、西線、巴爾幹以及俄羅斯會戰的初期都是由陸軍總司令部直接指揮的，相對而言，最高統帥部幾乎不加干涉。基輔會戰首開希特勒親自指揮的先例，他辯解這對冬季來臨之前結束作戰至關重要。從此以後，最高統帥部就更為加緊對陸軍總司令部的控制。希特勒對抓權始終就是那麼地執迷不悟。」

狄特馬還強調另一個嚴重後果，他說：「希特勒決定陸軍總司令部只能負責東線戰事，其他則由最高統帥部負責。結果造成陸軍總司令部沒法了解戰爭全貌，也就越來越沒有能力對一些戰略錯誤提出自己的意見。最高統帥部和陸軍總司令部之間這種戰線和注意力的分割，造成德國作戰計畫的嚴重缺陷。」

「哈爾德多次對我說他對希特勒的印象，他說希特勒喜歡故弄玄虛，即便他還不至於全然不顧戰略法則，但他的確常常對那些戰略法則漠然置之。」

「希特勒認為理性和知識毫無用處，不屈的求勝意志和為實現目的所作的不懈努力才是萬應靈藥，他也是這樣對部下開示的。他以玄機來取代對時間、空間的周密思考，和對敵我力量對比的仔細斟酌。戰場指揮官的行動自由都被徹底剝奪，甚至連高階將領們都要服從他那令人難以忍受的指導。

另一方面，一些傑出的年輕將領則將這種局面的出現歸咎於上級。在戰爭即將爆發之前，這種情緒尤為激烈。針對哈爾德的批評特別多，他們認為哈爾德跟布勞齊區一樣，在希特勒面前太軟弱了，沒能履行他應盡的職責。一位年輕軍官說：「絕大多數德國軍官就像呆板的工匠，參謀本部的成員也是如此，尤其後者要接管倉促成立的國防軍，根本就沒有接受多少該有的軍官養成教育。一個「官僚機關」應運而生，為首的就是哈爾德這個頭號老官僚，這種體制難以造就偉大的軍人和出色的人格。」

原來的參謀本部系統更有利於個人在合作環境下發揮主動性，其成員也具有更開闊的視野。諷刺的是，一戰結束後，為防止德國重啟戰端，協約國強行廢止德國參謀本部，這個體制本來可以更有效地遏制希特勒這樣的人物，取而代之的卻是一個機械呆板、缺乏政治頭腦的官僚機構。

第五章　旗開得勝全靠古德林

戰爭第一年，希特勒的侵略戰爭給歐洲地圖帶來巨大的改變，儘管這種變化只是暫時的，它對世界歷史的走向卻有著持久的影響。造成這種劃時代的變化的人物與其說是希特勒，不如說是古德林將軍。古德林目光遠大，用兵神速，深諳縱深突破，長驅直入的戰略玄妙之處。他建立和培訓德軍裝甲部隊，並親自率領他們所向披靡，取得節節勝利。古德林身兼這種戰術的創造者與堅定的執行者於一身，是史上所罕見。古德林率軍在色當（Sedan）大舉突破，裝甲部隊迅速挺進，直達英吉利海峽和瑞士邊界，法國的防線頃刻崩潰。

沒有古德林就不太可能會發生這種改變世界格局的大突破。希特勒雖然也頗有眼光，認同新軍事科技的價值，但他不可能像古德林那樣運用自如。無論是德國參謀本部還是其他高階將領，都難以使這一革命性的新戰術化為事實。

在戰前的那些年裡，德國參謀本部更關注的是軍隊傳統武器的改進，而不是裝甲部隊的潛能和運用模式。古德林力排眾議，發展這種「新模式」，曾遭到各方強烈反對。所幸他不像英國的裝甲部隊提倡者那樣，受到長期的抵制。快速機動的部隊可以用在長距離的戰略突破，即先頭部隊可以遠遠超前於主力部隊，古德林認同這種觀念，但許多高階將領卻對此深表質疑。這些德國將領和他們的英法同僚一樣思想呆板，害怕由此帶來的風險，對突破制勝戰術的巨大潛力視而不見。

即使在迅速攻佔波蘭後，保守觀念仍然在德軍參謀本部和大多數資深將領當中佔據主導地位，如他們反對在西線採取攻勢。他們墨守成規，沒人相信德軍能取得大勝。如果當時採取他們所鍾愛的保守觀點，他們當然也肯定要證明這種觀點是正確的。在制定進攻計畫的會議上，他們堅持古德林的先鋒裝甲師在突破阿登高原（Ardennes）後，必須在馬士河（Meuse）待命，等待主力抵達，他們評估部隊至少要在開戰後第九天或第十天才可以過河。如果那樣的話，法國人就有足夠的時間重整旗鼓，派出增援部隊擋住德軍的前路。

但是古德林在進攻開始的第四天就到達馬士河，當天就率軍強行渡河。他根本忽略上司充滿擔憂的警告，長驅直入一六〇英里，深入盟軍後方，切斷其交通補給線。到第十一天，他已到達英吉利海峽，成功切割盟軍的左翼，閃電般的進攻是此戰制勝的關鍵。

面對眾將的質疑，希特勒曾力挺古德林大膽的行動方案，但他還是不如古德林那麼敢衝。要是希特勒沒有下令古德林止步不前，德軍本可以攔截從敦克爾克撤離的英軍。希特勒的干涉對二戰最終結果具有生死攸關的影響，只是當時眾人並沒有體會到而已。法軍再也沒能從第一次打擊後恢復元氣，其左翼全軍覆沒。正是因為古德林從埃納河向瑞士邊界迅速挺進，才導致盟軍殘餘部隊全線崩潰，法國頃刻淪陷。

海因茲・古德林一八八八年六月十七日在庫爾門（Kulm）出生。他是弗里德里希（Friedrich）和克拉拉・古德林（Clara Guderian）夫婦兩個兒子中的長子。從非德裔化的姓氏可以推斷他們可能來自荷蘭一個叫做古德林吉安（Gouderjan）的村莊，它位於萊茵河口附近的一個小島。古德林的父親是波美尼亞獵兵營（Pomeranian Jäger Battalion）軍官。古德林本人參軍後曾被派往漢諾威營，這種營也就是所謂的「輕步兵」，在英軍裡稱為「步槍」團。他們步伐迅速，行動比其他步兵更快，平時訓練十分重視特有的機動作戰傳統。英國最早的三位裝甲戰先知均出身於輕步兵，這並不是偶然的巧合，這表明訓練方式對潛意識的刺激作用。古德林和他們三人一樣，都對一戰時壕溝戰僵持不下的局面印象深刻，需要有新的戰術和武器來恢復作戰的機動性。

凡爾賽條約禁止德國擁有戰車，所以很長一段時間，古德林對戰車及其運用沒有直接的經驗。但是他勤於學習，認真鑽研有關戰車的任何書面資料。他告訴我曾經怎樣積累這方面的知識，他說：「一九二二年，威瑪共和國國防部任命我為摩托化部隊（Inspektion der Kraftfahrtruppen）督察官，我開始對戰車產生興趣。自那以後，我開始研究戰車在一戰的情況，以及一戰後戰車在國外的發展狀況。我在一九二八年被聘為裝甲戰術的教官，我的聽眾是柏林摩托運輸教育處的學生，他們來自各個軍種。這個機構是德國裝甲部隊的發源地。隨後幾年，我發展裝甲部隊的戰術和組織架構。經過這番理論研究，我暗下決心，一旦德國擺脫凡爾賽條約的束縛，就要開始建立裝甲師。」英法戰後不少著作探討戰車的戰術、歷史和未來的發展，古德林對這些著作詳加研究。法國的主流觀點，認為戰車只能用來輔助步兵的進攻，古德林對此不以為然。英國人當時宣導的是另一種新理念，認為戰車應該是一支可以獨立作戰的裝備，如同幾百年前的騎兵一樣，在戰爭中能夠擔負起決定性作用，古德林對此頗為讚許。古德林聰明好學，幹勁十足，有關戰車功用的革命性概念正合他意。

一九三〇年，古德林成為柏林附近的第三摩托運輸營營長。在當營長的兩年中，他籌建各一個裝甲偵察連、戰車連和反裝甲連，但所有車輛或火砲都是不具殺傷力的道具。「我用無線電通信建立各車之間的聯絡，效果甚佳。」雖然比起早年英軍連續三年進行的「實驗性裝甲部隊」，古德林的實驗規模不算很大，但兩者都是站在同樣一個起跑點上。一九三一年十月，古德林轉任魯茲將軍（Lutz）麾下的摩托化部隊參謀長。他說：「將軍完全同意我的觀點，全力支持將這些概念轉化成事實。」

希特勒在一九三三年一月掌權後，大力促進建立裝甲部隊。「一九三四年六月，成立『摩托化部隊指揮部』，後來改為『裝甲兵司令部』，我成為該司令部參謀長。一九三五年七月，在魯茲的帶領下，我們在明斯特-拉格（Munster-Lager）舉行首次的師級操演，大獲成功。

一九三五年十月一日，三個裝甲師陸續成立。第一裝甲師駐地在魏瑪（Weimar），第二裝甲師在維爾茨堡（Wurzburg），第三裝甲師在柏林。」第一裝甲師師長是魏斯克中將（Weichs），第三裝甲師師長是費斯曼中將（Fessmann），古德林任命為第二裝甲師師長，當時他還只是一名上校。

在此之前兩年，英國國防部終於建立一個正式納入編制內的裝甲旅，而且還是全球首創的同類型部隊。與一九二七至一九二八年的「實驗性裝甲部隊」不同的是，裝甲旅的指揮官是裝甲專家霍巴特准將（P. C. S. Hobart），他擁有進取精神，對機動性作戰又有充分的了解。在裝甲戰術和快速作戰環境中，以無線電控制作戰方面，霍巴特貢獻不小。他抓緊機會，將裝甲部隊獨立作戰、快速滲透的戰略概念付諸實行。此前十年我就一直在闡述並宣導這種概念。然而，英軍高層大多數人對此持懷疑及排斥的態度。帝國參謀總長阿奇博爾德・蒙哥馬利馬辛貝德爵士（Sir Archibald Montgomery-Massingberd）後來乾脆不准霍巴特繼續這些實驗。這導致要把裝甲旅擴編為師級單位的計畫，因此而擱置了三年。

霍巴特的實驗在國外卻引起廣大的關注，好學的古德林對此尤其敏感。戰前有一位比利時軍官卡恩耶夫上校（Khandyeff）曾到過古德林的裝甲部隊，他說：「古德林堅信戰車的威力，他竭盡所能向部下灌輸這種觀念。他自己花錢分發從國外買回來的軍事書刊，還對內容注以粗略的德譯。」卡恩耶夫還說，古德林根據本人關於裝甲戰每一個步驟的描述，搭配霍巴特多年來進行過的種種實驗加以模仿，「這根本就是按照劇本在排練戲劇」。「曾有一位前來訪問的反裝甲專家指出戰車的種種侷限」，還引用了英國那些將軍的保守觀點來批評新戰術。古德林「忍不住打斷他的話，說：『這種觀點太陳舊，已經過時了。我相信霍巴特，他代表著新思潮。』」古德林後來也證實「卡恩耶夫的敘述沒錯，那是在一九三五至一九三六年間，當時我在維爾茨堡擔任第二裝甲師師長」。

新戰略觀念主張要讓裝甲部隊擁有充分的自主權，敢於長驅直入獨立作戰。然而，事實證明要讓德軍高層轉換觀念，接受新事物殊非易事。儘管古德林對此有著堅定的信念，在闡明自己的主張時，他還是比較謹慎的。以致有些同僚認為在一九三九年前，古德林尚未全盤接受裝甲戰的新理念。但是自一九三六年就和他往來密切的老部下，曼陶菲爾（Manteuffel）曾說：「古德林從一開始就對裝甲戰術極為推崇，主張不畏側翼受敵，深入重地，克敵制勝的戰術。所以他以同樣的方法，將所有戰車的輔助單位（如步兵、砲兵、工兵）按部就班地佈置好，物資供應（汽油、彈藥、糧秣）有組織地編入各戰鬥部隊。一切以裝甲部隊為核心，其他部門如眾星捧月，伴隨其後，直到與之完全融合。這樣古德林的部隊就能擁有可以提供三到五天的補給物資。」

「在某些場合，他不會十分強調這些觀點，因為那些老軍官不會輕易接受。他會用令人容易接受的方式來提出自己的觀點。」

可見即使在德國軍隊，這種克敵制勝的新理論也曾備受阻撓。古德林生性坦率、心直口快，不會在上司面前閃爍其詞、曲意逢迎。他常常直言不諱，不搞轉彎抹角的那一套。歐寶（Opel）汽車公司經理諾德霍夫（Nordhoff）曾對我的一個丹麥朋友講，戰前傅利奇任陸軍總司令時，有一次他和其他幾個汽車廠的代表受邀參觀摩托化部隊操演。「演習剛結束，古德林的舉動讓在場軍官和來賓大吃一驚，他直接跑到傅利奇面前說，這次操演結果太糟糕了，戰車沒能發揮其應有的功效。最後他還說『要是能採取我的建議，我們現在就能有一支名副其實的裝甲部隊』。」

在場部分人士認為，面對這麼多上級長官，古德林的言行顯得太桀驁不馴了。古德林對這些議論卻不以為然，在他看來，自己僅僅是遵循普魯士軍人的一貫傳統，對他人「赤誠相見，即使面對國王也要直言不諱」，這種傳統自十八世紀一直持續到二十世紀。

古德林相信這一傳統，也相信他的上級同樣尊重這個傳統，當時的情況也確實如此。在為新兵種挑選指揮官時，德軍高層重視專業知識，慧眼識才。相比之下，英國的坦克專家就沒有他這麼幸運了。一九三八年初，古德林破格擔任德國首支裝甲軍─第十六裝甲軍軍長，級別一下子超過不少原本的上司。佈達那天是一九三八年二月四日，與德軍高層大變動的日子正好是同一天，布倫堡和傅利奇同時被撤職。古德林在回憶此事時說：「對德軍來說，這一天是黑色的。」但從歷史角度來看，尤其二戰初期德軍的赫赫戰果，任命古德林為裝甲軍軍長與軍方兩員大將撤職，所得遠遠大於所失。

那年夏天，古德林甚至可能取代貝克成為參謀總長。不過此事引起爭議，最後不了了之。有些人不喜歡保守的哈爾德，他們竭力推薦古德林當參謀總長，結果引發激烈爭論，雙方的敵意有增無減。反對派將古德林描繪成一個純「技術專家」，認為他不能勝任參謀總長這樣的高位。他們惡意詆毀，說他「沒有進過正統軍事院校」，說得多了，許多不明真相的人也就信以為真。在與一些德軍將領交談中，我發現他們也是這麼認為的。其實古德林在一九一三年曾考入軍事學院，雖然一戰中止了他的學業，但他在一戰中曾多次擔任過參謀，在一九一八年確切無疑地成為參謀本部的一員。戰後，德國在斯德丁（Stettin）暗中成立規模很小的參謀學院，代替原來的軍事學院，古德林在那裡擔任過三年教官。「所以我熟悉參謀本部的運作模式，也知道它的侷限所在。」如果說古德林不宜擔任參謀總長一職，那也是因為他脾氣急躁，而不是他資歷不夠。即使如此，六年後古德林還是當上了參謀總長，但如果他在一九三八年就擔任此職的話，作用肯定更大。

摩托化部隊包括裝甲部隊和摩托化部隊，一九三八年，古德林被任命為摩托部隊指揮官。他曾在這些部隊當過督察長，如今他可以如願以償了。在大戰爆發的前九個月時間裡，他加緊訓練強化所屬，但對部隊總體的現代化進展影響還是有限。他發現即使在自己的職責範圍內，來自參謀本部的阻力還是大於支持。回憶這段時期，古德林說：「戰前，布勞齊區元帥已經對裝甲部隊有相當的認識，他曾在萊比錫（Leipzig）擔任過由摩托化部隊組成的第四集團軍司令。他對摩托化作戰和戰術有自己的想法，然而並沒有充分展現出來。他喜歡自己開車，所以總體而言不會反對軍隊摩托化。哈爾德與此相反，他是一個老派軍人，辦事墨守成規。他只做該做的事，別無他求。他根本不喜歡裝甲師，在他的腦海裡，步兵現在是，而且也永遠是最重要的。」[9]

戰爭爆發之時，古德林自然更樂於馳騁疆場，因為入侵波蘭的任務交給了波克指揮的「北集團軍」的裝甲軍。但是大部分戰車卻分配給倫德施特的「南集團軍」。古德林發現他的軍裡僅有一個裝甲師，師長是史維本堡（Leo Geyr v. Schweppenburg）。史維本堡在一九三三年至一九三七年間，曾任德國駐英使館武官，在古德林於一九三八年擔任德國首支裝甲軍軍長之前，他的軍階都高於古德林。兩人均個性鮮明，作風強硬，碰在一起難免勢不兩立。波蘭戰役開打，兩人的矛盾就開始升級。古德林麾下僅有這麼一個裝甲師，當然是他展現個人意志和主動精神的工具。在這種格局下，他難免會對裝甲師的事務指手畫腳，史維本堡則毫不客氣地提醒他，做好你的軍長工作，不要來干涉我的職權。衝破波蘭走廊後，古德林又分配到一個裝甲師。憑藉著這兩個裝甲師，古德林率軍從東普魯士直驅布列斯特—立陶夫斯克（Brest Lirovsk），向南穿過波蘭軍隊的後方，予以致命的一擊，出色地完成任務。

此戰過後，大多數裝甲兵都希望古德林能出任負責進攻法國的裝甲部隊總指揮。當克萊斯特（Kleist）出任負責攻擊阿登的裝甲兵團司令時，人們認為軍方高層的保守勢力偏見還是略佔上風。不過，古德林掌管由三個裝甲師組成的先鋒部隊。他成功地突破敵陣，率領軍隊切入縱深，搶佔戰略要地，割斷敵軍彼此間的聯繫，取得決定性勝利，使自己的理想成為事實。

這場輝煌的會戰過程，將在本書第二部分加以詳述。不過在此有必要交待一下，古德林本人對兩個頂頭上司的看法。人們不僅可以由此了解一些倫德斯特和克萊斯特的為人，也間接說明只要上司賞識，古德林也並不像人們所說的是那麼「桀驁不馴」的部下。古德林說：「倫德斯特足智多謀，是一流的人物。他喜歡騎兵，並不十分看好裝甲部隊，但他不像其他人那樣因此而阻撓裝甲部隊的發展。他彬彬有禮的騎士風度使部下如沐春風，即使不同意部下的觀點，他也會記下來，讓大家討論。在希特勒面前，他也是直陳己見。連希特勒都對他的為人刮目相看。克萊斯特也是個品德高尚的軍人，戰爭剛開始時，他並不看好裝甲部隊，但隨著戰爭的發展，他觀點改變了，學會如何正確地指揮裝甲部隊作戰。」

看來在處理人際關係和容納不同意見方面，古德林不如倫德斯特和克萊斯特，後者更適宜身處高位。不少古德林的部下也對我表達過相似的看法，儘管他們在其他方面對古德林佩服得五體投地。他的一位部下曾說：「他不太善於體會他人的想法，而這是一個指揮官應該具備的領導素質。」「在下達命令和宣佈決策前，如果部下或同僚與他意見相左，他往往沒有耐心聽人把話講完。他是個強悍的『騎士』，也常常馬到成功，但是他並不擅長琢磨馬的脾氣和情緒，騎士的這種能力在傳統賽馬中非常重要。然而，作為一個裝甲部隊的組織者和精於此道的指揮官，古德林是個不可或缺的將才。」

說這些話的人固然有失公允，不過必須指出，這些人過去都曾當過騎兵。至於那些裝甲部隊出身的人，我從來沒聽到過類似的批評。古德林可是受盡了這些偏愛騎兵人士的氣，所以他才會對那些老騎兵如此不耐煩。霍巴特在英國軍隊裡的遭遇同樣如此。

---

9 需要指出，在一九四〇年戰役至關重要的敦克爾克時期，哈爾德對了解要充分利用裝甲部隊的重要性，遠高於德軍高層任何人。

法國戰役的相關證據均清楚地表明，正是在色當的突破給予法國致命的一擊，德國從而取得全面性勝利。這主要應歸功於古德林，沒有古德林，德國也不可能堅持那個具有戰略意義的決策。希特勒聽從古德林建議，但甚至連他自己也曾膽戰心驚、猶豫不決，考慮是否要中止該作戰計畫。但是古德林「咬緊牙關」，決不動搖。雖然「暫停進攻」的命令最終對法國戰役的結局沒有直接的影響，但最後關頭在敦克爾克的止步不前，終究是讓英軍成功地渡海逃逸。

儘管古德林脾氣急躁，但他生性豪爽，為人坦誠，從他對倫德斯特的高度評價就可以看出，他理解上級有他們的難處，這個優點也表現在他對那些與他共同發展新兵種和新觀念的同道的評價。（他曾撰文聲稱自己從英國軍事思想中獲益匪淺，他本人只是一個「學徒」。在運用新戰術取得輝煌戰果之後，他已經成為一個「大人物」，但他還是坦然承認其思想源自於國外，一個與德國敵對的國家。能做到這樣，實在是難能可貴。）

對於侵俄戰役，古德林也幾乎從不埋怨他人，有這般氣度，實屬不易。他的許多戰友，包括那些不屬於裝甲部隊的軍人，都認為一九四一年最致命的錯誤，就是當時最高統帥部沒能聽從古德林的建議。古德林主張採取與一年前西線作戰時相同的策略，一招制勝，長驅直入攻克莫斯科。本書第十六章對此事有詳細描述。

儘管有種種煩惱，古德林還是努力做到心平氣和地與部下相處。曾經與他有過節的史維本堡的一席話就頗能說明問題。在談到東線作戰時，史維本堡說：「我的裝甲部隊歸古德林裝甲兵團管轄，充當進攻莫斯科的先鋒。由於他的參謀長老練能幹，加上古德林的謹慎和善意，我們配合得非常好。苦戰六個月，兩人之間沒有發生過一次爭吵。」史維本堡詳述古德林的「領導藝術越來越成熟」，參加一九四一年作戰的其他部下也深有同感。

正當古德林證明自己日益成熟，適宜擔任更高指揮之時，晉升的機會卻被斷然剝奪，那是因為他與希特勒的衝突。此事頗具諷刺意味，希特勒不聽古德林的建議，喪失了戰勝蘇聯的良機後，又命令部隊在隆冬時節向莫斯科後方冒險前進。一向被人認為膽大妄為的古德林，此時卻竭力反對，堅持要謹慎從事，兩人的衝突由此而生。

我曾聽其他德國將領講過古德林和希特勒的衝突，不過他本人講得更為直白。「一九四一年十二月二十日，我在東普魯士狼穴與希特勒談了五個小時，向他報告我指揮的第二裝甲兵團的情況。希特勒命令我們從南面和西南面包圍莫斯科，然後向離莫斯科三百里外的戈爾基（Gorki）前進，考量部隊的狀態和補給問題，這個任務實在難以完成。」

「我試圖讓希特勒覺得我的話有道理，無奈徒勞無功。我認為他收到的前線報告與真相不符，建議希特勒把他下面參謀給解職，由具備作戰經驗的前線軍官來替補他們。希特勒接見我之後，對凱特爾說：『此人不可信。』幾天後，接替波克的中央集團軍司令克魯格（Kluge）指責我違抗希特勒的命令，不願從圖拉（Tula）向蘇薩奧卡河（Susha-Oka）一線撤退，那裡有些防禦工事，可以挺過嚴冬。克魯格的說法不正確，但他的報告足以讓希特勒趕我回家。我在一九四一年十二月二十五日被撤職。」對於曾為希特勒立下汗馬功勞的古德林，這可是一張冰冷的「聖誕賀卡」，希特勒將為此付出沉重的代價。

解職後，古德林無所事事，直到一九四三年二月希特勒將其召回，任命他為裝甲部隊總監，整頓在史達林格勒遭到重創的德國裝甲部隊，其實就是重建。到一九四三年六月，所有裝甲師重建完成，其實力不亞於過去。但不久，德軍在庫斯克（Kursk）的進攻受挫。希特勒的孤注一擲，使重組的裝甲部隊再度重創，這對抵抗蘇聯潮水般的進攻有著致命的影響。

一年以後，德軍被逐出蘇聯，其防線處於全面崩潰的狀態。一九四四年七月，希特勒召見古德林，任命他為參謀總長。本書第七章將對古德林軍人生涯的最後一段故事，和德軍的垂死掙扎的過程作詳盡的描述。

在本章行將結束之時，不妨再引用兩員大將對古德林的評價，他們曾長期在他的部隊服勤，是最有資格對他的才德和影響力作出公正的評判。我遇到過不少人，他們都毫無保留地對古德林讚揚有加，但這兩員大將平素從不人云亦云，凡事均有自己的見解。

一位是史維本堡，他從不諱言自己與古德林的矛盾。然而他的評價卻很中肯。「德國裝甲部隊戰績的百分之六十應歸功於古德林。他抱負非凡，有膽識，體恤將士，也深得將士們的欽佩和信任。但他性情暴躁，決策果斷，對軍官要求苛刻，個性太強，所以樹敵甚多。甚至在希特勒面前也敢於直言不諱。作為一個帶兵的軍官，他為人善良，辦事一絲不苟，思想開明。如果你提出一個革命性建議，他立刻會說：『好！』這種正面回應的可能性高達百分之九十五。」

另一位是曼陶菲爾，德國裝甲部隊指揮官中的後起之秀。他的評價是：「古德林是唯一把戰車導入德國軍隊，並作為實戰武器的第一人，而決不是參謀本部。我曾作為裝甲部隊督察官在國防部任職，清楚知道古德林為裝甲戰所作的種種努力。平心而論，這種新式武器帶有他個人的印記，裝甲作戰的勝利應歸功於古德林。」

「他一貫堅持裝甲戰須先置兩翼於不顧，強調突破，迅速深入重地。這種觀點在平時顯得有點孤掌難鳴。在數不清的場合和各種會議上，古德林一直不停地向人們灌輸這種概念，讓它們深植在裝甲部隊指揮官員的腦海裡。」

「如果說在戰時，裝甲作戰理論並沒能在每一個地方都獲得成功，那也應該歸咎於那些老派軍官的不信任，他們對裝甲戰幾乎一竅不通。」

「古德林是德國裝甲部隊的締造者和裝甲戰的大師級人物，我尤其要強調『大師』這個稱號。」

第六章　烈陽下的軍人——隆美爾

從一九四一年起，艾爾溫．隆美爾（Erwin Rommel）聲名鵲起，風頭之健蓋過德國眾將。他從上校到陸軍元帥，晉升之快令人瞠目。從這兩方面來看，隆美爾還真的是個異數。他步步高升，卻沒有在等級分明的參謀本部任職過，他一顯身手的舞台，都是在歐洲以外的戰區。

隆美爾聲名大噪可以說是蓄意為之的，除了他的才幹，還得歸因於希特勒的老謀深算。希特勒深知民眾最崇拜戰鬥英雄，於是決定推出兩個（僅此兩個）對他有利無害的人民英雄。「一個是烈陽下的英雄，另一個是雪地上的英雄」。在非洲的隆美爾是前者，在芬蘭的迪特爾（Edward Dietl）則是後者。

兩位英雄的位置處於舞台的兩端，而舞台中心的燈光是要對準希特勒本人。兩位英雄都是悍將，其武功足以稱雄一地，其謀略卻無法與最高權力一爭高下，兩人無疑都是希特勒的忠實工具。結果證明，被選中的兩人，隆美爾的表現更為出色，沒有辜負希特勒的慧眼識才。但他對希特勒卻沒能做到忠貞不渝，在隆美爾的眼裡，希特勒的興亡與德國的前途不可同日而語。祖國利益高於一切，於是他向自己的恩人反戈相向。

隆美爾的出名固然得之希特勒的恩寵，但首先是他的精明能幹引起希特勒的注意。戰場上，英國對手的刮目相看更使他聲名大噪，這是希特勒所始料未及的。

一戰時，隆美爾雖然只是一個初級軍官，因一九一七年義大利的卡波雷托（Caporetto）一役，被授予代表德國軍人最高榮譽的「功勳勳章」（Pour le Mérite）。作為一名職業軍人，他的資歷遠遠不如他的戰功。一戰後，他的軍階仍然不高，希特勒從沒考慮過將他作為未來參謀本部的適合人選。傳說他曾當過衝鋒隊的頭目，這是那些納粹宣傳報導虛構出來的。隆美爾成名後，他們便竭力將他扯成一夥，為自己的黨派增光。

隆美爾是一名天才型的軍事作家和教官，從一九二九年起，他在德勒斯登（Dresden）步兵學校當了四年教官。他常以自己在戰爭中的親身經歷作為教案進行講課，生動地再現實戰的氣氛和個人的主動性。他還特別擅長以圖表和地圖來突出重點。一九三七年，他把步兵戰術的講稿整理成冊出版，該書在德國和其他國家行銷甚廣，也引起了希特勒的注意。[10] 希特勒好讀軍事著作，他將隆美爾提拔為營長，負責護送希特勒進入蘇台德地區。希特勒發現隆美爾是個思想新穎、不為傳統觀念束縛的軍人。談起新的軍事觀念，雙方頗為投緣。戰爭爆發時，隆美爾受命掌管元首大本營管理部部長，有機會與元首接觸並獲得重用。波蘭戰役後，隆美爾請求希特勒任命他為裝甲師師長，並如願以償。看準機會，抓住不放，這就是隆美爾的性格。戰前，他是步兵作戰的堅定擁護者，對鼓吹裝甲作戰的言論持反對態度。在前往波蘭的道路上，他親眼目睹裝甲作戰的輝煌戰績，便不失時機地「緊隨著這道光芒」。

隆美爾以第七裝甲師師長之職，投入西線作戰。他做足功課，研讀裝甲作戰的著作。他在非洲做的筆記中，盛讚英國專家所闡述的裝甲作戰理論，稱其為「出色的方法」。他認為英軍之所以打敗仗，就是因為其指揮官沒有遵從書中的教導。隆美爾的裝甲師率先突破馬士河，直撲英吉利海峽。在會戰的接下來階段，又衝破法國位於阿布維爾（Abbeville）和亞眠（Amiens）之間的索姆河防線，直驅魯昂附近的塞納河。後來有不少出版物描述隆美爾的輝煌戰績，還有人把他指揮的部隊稱為「幽靈師」。

一九四一年初，希特勒決定派一支裝甲與摩托遠征部隊去增援他的盟友義大利對埃及的侵略，他任命隆美爾來指揮這支「非洲軍」。部隊到達的黎波里時，義大利軍隊已經被打得抱頭鼠竄，在英軍的追擊下陷於潰敗的境地。隆美爾臨危不懼，鎮靜自若。他料知英軍規模有限，雖然得勝，猜測其勢已如強弩之末。部隊剛到前線，隆美爾就立即發起進攻。雖然他的裝甲作戰經驗有限，但他對機動作戰有著超乎尋常的敏銳度，尤其擅長出其不意。他趁英軍部隊分散各地和戰車需要大量維修的時機，給對手一個不及防備的打擊。進度神速加上漫天沙塵，使隆美爾如虎添翼，英國軍隊被一舉逐出昔蘭尼加（Cyrenaica），退縮到埃及邊境。

在接下來的十八個月，隆美爾名聲日隆，這不僅是因為他成功地遏止英軍的連續進攻，更在於每當有人聲稱他發起殲滅戰的時機尚不成熟時，他總能華麗轉身，殺出個漂亮的回馬槍，讓世人為之瞠目。在這個過程中，對手英國第八軍團的將士對隆美爾的評價極高，甚至超過自己的指揮官。隆美爾神出鬼沒的把戲觸發了英國人的幽默感，他們甚至都佩服得有點喜歡上這位德國將軍了。一九四二年夏，隆美爾在加查拉和多布魯克（Tobruk）一帶擊潰第八軍團，將其殘部從西部大沙漠驅趕到尼羅河三角洲的邊緣。至此一役，是隆美爾軍事生涯的最高峰。

英國駐中東部隊總司令奧欽列克（Auchinleck）力挽狂瀾，親自出馬收拾第八軍團殘部，他將這些士氣低落的部隊集結起來，在艾拉敏組成堅固防線。經過長途的追擊，隆美爾的部隊已經疲勞不堪，而且供給不濟。德軍接連發動兩次進攻都挫敗，這對入侵者的前途有著致命的影響。

隆美爾表面上還顯得信心十足，以為第三次進攻將會獲得成功。但在等待補給的過程中，時光在悄然流逝，他內心的希望之光也日漸暗淡。在這段間歇的時間裡，英國的增援部隊也從本土趕來了，也更換了指揮官。邱吉爾希望增援部隊到達非洲後，就立即發動攻擊。奧欽列克的作法較為明智，他堅持要等新部隊適應非洲的情況後才有所動作。結果亞歷山大取代奧欽列

10 編註：該書繁體中文版《步兵攻擊：經驗與教訓》亦在台上市，由著名二戰德軍裝甲作戰研究者黃竣民翻譯、出版。

克成為英國駐中東總司令，蒙哥馬利出任第八軍團司令。八月底，隆美爾先出手進攻，但英軍的新防衛計畫再次挫敗德軍的進攻，戰場的主動權自此易手。經過一段時間的充分準備（比奧欽列克原先估計的時間更長），在十月的最後一個星期，蒙哥馬利發起進攻，這次他擁有絕對的空中優勢，足夠的火砲和戰車。不過，因為沒有側翼部隊的配合，這長達一週的交戰仍是一場硬仗。德軍防線過長難於兼顧，更要命的是德國運油船在地中海被英軍潛艇擊沉，裝甲部隊為此陷入困境。問題的關鍵就在於，德軍一旦進攻失勢，就再也無力在戰場作出像樣的防守，只能退守到上千里之外的利比亞西部。

德軍八月進攻的失敗對隆美爾而言是致命性打擊，他內心所受到的震撼以至於其精神狀況比健康還差，染病的他回到維也納治病。聽到蒙哥馬利進攻的消息後，隆美爾不顧醫生的反對，斷然飛奔非洲戰場。但後來的幾個月，他過得並不順心。雖然在長途後撤時，他多次巧妙地使蒙哥馬利包圍德軍的計畫落空，但他沒能抓住時機遏止英軍的進攻。三月，隆美爾離開非洲回國繼續治病。一個月後，蒙哥馬利在馬拉斯（Mareth）之戰中打敗德軍，打開了通往突尼西亞（Tunisia）的大路，也打開了在非洲徹底打敗德軍的勝利之路。隆美爾的生病或許是這次失算的原因，但希特勒將其召回治病也是為了保全這位大將的名譽，以便將來還能為他服務。

經過艾拉敏一戰之後，在談及「隆美爾傳奇」時，人們多少總會感到他的聲名有點言過其實。時運不利，對一個人的評價也自然會由褒變貶，但這裡還有一個深層的原因。在蒙哥馬利接手第八軍團之前，隆美爾是英軍心目中的英雄，他們打造了「一個隆美爾」作為任何成功舉措的同義語，對他的高度崇敬可見一斑。蒙哥馬利掌權後，英國特別製造出「蒙哥馬利神話」，來抵消「隆美爾神話」的影響。

這種宣傳策略漸漸見效，隆美爾似乎又成了個名不副實的將軍。然而，蒙哥馬利內心還是十分敬佩這位德國將軍的，他一直將隆美爾的照片置於座位右側，他還常以其他方式表示對隆美爾這個對手的敬仰。況且，在評價其人時，不可忘了這一事實，兩軍相爭之時，隆美爾不僅身患疾病，德軍的兵力也遠不如人，汽油更是嚴重短缺。

隆美爾的卓絕之處，在於他曾經在沒有空軍的情況下以弱勝強。以這樣的條件來說，雙方任何一位指揮官都不曾取得過這樣的戰果。英國的韋維爾（Wavell）曾指揮將士以少勝多，但那是打義大利人。隆美爾的失算是顯而易見的，不過在以少敵多之時，任何失算都可能導致失敗的結局，而有的將軍坐擁重兵，佔有絕對優勢，他的許多錯誤往往會被輕而易舉地掩飾過去。

隆美爾常常對後勤行政人員不太重視，這是個明顯錯誤，不過他的部下指出，隨著經驗的增長，他在這方面變得更為明智。最難改正的缺點是事必躬親的辦事作風，他的部下對此極為惱火。事無巨細，他都要親自過問，而且必定親臨現場。隆美爾喜歡在戰場上到處巡視，有些重要的事情需要他做決策，但指揮部卻常常聯繫不上他。但另一方面，他又似乎具有某種訣竅，往往能在最關鍵的時刻突然現身，起到當機立斷的作用。隆美爾還常常讓年輕有為的軍官放手一搏，讓他們證明自己的才幹，而那些老邁的將軍對此往往噤若寒蟬，年輕軍官自然對隆美爾比較崇拜。義大利軍隊的將士對此也深有同感，他們認為隆美爾與自己那些老邁膽怯的上司簡直有天壤之別。

在戰術上，隆美爾善於虛虛實實，堪稱足智多謀。在非洲發起第一次進攻時，隆美爾命令戰車不顧一切全速前進，以致一些戰車在沙漠中迷路。到達主戰場後，隆美爾為了不讓英軍知道自己沒有多少戰車，就用卡車揚起沙塵，造成德軍戰車從四面八方逼近的假像，使英軍聞風喪膽，頃刻崩潰。

隆美爾不僅膽識過人，而且心細如發。他經常用戰車作為誘餌，將英軍的戰車誘入由戰防砲形成的埋伏圈，將防守與進攻巧妙地融為一體。隨著戰事的進展，這種「隆美爾戰術」為各個部隊所仿效。

當隆美爾離開非洲時，連他的英國對手也感到有點遺憾，因為他已經成為英軍的生活和想像不可缺少的內容。部分原因是隆美爾善待英軍戰俘，一些逃回部隊曾與他有過接觸的英軍戰俘卻認為，他那富有騎士精神的態度是帶有策略性在其中的。而更廣為人知的，是他用兵神出鬼沒，尤其擅長在佯敗之後突然殺個回馬槍，打得敵人措手不及。

作為一名戰略家，他的遠瞻、城府、膽識，有時也會被自己的失算所抵消。作為一名戰術專家，他的長處遠遠超過他的短處。作為一名指揮官，他具有超凡的能力，善於運籌決策，果斷行動，同時他又過於喜怒無常，時而狂喜，時而沮喪。

當一九四四年隆美爾再度出山擔任集團軍司令時，他將在英吉利海峽抵禦英美盟軍的進犯。這次，他的頂頭上司是西線總司令倫德斯特元帥。在如何抵禦和猜測盟軍將從何處進攻的問題上，兩人意見相左。倫德施特傾向於縱深式防禦，即讓敵方全部進入後，再作強而有力的反攻。隆美爾理應會贊成這種做法，他在非洲就經常採取這樣的戰術。但此時他已經修正自己的戰略思想，因為敵方具有空中優勢。此時的他主張，應該要在對方尚未在海岸站穩腳步時就全力出擊。倫德斯特認為盟軍渡海後，將直接在索姆河和加萊之間的狹窄地段登陸。隆美爾則認為盟軍的主攻方向很可能是在諾曼第地區以西的康城和瑟堡之間，希特勒也持相同的觀點。

關於盟軍的主攻方向，隆美爾和希特勒的猜測是對的。大量的證據表明，在最後四個月裡，隆美爾曾竭盡全力加強諾曼第海岸的防衛。而當時德軍卻十分注重加萊的防守，對諾曼第則有所忽視。盟軍有幸，由於資源短缺，隆美爾的努力沒能成功，水下障礙和岸上的防禦工事都沒能完成。

至於遏止盟軍進犯的方法，大多數人支援倫德施特的計畫，即先後退，然後看準時機大舉反攻。隆美爾主張在諾曼第灘頭堡將盟軍包圍，但他們認為這會先行耗盡德軍的實力。大多數出自參謀本部「血統」的將領都瞧不起隆美爾，認為他的軍事知識不過比門外漢的希特勒略多一點而已。他們強調與俄羅斯之戰相比，隆美爾的實戰經驗極為有限，對縱深布防的戰略所知甚少。

倫德斯特的計畫雖然肯定更符合基本的戰略理論，但考量到盟軍的強大實力，加上空中優勢，開闊的戰場又有利於調動大部隊作戰，一旦他們深入法國境內，德軍要想依靠一次反攻就阻擋其前進談何容易。在這種形勢下，唯一的希望就是不讓盟軍在海峽這邊站穩腳跟，築成強大的灘頭堡。在開戰的前幾天，隆美爾差一點就達到了他的目的，後來之所以沒能成功地抵禦盟軍不是他的錯誤，而是他沒能全力貫徹他的計畫，加萊增援部隊沒有及時到來。那是因為最高統帥部始終認為，諾曼第登陸只是盟軍主攻前的虛晃一槍，真正的大規模進攻將在勒阿弗爾（Le Havre）和加萊那一帶。除此以外，德軍沒有任何增援部隊可供調動。倫德斯特和隆美爾曾希望從法國南部調一支部隊過來，但希特勒就是不批准。

希特勒堅決不准德軍從諾曼第撤退是致命的舉措，倫德斯特和隆美爾這時都已明白再也無法阻止盟軍進犯了。如能及時撤退，德軍還可以在塞納河建立防線，隨後就可以在德國邊界築起更長的防線。但希特勒堅持要他們死守，命令西線的指揮官沒有他的同意不准後撤，後退幾里路也不行。德軍只得拼命死守，直到被打得七零八落。死守的結果是德軍輸得更慘，後撤的路線比倫德斯特和隆美爾原先預計的更長。

經過這一系列的發展後，倫德斯特和隆美爾對希特勒無望的決策有著一致的看法。經過兩人的強烈要求後，希特勒在六月份來到法國，這是他在一九四四年唯一的一次來到西線。倫德施特和隆美爾在蘇瓦松（Soissons）與希特勒會面，他們僅要求將部隊撤退到奧恩河（Orne）以後，重整裝甲部隊，準備新的攻勢，但希特勒還是不同意。在接下來的一個星期時間，前線戰事更為吃緊。此時，倫德斯特直言不諱地說，繼續抵抗是徒勞無益的，戰爭應該結束了。他的建議尚未上達希特勒，元首已經決定更換總司令，他從東線調來克魯格取代倫德斯特。希特勒既沒有任命隆美爾，也沒有將他撤職，這樣的處置頗耐人尋味。隆美爾在蘇瓦松的態度使希特勒非常反感，不過隆美爾對希特勒的看法變化更大。他對不止一個部下說過，德國唯一的希望就是儘快除掉希特勒，開啟和談，他肯定知道國內有人在密謀七月二十日要暗殺希特勒的行動。

七月二十日的前三天，隆美爾座車在靠近前線的公路上行駛時，遭到一架低飛的戰機襲擊。他被翻覆的車子甩出車外，造成頭骨破裂。巧合的是，出事地點名叫聖富瓦德蒙特戈默里（Sainte Foy Montgomery，編註：與隆美爾的英國對手蒙哥馬利同名）。他被送往巴黎的醫院，略為康復後就回到了老家烏爾姆（Ulm）。此時，蓋世太保開始調查他參與反希特勒的陰謀。兩名將官前來造訪隆美爾，將他帶上車後，兩人告訴他元首的口諭，讓他自己作出選擇，要麼服毒自殺，要麼到柏林受審。隆美爾選擇服毒，他的屍體被送到烏爾姆的醫院。官方對外宣稱隆美爾死於腦溢血，緣於交通事故所造成的腦部外傷，他們為「被自殺」的隆美爾舉行國葬。

一個軍人的生涯就此告終。他足智多謀，勇猛善戰，善於運用機動作戰的新戰術。他悟性過人，能靈敏地預知何為生死之地，何為存亡之機。他經常激怒那些只會紙上談兵的參謀，卻深受前線將士的崇敬。隆美爾是一位名副其實的軍事天才。

越深入了解他的事蹟，就越能清楚地看到，作為一名在偏遠戰區作戰的指揮官，他的將才和表現足以讓他納入「歷史名將」的位置。

第七章　時運不濟的將領

本書第四章在探討德軍的戰爭模式時，曾一直追溯到一九四一年底。第六章從另一條線索著手，講述了隆美爾在非洲的戰事，進而觸及了一九四四年夏的西線戰場。但那樣就使有關西線的戰事不夠連貫，在論及大戰的最後階段之前，最好還是重拾從一九四一年底開始的歐洲戰事。在本書的第三部分將對德軍將領作更為詳細的描述，因此本章僅對主要的戰事和主要的將領作簡略的描述。稱他們為「陰影下的軍人」[11]，包含兩重意思，一是指希特勒對戰事橫加干涉的陰影，一是指籠罩在他們頭上戰敗的陰雲。

哈爾德的末路

一九四二年在俄羅斯的戰事是由參謀總長哈爾德指揮的，不過他必須聽命於希特勒的「最高指示」。哈爾德具有戰略頭腦，德軍早期那些成功的作戰計畫與其說是出自參謀本部那些優秀參謀的靈感，不如說是主要出自哈爾德之手。布勞齊區被撤職後，哈爾德主管陸軍總司令部，但那時的陸總部已經為最高統帥部牢牢控制，人們不無嘲諷地稱其為「希特勒下士的軍事局」。

在這種惡劣的環境下，哈爾德已經難有布勞齊區當年的權威和氣勢。過去有陸軍總司令

11　編註：原文是以「Soldiers in The Shadow」為題。

的支援，參謀總長可以和國防軍最高統帥一爭高下，可現在由一人身兼二職，而這個人又是希特勒所中意的，這種爭論就不復存在了。布勞齊區與哈爾德的關係相當融洽，幾乎從不產生分歧，這在高層是很少有的。熟悉他倆的將領曾說，雖然哈爾德主意多一些，但他們倆人凡事都共同商討相互配合，幾乎難分彼此。「哈爾德有什麼主意，布勞齊區便上呈希特勒，沒有布勞齊區的支持，哈爾德也從不獨自去見希特勒。」可如今哈爾德只能孤身一人與希特勒周旋。

一九四二年夏季攻勢有個好的開始，哈爾德的軍事才能獲得充分展示。一開始德軍巧妙地在主戰場引而不發，先後兩次突襲克里米亞半島，引誘紅軍先向卡爾可夫（Kharkov）進攻。等到紅軍主力深深陷在那裡後，德軍才向敵軍兩翼發起主攻。德軍一路猛進，攻克從頓河（Don）到頓尼茲河（Donetz）之間的走廊地帶。可是通過頓河下游之後，在希特勒的干預下，德軍開始分頭作戰。原先計畫的主攻方向是高加索，佔領那裡的油田，指向史達林格勒的德軍主要任務是從側翼確保通往高加索大路的安全。可希特勒這時卻想一雪前恥，順便攻克史達林格勒，從而改變了原先的計畫。更糟的是，就像一年前的莫斯科之戰，希特勒此時眼睛盯死在史達林格勒，這個城市的名字尤其讓他揪心。就這樣，他的命令再度幫助紅軍重新集中兵力，大敗德軍。

一旦明白希特勒這樣做將使德軍進攻的氣勢受到重挫，哈爾德馬上提出異議，可此時的希特勒已經聽不進任何反對意見。哈爾德的異議最終導致他自己在九月底被撤職。

柴茲勒

哈爾德的繼任者是才剛當上西線參謀長不久的柴茲勒（Zeitzler），柴茲勒對東線的戰事所知不多。在此緊要關頭，他本來並不適合擔此重任，但正因為如此，他才不會對希特勒的命令說三道四。

柴茲勒年紀輕，在戰前是個指揮步兵團的上校，後來成了克萊斯特裝甲部隊的參謀長，正是他著手解決裝甲部隊發動突襲和長程行軍後的補給問題。他年輕有為，生氣勃勃，是最為納粹頭目所器重的「實作者」，哈爾德則屬於「思想者」。後者不僅是個出色的軍事作家，也是一個數學家和植物學家。

若論戰略思想，柴茲勒的水準不如他的前任。但他擅長組織實施戰略行動，深諳摩托化部隊的作戰之道。一九四〇年，德軍裝甲部隊衝過阿登和法國時，參謀長柴茲勒的組織和後勤工作就相當成功。一九四一年德軍所進行的一系列運動戰更為複雜，而柴茲勒的表現也更為出色。當時為了阻止紅軍布瓊尼元帥（Budenny）通過布格河（Bug）和聶伯河後撤，克萊斯特的裝甲部隊首先從烏克蘭向黑海地區迂迴前進，然後轉向朝北與古德林會師，進而完成對基輔（Kiev）的包圍，接著再度迅速南進，打擊正在越過聶伯河攻擊聶伯城（Dnepropetrovsk）德軍橋頭堡的紅軍新到的增援部隊。擊潰那裡的敵軍後，柴茲勒揮師穿過頓巴次盆地（Donetz Basin），攔截亞述海附近的紅軍。克萊斯特對我強調「把部隊這樣來回調動」，最大的問題是要確保補及，他對柴茲勒的表現讚不絕口。

柴茲勒的出色表現引起希特勒的注意。一九四二年初，希特勒親自接見柴茲勒。柴茲勒向希特勒講述他如何隨機應變，採取緊急措施，幫助第一裝甲兵團安然渡過嚴酷寒冬。這給希特勒留下極為深刻的印象，他最看不慣那些因循守舊，不會隨機應變的職業軍人。不久，柴茲勒派往西線擔任參謀長，負責重整那裡的防務。九月，在第厄普（Dieppe）登陸被擊退後，希特勒將柴茲勒召回東線，並任命他為參謀總長。對一個年輕少將來說，這是令人受寵若驚的破格拔擢。

希特勒喜歡提拔了解摩托化作戰的年輕軍官，柴茲勒又有實戰經驗，這固然是他得到青睞的原因，但還不是全部的原因。希特勒希望這些年輕軍官對他感恩戴德，而不是一味效忠軍方，希望他們像凱特爾和約德爾（Jodl）那樣成為自己的黨羽。軍方那些「煩人的說教者」總對希特勒的想法持反對意見，一直讓他感到難以忍受，趕走哈爾德後，他就可以輕鬆地擺脫這種煩惱。

得到提拔的柴茲勒自然是風光一時，他也就默默接受希特勒在進攻高加索的同時繼續猛攻史達林格勒的決策。當時德軍的預備隊尚未耗盡，但這種徒勞無益的進攻終將耗盡德軍的增援部隊。

但不久之後，柴茲勒就對希特勒的戰略產生懷疑。希特勒堅持要在冬季繼續進攻史達林格勒，柴茲勒提出質疑。當俄軍開始反攻時，柴茲勒想讓包路斯（Friedrich Paulus）的軍隊立刻撤退。希特勒為此大怒，嚴詞拒絕。從此兩人之間的摩擦日趨頻繁，包路斯的部隊被包圍後，希特勒還是不同意讓他向西突圍。無可奈何的柴茲勒只得正式提出辭呈，希特勒卻置之不理。

在史達林格勒的德軍被迫投降後，柴茲勒力圖勸說希特勒批准讓北向突進莫斯科和列寧格勒的德軍各自後撤，因為他們的處境十分危險。這樣不僅可以靈活調動增援部隊，還能加強防守正面，以抵禦即將到來的進攻大潮。但是要讓德軍從蘇聯兩個最大城市的前面公然後撤，希特勒感到太丟臉，他斷然拒絕任何戰略性撤退。柴茲勒不乏與希特勒抗爭的勇氣，無奈孤掌難鳴，凱特爾和約德爾總是站在希特勒那一邊。凱特爾和約德爾的辦公室就在希特勒的狼穴內，而柴茲勒的辦公室則在別處，他倆與希特勒更為接近。當然這不僅僅是一個辦公地點的距離問題，隨著時間的推移，柴茲勒與希特勒的分歧越演越烈，在每天的例行會議上，希特勒對柴茲勒往往冷眼相對，倆人之間的距離也就漸行漸遠。

在這就不得不談談約德爾的影響力。從戰爭開始到結束，約德爾一直是希特勒的統帥部作戰廳長。他的言行「中規中矩」，是個一流的文職人員，約德爾從不敢越雷池一步，否則也不可能在這個位置上待這麼久。柴茲勒的脾氣與約德爾完全相反，他性格衝動，無法低聲下氣，在與希特勒爭辯時常常大光其火。希特勒之所以遲遲沒有撤換他，主要是因為柴茲勒擅長處理摩托化部隊的後勤工作，善於解救運動戰中的各種燃眉之急，而凱特爾和約德爾根本沒有這種能力。

一九四四年七月初，柴茲勒與希特勒的關係終於走到了盡頭。德軍在聶伯河上游被擊潰後，柴茲勒私下晉見希特勒，敦促他批准撤退波羅的海國家的北面集團軍，否則將被包圍。希特勒就是不同意，倆人大吵一場。因為幾次辭職都被駁回，柴茲勒再也不願為這場戰爭負責了，乾脆以病為由再遞辭呈。希特勒刻意報復，剝奪他身為將官該享有的各種特權，並開除他的軍籍，讓他無權再穿軍服等種種手段來污辱柴茲勒。

古德林的末路

希特勒選中古德林這位早期的裝甲戰專家來頂替柴茲勒參謀總長的位置。這次任命讓參謀本部的大多數成員大感意外。他們認為古德林不具備參謀總長所需的戰略眼光和平衡全域的能力，充其量不過是裝甲戰的狂熱鼓吹者，戰場上一頭魯莽的「公牛」。希特勒選中古德林反映了他本能地偏愛喜歡標新立異的人，也表明他十分讚賞古德林所立的戰功（參見第五章和第十章）。古德林是德國裝甲部隊的創建者，是戰功顯赫的先鋒，選中他當參謀總長表面上看來是升官，實質上不過是裝飾門面，後來事實也確實如此。

長期以來，希特勒就一直將戰爭的指揮權牢牢地抓在自己的手裡，將陸軍總司令部視為傳達他命令的工具，和東線戰役的具體執行者而已。即便古德林的性格和經驗足以擔參謀總長的大任，他也難以有所作為。何況對古德林而言，下有部內同仁側目而視，上有希特勒多方掣肘，真是上下為難。

參謀本部的下屬以屈尊俯就的口吻，反感地稱古德林為「打仗出身的軍人，沒受過軍事院校訓練」。這種評價雖然不完全符合事實，但客觀上反映雙方觀念的不同。有希特勒的撐腰，古德林本來可以壓得住同僚的這種排斥，但他不久就發現，自己與希特勒也合不來。不利的是，當時德軍戰力已經開始由盛轉衰，更壞的是七月二十日的反希特勒陰謀流產後，希特勒疑心更重，他會將任何異議都視為背叛的跡象。一些年輕軍人善於投其所好，消解他的疑心，而古德林卻不會玩這一套。

古德林不僅為進行閃擊戰耗盡心血，多年來為了對付那些反對和懷疑新軍事思想的人也花費大量精力。這一年他忙得不可開交，卻往往事倍功半，一直為希特勒那些無法挽回的錯誤而痛心疾首。一九四三年底，他累得心臟病發作，差點一命嗚呼。再度被重用固然能使他為之振奮，但左右為難的境遇使他這回顯得力不從心，反復的挫折使他的脾氣變得更加暴躁，像他這種性格免不了會變成這個樣子。他在其他方面也不順遂，一位年輕軍官曾對古德林施展裝甲戰的能力十分崇拜，也比較了解他的為人，他說：「一個身處要職的軍人必須要有敏感的政治頭腦，我認為古德林在這方面的眼光和胸襟都略嫌不足。面對各種政治變數和機遇，他往往顯得比較遲鈍。」

古德林是新攻勢主義的信徒，面對必需於採取守勢的格局下，他的見解也要遠遠高於其上司。早在一九四四年古德林還是裝甲部隊督察官時，他就曾敦促希特勒從東線進行戰略性撤退，並沿著一九四〇年時的陣地構成牢固的防線。當他受命為參謀總長前不久，雖然德軍在北線的普里佩特沼澤地（Pripet Marshes）大敗，但紅軍攻勢受到反制的地點就在古德林當年建議設防的地點附近。當時德軍損失了二十個師，在倉皇出逃途中丟失了大部分武器裝備，還是靠從羅馬尼亞急速趕來的裝甲師才堵住缺口。不久，受到重創的陣地再度崩潰，羅馬尼亞的倒戈更是雪上加霜。紅軍通過喀爾巴阡山脈（Carpathians），橫掃中歐的大路已經門戶大開。

古德林在秋季企圖構築東普魯士到波蘭中部的新防線，但受到多方牽制，後備力量枯竭，沒法增援保加利亞軍隊，希特勒還計畫在西線發起新的攻勢。希特勒調集所有的預備力量，欲從側翼通過阿登向英軍突襲，幻想讓英國再度體會一下「敦克爾克」的敗績。然而即使在大戰後期，希特勒仍不願聽從建議，不肯從波羅的海諸國、巴爾幹半島和義大利撤兵，以保東線戰場有足夠的後援。

阿登進攻以失敗告終，希特勒依然不聽古德林的勸告。儘管古德林一再告誡，紅軍的進攻迫在眉睫，前線的德軍力量太弱，無法抵抗，希特勒還是僅向東線派出微不足道的增援部隊。更壞的是希特勒對於如此小得可憐的援軍也不肯放過，中途又命在波蘭的三個最精銳的裝甲師調到南方，企圖讓他們去突破紅軍對布達佩斯的包圍，結果又是鎩羽而歸。

一月十二日紅軍發動攻擊，面對八〇〇英里的防線，古德林手上只有十二個後備的裝甲師可供調配。更有甚者，三天前他向希特勒提出趁蘇聯尚未動手前，主動撤回處境危險的先頭部隊，但希特勒一口回絕。結果波蘭防線在紅軍的攻擊下迅速瓦解。紅軍勢不可擋，深入德國境內，一口氣挺進奧得河（Oder）。這時紅軍供給不繼，側翼暴露，正是德軍抓緊反擊的好時機。這時希特勒雖然同意將第六裝甲兵團調離西線，但他並沒有派該部隊投入東線的反攻，而讓它前往布達佩斯解圍，結果再次失敗。此時此刻，希特勒已經遠離現實。

走投無路的古德林只能盯著另外幾個納粹頭目，催促他們盡快求和。這些舉動很快就傳到希特勒耳裡。三月，古德林被撤職，此時離第三帝國最終崩潰僅剩一個月時間。

曼斯坦

德軍將領中最能幹或許要數曼斯坦元帥了。從倫德斯特到其他各級軍官在與我談論二戰時，幾乎無不異口同聲對曼斯坦作如此高的評價。曼斯坦足智多謀，對戰略的領略程度高人一籌，他對於裝甲武器的了解程度，即使那些不擁護裝甲作戰的將官綜合在一起也無法勝過他。但與一般專重單一兵器的人們相較，曼斯坦對於防禦及改良其他武器的重要性，亦不應該抹煞掉。戰前不久，他才接獲負責研發自走砲的任務，後來證實有著極大價值。

曼斯坦出身於李文斯基家族，從小被曼斯坦家族收養。一戰前不久，曼斯坦才在步兵部隊中任官，當時他還太年輕，尚未能進入參謀學院深造。但他在洛斯堡將軍（Lossberg）麾下當參謀時表現出色，洛斯堡在一九一七年創立了新的縱深防禦體系。到一九三五年，曼斯坦已經成為參謀本部作戰科長，隔年成為參謀總長貝克的副廳長。一九三八年二月，傅利奇被撤職，曼斯坦同時也調離陸總部，這是納粹為了清除與最高統帥部抗衡的勢力。曼斯坦被派到西里西亞（Silesia）當師長。一九三九年，二戰爆發前夕，擔任倫德斯特集團軍的參謀長，該集團軍在波蘭戰役有著決定性角色。此後，曼斯坦他就隨著倫德斯特一起來到西線。

以戰車突破阿登一舉打敗法國的主意就出自曼斯坦，他是西線德軍的主要智囊。但為了使自己的建議得到認同，曼斯坦也付出了相當的代價。高層認為他過於咄咄逼人，因此在一九四〇年一月底把他調離參謀職務，派去指揮第三十八軍（步兵）軍長。他要求指揮一個裝甲軍的要求遭到拒絕，理由是他缺乏這方面的經驗。調職之後，他抓緊希特勒召見他的機會，向希特勒陳述自己的看法，得到希特勒的首肯。一週之後，陸總部才修訂了原計畫。

在法蘭西戰役的第一階段，曼斯坦沒法展示他的軍事天才，因為他的部隊只能給衝鋒陷陣的戰車當後衛。但在第二階段，沿索姆河一帶進攻法國的新防線時，曼斯坦部隊在亞眠西邊完成首次的突破，隆美爾的戰車從而擴大此突破，曼斯坦爭先追擊，以機動部隊之模式運用到他的步兵上。曼斯坦的三十八軍在六月十日那天行軍四十英里，是最先到達並渡過塞納河的部隊，然後便以迅雷不及掩耳之勢直撲羅亞爾河（Loire）。這以後，當商討入侵英國的問題時，分配給曼斯坦的自然是最為艱鉅的初期階段登陸任務。

入侵蘇聯之前，曼斯坦轉往東普魯士任新建的第五十六裝甲軍軍長。他就在那裡率領部隊突破紅軍防線，在四天之內長途奔襲近二〇〇英里，佔領通往北德維納河（Dvina）的大橋，以極快的速度到達北德維納河。他原本希望乘勢向列寧格勒或莫斯科進攻，但上級沒有同意，反而命令他原地待命整整一週，直到其他裝甲軍和第十六軍團抵達該地。這樣一拖，紅軍就有足夠時間集結增援部隊，等到七月十五日，曼斯坦率軍趕到離列寧格勒不遠的伊爾門湖（Lake Ilmen），便受到俄軍的阻擊。九月，曼斯坦調升第十一軍團司令。他率領該部一舉突破皮里柯普地峽（Perekop Isthmus）狹窄又有重兵防守的防線，打開通往克里米亞的門戶，此戰展現曼斯坦對圍城作戰戰術運用自如的本領。

那年冬季，德軍在通往莫斯科的路上為泥濘和大雪所困，希特勒將布勞齊區當做替罪羔羊，解除了他的職務。不少年輕將領希望曼斯坦能接任陸軍總司令，但希特勒想大權獨攬，因此打算讓曼斯坦接參謀總長，之後覺得曼斯坦可能比哈爾德更難對付而作罷。

一九四二年夏，曼斯坦負責主攻前夕的前哨戰，目標是塞凡堡（Sevastopol）。曼斯坦出手不凡，一舉成功，使蘇聯喪失黑海最主要的海軍基地。之後又負責帶兵進攻列寧格勒，由於目標的改變，他的部隊往往從一個側翼調向另一個側翼。曼斯坦擅長圍城攻堅，看來這一特長反而限制了他在其他方面的發揮。

然而這次任務並沒能如願完成，因為等到他的部隊向列寧格勒聚集時，又接到命令要去進攻史達林格勒。希特勒軍隊在史達林格勒遇到了困境，不久僵局惡化為危機，德軍被包圍了。

曼斯坦臨危受命，倉促組成一支臨時部隊，稱「頓河軍團」，前往救援。

但是為時已晚，經過幾番最為殘酷的肉搏戰後，德軍還是失敗了。在接下來的撤退中，曼斯坦收拾殘部，重整旗鼓，組成一道堅強的防線，阻止紅軍渡過聶伯河，漂亮的反擊戰將紅軍打得節節後退，一九四三年三月，曼斯坦重新佔領卡爾可夫。此時，曼斯坦指揮的是南面集團軍。那年夏季，在與克魯格的中央集團軍會合後，曼斯坦帶領德軍發動在東線的最後一輪攻勢。

曼斯坦提出兩套方案，一是在紅軍尚未準備好的時候，在五月先向庫斯克突出地帶發起鉗形攻勢，打紅軍個措手不及。另一個方案是先按兵不動，等到紅軍進攻時佯敗後退，然後在基輔一帶從側翼包抄進攻。希特勒不敢冒險，否定後案，他對如此大膽的戰略佈局感畏懼。希特勒採用前一個方案，卻又遲遲不進攻，要等到準備充分才行動。結果一直拖到七月，這一拖對紅軍更為有利。進攻開始後，雖然曼斯坦指揮的南面集團軍長驅直入，北面集團路軍卻遭到堅強的抵抗，紅軍從其側翼打破缺口，進而演變成全面的轉移攻勢，此時德軍已經無力抵抗。

在危急之際，曼斯坦顯示了其不同凡響的軍事才華。他指揮部隊逐步退守波蘭。他提出採取長距離後撤以擺脫紅軍的壓力，但希特勒置之不理。曼斯坦一再堅持自己的觀點，這使希特勒十分惱怒，乾脆在一九四四年三月將他免職。既然認為步步為營的防守策略此時比機動作戰的能力更為重要，希特勒便轉而起用摩德爾（Model），他和希姆萊對曼斯坦政治上的不信任才是其被罷免的深層原因。在戰場上讓盟軍最為頭痛的對手就這樣結束了他的軍事生涯，他兼具現代的機動作戰思想及卓越之運動戰指揮技術強大的統馭能力。

布魯門特提將軍（Blumentritt）對曼斯坦的免職深感遺憾，他對我說：「曼斯坦不僅是一代德軍將領中最出色的戰略家，他還具有極強的政治敏感性，擁有這種素質的人不可能為希特勒所長期容忍。他經常在會議中當著眾人的面與希特勒唱反調，甚至膽敢聲稱希特勒的某些主張簡直是胡說八道。」

克魯格

克魯格戰時在一次空難中受傷，這使希特勒失去了一員悍將。一九四四年夏，克魯格康復後，希特勒早已虛位以待，他讓克魯格取代倫德施特出任西線總司令。

自從一九三九年發動戰爭以來，至今仍能與希特勒共事的指揮官中，克魯格元帥是唯一的倖存者。在波蘭、法蘭西和一九四一年的俄國戰役中，克魯格指揮著第四軍團。在波蘭和俄國時，克魯格的部隊隸屬於波克的集團軍。雖然他不像希特勒和波克那麼樂觀，他們還是讓克魯格擔任負責攻擊莫斯科主帥。與波克打交道很難，克魯格個性頗強，但能夠長期在波克麾下服役足見他有極強的忍耐力。除了一些過於敏感的問題，克魯格還是敢於向希特勒直陳己見。波克在一九四二年被解職後，克魯格出任中央集團軍總司令。他發明的防守戰略，在接下來的兩年內，幾度成功抵禦紅軍的不斷進攻。

倫德斯特和隆美爾無法滿足希特勒的奢望，並向他挑明頹勢難挽，這使希特勒大為惱怒。此時，克魯格以他的成功抵抗加上忍耐力和忠誠自然更能得到希特勒的垂青。克魯格復職之時，盟軍的大部隊正如潮水般湧來，諾曼第橋頭堡已經擴展，形成摧枯拉朽之勢。三週後，巴頓將軍指揮美國第三軍團發動攻勢，德軍西方防線頃刻土崩瓦解，但希特勒仍不准德軍後撤。

克魯格過於唯命是從，不敢越雷池一步。八月六日，他企圖在曾被巴頓部隊突破的阿夫朗什（Avranches）瓶頸地帶發起逆襲。這一招也夠精明的，如果德軍的裝甲師還像以前那樣擁有大量戰車的話，本可給盟軍以致命的一擊。無奈此時的德軍已經裝備不整，即使在被盟軍的空襲摧毀之前，勝利的希望就已十分渺茫。更糟的是，當德軍的孤注一擲顯然已經無望時，希特勒還是不准突圍撤兵。其實撤退勢在必行，而且也已經太晚了，此戰以德軍在法國的全面崩潰終結。面對敗局，希特勒將克魯格撤職，由摩德爾元帥取而代之。

克魯格平靜地接受命令，他花了一天半時間向後任辦妥移交，然後悄悄地驅車回家，在路上吞下毒膠囊。克魯格的自盡並不是因為他對軍人生涯的如此下場感到屈辱，而是他預感到自己一到家門就會被納粹逮捕。早在一九四二年，他就與密謀推翻希特勒的人士有過密切來往，並對他們非常同情，這些人準備在一九四四年七月二十日發動政變。克魯格並沒有投身於反對希特勒的活動，但他知道密謀失敗後，自己的名字也會出現在調查文件中。

摩德爾

摩德爾元帥時年五十四，比大多數德軍高階將領年輕十歲左右，德國高階將領的平均年齡要比他們的對手高出好多，他與大多數高階將領也不屬於同一個社會階層。雖然他得益於更紮實的軍方背景，但在其他方面與隆美爾有很多共同的地方。希特勒政權開始大肆擴軍時，摩德爾在布勞齊區的國防部訓練署任職，與那裡的納粹頭目建立了緊密的關係。戈培爾對他印象很好，將他推薦給希特勒。後來他負責研究發展廳，儘管他專業知識有限，但他精力充沛，富於想像力。他的激情雖然不見得都有回報，但也促進一些新裝備的研發。

在波蘭戰役時，摩德爾曾在第四軍擔任參謀長，在法國戰役時，他是第十六軍團的參謀長，後來轉任第三裝甲師師長。入侵俄國時，他率部猛攻，直逼聶伯河，立下赫赫戰功。這種非凡的幹勁使他平步青雲，先是提拔為裝甲兵團司令，到冬季時接掌第九軍團司令。面對惡劣形勢，他還是能表現出色的防禦能力。

一九四三年，摩德爾在夏季攻勢中擔當主角，作為鉗形攻勢的北面攻向庫斯克突出地帶。

與克魯格和曼斯坦的意見相反，摩德爾說服希特勒延期進攻以蓄備更多的戰車和軍力，以致坐失良機。延遲的結果是俄方得到充分的時間備戰，面對紅軍堅強的防線，摩德爾的進攻受到重挫。不過，在俄軍反攻的時候，摩德爾臨危不亂，總算力挽狂瀾，止住了敵人的攻勢。十月，他升任北面集團軍司令。一九四四年四月，取代曼斯坦，轉派南面集團軍，率軍擋住紅軍向喀爾巴阡山脈關隘的進攻。六月下旬，俄軍發起夏季攻勢，中央集團軍迅速瓦解。摩德爾前往收拾殘局，他才在維斯瓦河擋住紅軍的進攻，便因戰事吃緊而調到西線去救急。

七月二十日反希特勒密謀失敗後，摩德爾率先從東線發來電報表示效忠，成為向元首重表忠心的第一人。希特勒本來對他的軍事才幹頗為器重，這一來就對摩德爾更加信任了。不過摩德爾也會無視希特勒的命令，按照自己的判斷行事，敢這樣做的德軍將領屈指可數。

我曾與摩德爾的一些部下交談，他們都承認他有出色的指揮能力，但同時也都強調，無論是作為上級還是下級，摩德爾都是一個難於對付的人物。曼陶菲爾曾對我說：「摩德爾是個優秀的戰術家，尤其擅於守勢作戰。他的獨到之處在於能精準地預測部隊應該何去何從。他作風粗暴，策略也常常不為軍方高層所接受，但希特勒就是喜歡他，幾乎沒人敢像他那樣與希特勒唱反調。」

在西方盟國看來，就是因為摩德爾的關係，才使盟軍在一九四四年秋獲得全面勝利的希望落空。摩德爾再次展示非凡的能力，他竭盡全力從各個方向把零散的德軍集結，重整殘兵敗將，進行頑強的抵抗。雖然後來「為德國而戰」的戰役是由倫德斯特指揮的，在十二月德國阿登高原反攻時，摩德爾還是充當了主角。在德國行將失敗之際，希特勒還是召回了這個「永遠的老兵」。

第八章　永遠的老兵——倫德斯特

希特勒對將帥的任免可謂是周而復始。希特勒急於恢復士氣，不得不請老將倫德斯特再度出山。倫德施特比任何人都更能代表德國軍方的傳統——忠於職責、政治保守、專業至上，他們對軍事一知半解的外行如希特勒之流持鄙視態度。倫德斯特連骨子裡都滲透著紳士精神，他舉止高雅、彬彬有禮，連那些與他觀點相左的對立派也對他尊敬有加。一個十足的貴族，他自然對魏瑪共和國的民主感到格格不入，但他對納粹的勾當更為鄙夷。

如今倫德施特已年近七十，與戰前當總司令的興登堡年齡相差無幾。年高望重的他自然也像當年的興登堡一樣成為民族的偶像。但作為一個軍人，他的造詣更高一籌，他的才幹也超過興登堡，甚至可以說將興登堡和魯登道夫倆人加總都不如一個倫德斯特，他的臉容和身材也和他們截然不同。他的臉龐輪廓分明卻不失優雅，身材修長，表情內斂，似在沉思。當然他的所思所想無非是軍事事務。他忠於軍隊和國家，這種責任感壓倒一切，使他不得不忍受那些他本當唾棄的行為。這正是他內心衝突的根源所在，這種矛盾既反映在他的軍事生涯中，也反映在這位軍方泰斗的面容上。他鄙視政治，但政治卻不斷地強行騷擾著他的清高。

經過一次又一次的提拔，到一九三二年倫德斯特位至第一集團軍總司令，駐守柏林。上任不久，他便不自覺地沾染上了政治的臭味。新總理巴本（Franz von Papen）命令他派兵將拒絕離開辦公室的普魯士社會民主黨的頭目趕走。後來巴本弄巧成拙，被施萊謝爾（Schleicher）將軍取代。施萊謝爾沒能為保持總理的地位而得到足夠的支持，這反而為希特勒的篡位打開了方便之門，希特勒廢止了除納粹外的一切政黨。倫德施特並不樂意看到事態如此演變，他對納粹頭目的社會理想和舉止相當反感，不過他對納粹的大肆擴軍頗感滿意，對於一九三四年六月三十日對衝鋒隊的清洗更是大為讚許。以他那單純的軍人眼光來看，將那些覬覦軍權的傢伙逐出部隊是一個健康的現象，從此軍隊便可以擺脫他所謂的「褐衫垃圾」的威脅。

這樣一來倫德斯特就可以全心全意投身軍隊的發展，在軍事領域，他最關心的是通過裝備的更新和嚴格的訓練來提升士氣，重振步兵的軍威。與此同時，他也樂意接受有關摩托化戰爭的新觀念，對英國在這方面的理論和經驗頗感興趣。他不是摩托化戰爭的狂熱追捧者，並沒有把坦克當做未來戰爭的主導者，而只是將坦克視為輔助手段，在老派人物中他屬於比較開明的人士。

倫德斯特認為，通過增強火力與摩托化方式，提高現有兵種的能力比建造完全摩托化的部隊更有價值。同時，他也解決源自於一戰以後，官兵因面對機槍的高殺傷力所產生的心理障礙。畢竟他還是一個尊重科學的軍人，不至於像一些英國將軍那樣堅持己見。一九三四年一些英國將領還異想天開地認為，只要時機合適，步兵師應當能夠擊潰裝甲師，結果導致英國延遲了整整三年多，才建立第一支裝甲師。倫德斯特認為只要不影響重振步兵，在適當的範圍內建立一定的裝甲師是可行的。總之，倫德斯特那派軍人對裝甲部隊的寬容態度正好說明為什麼德軍能在一九四〇年大勝法國；但他們的侷限也同樣說明，為什麼在一九四一年的侵蘇作戰，德軍雖擁有技術優勢卻無法擊敗蘇聯的原因。

一九三八年初，另一次政治動蕩又讓倫德施特難以專心致志地重整軍隊。希姆萊發動陰謀，為希特勒提供逐走傅利奇的藉口，布倫堡擔任最高統帥。倫德斯特就此事向希特勒提出抗議，傅利奇雖然洗清了對他的道德指控，但他職位卻已經為人所取代。幾個月後，倫德斯特批准參謀總長貝克起草的備忘錄，企圖阻止希特勒發動戰爭，但抗議的結果是貝克被迫辭職。在佔領蘇台德地區那年的秋天，倫德斯特以年事已高為由申請退休，獲得批准。

一九三九年八月，倫德斯特回鍋，負責指揮波蘭作戰。很難解釋他此次服從召回的舉動，因為他長期以來一直堅持的原則就是：德國必須避免與英國再度開戰。

或許是愛國心促使他參與指揮這場戰鬥，可他曾經預言這場戰爭會給德國造成致命的後果，可見愛國主義一說未必站得住腳。要解釋其中的原因，必需要理解軍人以服從為天職，而倫德斯特就是在這種環境中成長的。此外，還有一個心理因素，面對馳騁疆場的機會，任何一位元血氣方剛的軍人都會忍不住躍躍欲試。

倫德斯特的確抓住這次機會，充分展示他的軍事才華，他的集團軍連續攻克波蘭和法國。輝煌的戰果和勝利的喜悅未打消倫德施施特心頭的隱憂，一九四一年巴巴羅沙作戰中，倫德斯特再次證明他的將才。他的部隊在南面橫掃紅軍，攻克擁有富饒礦藏和良田的烏克蘭。但局部勝利不等於全方位的成功，無法取得整個戰場的勝利也就預示著最終的災難。倫德施特很快就明白，他的隱憂即將成為現實，他不惜違逆希特勒的想法，進言反對進攻蘇聯。是年秋季在商討是否繼續攻打莫斯科時，倫德斯特不僅主張停止前進，甚至建議撤回到原點。這自然使元首極為不快。與此同時，倫德施特越來越難以忍受希特勒「下士」對具體戰事的干涉。結果到九月底，倫德斯特在回希特勒的電文中還攤牌說，如果元首不信任他，不能讓他按照自己的判斷行事，那就另請高明，希特勒也爽快地接受他的辭呈。希特勒本來就因為勝利無望而心情煩躁，倫德斯特的質疑和反對意見使他的神經更加緊張。

但是倫德斯特並沒有長期被棄置不用，一九四二年初，希特勒以對國家負責為由說服猶豫不決的倫德斯特，讓他指揮西線的戰事。美國的參戰致使美軍可能從英國進入歐洲大陸，倫德斯特了解這其中的危險性。他在接下來的兩年裡著手準備應對，同時又忙於應付法國、荷蘭、比利時、盧森堡等佔領區的地下組織。到一九四四年六月，入侵果然成真，本書前章對此事已有所概述。

在生死攸關的七月二十日事件發生之時，倫德斯特已經退休。所以當密謀者將希特勒已被刺殺的第一份電文送達東線和西線的總司令部時，他不可能領導軍隊對抗納粹政權。當希特勒還活著的消息傳來後，不管原來的動機為何，大多數軍官都一下子洩了氣，很難說倫德斯特如果在場的話會是甚麼反應。倫德斯特沒有參與密謀，這一點關係重大。

許多軍人知道倫德斯特對納粹深惡痛絕，曾經指望他挺身而出領導他們推翻希特勒，但真正了解倫德施特的人從不抱這樣的奢望。首先倫德施特是個坦蕩蕩的正人君子，視軍人的榮譽為至高無上的準則，這樣的人不適合參與需要精心設局的密謀。其次倫德斯特德高望重，人們也不想讓他捲入多少有損軍人名譽的密謀，即使這種密謀有其正當理由。此外，所有的德軍將領都受到秘密警察的暗中監視，倫德斯特聲名顯赫，對他的監視也就更為嚴密。

當時有不少德國將領希望倫德斯特能與英美達成停戰協定，或至少允諾英美兵不血刃地進入德國，以阻止紅軍繼續西進，但倫德施特在七月初去職而落空。九月，倫德施特被召回，這種希望一度重燃。與此同時，克魯格在七月二十日也曾打算採取同樣的行動，但他猶豫不決，不敢貿然行動。克魯格的理由是，如果這麼做就等於違背過去忠於希特勒的諾言。其次，德國人民一直受蒙蔽，不了解事實真相，他們不會支援這種行動。其三，東線的德軍會抱怨被自己人出賣。其四，怕自己以叛國者的惡名遺臭史冊。這些因素對倫德斯特的約束力更是有過之而無不及，且不談他在九月危機被召回時，實際上也不可能自作主張與英美停戰，因為他的一舉一動都在嚴密監控下。自己的判斷和軍人的職責使倫德斯特的心理一直處於矛盾狀態，加上希特勒不時的干預，在秋季的幾個月時間，倫德施特實際上處於無能為力的處境，盟軍當時還以為倫德斯特在指揮西線的戰事呢。

德軍十二月在阿登高原發動的所謂「倫德斯特攻勢」其實有名無實，倫德施特頂多是一個持懷疑態度的旁觀者而已。除第五裝甲兵團司令曼陶菲爾提出過一些技術性的改進建議外，這次戰役的目標、時間和地點的選擇均出自希特勒之手。具體執行任務的則是摩德爾和他的左右手，曼陶菲爾和第六裝甲兵團司令狄特里希（Sepp Dietrich）。

十月底，希特勒將親手制定的作戰方案給倫德斯特過目。這個方案的基本架構與一九四〇年的傑作大同小異。它設想盟軍在通過比利時平原前往亞琛和科隆時，不會預料到德軍會在此時發動逆襲。事實證明，希特勒再一次預估準確。德軍主攻方向由第五、六裝甲兵團分頭前進，衝破美軍在阿登較為脆弱的防線，然後向北迂迴通過馬士河，預定在安特衛普會師。第六裝甲兵團沿著環形內線機動穿過列日（Liege），第五裝甲兵團沿著外環行動，穿過那慕爾（Namur）。第五裝甲兵團從側翼向列日北部突破，協助第六裝甲兵團的進攻。與此同時第七軍團從側翼掩護第五裝甲兵團的北進。

希特勒指望通過這種鐮刀形的攻勢，將蒙哥馬利的二十一集團軍與它的後方營區和美軍切開，即使不能對其殲滅，至少也打它個荷蘭版的「敦克爾克」。英國本土隔海難及，英軍因此被希特勒選中為「最後一擲」的目標。但希特勒的將領們認為這個計畫方案野心太大，德軍的實力今非昔比。

知道當面直諫不可能為希特勒所接受，倫德斯特、摩德爾和曼陶菲爾於是提出一個較為折衷的方案—擊垮亞琛附近馬士河以東的美軍先頭部隊。但希特勒對目標有限的方案一概拒絕，他只是接受曼陶菲爾對進攻時間和戰術的一些建議。希特勒對勸他謹慎行事的話總是充耳不聞，他更樂意聽從年輕將領的獨到之見。曼陶菲爾的修正增加突襲的成功率，但未能提高最終成功的機率。

這次的進攻與賭博無異，而且是一場賠率極高的賭博。軍方高層了解德國已經日暮途窮，沒有資源來保證哪怕是一場小規模的勝利，除非運從天降或盟軍指揮官都愚不可及，這些對於發動進攻可不是什麼有利的因素。攻擊行動開始後，德軍的突襲使盟軍陣腳大亂，一度頻臨危險處境。然而，德軍實力有限，心有餘而力不足。曼陶菲爾幾乎打到了馬士河，但是兵力更強、目標更近的狄特里希卻遭遇麻煩。面對盟軍迅速有力的反擊，儘管預備隊急忙趕去增援曼陶菲爾，卻為時已晚。這次進攻遠未達到原定目標，反而使德國耗盡事關存亡的預備力量，它再也沒有能力進行持續性的抵抗。

PART II

戰爭準備
PRELIMINARIES TO WAR

第九章　希特勒掌權

希特勒是如何攫取權力的，雖然人們早已從各個角度對此事作過描述，但尚未有人從德國軍方的角度對此事加以論述。曾有人指責德國軍方高層慫恿支持希特勒奪權，但顯然又沒有什麼證據能證實這種指控。

希特勒上台後擴軍備戰，軍方前景看好，國防軍軍官顯然也是受益者。布倫堡和其他將領也承認，希特勒政權使德國擺脫凡爾賽條約的桎梏，在一開始受到軍方的歡迎。對於軍人而言，當時他們採取這種態度是很自然的，雖然很多人後來為之悔恨不已。另一些軍人具有遠見卓識，他們從一開始就對此深感憂慮。他們認為這是一幫帶領衝鋒隊的「業餘分子」或「被趕出部隊的士兵」，他們的政黨一旦掌權絕不會容忍一向保守的軍方繼續保持已有的特權。

儘管有相當一部分軍人對希特勒的上台表示歡迎，這並不等於他們曾經助紂為虐，甘當納粹的工具。軍隊更不可能充當希特勒奪權的工具，除非當時的軍方要員全由希特勒一手指定，否則是絕對行不通的。就這點而言，對軍人的指責與基本事實背道而馳。在這個關鍵時期，軍內的軍政領袖是施萊謝爾將軍。他是巴本內閣時的國防部長。比他軍職略低的是國防部參謀總長布理多（von Bredow）上校。陸軍最高首長是哈默斯丹將軍。

希特勒上台後不久，就解除哈默斯丹陸軍總司令的職務。在一九三四年六月三十日血腥清洗行動中，施萊謝爾和布理多慘遭謀殺。這三人的清除，證明其他軍人所言屬實—他們曾企圖阻止納粹奪取政權。

施萊謝爾的助手列里希特將軍，曾講述這一非常時期以及後來一段時間內將領們與希特勒衝突的內情，他所言與外界所傳大相徑庭。那幾個星期所發生的事情對德國生死攸關，作為倖存下來為數不多的內幕人物之一，他的證詞頗有參考價值。

列里希特首先描述了施萊謝爾和哈默斯丹的個性，他說：「施萊謝爾將軍雖然與任何政黨都沒有瓜葛，但他對政治比軍事更在行。他非常同情工會運動，工運人士對他也頗有好感。由於他傾向於社會改革，以致保守派將他視為異己。他身上沒有絲毫『容克貴族』的氣息。他精明能幹，熱衷於政治，但缺乏在這非常時期所需要的政治手腕。」談到哈默斯丹，列里希特說：「他是個天才，極其聰明，有政治頭腦，但是個懶散的軍人。他強烈反對國家社會主義，遵循施萊謝爾的政治路線。」

列里希特的敘述如下：

防衛軍與納粹奪權

在與國社黨權爭時期，巴本和施萊謝爾領導的內閣於一九三二年十月宣布辭職並解散德國國會。儘管國社黨在選舉中喪失了不少席位，但無論是巴本還是分裂為左右兩派的在野黨都沒能在國會形成絕對多數。一開始總統有意讓巴本重新組閣，但是他們與所有由革命派領導的反對黨的關係都非常差。一九三二年十一月，柏林運輸工人大罷工，共產黨和國社黨合作的趨勢已經十分明顯。當局認為此事非同小可。

由於情況緊急，當局決定在十一月二十日前後在國防部舉行與內政部共同參與的對策會議，審視防衛軍是否有能力鎮壓極左派和極右派發動的革命暴動。如果巴本新政府傾向保守的右派德意志民族黨以及右翼退伍軍人組成的鋼盔團，情況很可能會升級。

會議達成共識認為，運輸工人的大規模罷工將導致整個國家和軍隊的癱瘓，因為部隊的摩托化程度還很低，其因急部隊將無法有效地執行任務。施萊謝爾認為，儘量不要造成軍隊向同胞開火的局面，他可不想自找麻煩。

儘管有違他個人意願，施萊謝爾最終還是被推上總理的位置。因為他在人們眼裡是個中立的軍人，不像被視為代表保守勢力的巴本。兩害相權取其輕，中央黨和社會民主黨都同意接受施萊謝爾為總理。國社黨也表示默許，認為施萊謝爾很可能成為國社黨上台的墊腳石。十一月底對施萊謝爾的任命沒有引起任何激烈的反應，為各派政黨提供了一個喘息的空間。

施萊謝爾企圖利用國社黨在國會的派別鬥爭來遏制其氣燄，形勢也似乎頗為有利，當時國社黨員正為選舉的受挫而深感失望，又為黨內的財政困難而焦慮不安。施萊謝爾先成功遊說史特拉瑟（Strasser）和其他八十位國會議員，國會因此延期開議。前景似乎還很樂觀，十二月初德國取得一項外交成就，（可能是在德國國內的強大壓力下）國際裁軍會議作出讓步，同意德國在原則上享有同等的軍事權利。

但由於施萊謝爾打算進行深層的社會改革，從一開始就遭到保守派的激烈反對。於是施萊謝爾威脅，要揭發東部救濟基金分配不當的黑幕。總統與登堡年事已高，深受其保守黨朋友的影響。這些人攻擊施萊謝爾親布爾什維克，傳播謠言聲稱施萊謝爾企圖篡軍奪權。與此同時，巴本也開始蠢蠢欲動，與希特勒暗中勾結，妄想利用國社黨使自己重返權力中心，結果是自欺欺人。

施萊謝爾中斷了開始時前景看好的會談，企圖分裂國社黨人，這造成了「興登堡—施萊謝爾危機」。既沒有總統的支持，在國會中又不佔多數，施萊謝爾陷入了困境。一月二十六日，亦或是二十七日，陸軍總司令哈默斯丹試圖說服總統，遭到興登堡的嚴詞拒絕。一月二十九日，施萊謝爾辭職，一月三十日，希特勒被任命為德國總理。

施萊謝爾這位唯一由軍方出身的總理就這樣下台了。一九三四年六月三十日，施萊謝爾被納粹特工暗殺，同時被殺的還有布理多上校（徒有虛名的政治家）和史特拉瑟。德國軍方以前一直獨攬政府最後一道且能夠起決定作用的防線，隨著希特勒的掌權，這些榮光不復存在。十萬名左右的防衛軍分成小部隊散佈到全國各地，國社黨控制了全部國家機器。所有的交通工具、通訊、公共設施、街頭輿論和大部分的工人團體都被國社黨所掌控。軍隊已經失去了昔日舉足輕重的地位。

回顧這一系列事件和史實，我敢斗膽說，指控德國軍方支持希特勒篡奪政權絕對是個歷史冤案，事實恰恰相反。

在這裡，我想探討一下德國軍隊是否有可能公開起兵反對希特勒。在國社黨上台前後的非常時期，施萊謝爾和哈默斯丹周圍的親信也曾考慮過發動兵變的可能性，但因為估計沒什麼成功的希望而作罷。

客觀原因不一而足。首先，希特勒是多數黨領袖身份，由總統根據憲法任命為總理，走的是完全合法的程序。若要發動兵變，就得由施萊謝爾將軍和哈默斯丹將軍向部隊發佈命令，但倆人的軍階、名望都不夠高，如果由他們挑起，不僅要反對希特勒—巴本—胡根堡（Alfred Hugenberg）內閣，還得反對德高望重的全軍最高統帥興登堡總統。其次與共產黨聯盟是不可能的，與其他黨派也沒法倉促結盟。宣誓效忠興登堡的防衛軍，不會服從施萊謝爾和哈默斯丹的命令，而且此時力量更不如十一月。最終他們還是犯了嚴重錯誤，最終導致一系列不幸的後果。

興登堡去世前（一九三三年一月至一九三四年八月）

橫掃一切的革命行動導致一系列的政治事件，德國的政治格局從此不同，德軍卻始終袖手旁觀。軍方就像一座孤島，希特勒對它莫可奈何，軍隊聽命於興登堡，可興登堡已是老朽一個。興登堡命令由傅利奇取代哈默斯丹。

新人

一九三三年一月，布倫堡被任命為國防部長。此前他一直作為德國代表出席日內瓦裁軍會議，與希特勒素昧平生。布倫堡是個有天賦的軍人，他受過良好的教育，視野開闊，興趣廣泛。但是他個性不強，易受他人的影響。

賴赫勞是國防部武裝部隊辦公室主任，他個性強，有進取心，注重實做，行事不多加思索，愛憑直覺。雖然他極有抱負，聰明能幹，學歷又高，還會吟詩弄文，但體魄強健，就像一個運動員。多年來，他與希特勒過往甚密，自認為效忠於希特勒本人，而不是效忠於國社黨。

傅利奇將軍（後來成為陸軍總司令）是個優秀的軍人，但他的思想僅停留在軍事事務。他是個純粹的紳士，而且篤信宗教。

布倫堡和賴赫勞的任務是確保陸軍在新政府中的地位，他們一向認為陸軍是國之棟樑的事實是不容置疑的，他們還有一個任務，就是清除國社黨中的革命分子，恢復正常的社會次序。

參與革命的衝鋒隊從一開始就是陸軍的對頭，他們當時的勢力足以左右群眾和國社黨。衝鋒隊聲稱要根據他們個人的等級在新政府中重組軍隊，陸軍決心為自己在新政府的地位進行鬥爭。儘管衝鋒隊曾經充當希特勒的親衛隊，扶植他上台，但兔死狗烹，跟其他獨裁者一樣，希特勒也不得不除掉這班無法無天的傢伙，一九三四年六月三十日，希特勒站在陸軍那一邊，在血腥鎮壓衝鋒隊的時候，完全讓軍隊置身事外。[12]

興登堡逝世至一九三八年

軍方將六月三十日的血腥鎮壓視為成功的一著，還是有其不可取之處（如謀殺施萊謝爾等人）。然而事實證明，對軍方而言，這不過是一次得不償失的皮魯斯式的勝利。[13]從那天起，武裝親衛隊（Waffen-SS）迅速竄起，它對陸軍構成的威脅遠遠超過衝鋒隊。

興登堡死後，希特勒自封為國家元首和國防軍最高統帥。

重整軍備一開始的本意是要與鄰國平起平坐，此時成為當務之急，同時也改變軍隊在國家政治中的格局。重整軍備的結果表明，陸軍眾所公認的牢固地位已經削弱。四千名職業軍官原本是逐漸擴展軍隊的核心，也是德國空軍的骨幹力量。如今來自各行各業和階層的人士，因擁護納粹政治觀念，現在都當起了軍官，其中年壯派的思想更是激進。軍官團已經面目全非，國社黨人在陸軍的勢力與日俱增。要指望軍人能夠團結一致，幾乎是不再可能了。

重新啟動徵兵後，陸軍就失去了它在國內爭鬥中原有的功用，空軍的建立進一步削弱陸軍的地位，從一開始空軍就是以國社黨的理念為指導原則的。把防砲部隊劃歸空軍也是另一個

12 編註：羅姆暴動，又稱長刀之夜，國社黨內針對衝鋒隊高階領袖的大屠殺。
13 編註：Pyrrhic Victory，比喻付出極大代價而獲得的勝利。

有意削弱陸軍的行動，沒有防空力量，陸軍在國內爭鬥中的作用就不再重要。

儘管如此，當布倫堡被撤職，一九三八年一月和二月又為傅利奇同性戀事件產生激烈衝突時，軍方也曾再度考慮起兵推翻希特勒。希特勒取代布倫堡，親自擔任國防軍最高統帥，凱特爾（賴赫勞的後任）雖然留任，但充其量只不過是個唯命是從的書記長。

傑出的傅利奇，居然遭到令人難以置信的不公平待遇，這使軍方高層為之震怒。[14]其實早就有人在暗中行事，歌德勒（Carl Goerdeler）和沙赫特（Hjalmar Schacht）等人組成的秘密組織，主張不遺餘力地推翻希特勒。然而，將領們在關鍵時刻卻無法團結，自塞克特將軍以來，軍方從來就沒能做到步調一致。他們沒有可以達成這種目標的工具—訓練有素且能夠完成兵變的部隊。他們同時缺乏願意採取行動接管政權的政治領袖，起義始終沒能付諸實施。另一方面，希特勒早就在軍中高層安插自己人，以便在軍中進行分化。將領們各自有盤算，再也不可能指望陸軍同心同德採取共同的政治行動。

---

14 然而德國國內的反對派曾抱怨道，將領們的錯誤在於他們的憤怒如煮而不沸的溫水。

第十章　擴展裝甲部隊

希特勒的崛起改寫了歐洲地圖，速度之快，連拿破崙也難以望其項背。然而正是由於德軍裝甲部隊的崛起才使希特勒得以一度所向披靡。若無裝甲部隊，希特勒的夢想難以成真。裝甲部隊才是他制勝的王牌，其作用遠遠大於德國空軍和各國的叛國者。裝甲部隊速戰速決，橫掃千軍如卷席，非其他手段所能比擬。希特勒有遠見，支持發展裝甲部隊，然而他也沒能傾其全力支持裝甲部隊，並最終為此付出沉重的代價。

有關德軍裝甲部隊的故事是由托馬將軍在一九四五年告訴我的，他也是德軍第一代裝甲指揮官中的佼佼者，其聲望僅次於古德林（當時古德林是美軍戰俘，本書初版問世後我才得到古德林的口述，現將他與托馬所述對應的部分用括號插入）。托馬為人強悍，卻也有和藹可親之處。他生性好戰，堂堂正正，尊重與其水準相當的對手，在一個戰車稱雄的時代，像他這樣富於激情的軍人是生得其時。如果在中世紀，他肯定是個快樂的騎士，躍馬橫矛在十字路口，為了榮譽向南來北往的過客挑戰。戰車的問世猶如上帝賜予他的禮物，使他可以重溫盔甲騎士的舊夢。

托馬向我講述自希特勒擺脫凡爾賽條約束縛後，德國裝甲部隊的發展概況。「多年來德國只能用道具來進行演練，當一九三四年德國擁有自己真正的裝甲部隊時，我們感到無比歡喜。此前我們只能在蘇聯的協調下，在紅軍的實驗基地進行一些實戰演習。該基地靠近喀山（Kazan），主要在那裡做裝甲戰術的研究。到一九三四年，我們在奧爾德魯夫（Ohrdruf）成立第一個由我指揮的裝甲營，名為『摩托化車輛訓練指揮部』（Kraftfahr-Lehrkommando），是德國所有裝甲部隊的先驅。」

「後來又在佐森（Zossen）成立兩個裝甲營，我的部隊也擴充為由兩個營級單位組成的團。部隊的裝備是根據軍工廠的研發成果來逐步配備的，最早的是配備氣冷汽油引擎的克虜伯製一號戰車，它僅配備兩門機槍。第二年來了二號戰車，換成了水冷式引擎，配備二十公厘機槍。一九三七年到一九三八年，三號和四號戰車配發下來，這些戰車又大又好。與此同時，我們的編制也在改變。一九三五年，兩個裝甲旅成軍，以此為骨幹再成立兩個裝甲師。德國裝甲部隊的軍官都遵循英國裝甲戰術觀念，尤其推崇你和富勒將軍的裝甲戰思想。[15]他們對英國最先成立裝甲旅的創見極感興趣。」英國裝甲旅成立於一九三一年，當時還處於試驗性質，指揮官是布羅德上校（Broad，後升為將軍），一九三四年裝甲旅成為永久性編制，當時旅長為霍巴特（後升為將軍）。

我問他是否如通常所報導的那樣，德國的裝甲戰術還受到戴高樂將軍（de Gaulle）那本有名的著作的影響。[16]他的回答是：「不，當時那本書還沒受到多大的注意，我們認為裡面的主張有點不夠真實。它缺乏足夠的戰術指導，過於虛幻，不切實際。而且這本書問世之前，英國人已經闡明裝甲作戰的可行性。」（古德林說：「托馬的敘述是正確的。我是在一九三七年才讀到戴高樂的《未來的軍隊》的德譯本，那時德國裝甲部隊早已建軍，戴高樂的書對德國裝甲部隊的發展沒有什麼影響。我讀那本書也是出於興趣和好奇，想知道法國人是否接受戴高樂的觀點，可幸的是他們並沒有。」）

托馬繼續說：「你可能會感到吃驚，就像在英國，裝甲部隊的發展在德國也遭到高階將領的抵制。這些老傢伙唯恐裝甲部隊迅速發展，因為他們對裝甲戰術一竅不通，對這種新式武器非常反感。他們抱著懷疑和謹慎的態度，若不是他們的這種態度，德軍裝甲部隊將發展得更快更好。」

西班牙內戰爆發時，托馬受命帶領一個德軍裝甲營到那裡。「當時看來西班牙似乎可以成為『歐洲的練兵場』。西班牙內戰時，我負責指揮德國在西班牙的地面部隊。媒體誇大了德軍的人數，其實在那裡的德軍從沒超過六〇〇〇人。」（未包含空軍和文職人員）「德軍的任務是訓練佛朗哥的裝甲部隊，同時也可以積累實戰經驗。」雖然德國陸軍高層反對直接干涉，但面對實戰機會，對於托馬這樣的軍人是不會滿足於顧問的角色。八月，瓦里蒙特將軍（Warlimont）以德國軍事特使身份前往西班牙輔佐佛朗哥將軍，他說「托馬自始至終是德國地面部隊在西班牙內戰中所有軍事行動的靈魂和核心」。

托馬說：「我們對佛朗哥的援助主要是武器裝備，如飛機和戰車。開始時他們只有一些陳舊的武器。九月，第一批德國戰車到達西班牙。十月，又再送去一大批，全都是一號戰車。」

蘇聯戰車早在七月底就抵達西班牙敵方陣營，他們的戰車武器裝備更好，我們的戰車僅配備機槍。我開出重賞，每俘獲一輛蘇聯戰車就獎勵五〇〇比塞塔（西班牙貨幣），我當然樂意將俘獲的戰車為我軍所用。沼澤地給部隊的行動帶來諸多不便，你聽了肯定會有興趣，我的對手正是科涅夫（Koniev）元帥。

我精心挑選赴西班牙的人選，這些精幹的德國軍人可以訓練大批的西班牙裝甲兵。西班牙人學得快，忘得也快。到一九三八年，我手下已有四個裝甲營，三個連組成一個營，一個連配備十五輛戰車。有四個連配備蘇製戰車。我還有三十個反裝甲連，每連配備六

15 編註：李德哈特和富勒共同被認為是「現代裝甲戰之父」。

16 編註：指戴高樂一九三四年發表的《未來的軍隊》（Toward a Professional Army）一書。書中預見到裝甲部隊在新的世界戰爭中的重要作用，主張改造法國軍隊體制。

鬥三十七公厘戰防砲。就像所有的老派將領一樣，佛朗哥也想把這些戰車分派到各個步兵師，我一直堅持與他對抗，努力將戰車集中起來使用，這成就了佛朗哥日後的成功。

西班牙內戰結束後，我於一九三九年六月回國，將自己的經驗和教訓整理成文。不久我被派去指揮在奧地利的戰車團。原本我的命令是要去指揮一個裝甲旅，有感於自己長期在國外，希望上層可以先委派給我一個戰車團，以熟悉國內的狀況。布勞齊區將軍同意我的請求。臨近波蘭作戰的八月份，我前去第二裝甲師接管一個裝甲旅。

第二裝甲師屬於利斯特將軍（Wilhelm List）的十四軍團，駐紮在喀爾巴阡山脈的另一邊，位於德軍南翼的盡頭。我受命向亞布倫卡走廊（Jablunka Pass）推進，經建議以摩托化旅置於該地而以本旅實施側翼行動，穿過茂密的森林及山脊，到達山谷中的一個村莊，發現村裡的人都上教堂去了。當他們看到戰車出現在教堂門口時別提有多吃驚了。此役我未損一輛戰車，卻將敵陣地擊毀，一夜之間前進五十英里。

波蘭戰役之後，我進入參謀本部，接任機械化部隊督察官。機械化部隊包括裝甲部隊、摩托化部隊、當時僅存的一個騎兵師和機踏車部隊。在波蘭戰役，我們有六個裝甲師、四個輕型師（light division）。每個裝甲師下有由兩個團組成的裝甲旅，每個團則由兩個營組成，一個團戰力約有一二五輛戰車。經過數天的戰鬥後，各團根據經驗計算平均戰鬥力應減去四分之一的戰車，因為有些戰車需要維修。

托馬解釋他所謂的戰鬥力僅包括在連級（或中隊）實際參戰的戰車數量，如果包括用於偵察用的輕型戰車，總數應為一六〇輛。

輕型師還處於實驗階段，其戰鬥力也各不相同。但其編制基本上是下轄兩個機動步兵團

> （每個團由三個營組成）和一個裝甲營，此外與裝甲師一樣，輕型師也還有一個裝甲偵察營和一個機踏車營，以及一個砲兵團。
>
> 波蘭會戰後，我們就終止了這種實驗，輕型師全部改編為裝甲師。到一九四〇年發動西線攻勢時，我們已經有十個裝備齊全的裝甲師。至那時中型戰車的比例也有所增加，即便如此，還是有不少輕型戰車。[17]

托馬透露一個令人吃驚的事實，他說進攻時，德國總共才有二四〇〇輛戰車，而非法國所報導的有六千輛。托馬沒把偵察用輕型戰車的數量納入計算，他說那不過是一些「沙丁魚罐頭」。「法國戰車的品質比我們的好，數量也勝過德國，但他們速度太慢。正是依靠出其不意的速度，我們才戰勝了法國。」（古德林說：「法國戰車在裝甲、火砲和數量上都超過德國，但在速度、無線電通信和指揮能力上不如我們。在重要的戰場集中所有的裝甲部隊，速戰速決以及發揮各級軍官的主動性，這正是我們在一九四〇年致勝的主要因素。」曼陶菲爾評論道：「在平時，我們都低估戰車在戰場上速度的重要性。戰車速度的快慢，比裝甲鋼板的厚度更為重要。」）

討論到各種型號的戰車及其素質時，托馬說，如果要讓他在「厚裝甲」和「速度快」之間作選擇，他肯定會選擇後者。也就是說他更看重速度，他從實戰經驗中得出結論，速度才是最重要的。他認為最理想的戰車團應由三分之二的速度較快的大型戰車和三分之一速度極快的輕型戰車組成。

---

17 編註：三、四號戰車為中型戰車，一、二號則是輕型戰車。一號戰車亦曾於抗戰期間在國軍裝甲部隊服役。

談到一九四〇年的攻勢，托馬說：「全體裝甲部隊軍官，都希望由古德林負責指揮裝甲部隊突破阿登的戰鬥。克萊斯特卻不像古德林那樣對裝甲作戰有深刻的理解，他過去曾是反對發展戰車的主要人物之一。任命一個對裝甲作戰持懷疑態度（即便之後態度有所轉變）的人為裝甲作戰的最高指揮官，這就是德國陸軍當時典型的行事方式。無獨有偶，在你們英國情況也如出一轍。人們認為古德林個性太強，而只有希特勒擁有最後決定權，是他批准克萊斯特的任命。但最後還是讓古德林來負責突破，他就按照在一九三七年陸軍機動演習時所做的，把當時的狀況轉化為實戰。突破敵軍防線後，古德林率領軍隊直撲英吉利海峽。他全力以赴，以『不顧一切』的姿態乘勝追擊。這種具決定性的突破方式，使法國沒有時間集結兵力。」

「德國陸軍經常有人說古德林脾氣暴躁，就像一頭好鬥的公牛，我不同意這種說法。[18]一九四一年我在東線的斯摩棱斯克（Smolensk）於古德林麾下服役時曾與他打過交道，當時敵方的防守十分頑強，在那樣困難的格局下，古德林並沒有蠻幹，而是心細如發以智取勝。」

我問托馬，在二戰初期德軍裝甲部隊所向披靡的主要原因是什麼。他列舉了五個主要因素：

一、在轟炸機的配合下，集中兵力攻其一點，突破深入。

二、乘勝前進，夜間急行。常能做到出其不意、深入敵後。

三、充分利用敵方反裝甲火力的不足和我方的空中優勢。

四、裝甲師備有的汽油足夠戰車長驅一五〇至二〇〇公里。如果先頭部隊急需汽油，就用飛機空投油箱。

五、戰車備有足夠三天的口糧，團級再備有另三天的口糧，師級再攜帶另三日份。

托馬舉了一些裝甲部隊長途奔襲的戰例。他說波蘭戰役德軍花了七天時間從波蘭南部的上西里西亞推進到華沙，包括作戰，日均行程約三十英里。在法蘭西會戰第二階段，從馬恩河（Marne）到里昂（Lyon）的推進速度也是如此。一九四一年俄羅斯會戰，從洛斯勞爾（Rosslawl）到基輔以東，二十天內日均行程十五英里。期間從格魯考夫（Glukov）到奧廖爾（Orel）的突襲，三天內每天要跑四十英里。最高紀錄是一天行軍六十英里。（古德林曾給我說明他的裝甲兵團入侵俄羅斯的行軍路線，部隊前進速度甚至比托馬所說的還要快。擔任古德林先鋒的一個裝甲師第一天就奔襲五十英里。從前線到明斯克（Minsk）有二一〇英里，他們花了六天時間就到達目的地。其中有一天就行軍五十英里。）

托馬強調裝甲部隊指揮官身臨一線的重要性，要「身處在你的戰車之中」，要像過去的騎兵將領那樣在「在馬鞍上發號施令」。「指揮官要深入戰場來制定戰術，他必須親臨現場，行政事務可以交給參謀。」

針對俄羅斯會戰開始前德國對裝甲部隊的重組，托馬明確地表示這是一步極大的敗著。「從每個裝甲師的兩個戰車團中抽調一個出來，以便編組新的裝甲師，讓裝甲師的總數達到二十個之多。我不同意這個做法，向希特勒表示自己的異議，因為希特勒對技術問題是比較關注的。」托馬認為重新編組的最終結果將削弱德軍的戰鬥力，因為那只增加參謀人員，還得配備相應的支援戰力，而裝甲部隊的攻擊力卻沒有因此而提升。「但是我沒能說服希特勒，他熱衷於裝甲師數量上的壯大，帳面上的「壯大」滿足了他的妄想。（古德林認為：「托馬對俄羅斯會戰開始前重組的批評是完全正確的，裝甲師的戰力取決於戰車。我完全同意他的觀點，我

18 我個人觀察，有些德國高階將領在批評那些膽大的軍官時常用「公牛」一詞來形容，因為那些軍人作戰不像老將軍那樣有板有眼循規蹈矩。其實「公牛」應該指面對堅固的防守死拼硬打的軍官，而不是那些憑藉膽略和速度來取勝的軍人。

也贊成曼陶菲爾的一些觀點，他是德軍中最有進取心的裝甲作戰將領之一。」）

希特勒沒有插手波蘭會戰，但公眾對於「希式謀略」的大肆吹捧，以及法蘭西會戰後，對這種吹捧的變本加厲使希特勒的腦袋大為膨脹。他對戰略、戰術略知一二，但對如何具體實施卻一竅不通。希特勒他常會有一些好點子，但他往往像岩石一樣頑固不化，結果那些好點子在落實時也多半功虧一簣。

二十個裝甲師聽起來壯大了很多，但其實戰車數量並沒有增加。我們可投入作戰的戰車是二四三四輛，而不是俄國人所說的一萬二千輛。此時中型戰車佔三分之二，而在波蘭時，輕型戰車佔三分之二。

在談到俄羅斯會戰時，托馬說當時德軍裝甲部隊發明了一種非常有效的戰術。「裝甲師在夜晚突破紅軍的防線，然後埋伏在防線後方的森林裡。紅軍很快就會派兵來重新佔據陣地。隔天早上，德軍步兵就向這些防線尚未鞏固的陣地發起攻擊，而埋伏在那裡的裝甲部隊則從背面向守軍猛攻。」

在一九四二年作戰時，又編成四個新的裝甲師，一部分是由已經失效的騎兵師抽編。另有其他三個步兵師予以摩托化，加入在一九四一年戰役時，已經有的十個摩托化步兵師。「但是在二十個裝甲師中僅有十個獲得武器裝備的升級。在希特勒一聲令下，德國提升對U型潛艇的製造數量，反而忽略提高戰車的產量。」

托馬對德軍高階將領和希特勒嚴加抨擊，指責他們沒能充分了解到裝甲部隊的重要性，沒能及時擴展裝甲部隊的規模和提升它的素質。

我們的力量足以打敗波蘭和法國，卻沒法征服俄羅斯。那裡幅員遼闊，道路難行。裝甲師的戰車本該增加一倍，而且摩托化步兵的機動性也有所欠缺。

我軍裝甲師最初的模式十分理想——兩個戰車團和一個摩托化步兵團，但後者應以裝甲履帶車裝載，儘管那需要更多的汽油。對俄作戰初期，運載步兵的卡車還能及時抵達戰場，他們通常被運到離前線四分之一英里外的地方下車參戰。但是當紅軍投入更多的飛機後，我們的步兵就難以及時抵達戰場。運兵車隊經不起飛機的轟炸，在很遠的地方步兵就得下車步行到戰場。只有乘履帶裝甲車的步兵才能符合機動作戰的需求，及時投入戰鬥。

更糟的是這些笨拙的卡車常常陷於泥沼，法國的地形最適宜裝甲部隊作戰，而俄羅斯的地形最糟，它幅員遼闊，到處是沼澤和沙地。有些地方的沙子有兩三英尺深。一下大雨，沙地就會變得泥濘。

托馬還說：「相較而言，非洲簡直是裝甲師的天堂。那些曾參與侵蘇作戰的部隊一到非洲就會感到行動自如。所以如果把北非戰役的經驗應用到不同的國度就會鑄成大錯。對你們而言，未來的難題還是俄羅斯，非洲沙漠不成問題。」這就是托馬有話直說的個性。

托馬指出對俄會戰的另一個重大錯誤，就是裝甲部隊和空軍缺乏配合。「結果使我們在許多地方功虧一簣。原因是傘兵隸屬於空軍，而高層對於往哪裡配置傘兵往往意見不一，尤其戈林老是要攪局。還有德軍的自走砲也不行，這種武器本來極有威力，但我們的自走砲都是些臨時拼裝而成的，底盤太笨重。」

一九四二年秋，托馬在艾拉敏被俘，所以他無法就二戰後續時期的戰況提供見解。曼陶菲爾被譽為那段時期的裝甲作戰驍將，他的論斷在整體上可以證實托馬所言不虛，當然在某些方面也有補充。曼陶菲爾對我說的部分需要非常大的篇幅才能全部納入，但對於非專業的讀者，有幾個重點是值得多了解的。「戰車就是要快。我認為這是戰時對戰車設計所獲得的最重要教訓。以豹式戰車作為標準繼續發展才是正確的，我們把虎式謔稱為『大篷車』，雖然虎式在突破防線時算得上是不錯的工具，但速度實在太慢，在法國還算差強人意，到幅員遼闊的俄羅斯，它就成了一種累贅。」

在評論蘇聯戰車時，曼陶菲爾說：「史達林式戰車的重量（在當時）是世界最重的，它履帶結實，裝甲堅硬。還有一個優點是個頭不高，比豹式戰車還要再矮個五十一公分。作為負責突破戰線的武器，它無疑是不錯的，但速度實在太慢。」

曼陶菲爾還談到德軍裝甲部隊有兩個原本可以規避的缺陷。

裝甲師的每一個單位，都應配備緊隨戰術梯隊的機動維修小組。我軍將整備維修連安置在後方，那是一個嚴重的錯誤。維修小組應與部隊保持就近距離，隨時待命。把他們置於戰術指揮官之下，以無線電保持聯繫。這樣，除了那些嚴重受損的戰車，其餘的故障都可以當夜修復，這是事關重要的，它能減少損耗，避免許多的傷亡與浪費。前線指揮官沒法等到戰車在後方修好後才行動，他們常常要完成力所難及的任務，因為作戰方案根據正常的戰車數量來制定的，及時的修復可以彌補戰車受損所可能無法達成戰果的結局。

裝甲師擁有自己的空中力量也是很重要的條件，空中力量包括一個偵察機中隊、一個戰術轟炸機中隊和一個飛行速度較慢，可供指揮官和參謀使用的通信機中隊，裝甲師師長本當經常在空中指揮作戰。蘇聯會戰之初，德國裝甲師配備有直屬空中小分隊。但在一九四一年十一月又被最高統帥部以加強中央控制的名義收回了，這又是另一個嚴重錯誤。我得強調，空中機隊與裝甲師的配合在平時就應當加強訓練。彈藥、油料、糧秣和人員的空中運輸也非常重要。在未來的戰爭中，裝甲師的作戰範圍將更大，要有一天前進二〇〇英里的準備。戰前我讀過不少你寫的書籍的德譯本，我知道你相當關注空中力量在裝甲戰的作用。裝甲作戰與步兵作戰完全是兩回事，步兵不懂裝甲戰，這就是我們在戰爭中遇到的一大麻煩。

在談到戰車的設計和戰術時，曼陶菲爾認為車身較低的設計不至於暴露目標。但隨著車身而來的困難，是戰車底盤必須與地面保持相當高度，不然在超越障礙時可能會撞擊地面或岩石等物。「不過只要善於觀察地形，一些輕微的障礙是可以克服的，善於觀察是戰車駕駛兵必備的素質。」

曼陶菲爾以一九四四年五月在羅馬尼亞雅西（Jassy）附近的塔古弗魯莫斯（Targul Frumos）之戰為例，說明他的觀點。此戰使紅軍攻佔普洛什特（Ploiesti）油田的企圖首次遭挫，超過五〇〇輛紅軍戰車直撲曼陶菲爾指揮的大德意志裝甲擲彈兵師（Gross-Deutschland）。該裝甲師由一六〇輛戰車組成，一部配備虎式，另二部配備豹式戰車，還有一部配備型號較舊的四號戰車。「這是我第一次與史達林式戰車交手，我們的虎式戰車在三千公尺向它們開砲，砲彈擊中它的外殼，卻被彈了出去，直到在一千五百公尺距離時才能穿透它的裝甲，這著實讓我大吃一驚。但是我充分利用地面掩護，靠靈活機動的戰術來戰勝紅軍強大的戰車。」甚至連外形相對較小的四號戰車也巧妙地繞到紅軍戰車的後面，從距離一千公尺的地方向它們開火，炸壞了不少體積龐大的史達林式。曼陶菲爾說，俄軍的攻勢停止後，戰場上留下約三五〇輛被擊毀的史達林式，那些潰逃的敵軍戰車中也有不少是受到重創的。德軍僅損失十輛戰車，還有數量相當大的戰車也並非是毫髮無傷的。

雖然對德國而言這是一場防衛戰，但在由兩個步兵團精心選擇的防守區域內，德軍戰車團在充分應用機動進攻的戰術克敵制勝。曼陶菲爾德強調：「裝甲作戰以動制勝，不動則敗。」作為一個軍人，回憶起這次成功的戰例，他顯然難掩得意之情，他說：「看到這場作戰的過程真的會讓人感到賞心悅目。」

他還談到在現代戰爭中，為了贏得先機，確保在戰術上的主動，必須精心挑選裝甲兵人選。「滿足了這個條件之後，在設計戰車時則需對裝甲、火砲及速度三者中進行綜合的考量，尤其要對空襲、傘兵和火箭（編註：也就是現今的導引反裝甲飛彈）對戰車的威脅更是要重視。」

接著曼陶菲爾向我全面講述了他對裝甲戰的心得。「火力、裝甲、速度和越野能力，皆為裝甲作戰的要素。戰車設計如能成功地將這些互為矛盾的要素結合起來，那就是最好的戰車。就我而言，德國的豹式戰車是其中最能滿足我要求的戰車，如能將其輪廓設計得再低一點就更為理想了。我在戰場上學習到最重要的教訓就是，戰車所具備的速度是最為重要的。比起人們在戰前或戰時所認知的都還要重要，因為這是攸關生死的關鍵因素。戰車速度快就能迅速變化位置，就能躲避敵人致命的砲火。機動性能由此可以演化為『武器』，其作用通常不亞於火砲和裝甲。」

曼陶菲爾和托馬的觀點可謂是英雄所見略同，他們都強調跨國作戰時戰車的速度至關重要，且將其稱之為「機動變位」。拜爾林（Bayerlein）也對我表述過同樣的看法，他是年輕一代的裝甲驍將之一，他的裝甲作戰經驗異常豐富。在入侵法國和俄國時，他曾是古德林手下的一員大將。在非洲作戰最後階段，他出任隆美爾的參謀長。後來在諾曼第和阿登擔任裝甲教導師師長，在萊茵蘭（Rhineland）指揮裝甲兵團進行最後的抵抗。拜爾林將軍說：「在未來的戰車設計中，我認為機動性，包括速度和操控性是最重要的。其次是火力（射程和火砲的口徑），再來才是裝甲。『機動性至高無上』，它是未來戰爭的決定因素。移動、行動、出其不意，越快越好。」

在另一次交談中，曼陶菲爾對未來陸軍的編制表達他的看法。「現時的狀況表明，軍隊編制應該分為兩種等級。最佳的做法是就是由『精兵』來編成部隊，給予他們最好的裝備，充足的訓練資金和精選的人員，一個大國的軍隊中應當有三十個以上這樣的精銳師。當然，沒有一個國家能夠給上百萬人的軍隊全部都配備精良的武器。與其維持數量龐大、裝備陳舊、訓練水準低落的部隊，不如建設一支主要作戰任務的精銳陸軍，為他們配備加強相應的空中支援、傘兵和導引武器。現行配屬於裝甲部隊的砲兵編制（編註：指一九四〇年代），是機動作戰的一大缺陷，俯射能力是不可或缺的，只有自走砲才符合裝甲部隊的需要。但隨著技術的發達，火箭（編註：或更精確地說是導引武器）將更為有效地取代火砲。」

曼陶菲爾繼續說他贊成我過去著作中的觀點，即當前基本的軍事問題是亟待減少輔助之部隊和車輛與作戰部隊之間的比例，盡量增大攻擊部隊。

> 「但是先得讓最高統帥部的人學會機械化戰爭的全新語言，才有可能取得這樣的進展。新的軍隊模式需要新型的戰略，而要讓人們接受這些觀念，重要的一點就在於要讓所有的新型部隊由一個有實權的幹部統一指揮。與此同時，為了加強精銳部隊的團隊精神，不僅要給它配備最好的裝備和訓練設施，還得讓它有獨特的制服，越帥氣的越好。

＊＊＊

經過一段時間對作戰經歷的反思，曼陶菲爾對未來的戰爭提出具體詳盡的結論，其主要觀點值得在此論述。

當以一九四五年的主流觀念來看，要以全新的領導統御為手段，找出如何維持戰略性機動作戰的行動。

像德軍那樣，在建立具有戰略性裝甲部隊時，必須與陳舊的做法完全決裂。在運用新型的作戰技能時，一開始不要著急，再逐步加以鞏固。德軍在一九三九至一九四一年間，以及一九四二年在非洲的案例都清楚地證明了這一點。事實上，這不僅僅是利用摩托化動力進行機動和作戰，還是一種全新戰術的應用，其最顯著的特徵便是以最快的速度辨別目標，機動靈活速戰速決，也就是最高度的機動性。

空降部隊配合快速的裝甲部隊，無疑將是未來戰爭中佔據極重要地位的角色，因為這兩大兵種解決了時間和空間的問題。

現代化砲兵將與一九三九至一九四五年的砲兵截然不同，火箭和核子武器將會是其發展方向。

不過曼陶菲爾還是陳述了改進火砲控制的方法，以集中火力取得更猛烈及靈活的效果。「隨著砲火威力和配合的增強，戰場上面對面的肉搏戰終將不復存在。」

偵察部隊應該要是強大的，至少具備攻擊部隊等級的戰力，如此才能在執行任務遭遇敵軍時，可直接與敵接戰。二戰時，這個觀念無法落實……因缺乏有效的偵察，對戰事就難以作出準確的預見，排兵佈陣就經常受到挫折。

行軍作戰應當常在夜晚行動，首先這能儘量減少敵軍空襲造成的損失，軍隊必須善於夜間作戰……訓練部隊習慣於這種作戰模式後，就不會在敵軍進行大規模夜襲時感到束手無策。如紅軍進行強大的夜間攻勢時，德軍就曾感到十分緊張。

就本人的戰爭經驗而言，我仍清楚地記得在進攻時人造煙霧非常有用。在未來結合空中與地面的立體空間的戰爭中，其重要性還會進一步提升。尤其是當我方空軍必須為特定空間的地面友軍提供有效支援時，人造煙霧的作用就更為顯著。化學專家應當發明一種低沉難消，可以覆蓋大片區域的煙霧。

要在最佳時間和地點佈置部隊作戰，確保武器發揮其最大的效用，這就是所謂的戰爭藝術。在我看來，現在還應擴大範圍，將汽油也歸入「戰爭手段」和「武力」的範疇……為了確保在戰鬥中有足夠的汽油，所以必須把汽油供應的控制提升到戰術性管制的高度。

在探討未來的軍隊編制時，曼陶菲爾腦海中傾向於兩大類型的師級單位，步兵師和裝甲師。前者應配備輪型車輛載運士兵，後者他比較喜歡稱其為「機動師」。戰後一見面，他就和我探討裝甲師的編制問題。他主張的編制（本書初版曾加以引述）與二戰後期較常見的編制比較相似，只是要為裝甲師的支援單位增加半履帶裝甲運輸車輛的數量。但當他對戰爭經驗進行更多的反思後認為，應當大大增加戰車的規模，如果能用全履帶裝甲車來運載步兵進行越野機動，就可以削減步兵師的數量。原先每個裝甲師有三個戰車營，每營有六十輛戰車。他認為應擴大到四個營，每營配備一〇〇輛戰車。步兵師由三個裝甲步兵營組成，而不是原先的四個僅有半履帶車或卡車的步兵營。那樣就回到了戰前的裝甲師編制，但當時不管是戰車等級或武器都是比較弱的。「有人認為隨著戰車火力的增強，就不需要增加戰車的數量，這種看法完全錯了。何況經過行軍作戰，能投入戰鬥的戰車數量就會迅速減少，減少的數量之多是令人吃驚的。」

德軍在蘇聯會戰之前曾重新整編部隊，裝甲師從原有的戰力分出一半戰車，卻僅獲一個步兵團的補充。曼陶菲爾贊同托馬的觀點，認為這次的整編得不償失。「本當全力加強戰車的攻擊力，那樣做卻使裝甲師元氣大傷，喪失了以戰車為核心的突破能力。這樣進攻的速度取決於步兵，無論是過去還是現在這種做法都是錯的。在裝甲作戰中，戰車擔綱主要角色，其餘的一切都等而下之。唯有加強戰車的核心作用，才能增加裝甲師的力量。」（後來我得知古德林也傾向於增加裝甲師的戰車數量，他認為比較理想的數量是四〇〇輛左右。）

「大批的戰車作為前鋒是裝甲師進攻的必要動力，步兵的任務是協助戰車作戰，所以在主攻點上要儘量集結大量的戰車。將步兵作為裝甲部隊主力的看法是絕對錯誤的，它使裝甲部隊的發展停滯不前。有人以為裝甲部隊的發展已經達到高峰期了，事實決非如此。」

至於支援戰力，曼陶菲爾認為：「那些與戰車協同作戰的戰力，如裝甲步兵、工兵和砲兵都應以車輛來運載，以便在戰場上跟上戰車的步伐。二戰時，自走砲選用戰車底盤來改裝就是為了可以與戰車同行，將來這種作法將更為可行，因為自走砲可以使用重量更輕的砲座。常配備裝甲步兵和工兵，裝甲較薄的 SPW 型半履帶式裝甲車（編註：SdKfz 251 半履帶車），具備良好的越野能力，它在東線戰場上穿越沼澤的能力令人嘆服。裝甲師剛建軍時，通常只有一個步兵營和一個工兵連獲得配發半履帶式裝甲車。隨著戰爭的進展，能夠配備裝甲車的部隊越來越多，這樣就能夠擁有裝甲步兵團的戰力，有些還能夠改裝成裝載高射砲和野戰砲的載台，也就是說全面實施摩托化。將來一般步兵師都應配備半履帶式裝甲車，而裝甲師本身的步兵團則應配備採用全履帶式裝甲車。裝甲師內的所有戰鬥部隊都應如此，負責運補的車輛則是具備越野性能的。火砲則是安裝在戰車底盤，全面自走化，不再靠車輛來牽引。

PART III

德將觀點
THROUGH GERMAN EYES

打垮法蘭西卻救了不列顛 | 放走敦克爾克的敵軍 | 海獅計畫的籌備與放棄
從地中海到北非的失利 | 巴巴羅沙行動 | 攻克莫斯科無望
攻打高加索和史達林格勒 | 史達林格勒之後的東線戰場 | 對紅軍的印象
盟軍進攻義大利 | 諾曼第登陸 | 布魯門特提重提刺殺希特勒事件
突出部之役——希特勒孤注一擲 | 曼陶菲爾評希特勒

第十一章　打垮法蘭西卻救了不列顛

任何重大事件的內幕往往與其表面現象大相徑庭，戰時紛繁複雜的事件尤其如此。幾百萬人的命運因某人的決定而改變，他的決定得自其最為古怪的動機，而這卻改變了歷史的進程。唯有幕後寥寥數人才知道此人作出決定的實情，而這些人通常都緘默不語。事過境遷，有時某些真相會大白於天下，有時某些內情則可能永遠石沉大海。

真相的顯露往往再次證明常言所謂「事實比虛構更離奇」。小說家總想把虛構的情節描寫得更為可信，他不可能寫出歷史上曾經發生過的極為荒誕的事情，正是一些非同尋常的事件和扭曲的心靈才導致了這幕荒誕的歷史。

一九四〇年發生了一系列決定性事件，其形成的過程最為不可思議。法國一戰而亡，參戰的德軍高層原本對此戰幾乎毫無信心。攻方後來改變計畫，法方自恃作戰計畫嚴整過於自信，由此所造成的機緣巧合，從而使德軍僥倖取勝。英軍的成功逃脫則更為離奇，英國也因此免於遭到入侵。此書所要揭示的真相與通常的描述差異甚大，這在當時的英國人看來簡直難以置信，大多數希特勒的狂熱追隨者也同樣會感到難以置信。紐倫堡大審也未曾揭露這些內幕。

英軍從法國的逃離通常被稱為「敦克爾克奇蹟」。當時德軍裝甲部隊已經尾隨英軍到達英吉利海峽，深入法蘭德斯（Flanders）內陸。英軍與其大本營和法國主力的聯繫被切斷，面臨大海走投無路，成功撤離的英軍連自己也不明白當時是如何死裡逃生的。

希特勒的干預拯救了英軍，這就是答案，捨此別無他因。敦克爾克近在眼前之時，希特勒突然命令德軍止步不前，眼睜睜地看著英軍抵達港口，逃脫德軍的利爪。

英軍雖然逃離了法國，要守住本土也絕非易事。英軍大部分武器裝備都丟棄在法國，國內的武器庫幾乎空空如也。在隨後數月中，英國那些弱小且裝備不整的軍隊要面對的是從法國乘勝而來、裝備精良的德軍，兩軍之間的屏障也不過是一水之隔。然而，德軍的入侵就此戛然而止。我們一度相信「不列顛空戰」中德國空軍的失敗拯救了英國，但這只是其中一個因素，而且是最不重要的一個。希特勒不打算攻佔英國，這才是最主要、最深層的因素。他志不在此，數週來對入侵英國的準備工作不聞不問。雖然他也曾一度產生入侵英國的念頭，但很快就改變主意，中止了準備工作。相反，此時他正在準備入侵蘇聯。

在敘述希特勒作出這些致命決定的內幕前，先得提一下入侵法國。二戰早期的一系列事件充滿戲劇性，時而高潮迭起，時而急轉直下。希特勒放過了英國，卻不顧麾下將領的意見，悍然佔領了法國。

當法蘭西匍匐在德軍鐵蹄之下時，眾多德軍將領並不知道當初德軍最高層對勝利毫無信心，參謀本部遲疑不決，正是通過秘密的方式強迫其執行作戰計畫才取得勝利。如果德軍將士知道真相的話，肯定會驚愕不已。如果六個月前他們接到的命令是向柏林進攻，而不是巴黎，大多數人肯定會被嚇壞的。然而，這正是隱藏在勝利表象背後的事實。

希特勒為何決定進攻法國

回首往事，雖然德國入侵西方似乎勢所難免，但是入侵計畫卻是在充滿恐懼和懷疑的氛圍中形成的。美國評論家將二戰初期西方盟國的不作為貶稱為「假的戰爭」。這多少有失公平，因為盟軍缺乏發動攻勢的武器裝備，後來事件的發展證明了這一點。不過，在德國方面倒確實存在著一些「假」的因素。

德軍佔領波蘭，並與蘇聯坐地分贓以後，希特勒便企圖與西方列強談和，但遭到斷然拒絕。與此同時，他對自己一手挑起事端和對暫時盟友的擔憂也與日俱增。他曾表示如果與英法陷入長期的戰爭，衝突將逐漸耗盡德國有限的資源，俄國可能從其背後予以致命的一擊。他曾告誡手下將領：「任何條約和協議都不能確保蘇聯保持長期的中立。」這種恐懼促使他在西線採取攻勢壓服法國。他指望一旦打敗法國，英國就會知趣，從而接受德國的條件。他認為德國的一招一式都宜快不宜遲。

希特勒不敢冒險採取伺機等待的戰術，以靜觀法國是否無意參戰。他相信此時德國的軍力和武器裝備足以打敗法國，「至於某些武器，如克敵制勝的武器，德國具有不容置疑的優勢。」希特勒認為德國必須儘快發動進攻，否則將坐失良機。他下令：「只要條件許可，今秋必須發起進攻。」希特勒的這些想法和指示在一九三九年十月九日，以一則冗長的備忘錄形式發給部下。他對軍事因素的分析堪稱高明，但是他恰恰忽略了一個致命的政治因素——英國人被激怒後「就會像公牛那樣執拗」。

這看起來似乎有點奇怪，因為希特勒在《我的奮鬥》中曾詳述英國人在戰爭中「堅忍不拔的決心」，並告誡德國人對此切不可自欺欺人，「如果我們掉以輕心，必將因此受到嚴厲打擊的懲罰」。難道希特勒被戰爭開局的勝利衝昏頭，忘記了自己曾經的告誡？更大的可能性是，由於了解到這一點，就更促使他一旦將英國捲入戰爭後，就會採取更為極端的步驟，儘管他內心仍希望英國善於妥協的習慣會最終克服其固執的牛脾氣。何況英國政府發言人的表態，也使他感到即便他有意講和，也不可能與英國達成立竿見影的妥協。

九月末，波蘭的抵抗土崩瓦解，希特勒便打算先向西方進攻。當時曾在最高統帥部負責國防部工作的瓦里蒙特將軍告訴我說：「在波蘭會戰的最後階段，我曾造訪希特勒在波羅的海邊索波特（Zoppot）的司令部，在那裡第一次聽到希特勒決心進攻西方，連通知我此事的凱特爾元帥也為之心驚膽戰。因為無論就心理面還是行動面，德國軍隊根本對此毫無準備，更談不上有什麼計畫。」九月底，前線軍官得知希特勒的意圖，並受命籌備作戰計畫時，他們更是感到憂心忡忡。他們原本以為希特勒會按兵不動，讓西方諸國有足夠的時間消消火氣，掂量一下長期戰爭的代價。或者讓西方向德國前線進行一次徒勞無益的進攻，從而使其氣焰有所收斂。既然德國已經將主力從波蘭轉移到西線，也就足以擊退英法的進攻。

但是希特勒已經急不可待，他認為必須發動攻擊，以保證與比利時毗鄰的魯爾和萊茵工業區的安全。他認為比利時所謂的中立並非出自內心，指出最近比利時在與德國邊界接壤處加強了佈防，在與法國的交界處卻不設防。希特勒引述了有關法國和比利時軍方人員秘密會談的情報，會議談及讓英法軍隊進入比利時的可能性，強調比德邊界須重兵佈防。希特勒聲稱必須先發制人，以免英法軍隊先行進駐德比邊界，威脅魯爾工業區，「從而將戰火直指德國軍事工業的中心」。（希特勒的擔心不無道理，法軍總司令甘莫林（Maurice Gamelin）在九月一日的提議正是這樣，法國的檔案和甘莫林的回憶錄對此都有所披露。）

由於上述原因，德國的進攻本來會首先對準比利時，然後指向法國，以取得決定性的勝利。希特勒繼續說，他無意進攻荷蘭，而打算就介於比利時和德國之間的馬斯垂克（Maastricht）地帶問題與荷蘭達成一個政治協議。（但是由於德國空軍的建議，到了十月，希特勒又傾向於佔領荷蘭。）

領導層的分歧

希特勒的將領跟他有著一樣的遠憂，卻沒有對他近期就要立刻行動的那般自信，他們認為德軍的力量尚不足以打敗法國。

以人數比對，將領們的擔憂不無道理。按照慣例來評估，雙方力量之懸殊顯而易見，德軍師的數量並不具備確保勝利的優勢。法國已經動員了一一〇個師，其中八十五個師用來防備德國（後來增加到一〇一個師）。法國有五百萬受過軍事訓練的人員，還可以建立更多的戰鬥部隊。英國派遣了五個師，還準備派遣更多的部隊（後來在冬季又增加了八個師），比利時可動員二十三個。相比之下，德國僅可動用九十八個師，其中只有六十二個師進入備戰狀態，其餘的是後備單位。後備軍裝備不整，主要由曾經參加過第一次世界大戰的老兵組成，這些人已經四十出頭，若要參戰的話還得好好進行訓練。而且，德國相當一部分兵力駐在東線，負責佔領波蘭和防備俄國。

經過這般比對，也就不難理解為何當時德軍高階將領對貿然進攻的前景不看好。希特勒認為戰車、飛機這些新的機械化武器可以打敗在兵力上佔據優勢的敵人，但將領們並不這麼認為。（貝克將軍在一九三八年備忘錄中清楚表明，對引發另一次世界大戰的擔憂，將軍們對此有著強烈的同感。）

包括倫德斯特和他的主要軍師布魯門特提將軍，與我交談過的大多數德國將軍均坦然承認他們都未曾預想到進攻會大獲全勝。在描述軍方高層的主要觀點時，布魯門特提說：「只有希特勒一個人相信可能取得決定性的勝利。」但是在年輕將領中有兩位與眾不同，那就是曼斯坦和古德林。他們堅信只要運用新的戰術，就可以取得決定性的勝利。由於希特勒的支援，他們得以證明自己的觀點，從而改變了歷史。

西韋特將軍（Curt Siewert）曾於一九三九年到一九四一年擔任布勞齊區元帥的個人助理，他說在波蘭會戰之前，從沒考慮過向西方開戰的任何計畫，並向我詳述了布勞齊區對希特勒指令的反應，「布勞齊區拼命反對希特勒進攻西方的命令，相關檔案都可以證明他幾度勸誡希特勒不要進攻西方。他親自會見元首，向他說明進攻西方乃不智之舉。當他明白自己無法說服元首時，他便開始考慮辭職。」我問布勞齊區反對的理由，西韋特回答道：「布勞齊區認為德軍實力不夠，難以攻克法國。他強調，如果德國入侵法國，英國就會全面參戰。元首對此加以駁斥，布勞齊區便警告說：『我們已經在上次大戰中領教過英國的力量，知道他們有多麼厲害了。』」

這次爭論發生在十一月五日，結果希特勒對布勞齊區的反對意見置之不理，下令軍隊準備在十一月十二日進攻。但是由於氣象預報天氣不好，七日便撤銷了進攻命令。攻擊日期延遲到十七日，後來又再延遲了一次。天時不利讓希特勒大為光火，當他得知將軍們希望用天氣來推遲進攻時，更是火冒三丈。他認為將領們正在尋找任何理由，來證明他們的畏戰是有道理的。

面對軍方高層的普遍質疑，希特勒於十一月二十三日在柏林召開會議，目的是用他的看法來說服大家。我有一份列里希特將軍的陳述，他當時是參謀本部訓練署的負責人，後來負責整理一九四〇年戰役的經驗教訓。列里希特說：「元首花了整整兩個小時詳述戰爭格局，目的是要說服軍方高層，讓他們明白進攻西方的必要性，他嚴詞駁斥布勞齊區此前的種種反對意見。」當晚在與布勞齊區私下會談時，希特勒重申了他的立場。布勞齊區提交了辭呈，希特勒將辭呈扔到一邊，告訴他必須服從命令。

列里希特還說哈爾德和布勞齊區一樣，對進攻持懷疑態度。「兩人都強調德軍實力不濟，這是有可能阻止希特勒貿然出擊的唯一理由。希特勒堅持己見，聲稱他的意志將戰勝一切。這次會議後，部隊進行新一輪的編組，加強陸軍的實力，元首就更有理由駁斥反對派的意見。」（一九四〇年五月，西線增至一三〇個師。更為重要的是，裝甲師的數量從原先的六個增至十個。）希特勒在對軍方高層的談話中表露了他的憂慮，他認為最終的威脅來自蘇聯，因此必須先擺平西線。但是西方盟國對他的和平建議置之不理，遠遠地躲藏在防禦工事背後，只要他們願意，隨時可以進攻德國。對於這種格局，德國又能忍受多久呢？此刻，德國尚有先發制人的優勢，六個月後這樣的優勢很可能不復存在。「越往後拖對我們越不利。」西線自有令人不安的隱憂。「魯爾是我們的阿基里斯腱……如果英法通過比利時和荷蘭進攻魯爾，我們將危在旦夕。那將導致德國防線的癱瘓。」只有先發制人才能消解這種威脅。

不過，希特勒這時對取勝亦非信心十足。他將進攻描繪為一場「賭博」，是「勝利和毀滅」兩者之間的抉擇。他以憂鬱和先知般的語調來結束這次的訓話，「此戰將決定我的存亡，如果我的人民蒙受失敗，我也決不苟活。」

德國戰敗後，這份講稿是在最高統帥部的檔案裡找到的，並在紐倫堡大審時向法庭出示。但是裡面並沒有提到這次會談時反對希特勒的意見，更沒有提及由此可能導致希特勒在二戰第一個秋季便被推翻的事情。將領們預感希特勒將執迷不悟，考慮要採取極端措施。列里希特告訴我：「布勞齊區和哈爾德曾在陸軍總部討論過，如果元首固執己見，一意孤行，將德國拖入一場與英法全面對抗的戰爭，他們將命令西線的軍隊轉向柏林，推翻希特勒和納粹政權。」

「但是對這次行動至關重要的某人卻拒絕合作，此人就是德國國民軍總司令伏羅姆（Friedrich Fromm）。伏羅姆認為如果軍隊倒戈，大多數官兵將不會回應，因為他們太相信希特勒。伏羅姆所言不虛，他拒絕合作並非是因為喜歡希特勒。他像其他將領一樣討厭納粹政權，並最終為希特勒所害，不過那是發生在一九四五年三月的事情。」

列里希特還說：「即便伏羅姆同意合作，我認為該計畫仍會失敗。因為德國空軍極其崇拜納粹政權，空軍有高射砲，它會粉碎陸軍任何倒戈的企圖。早先讓戈林的空軍負責陸軍防空力量這一招相當高明，它削弱了陸軍的實力。」

伏羅姆對軍隊反應的估算大致正確，對他拒絕合作而深感不快的將軍們也承認這一點。我們知道在二戰後期德國遍體鱗傷大勢已去之時，德國人仍不願放棄對希特勒的信任，這也能證實伏羅姆的看法。但是，軍方的密謀即便不能馬上達到推翻希特勒的目的，也自有其價值。

至少它能震驚整個國家，使希特勒進攻法國的計畫付諸東流。如果那樣的話，歐洲人民就能免受因那次虛幻勝利所帶來的劫難，甚至德國人民也能免遭頻受空襲和長期戰亂之苦。

雖然這次密謀胎死腹中，希特勒還是沒能如願在一九三九年發動戰爭。惡劣的天氣比將軍們更有力地阻止了希特勒的行動。十二月上半月出乎意料的嚴寒使進攻的計畫一拖再拖，於是希特勒決定等到新一年再說，下令聖誕節放假。過了聖誕，天氣還是不好，但希特勒在一月十日決定於十七日出兵。

一次決定性的事故

就是在這一天，希特勒出人意料地決定進行干預。總管德國傘兵部隊的司徒登將軍（Kurt Student）向我講述了事件的整個過程：「一月十日，我派遣一位少校前往空軍第二航空軍團（2nd Air Fleet 或德文 Luftflotte 2）擔任聯絡官，從明斯特（Münster）飛往波昂，任務是與空軍商討進攻方案中一些並不十分重要的細節。但是他隨身攜帶了西線的全部作戰方案。冰天雪地，狂風亂作，飛機在萊茵上空迷失了方向，飛向了比利時，並在那裡迫降。他來不及燒毀的部份文件，內容包括有西線進攻方案大致內容，就此落入比利時人手中。德國駐海牙大使館的空軍武官報告，當天晚上比利時國王與荷蘭女王進行了長時間的電話交談。」

德國當然無法知道這些文件的確切去向，但他們自然會作出最壞的設想，研究應對的策略。危機當頭，與他人的惶恐相比，希特勒保持著清醒的頭腦。司徒登繼續說：「觀察德國高層對事件的反應頗為有趣。戈林暴跳如雷，希特勒卻不慌不忙，平靜自若……開始時他想立即開戰，有幸的是總算忍而未發。他決定拋棄原先的作戰方案。這個方案後來被曼斯坦的方案取代。」

這對同盟國來說可謂是極大的不幸，雖然盟國因此可以得到幾個月的時間備戰，因為德國為了重新制定計畫往後推遲了開戰日期，直到五月十日。德國一開戰，就將盟國打得落花流水，法國軍隊頃刻土崩瓦解，英國軍隊從敦克爾克僥倖越海逃脫。一個少校使德國原定的作戰計畫誤入敵營，這一離奇的事故卻導致了德軍在西線連連告捷。

人們自然會問，難道這真是一次偶然的事故嗎？戰後我曾向許多德軍將領詢問過此事。可以想像，為了取悅於勝利者，作為戰俘的他們會更樂意聲稱是自己有意將情報透露出去，讓西方有所警惕。可事實上沒人這樣說，所有人都相信這的確是一次偶然的事故。我們知道德國國防情報局（Abwehr）局長海軍上將卡納里斯（Canaris），曾採取多種隱蔽的步驟企圖挫敗希特勒的目的。在春季對挪威、荷蘭和比利時開戰之前，他曾向這些受威脅的國家發出過一系列警示，只是沒有受到應有的重視。我們知道卡納里斯向來行蹤詭秘，難以捉摸。所以說一月十日這一生死攸關的事件，仍將是一個懸而未解的歷史之謎。

這次空中事故導致德國改變進攻方案，希特勒由此大大獲益，盟國卻因此而吃足苦頭。整個故事最令人費解的，面對送上門的警示，盟國卻無所作為。德國少校攜帶的文件並沒有被完全燒毀，可以清晰地勾勒出進攻方案的綱要，比利時馬上將抄本遞交給英法政府。可是和比利時的軍事參謀一樣，英法也傾向於認定這是德國人虛張聲勢的詭計。這樣的判斷有違常理，德國不會使出如此愚蠢的詭計，這將致使比利時提高警惕，並促使他們與英法加強合作！他們完全可能在德國開戰之前開放邊界，讓英法聯軍進入以加強防禦。

更奇怪的是，盟國最高指揮部根本沒有改變自己的計畫，也沒有採取任何預防措施以應對德軍入侵的可能性，因為如果進攻方案真實可信，德軍最高統帥部肯定會對進攻力量的佈置有所變更。

方案的重大變更

最初的進攻方案是以哈爾德為首的參謀本部所擬定的，其內容與一九一四年時德軍的作戰方案大同小異，只是預定目的不如那時遠大。進攻重心集中在右翼，由波克指揮的B集團軍穿過比利時的平原地帶進行突擊。倫德斯特領導的A集團軍作為第二步，指向阿登高原。李布元帥（Leeb）負責的C集團軍在左翼面對法國，其任務只是威脅和牽制在馬奇諾防線一帶的法軍。波克的麾下有第十八師、第六師和第四師，從右到左佈陣待命；倫德斯特麾下有第十二師和第十六師；李布領導第一師和第七師。更重要的是大部分戰車屬於波克的部隊，倫德斯特手下一輛也沒有，他的任務只是向馬士河進發，掩護波克的左翼。

到一月份，倫德斯特的軍力已經增強，他獲得一個裝甲軍，進攻範圍也有所延伸，他可以越過馬士河，建立寬闊的橋頭堡，與波克的側翼連為一線，以便更好地掩護主力部隊。這樣安排僅僅是對作戰方案的局部修正，談不上徹底改變，進攻的重點還是放在右翼。

現在回頭來看十分清楚的，如果實施該方案，必將難以取得決定性勝利，因為那將在途中遭遇英軍和法國裝備精良的部隊，德軍將面對迎頭痛擊。即使德軍突破比利時防線，那也只能將他們趕到法國北部，那裡離他們的後勤基地也很近。

方案改變的內幕非比尋常，我也是一步步地追蹤才漸漸獲知真相。從一開始，德軍將領就十分樂意與我談論軍事問題，他們具有實事求是的軍人職業操守。我發現他們大多數人過去都讀過我的軍事作品，這些人更願意和我切磋交流。他們直言不諱地議論納粹領導人，對他們的胡作非為表露出由衷的厭惡。談到希特勒，他們一開始往往有所保留，顯然不少人曾經受過希特勒的迷惑，對他仍心存畏懼，不願提及他的名字。直到漸漸確信希特勒已經死了，這種畏懼才真正消退。他們開始比較放心地批評希特勒的行為，倫德施特就一直看不慣希特勒的作風。但他們仍然對軍方內部的分歧遮遮掩掩，這也是很自然的事。所以在經過很多次的交談後，我才得知德軍智囊人物打敗法國的真相。

新的作戰方案出自曼斯坦的靈感，他當時是倫德施特的參謀長。他認為原先的方案太直接，過於因循守舊，盟國最高指揮部對這些招數瞭若指掌。

如原先所料，盟軍一旦進入比利時，就會與德軍發生正面衝突。用曼斯坦的話來說：「或許我們可以在比利時打敗盟軍，也可能佔領英吉利海峽地帶。但我們的攻勢很可能在索姆河受到扼制。戰況就會演變成如一九一四年那樣，我們唯一的優勢就是佔領了英吉利海峽，但沒有任何求和的機會。」

該方案另一個缺點是德軍將與英軍決戰，曼斯坦認為英軍比法軍更難對付。裝甲部隊是德軍取勝的法寶，但按照該方案，德軍戰車將穿過的田野雖然比較平坦，但那裡河渠縱橫，這將造成嚴重的阻礙，因為勝敗所系取決於速度。

有鑑於此，曼斯坦大膽設想，將進攻的重點轉向阿登。他認為敵方料不到戰車會出現在如此險惡的地帶。那裡防守不嚴，有利於德軍戰車在戰役關鍵之際迅速挺進。德軍一旦在阿登出現，便可穿過馬士河，席捲法國北部平原，那裡的地形適於戰車行動，然後直撲英吉利海峽。

曼斯坦向我詳述了他的作戰方案：「我的方案還考慮到另一方面，我料想法國可能會動用在凡爾登（Verdun）和馬士河與瓦茲河（Oise）之間的預備隊來組織反攻，便建議我方強大的預備隊必須先發制人，不僅要在沿埃納河（Aisne）和索姆河一帶構築堅固的防線，還要斷然阻止法國組織任何反攻的企圖。這個建議後來為希特勒和陸總部所採納。我認為決不能讓法國構築一條新的防線，否則我們將重蹈一九一四年的覆轍。」

曼斯坦在醞釀作戰方案時曾及時向古德林諮詢，讓後者從裝甲作戰的角度來探討該方案的可行性，那是在十一月。古德林告訴我：「曼斯坦問我，戰車是否能夠穿過阿登，通向色當，他計畫在色當附近突破馬奇諾防線。這樣就能避免與希里芬計畫雷同，方能出乎敵人的意料。我在一戰時就對那裡的地形比較熟悉，參考過地圖後，我肯定了曼斯坦的觀點，然後曼斯坦說服倫德斯特。十二月四日，有關備忘錄上呈陸總部，陸總部拒絕接受曼斯坦的觀點。不過後來曼斯坦成功地將他的觀點告知了希特勒。

參謀本部認為阿登不利戰車行進，不適於作為主攻點。很難使他們信服戰車可以在那裡作戰。若不是裝甲專家古德林的權威論說，恐怕永遠說服不了這些人。法國參謀本部也持同樣的觀點，他們甚至比德國人更頑固不化，結果給法國帶來巨大的災難。[19]瓦里蒙特提供了另一項證據，他告訴我曼斯坦是如何向他說明新作戰方案的，「大約在一九三九年十二月中旬，我曾造訪倫德斯特在科布倫茲（Coblenz）的司令部。當時大家圍著餐桌，我就坐在曼斯坦的旁邊……回到柏林後，我向約德爾提及此事，他對曼斯坦的觀點毫無興趣。然而我相信，正是因為我這次談話，曼斯坦的計畫開始得到最高層的注意。」

幾個星期後，傘兵部隊一名軍官因迷路而將原作戰方案落入比利時人手中，德國高層這才開始對曼斯坦的方案產生強烈的興趣。正是由於一月十日的「失誤」，曼斯坦的方案才被採納。然而希特勒還是不太願意改變原方案，他怕因此延誤開戰日期。十二日，預報天氣仍無好轉，希特勒也只是將進攻日期「A日」從十七日推遲到二十日，那已經是第十一次延期了。到十六日，預報還是說天氣不好，情報部門也確定原作戰方案已經落入比利時手中，希特勒這才

19　英國參謀本部也盛行這種觀點。我在自己的一些著作中曾嚴厲駁斥這種長期流傳的看法，我指出「所謂阿登難以跨越是誇大其詞」，但是人們聽不進去。一九三三年十一月，當時英國國防部著手建立裝甲部隊，軍方曾向我諮詢如何佈置我軍的快速裝甲部隊，以便未來在戰爭中運用。我建議如果德國入侵法國，我們應當用戰車在阿登進行反擊。他們告訴我「戰車沒法通過阿登」，我回答道，根據我對那裡地形的研究，那樣的看法是一種錯覺。

無限期地延遲進攻日期。

瓦里蒙特說：「就是在一月十六日這天，希特勒才決定要對原方案的日期和內容作出徹底的改變。即便在這個時候，改變方案主要還是因為迫降事件和有情報說比利時已經於十五日下令全面進入備戰狀態，荷蘭的部分地區也加強備戰。」

過了一個月後，曼斯坦的方案才得到希特勒的首肯。約德爾的日記表明，在二月十三日，他向希特勒提呈備忘錄，說到將部隊的重心轉向南方。不過他最後的語氣又表露出對這種改變的疑慮：「我提請他注意，向色當進攻是一條可供選擇的『秘密通道』，但也可能會在那裡陷入戰神的手掌。」

最後終於敲定採用新的作戰方案，決策的過程比較離奇。曼斯坦針對布勞齊區和哈爾德的原方案提出新「計謀」的方式令倆人頗為不快。於是他們決定將曼斯坦調離原崗位，派他去擔任步兵軍軍長。遠離決策圈子，他就不易推廣其新方案。曼斯坦調離一個月後，在一月底希特勒親自召見，便借此機會全面詳述了新作戰方案。這次會見是由施蒙特將軍（Rudolf Schmundt）親自安排的，施蒙特是希特勒的貼身副官，他十分崇拜曼斯坦的軍事天賦，認為曼斯坦受到了莫大的委屈。根據他的回憶，十五日舉行會見後，事情就有了很快的進展。

瓦里蒙特說：「幾天後，希特勒便要求陸軍按新方案進行部署，凱特爾和約德爾不得不盡力說服陸軍高階將領和參謀總長遵循新的路線。儘管陸軍高層極不情願，但還是批准了新方案。陸軍高層奉命貫徹落實，由參謀本部所謀畫、最經典的其中一個案例由此誕生。」

曼斯坦的方案大膽出奇，本應受到希特勒的青睞，可奇怪的是希特勒並沒有馬上全面接受這個方案，最可能的理由是因為他不願延遲西線的進攻日期。但希特勒一旦決定採用新方案而推遲進攻日期後，他便立刻自覺或不自覺地認為這個方案是他本人設計的。他表揚曼斯坦只是因為後者與他看法一致！在談到這次會見情況時，他隨口便說：「在與我探討西線新方案的所有將領中，唯有曼斯坦最能理解我的意圖。」

參謀本部沒能了解新方案的價值，希特勒慧眼識貨，迫使參謀本部執行了這一克敵制勝的方案，但希特勒並不以此為滿足。與曼斯坦分享新方案的榮耀有可能降低希特勒作為最高戰略制定者的威望，他可不願這樣。再說他不會忘記曼斯坦曾經是傅利奇和貝克的得力助手，屬於反納粹的陣營。引人注目的是，希特勒對陸總部將曼斯坦邊緣化的做法置之不理。

一個提出制勝計謀的將軍卻無法參與該方案的實施，這實在是一個典型的諷刺。曼斯坦善於捕捉機動作戰的時機，其謀略遠遠高於參謀本部的其他高階將領。當全新的機動戰術行將創造光輝之際，這樣一個良將卻被派去指揮步兵，在開戰時，只能跑跑龍套，豈非莫大的諷刺。

有幸的是古德林直接參與了進攻方案的實施，他在會戰中走得比曼斯坦方案更遠。如果當時曼斯坦仍在倫德斯特身邊的話，古德林會打得更加得心應手。

古德林向我講述了新作戰方案進展的情況：「為了檢驗曼斯坦方案，二月七日由哈爾德負責在科布倫茲舉行兵棋推演，我建議不必等待步兵跟進，由裝甲部隊獨自以最快的速度越過馬士河，這個建議遭到哈爾德的嚴厲批評。他認為在戰役打響後的第九天或第十天部隊才可能有組織地過馬士河。」

「第二次兵推是在利斯特第十二軍團指揮部進行，最後也得出否定的結論。利斯特主張裝甲部隊在抵達馬士河後原地待命，等到步兵上來後再渡河。我和第十四裝甲軍軍長維特斯漢將軍（Gustav von Wietersheim）提出異議，但倫德斯特最終決定裝甲師可以在渡河時打頭陣，此外不可有非分之舉。那是三月六日。倫德斯特顯然尚未充分了解裝甲部隊的能力，作戰總指揮捨曼斯坦其誰！」

「三月十五日，克萊斯特和我，還有倫德斯特和他部下將領在柏林會見希特勒。每個人陳述自己的工作，發表自己對作戰的看法。希特勒問我渡過馬士河佔據橋頭堡後，我軍該如何行動，我說應當繼續迅速挺進直指亞眠和英吉利海峽的港口。希特勒點頭讚許，沒有人反對。」這樣古德林認為到時候他就可以一馬當先如願以償，將進攻方案付諸實施。他看到了將戰略縱深伸展的理論付諸實踐的可能，決心全力以赴。他的那些謹慎保守的上司可能還會加以阻撓，但此時他們已經無法捆住古德林的手腳了。

在探討進攻方案時，古德林始終強調要盡一切可能將重兵部署在阿登的突破點。陸總部主張在那裡部署少量的裝甲師，這看似較為保險，其實在部隊突破深入時帶來的風險更大，會因此而喪失一戰制勝的機會。正如古德林對我說的：「一、兩個師難以獨立作戰，要把仗打好需要一整個裝甲兵團。集結大量的戰車是裝甲部隊獨立作戰的先決條件。因此在一九四〇年的法蘭西會戰時，我要求集中所有的戰車向英吉利海峽方向推進，結果順利地調集大部分戰車，成功實現了自己的戰略目的。」

法國的作戰方案

德軍在阿登突擊作戰中以摧枯拉朽之勢大獲全勝，這要歸因於法國的作戰部署正中德軍下懷，正好讓德軍新的作戰方案可以施展開來。事實證明，讓法國受到致命傷的並非人們一般所說的防守失誤或「馬奇諾防線情結」，而是他們作戰方案中的想定。法軍將左翼部隊深入比利時，正好是讓自己被敵方牽制，突出的法軍陷入困境，重蹈一九一四年覆轍，當年法軍的第十七號作戰計畫使自己差點遭到滅頂之災。這次的情況更為險惡，因為敵方是摩托化部隊而非靠兩條腿行軍。盟國在左翼突入比利時的軍隊包括法國的第一、七、九師和英國遠征軍，這些部隊裝備精良，是最先進的摩托化部隊，他們陷入戰場後，法軍最高指揮部就失去了可供調度的機動力量，結果受到更嚴重的打擊。

德軍新方案最大的優點在於盟軍越往前進一步，對倫德施特在阿登的側翼突破越有利。這在該方案草擬階段就已經可以預見，倫德斯特告訴我說：「我們預料盟軍會通過比利時和荷蘭南部向魯爾進攻，這樣我軍先發制人的進攻就會產生反攻的效果，我們就自然而然佔得先機。」這個計謀出乎盟國的意料，但還不止於這一步。德軍的右翼向比利時和荷蘭邊界進攻，刺激盟軍衝進比利時和荷蘭，以實施盟國在秋季擬定的D作戰方案。波克的突入誘使盟軍衝出自己的防守陣地，向前進入開闊地帶，使其側翼和後方暴露在倫德斯特的迂迴突破面前。

鬥牛士的斗篷

希特勒向西方的突襲，在面向海洋的那一側取得了驚人的成功。這就像鬥牛士的鬥篷，吸引了全部注意力，人們因此忽視阿登方面正在進行的突破，其矛頭直指法國的心臟。

五月十日凌晨，德國傘兵向荷蘭首都和通信聯絡中心鹿特丹進攻。與此同時，德軍向其東面一〇〇英里的邊防前線開火。前後兩邊夾攻，加上德國空軍的狂轟濫炸，荷蘭全國恐慌萬分。德國裝甲部隊乘亂從南側打開缺口，三天後就與德國傘兵在鹿特丹會師。法國第七師匆匆趕來援助，可德軍就在它的鼻子底下抄近路到達了目的地。第五天，荷蘭就投降了。

德軍的突襲強行打開了入侵比利時的大門，撬開門鎖的正是傘兵部隊，他們搶佔了馬斯垂克附近橫跨亞伯特運河（Albert Canal）的大橋。第二天，裝甲部隊衝進開闊地帶，從側翼包圍列日（Liege）防守森嚴的橋頭堡。當天傍晚比利時軍隊全線潰敗，丟棄了工事堅固的要塞陣地，向西方狼狽逃竄，此時盟軍正按計畫向代爾河一帶前進。

德軍對荷蘭和比利時的正面進攻勢不可擋，給人們的印象似乎是投入了重兵。然而，德軍並沒有這麼做，對荷蘭的進攻尤其如此。屈希勒將軍（Küchler）率領的第十八軍團負責進攻荷蘭，它的兵力遠不如對手，而且沿路河道交錯，易守難攻。德軍主要依靠傘兵來掌握戰略主動，不過這支新形態的作戰部隊規模之小出乎人們的意料。

傘兵司令司徒登對我講了詳細情況。「一九四〇年春，我們的傘兵部隊總共才四五〇〇名受過傘訓，進攻荷蘭要一舉獲勝必須動用大量傘兵。於是我們出動了五個營，共四千名官兵。另外又空運一個師的兵力，也就是第二十二空降師，全數共有一萬二千人。」「有限的兵力迫使我們將攻擊方向對準兩個目標，這兩個目標對入侵的成功至關重要。由我直接指揮的主攻點是鹿特丹、多德雷赫特（Dordrecht）和木珥代克（Moerdijk）的橋樑，從這些橋延伸的大路向南通往萊茵河。我們的任務是在荷蘭人將這些大橋炸毀之前佔領它們，等待地面機動部隊的到來。我的部隊有四個傘兵營和一個由三個營組成的機降團。我們出色地完成了任務，僅僅傷亡一八〇人。我們可輸不起，如果我們沒能完成任務，整個入侵將以失敗告終。」司徒登本人也是傷員之一，他的頭部被狙擊手的子彈打傷，離開戰場養傷花了八個月。

「第二個進攻目標是海牙，目的是佔領荷蘭的首都，尤其是要佔領荷蘭政府的辦公機構，由史波內克將軍（Hans Graf von Sponeck）負責指揮，他的部隊只有一個傘兵營和兩個機降團。進攻沒有成功，我軍傷亡數百，還有許多人成為俘虜。」

＊　＊　＊

司徒登被釋放後向我透露了更多的詳情。五月二日他和史波內克突然被召喚到柏林會見希特勒，「我們是最早得知西線開戰日期的指揮官，希特勒事先就告訴我們打算在五月六日開戰，後來由於天氣因素改為五月十日。」司徒登還提到在會見時希特勒特意關照他們「要保證不可傷害荷蘭女王和王室成員。」希特勒最後說：「女王威廉敏娜（Wilhelmina）深得荷蘭人民和全世界的愛戴，只要不傷害女王，一切後果由我負責！」

＊＊＊

與裝甲部隊的迅速前進不同，空降部隊的突襲完全是來自希特勒的靈感，雖然司徒登的想像力也足以與希特勒相匹配，而且也是空降突襲的積極執行者。司徒登坦承，大多數空降突襲的方案都是希特勒親自策劃的。此前希特勒還策劃過兩次空降作戰方案，只是沒有實行罷了。第一次是計畫讓傘兵佔領比利時根特（Ghent）西南的「國家防禦堡壘」，從而切斷前方比利時軍隊的退路。

希特勒親自擬定了這個計畫，該計畫吸取了一九一四年的教訓，當時比軍憑藉著堅固的防禦工事順利撤退，使盟軍的防線延伸到海岸。十月底，希特勒將這個任務交給我，我們花了不少時間探討該如何實施和取勝。然後我對計畫進行細化……要實施這個計畫困難不少，但我相信能夠成功。一個遠離敵方前線、工事堅固的陣地不再有守軍掌握，而是被敵軍佔領，這在軍事史上將是史無前例的。

聖誕節前幾天，司徒登接到新的命令。讓他擬定另一個備用方案，該方案的目的是佔領位於那慕爾和迪南（Dinant）之間馬士河上的橋頭堡，為克魯格的第四軍團打開通道。在總攻開始之前，兩個空降突襲方案都備案待用。

迷航事故導致洩密之後，整個進攻方案全部改變。裝甲部隊的主攻方向轉為朝南，傘兵的主攻方向則轉而朝北，對準「堡壘般的荷蘭」。

＊＊＊

司徒登告訴我，為了完成突襲荷蘭這個重要任務，僅給進攻比利時的部隊分派了五〇〇名傘兵。這些傘兵要佔領亞伯特運河上的兩座大橋和艾本艾美爾要塞（Eben Emael），這是比利時裝備最精良的要塞，它確保了側翼水上防線的安全。那支傘兵分遣隊規模雖小，卻改變了整個格局。因為要接近比利時邊境須先通過荷蘭的突出地帶，也就是所謂的「馬斯垂克盲腸」（Maastricht Appendix）。德軍一旦經過荷蘭邊境，比利時前線亞伯特運河橋樑上的守軍就有充分的時間得到警示，他們可以在德軍地面部隊通過十五英里狹長地帶之前就炸毀那些橋樑。傘兵在夜幕下悄無聲息地從天而降等於開闢了一條新捷徑，這也是確保那些大橋要道安然無恙的唯一方法。

入侵比利時的傘兵規模極小，離奇的是當時有關報導卻說數千德國傘兵空投到比利時幾十個地點，司徒登告訴我其中的奧秘。他說由於兵力有限，就在比利時各地空投了許多傘兵假人來迷惑敵方。加上謠言紛飛誇大了進攻人數，這個詭計極為成功。

司徒登接著說：

亞伯特運河這步險棋也是希特勒親自策劃的，此人足智多謀，這一招堪稱一絕。他召見我，向我徵求意見。我考慮了整整一天，認定此計可行，受命著手準備，我任命柯霍上尉（Koch）指揮五〇〇名傘兵。能征善戰的第六軍團司令賴赫勞和他的參謀長包路斯都認為這個方案風險太大，信心不足。

突襲艾本艾美爾要塞的任務，是由維齊希（Witzig）中尉帶領的七十八名空降工兵所組成的小型特遣隊完成的，僅陣亡六人。這支小型隊伍出其不意地降落在要塞的屋頂上，制服了空防人員，用新發明的黃色炸藥炸毀所有的砲樓和工事，這種炸藥以前一直是保密的。

新型炸藥的威力相當於一戰時使用的四十二公厘彈砲，這種彈砲曾將列日的碉堡和法國堅固的工事炸得粉碎。艾本艾美爾要塞的突襲就是靠這種新型武器，而將這種炸藥悄悄運往目的地的則是另一種新武器——滑翔機（編註：即 DFS 230A-1 型滑翔機）。維齊希中尉的特遣隊在屋頂上將一二〇〇名守軍牢牢控制了二十四個小時，直到我們的地面部隊到達。

值得注意的是在比利時和荷蘭戰區，那些由傘兵突襲的橋樑沒有被守軍炸毀，其餘的橋樑都按原先計畫遭到徹底破壞。

貝希托爾斯海姆將軍（Bechtolsheim）向我講述了入侵的全過程，他是負責主攻的第六軍團司令賴赫勞的作戰參謀。戰前他曾出任德國駐倫敦大使館的武官，我和他是老相識。

第六軍團的主力衝過馬斯垂克，直趨布魯塞爾，其右翼從魯爾蒙德（Roermond）出發，經過騰爾浩特（Turnhout）攻向梅赫倫（Malines），其左翼從亞琛出發，經過列日，直趨那慕爾。在戰役初期，馬斯垂克至關重要，或者更正確地說，馬斯垂克西面亞伯特運河上的兩座大橋是事關生死的要地。滑翔機將士兵運到西岸，在大橋可能被炸毀之前佔領了它們。佔領艾本艾美爾要塞也是用同樣的方法，只是不如前者那麼迅速。第一天最令人遺憾的是馬斯垂克地區馬士河上的橋樑被荷蘭人炸毀了，這一來就使支援佔領亞伯特運河地區傘兵的部隊難以及時趕到。

不過馬士河上剛架起浮橋，霍普納將軍（Erich Hoeppner）就率領第十六裝甲軍迅速過河，深入敵境。只是他深入的距離有點太遠，只有一座橋可以通過，那裡就成了一個瓶頸。

一旦通過這個瓶頸，部隊就能迅速撲向尼韋爾（Nivelles），前進的速度就會越來越快。最初的方案並沒準備進攻列日，而是打算繞過這個防備森嚴的城市。左翼在北方作掩護，第四軍團的右翼負責南邊。實際作戰時，我們的左翼直撲列日，沒遭遇到什麼強烈的抵抗就從後面衝進了城。

我軍主力部隊向西挺進，在代爾河（Dyle）一帶與英軍有過接觸。我方暫時停止前進，集結部隊準備進攻，與此同時從南方迂迴進擊，但是我軍還沒充分展開，英軍就敗退到了安特衛普。

在向布魯塞爾進攻的過程中，我軍一直準備盟軍會在安特衛普向我右翼發起反攻。與此同時，我方第十六裝甲軍在南側一路猛攻。他們在寒尼（Hannut）和讓布盧（Gembloux）與法國摩托化騎兵交戰。起初我方戰車數量不如對方，但是法國的裝甲部隊行動消極，從而喪失了優勢。他們的駐足不前，致使霍普納軍其餘的部隊有時間趕到戰場。到十四日，我方在讓布盧之戰中開始佔有優勢。可是我們沒能抓住機會一舉獲勝，因為霍普納的部隊又被調離，去增援在阿登已為我軍佔領的馬士河南的突破口。最高統帥部的這個決定，使得第六軍團在讓布盧沒有任何裝甲部隊可供調遣。

這個命令引起極大的不滿，賴赫勞發出強烈抗議。但是總攻的得失高於一切，他必須服從大局。第六軍團表現出色，它成功地吸引了法國最高指揮部的注意力，使他們忽略了在阿登正在形成的更大威脅。在那些攸關生死的日子裡，第六軍團牽制住盟軍左翼的摩托化部隊。到十三日那天，倫德斯特裝甲部隊的前鋒渡過馬士河，包圍色當，衝進了法國北方綿延起伏的曠野。當德軍從色當如潮水般地湧入時，法國統帥甘莫林急忙打算調動其左翼的摩托化部隊加以阻擋，但他被告知摩托化部隊都被困在讓布盧出不來了。

為了實現這個目的，削減賴赫勞部隊的攻擊力也就顯得合情合理了，因為在倫德斯特的大綱尚未撤到法國的後方時，硬逼盟軍的右翼迅速後撤決非上策。

賴赫勞的裝甲部隊被調走前，對他的空中支援就已經被削減了。貝希托爾斯海姆說：「進攻初期，在渡過讓布盧附近的馬士河和亞伯特運河時，空軍提供第六軍團強而有力的空中支援。但是轟炸機很快便被調集到南方攻擊色當附近的馬士河渡口。」我問貝希托爾斯海姆，英國遠征軍向代爾河前進時有沒有遭到空中的轟炸，是否是有意引誘它向前。他回答道：「至少第六軍團司令部沒有這個意圖，但也可能是上級部門的安排。」

＊　＊　＊

倫德斯特的部隊從阿登突破，向英吉利海峽迅速推進，盟軍右翼全面陷入困境。在講述此戰役之前，有必要先提一下貝希托爾斯海姆有關第六軍團作戰的概述，第六軍團接著便對後來從代爾防線遲遲才撤退的盟軍追擊。

這時，我們進攻的軸心直指里耳（Lille），我軍右翼向根特進發，左翼指向蒙斯（Mons）和孔代（Conde）。在斯海爾德河（Scheldt）首次與英軍打了一場惡戰。本想往北迂迴包圍里耳，但是陸總部下令將重點放在另一側，以聲援克魯格的第四軍團。第四軍團位於倫德斯特集團軍的右翼，此時他們正在魯貝和康布雷（Roubaix-Cambrai）一帶與盟軍大戰。我們第四軍團在圖爾奈（Tournai）打了一場惡戰，沒能成功突破英軍的防線。從康布雷傳來了好消息，賴赫勞終於說服陸總部同意他的方案，從里耳北向迂迴，直奔伊珀爾（Ypres）。第十一軍以強有力的攻勢在科特賴克（Courtrai）附近的利斯河（Lys）

突破比軍的防線。我們隨即集中一切可以集中的力量直撲魯瑟拉勒（Roulers）和伊珀爾，第六軍團最終徹底擺平了比利時軍隊。

「五月二十七日，從第十一軍方面傳來消息，一位比利時將軍來到德軍司令部商談停戰事宜。此事上呈最高統帥部後，上面下令比利時必須無條件投降。」比利時人認輸投降，第二天一早就放下了武器。「第二天，我在布呂赫（Bruges）召見比利時國王利奧波德三世（Leopold），他不太願意到拉肯（Laeken）的城堡過幽禁的生活，他希望能到自己的鄉間寓所去。我將他的要求呈報上去，但沒有獲准。」

我問貝希托爾斯海姆，他是否認為比利時軍隊本可以抵抗更長的時間。他答道：「我看可以，因為比軍損失並不嚴重。可當我驅車從排成長列的比軍前經過時，我發現他們中大多數人都顯得很輕鬆，因為戰爭已經結束了。」

我提的另一個問題是，此時是否得到英軍正準備撤退的消息。他說：「有報告說大量船隻正在向敦克爾克集結，我們猜測他們可能會從那裡撤退。此前我們預測英軍會向南退卻。」

總結這次簡短的戰役，他認為：「我們遇到唯一真正的困難是穿過縱橫密布的河渠，而不是比軍的抵抗。第十六裝甲軍被調離時帶走了許多造橋的工兵，以致我們後來推進時困難重重。」

他列舉法蘭西戰役的四大教訓：

首先，最大的教訓是，必須加強空軍和陸軍在作戰時的通訊和配合，這在馬斯垂克和色當做得不錯，但並不是在所有的戰役都配合得這麼好。在馬斯垂克之戰中，黎希浩芬（Wolfram Freiherr von Richthofen）的斯圖卡式俯衝轟炸機為第六軍團提供有力的支持。

但隨後這些轟炸機便被派往色當去增援克萊斯特的攻勢，空軍必須與地面部隊緊密配合，及時出擊，這需要極大的靈活性。

第二，實戰證明，在裝甲部隊被調離後，沒有戰車支援的情況下，仍可由步兵發動攻擊，這是由於步兵受過良好的訓練，善於控制火力，精通突破深入的戰術。大範圍的威脅可以為集中突入打開缺口，創造條件。

第三，當雙方的戰車數量相當，又沒有可供活動的空間時，戰鬥就會陷入僵局。

第四，部隊在前進時與敵交戰必須要靈活機動。

鬥牛士的猛刺

五月十日凌晨，前所未見數量龐大的戰車集結在盧森堡公國邊境的另一邊，它們如箭在弦上，準備衝過盧森堡、比利時直趨七十英里外色當附近的法國邊境。攻擊部隊由三個裝甲軍組成，它們構成三個方陣，分為三個梯隊，前面兩個是裝甲師，第三梯隊為摩托化步兵師。德國首屈一指的裝甲專家古德林將軍負責指揮裝甲部隊，克萊斯特將軍統領全軍。

布魯門特提描述道：「三個梯隊相互尾隨緊密配合，猶如一個巨型的方陣。」戰車縱隊從頭到尾可長達一〇〇多英里，在萊茵以東的五十英里內佈滿了軍隊。克萊斯特也對我作過類似的描述：「如果裝甲部隊行進在一條道路上，那麼如果它的頭在特里耳（Trier），它的尾巴就可以拖到東普魯士的柯尼斯堡（Koenigsberg）。」

霍斯將軍（Hermann Hoth）率領的一個獨立裝甲軍在克萊斯特部隊的右面，準備衝過阿登北部，直逼位於紀韋（Givet）和迪南之間的馬士河一帶。不過，這些裝甲部隊組成的方陣只是集結在德國邊境，準備攻入阿登的大部隊中的一小部分。按照布魯門特提的說法：「A

集團軍已經有兵種齊全的八十六個師在狹長的邊境集結待命。」[20]他繼續說：「從戰術意義上看，穿越阿登不能算是一場真正的戰役，而是一次逼近敵方的大進軍。在籌備時，我們就預計在抵達馬士河之前，不太可能遇到強有力的抵抗。後來證明這個預計正確無誤。我們在盧森堡公國沒有遭遇任何抵抗，只是在比利時的盧森堡省遇到輕微的抵抗，碰到過一些阿登輕步兵（Chasseurs Ardennais）和法國騎兵師。這些抵抗微不足道，一攻即破。」

主要問題不是在戰術上，而是在參謀作業，如行軍中各種複雜的情況和補給的安排等等，關鍵是要充分利用所有可通行的大路和小道。在地圖上制定行軍路線要盡最大可能做到精確無誤，要規定交通路線，安排好應對來自地面或空中的攔阻。裝甲師走大路，步兵師則要經由田野之間的小徑行軍。參謀作業最棘手的部份，是要為裝甲方陣制定出精準的攻擊起始點，每個師行進的起點和終點都得有精確無誤的規劃。山路崎嶇難行，林木縱橫交錯，地形十分險惡。大路的表面看似不錯，其實陡峭不平，時常忽高忽低，彎彎曲曲。最糟的事情還在後面，當這些密集的戰車和步兵通過馬士河時，那裡的河谷非常陡峭，使部隊步履維艱吃足苦頭。

勝利的機會取決於行進的速度，克萊斯特的部隊可以迅速衝過阿登，渡過色當附近的馬士河。只有過了河，他們的戰車才有用武之地。他們必須儘快渡河，否則一旦法國人明白過來，就會集結預備隊阻止他們過河。德國空軍的照片顯示，在色當附近的河岸上有一個很大的橋頭堡，是一個堅固的工事。有不少人原先就對希特勒—曼斯坦作戰方案有所質疑，這一來那些人的懷疑更是有增無減了。他們認為戰車無法衝破那些堅固的工事，要拿下那個橋頭堡至少得要好幾天。

在開戰前的某一天，這些照片交給了一位擅長解讀空中照片的奧地利軍官，他果然獨具慧眼，指出照片顯示的法國防禦工事剛剛動工不久，還沒完工。他的報告立即送到克萊斯特手中，德軍的疑懼心理頓時煙消雲散。克萊斯特十分清楚，他必須讓裝甲部隊和步兵同時推進，而不必等步兵清除前進障礙後再行動。向馬士河的前進就像一場賽跑，而不是一次平凡無奇的軍事行動。

雖然只是險勝，賽跑終於贏了。如果守軍能夠按照預先的計畫破壞部分交通要道，以此來阻擋德軍的前進，此戰很可能會有不同的結果。「比利時人破壞了許多道路，致使我軍的前進受到很大的延誤。」古德林曾經這麼說過。

然而，幸運往往眷顧大膽者，卻會嚴懲反應遲鈍、戰術陳舊的一方。古德林向我描繪先頭部隊進攻的情形：

> 我們一舉衝破盧森堡省邊界防線，那裡防守單薄，守軍只是一些阿登輕步兵。隨後我們在訥沙托（Neufchateau），與駐守在工事內的法國輕騎兵打了一場遭遇戰。在裝甲師面前，這些輕騎兵根本不堪一擊！他們被驅散後，在我軍戰車的窮追猛打之下，逃往瑟穆瓦河畔（Semois）的布永（Bouillon）。他們企圖守住布永，炸毀了通往布永防區的橋樑。但是第二天，也就是五月十二日，德軍第一裝甲師攻克了布永。法國人隨後沿著國境組成新的防線，那裡原來就備有鐵絲網路障和混凝土碉堡。這是通往馬士河的最後一道障礙，

---

20 他是根據記憶說的，好像在數字上有誤差。資料顯示進攻之前A集團軍由四十六個師組成，陸總還在那裡佈置了二十七個後備師。

在同一天就被我追擊部隊攻破。如果法軍在那裡有更多的守軍，就不會這麼輕易地一攻即破。那裡的法國守軍缺乏足夠的反裝甲武器和地雷。

如果敵方在瑟穆瓦河谷或邊境建立有效的防禦，德軍就難以如此神速前進，盟軍的密集轟炸也能阻擾我們的速度。依我看，盟軍一開始並不認為德軍的進攻會對他們構成致命的打擊。

在這個階段，如果盟軍的裝甲部隊對德軍的側翼發動反攻，很可能會影響到德軍高層的決策，從而使攻勢止步不前。即便沒有反攻，德軍也曾一度對克萊斯特左翼可能遭到來自蒙梅迪（Montmedy）的進攻而感到驚慌。古德林在談到這一點時說：「五月十一日，克萊斯特得到情報，說是法國機動部隊正從蒙梅迪向著我軍過來。他馬上下令讓我的左翼第十裝甲師停止前進，準備調頭抗擊法軍。如果我服從這個命令，我們就不可能攻克色當，儘早突破法國的防線。於是我命令第十裝甲師師長沙爾（Schaal），沿著先前的路線以北幾英里處繼續攻向色當。與此同時，我要求克萊斯特派維特斯漢的裝甲軍和隨我軍進攻的步兵加強我的右翼。」

盟軍可能在側翼進行反攻，還有其他各種潛在的危險，倫德斯特和布魯門特提並不諱言當時他們的這種擔憂。回憶起當時的情景，布魯門特提對我說：「當時我們很害怕盟國的空軍，德軍成群結隊，如果你們前來轟炸，肯定會引起可怕的混亂。在沒有面對任何抵抗的情況下，我軍曾停留在瑟穆瓦河達二十四小時之久，軍官要在飛機上才可能發現並解決這個問題。（古德林的第一裝甲師雖然已經通過，他在右翼的第二裝甲師卻滯留在那裡。）我們部隊才成軍不久，行軍作戰並不如一九一四年時的德軍那麼訓練有素。不過英法的空中威脅並沒有多少作用，這是第一個奇蹟！」布魯門特提也詳述了法國在防守上所犯的錯誤，指出他們防禦不力。

盟軍本來有幾個月的時間在馬士河集結兵力，至少他們可以在那裡構築一些工事使馬奇諾防線得以延伸。這樣的話，一旦德軍越過邊界，他們便可以在同一時間進入防禦工事，在那裡靜靜地等待三到四天，以逸待勞，迎戰德軍。我們設想法國人會那麼幹，準備在馬士河進行一場惡戰。我們以為法軍的防禦工作會準備得十分充分，並有砲兵的支援。針對這個想定，我們也擬定了一個應對的方案。該方案準備先讓軍級的步兵單位進攻馬士河，打開一個缺口後，再讓裝甲軍隨即通過。但這樣得花將近一個星期時間。因為必須先調步兵上來排兵佈陣，還有諸多的準備工作。進攻之前，所有的砲兵必須進入陣地，還要備足砲彈。

接著又發生第二個奇蹟。得知裝甲師已經抵達色當北面馬士河岸邊高地上的密林後，我和克萊斯特驅車前往察看，集團軍總司令倫德斯特也親臨現場。我們一起驅車來到馬士河畔，裝甲部隊的工兵已經開始在那裡造橋。馬士河西岸的混凝土砲台造型滑稽，規模很小，裡面不時傳出法國機槍稀稀落落的射擊聲。我們簡直難以相信這個奇蹟，還以為那是法國人的詭計。我們所擔憂的馬士河岸頑強抵抗根本不存在，那裡的防禦力量非常單薄。於是我們的戰車便爭先恐後地過河了。

德軍高層曾對這次進攻持謹慎和懷疑的態度，根據一般的戰爭經驗，他們的這種反應也情有可原。輕敵自大通常不是取勝之道，但在這個戰例中，法國仍抱持著步兵時代的思想，而德軍參戰的將帥卻已經具有戰車時代的觀念，兩相較量就產生了驚人的、具有決定性的結果。若不是古德林親臨戰場，沒有他自始至終對此戰強而有力的影響，德軍能否取得如此輝煌的戰績也是令人懷疑的。

克萊斯特對我談了他本人對此戰的看法：

我的先頭部隊橫越阿登之後，於五月十二日跨過法國邊境。那天早上，元首的副官施蒙特來了，他問我是否願意立刻繼續前進，進攻馬士河，還是原地待命，等步兵軍上來，我決定抓住時機馬上行動。施蒙特便說，明天，也就是十三日，元首授權將德國空軍包括黎希浩芬航空軍（編註：第八航空軍，Fliegerkorps VIII）和俯衝轟炸機全部歸我指揮。當時我的指揮部在貝爾特里（Bertrix）附近，施佩勒將軍（Hugo Sperrle）為此事特意飛來見我，十二日傍晚，我們共同敲定了此次行動的細節。

就在那一天，我的先頭部隊已經衝過馬士河以北茂密的森林地帶，抵達河的南端，與對面隔岸相望。當晚，增援部隊也上來了，準備強攻。十三日早上，裝甲師的步兵團也來到河邊。下午，空軍上千架飛機出現在天空。古德林的部隊在色當附近渡河成功，萊因哈特將軍（Georg-Hans Reinhardt）的部隊在蒙特爾梅（Montherme）附近渡河。蒙特爾梅那裡地勢險要，河岸十分陡峭，行軍相當艱難。

守軍的抵抗微弱，真是幸運，因為我的砲兵連平均僅剩五十發砲彈，運送彈藥的部隊被堵在通往阿登的路上。到十三日晚上，古德林的軍已經在馬士河對岸構築強大的橋頭堡，步兵的先頭部隊直到十四日才趕到。（古德林說，步兵是在十五日之後才趕到的。）

我向克萊斯特詢問法國防守的情況。他答道：「沿著馬士河的防守並不十分嚴密，有一些碉堡，但沒能配備與之相當的武器裝備。如果法軍在那裡配備了戰防砲的話，那我們就得認真看待他們了。因為我們大部分戰車都是早期的一號戰車，它們經不起打擊！防守在那裡的法軍裝備不整，戰鬥力較低。好多次在遭到我軍的空襲和砲火轟炸不久，他們就放棄戰鬥了。」

四個由老兵組成的法軍二級後備師駐守著四十英里長的防線，他們佈陣稀鬆，連最基本的戰防砲也沒有，也沒配備防空用的高射砲。德軍強行渡河時，先派出成群結隊的飛機密集轟炸，戰車接著蜂擁而來，無怪乎那些不堪一擊的法國步兵立即便土崩瓦解了。

古德林對色當突破的描述更為詳盡，他也為克萊斯特的一些說法提出證明。「幸運的是，克萊斯特和施佩勒共同擬定，針對空軍與我的裝甲軍的作戰計畫未能執行，否則我和洛策爾將軍（Loerzer）制定的方案就會被他們否決。我們的方案擬定，從攻擊開始後的中午到入夜為止，不斷地對法軍砲兵陣地進行俯衝轟炸，克萊斯特卻突然下令在一六〇〇時進行短時間的密集轟炸。我的計畫是要將法國砲兵釘在防空掩體內，直到天黑。如果照克萊斯特的命令辦，空中威脅最多只能持續二十分鐘。法國砲兵就能回過神來，在我軍渡河時進行砲擊。」在色當，空軍投入了十二個俯衝轟炸機中隊。

古德林說，當時他的第二裝甲師還滯留在瑟穆瓦河邊，他本來寧可等三個裝甲師全部到齊後，在十四日再進攻，但是克萊斯特下令當天下午就動手。部隊要面向一個一英里半的陣地伸展，陣地在色當西面到聖芒日（Saint-Menges）之間。第一裝甲師擔任主攻，武裝親衛隊的大德意志裝甲擲彈兵師為助攻。這時第十裝甲師已經抵達色當以東巴澤耶（Bazeilles）附近的馬士河畔，正在發起進攻。但是古德林將他的火力集中在第一裝甲師的主攻方向，準備在下午二時先進行攻擊前砲轟。他發現對方的抵抗並不十分強烈，於是便將防砲團的八十八砲調到河岸邊，直接向對岸進行近距離的轟擊，炸毀敵方在砲擊時倖存的混凝土碉堡。

古德林選擇的突破口，為進攻打開了一條完美的通道。在那裡馬士河向北急轉彎流向聖芒日，然後又朝南轉，形成一個口袋狀的凸角。北岸的高地上叢林密佈，可以掩護進攻的準備工作，也有利於砲兵架設陣地瞄準目標。我曾親臨現場，發現在聖芒日附近可以俯瞰這個口袋狀的凸角，穿過馬爾費森林（Bois de Mariée）的高地則從背後構成了一道屏障。

下午四時，攻擊開始。裝甲師的步兵用橡皮艇和木筏強行渡河，迅速控制渡口，將一些輕型的軍車運送過河。部隊很快便佔領了河灣的凸角地帶，進而攻克瑪律費森林和南部的高地。到午夜時分，先頭部隊已經深入五英里。與此同時，工兵在色當和聖芒日之間的格萊爾（Glaire）架起了一座橋，德軍戰車蜂擁而入。

即便如此，在十四日那天德軍仍未能完全站穩腳跟，只有一個師完成渡河，只有一座橋樑可以讓增援和物資通過。盟軍的飛機猛轟這座橋，德國空軍的主力被調往別處後，盟國的空軍一度佔了上風。但是古德林的防砲團在橋上布下了一個強大的火力網，盟軍的飛機損失慘重，無功而返。到中午之前，法軍未能進行有效的逆襲。此後，古德林的軍力得到補充，他也不怕法國人反攻了。下午，當反攻的壓力減輕時，古德林的軍隊向右急轉，第一和第二裝甲師向西挺進，第十裝甲師攻佔朝南的陣地，成為向西挺進的大部隊的側翼。出其不意的轉向，使德軍的先頭部隊拿下了阿登運河上兩座完好無損的大橋。夜幕降臨之時，他的部隊已經在十英里的縱深地帶建立了橋頭堡。

十五日一大早，古德林又開始向西出發。第一裝甲師一度遭到攔阻，於是它便向北迂迴，尋找防守薄弱的突破點。在與第二裝甲師會合後，他們一舉攻破普克斯泰隆（Poix-Terron），隨後便擴大突破口，再向南從背後進攻曾經攔截他們的法軍。法軍的後方即時崩潰，通往西線的道路就此洞開。此後在前往英吉利海峽的路上，再也沒有遇到任何有組織的抵抗。

然而，這天晚上古德林卻如坐針氈，不是因為敵人的抵抗，而是「裝甲兵團司令部下令部隊暫停前進，原地待命。我實在不願也根本無法接受這個命令，因為那將使我們的突襲前功盡棄。我跟裝甲兵團的參謀長柴茲勒上校通電話，但無濟於事。於是我就直接致電克萊斯特，要求取消這個命令。對話過程雙方相當激烈，我們交換了各自的看法……克萊斯特終於同意在之後二十四小時內我的裝甲部隊可以繼續前進，鞏固已經佔領的地區，並擴大戰果，讓步兵緊隨其後。」

古德林充分利用這次好不容易爭來的機會，裝甲師終於可以行動自如了。古德林朝西進發的三個師和萊因哈特從蒙特爾梅隘口過來的兩個師，以及霍斯從迪南附近趕來的兩個師會合。大部隊橫掃萬里，法國的防禦全線崩潰。到十六日晚，西線的進攻深入五十英里之遠，德軍到達瓦茲河，直指英吉利海峽。然而急速前進的部隊又一次被踩了煞車——踩煞車的不是敵人，而是自己的上司。

第一次止步

德軍高層感到非常驚訝，馬士河竟如此輕易攻克，簡直不敢相信會有這麼的幸運。更讓他們感到驚訝的是，居然沒有遇到像樣的反擊。古德林曾經擔心在突破阿登時，部隊的左翼會受到猛攻。「我在戰前就認識甘莫林，我企圖猜測他的心思，料想他會讓預備隊從凡爾登向側翼運動。我們估計為了達到這個目的，他可以動用三十到四十個師，但並沒有發生這種情況。」

希特勒也有同樣的擔憂。結果他就下令暫停前進。這是他第一次插手干預，第二次干預的後果更加嚴重。西韋特從陸總部的角度講述了希特勒第一次干預的情況，「元首唯恐法軍主力向西進攻，他希望等到步兵師的主力到達，在埃納河沿線佔據側翼後再攻擊。」列里希特當時擔任陸總部和第十二軍團司令部之間的聯絡官，他的表述更為清晰：「跟隨克萊斯特裝甲部隊前進的第十二軍團渡過馬士河後正朝西，直奔英吉利海峽，突然接到命令要他們向南朝埃納河方向。魏克斯（Weichs）的第二軍團上來作為步兵的後衛，跟隨部隊攻向海峽。我當時認為這個命令是極大的錯誤，它會浪費兩天時間。最好讓第二軍團轉向埃納河，第十二軍團則繼續作為裝甲部隊的後衛向海峽前進。」

然而克萊斯特則持如下的看法：「我的部隊其實只是停了一天。接到命令時，我們的先頭部隊已經抵達吉斯（Guise）和拉費爾（La Fere）之間的瓦茲河。有人告訴我命令直接來自元首，不過我認為這個命令是導致第二軍團取代第十二軍團作為我們的後衛的原因。元首是因為擔心我軍的左翼會遭到反擊，形勢明朗之前，他並不在乎我們深入敵境。」

古德林的陳述更能說明問題，他身處前線，認為猶豫不決的並非希特勒一個人。「五月十六日大捷之後，我根本沒有想到上級還會持原來的觀點，即滿足於在馬士河對岸建立橋頭堡，然後等待步兵軍的到來。我希望立即乘勝進軍，突破之後就直撲英吉利海峽。我曾向希特勒詳細講述過這個觀點，希特勒同意了曼斯坦大膽的方案，對我深入敵境的提案也無異議，很難想像他會變得膽怯，下令讓部隊立刻暫時停止前進。不過，我犯了基本的錯誤，第二天一早，事情就變得明朗了。」

「十七日一早，裝甲兵團司令通知我停止前進，早上七時在機場等待會見克萊斯特。他準時到達，一見面就指責我無視最高統帥部的安排。」古德林堅持認為，自己貫徹了作戰方案的精神，強調如果停止前進就會失去主動，功虧一簣。「我要求解除我的職務。克萊斯特略顯吃驚，然後便點頭同意，要我準備移交給接替的指揮官。」

但是徵詢集團軍總司令部以後，又命令古德林待在他的指揮部，等候跟隨裝甲部隊之後的第十二軍團司令利斯特的到達。利斯特到達後，古德林向他報告了事情的來龍去脈。「他以倫德斯特的名義取消了將我撤職的命令。並向我解釋，暫停前進的命令來自最高層，必須服從。但是他理解我要求繼續前進的理由，並代表集團軍同意我展開威力偵察。」

在古德林看來，「威力偵察」含意富有彈性，在第十二軍團的步兵軍於埃納河一帶形成強大的側翼之前，他可以有兩天時間採取攻勢，全速向英吉利海峽推進。在會戰初期，德軍已經贏得了很多時間，攻克了敵方許多據點，所以在瓦茲河的暫停並沒有對德軍產生嚴重的後果。不過暴露了德軍在時間把握上存有的嚴重分歧，青壯派與守舊派之間的思想鴻溝要比德法兩國之間的差距更大。

甘莫林的二戰回憶錄，談到德軍渡過馬士河的戰略運用，他說：「這是一次出色的機動。事先是否就能預見戰事將會如此發展呢？我看未必。正如拿破崙當年也不曾完全預見耶拿（Jena）會戰的過程。毛奇也沒能料到一八七〇年色當會戰的結果。這是隨機應變的傑作，它顯示了一個指揮官靈活多變的作戰能力，他擅於組織軍隊快速行動，而戰車、飛機和無線電更使他如虎添翼。沒有動用大部隊就能拿下決定性的戰役，這或許是首開先例吧。」

根據前線指揮官喬治斯將軍（Georges）的說法，按照比利時盧森堡省的阻擊方案，本來很可能讓德軍「拖延四天」才能到達馬士河。法國參謀總長杜芒克將軍（Doumenc）說：「我們以為敵方會按照我們的想定行事，我們以為德軍要等步兵主力上來後才會試圖渡過馬士河，這樣他們至少需要五到六天的時間，如此我們就會有足夠的時間收復失地。」

值得注意的是，法軍的預測與「山的那一邊」的德軍高層想法何其相似。法軍幹部的運籌決策自有其理由，他們對德軍進攻的基本預想也有著一定的道理，尤其是在開戰後情況更為明顯，但是他們忽略了——古德林的因素。古德林明瞭裝甲部隊獨立作戰深入突破的戰術，他對這種戰術的可行性深信不疑。法軍高層以為德軍將領都是對上司唯命是從的類型，唯獨古德林偏偏不是，他的特立獨行使法國人一再失算。古德林和他的裝甲部隊帶領著德軍勇往直前，取得了歷史上最輝煌的戰果。

隨著作戰的發展，時間因素就更為重要。法國的反攻一再貽誤戰機，就是因為他們的時間觀念跟不上戰局的進展，還有一個原因就是德軍的行進速度要比德軍最高統帥部所設想的快得多。

奔向大海

德軍高層的不安是可以理解的，更何況最高統帥部遠離前線。法國在馬士河防線的迅速崩潰，又沒能組織有效的反攻，勝利似乎來得太容易了，簡直讓人難以置信。戰事的發展證明了德軍高層的錯誤估計，但並沒能驅散他們心中的恐懼。摩托化部隊的閃擊戰一舉打垮了法軍，因為他們無論在精神上和物質上都難以適應這種戰術。希特勒下令德軍暫停進攻，讓法軍有片刻喘息的機會，但處於癱瘓的法軍仍難以由此獲利。

渡過馬士河，德軍向西挺進，一路上幾乎沒遇到什麼抵抗。戰車沿著敞開的走廊轟隆向前，將盟軍在比利時的左翼拋在後面。軍事評論員將所謂「突出部之役」描繪得活龍活現，那純屬子虛烏有，事實上只是一路順風的前行。側翼部隊偶爾會受到一些零星和隨意的攻擊。第一次是在色當以南的斯敦尼（Stonne），法軍第三裝甲師出擊，但很快就被擊退，因為它的側翼受到德軍重創。第二次是在拉昂（Laon）附近，攻擊的是戴高樂新成立的第四裝甲師。克萊斯特評論道：「並不像外界所大肆渲染的那樣，這次反擊並沒有給我軍帶來多大的麻煩。古德林沒告訴我，就自己先解決了，我是第二天才得知此事的。」至於法國另外兩個裝甲師，第一裝甲師汽油耗盡，束手無策地被德軍包圍，第二裝甲師則被派去駐守各個橋樑而實力分散。

德國裝甲部隊在瓦茲河稍作停留後便向西挺進，他們前進的速度是如此之快，敵方完全亂了套。克萊斯特舉例說：「在前往海邊的途中，一個參謀遞上一份從法國電台截獲的消息，內容是駐守馬士河的法軍第六軍團司令已經被解職，任命吉勞德將軍（Giraud）負責處理該地戰事。我還在看電報，手下人帶了一個英俊的法國軍官進來。那人自我介紹道，『我是吉勞德』。他告訴我，他乘著一輛裝甲車去視察部隊，不料卻發現周圍全是德國士兵，他根本沒料到德軍會來得這麼快。我第一次碰到英國人也是在路上，我們的戰車追上了一營英軍步兵，他們身上帶的是空包彈，還在搞演習呢。這也間接說明，他們沒料到我們會來得如此之快。」德軍如洪水般地湧入英國遠征軍的後方，而此刻英軍主力還遠在比利時。

克萊斯特繼續說：「總結來說，突破之後我們就再沒有遇到強大的抵抗。萊因哈特的裝甲軍在勒加托（Le Cateau）附近打了幾仗，那不過是一些引人注目的插曲而已。古德林的裝甲部隊向南方挺進，一路所向披靡，在二十日就到達阿布維爾，將盟軍部隊一切為二。維特斯漢的摩托化師緊隨其後，迅速攻佔了佩羅納（Peronne）到阿布維爾之間索姆河沿岸的防線。與此同時，古德林在第二天揮師向北。」[21]他已經切斷英國遠征軍與後方的聯絡，現在他要切斷英軍向海邊逃離的退路。

克萊斯特的裝甲兵團進入法國後，負責掩護的側翼部隊輪番前進，以保持前進的動力。步兵軍緊隨裝甲軍，在會戰的各個階段都聽從克萊斯特的命令在側翼佈防。但後來因為裝甲部隊前進的速度太快了，與步兵之間拉開了一個危險的空隙，一小支英軍抓緊機會插入這個空隙反攻。

倫德斯特告訴我：「我的部隊抵達海峽後，一度險遭不測。五月二十一日，一支英軍部隊從阿拉斯（Arras）朝南向康布雷反攻。我們曾經十分擔憂那將切斷我軍裝甲部隊與後繼步兵師的聯絡。法軍的反攻都無損大局，但這次的反攻卻對我軍構成嚴重的威脅。」（這次反攻確實讓德軍大吃一驚，險些造成這次攻勢中途夭折。幸虧這只是一支小部隊，它屬於馬特爾將軍（Martel）第五十諾森伯蘭師（Northumbrian），由皇家裝甲團的第四和第七營組成。假設英

21 然而古德林說二十二日才真正開始向北挺進，「為了整頓隊伍，二十一日我們暫停一天」。不過他的先頭部隊已經指向歐蒂河（Authie），準備轉向北方。

軍當時不是只有幾個營，而是有兩個裝甲師的話，德軍的進攻很可能就此泡湯。）

這次反攻是衝破德軍包圍的最後一次努力，德軍從後方向駐比利時的盟軍撒開了一張大網，並很快就開始將這張網越收越緊。法軍左翼的主力和比軍全部陷入重圍，只有英軍靠「敦克爾克奇蹟」才死裡逃生。戰後重新檢討當時英軍出逃的情形，簡直不可思議，那是希特勒的干預所造成的。

直到那時，證明希特勒要比他的那些高階將領更為高明。但是從戰爭的可能性來看，那些將領的擔憂也是合理的。任何理性的思考都不會料到法軍高層會鑄成如此大錯，讓德軍的左翼公然深入比利時的平原地帶。若不是法軍這一重大的失算和古德林超乎尋常的勇飛猛進，希特勒的成果是有限的。如果德軍只是短距離進入法國邊境，在那裡停滯不前的話，二戰的歷史乃至世界的格局都會不同。

布魯門特提說（也得到其他將軍的首肯）：「希特勒的判斷被驗證後，他在將領面前更為跋扈，將領們也比過去更難與他爭辯或對他的決策有所制約。」五月十三日發生的事情證明，較之法國，這樣的結果對德軍將領、對德國更為不幸。

僅僅一個星期後，幸運的天秤便開始轉向。

希特勒的「暫停命令」

向北挺進，古德林的裝甲軍直奔加萊，而萊因哈特則率領軍隊橫掃阿拉斯西部，向著聖奧梅爾（St. Omer）和敦克爾克方向而去。二十二日，古德林切斷布倫涅（Boulogne）與外界的聯絡，次日包圍加萊。就這樣大踏步地前進到格拉夫林（Gravelines）的阿運河（Aa Canal），那裡離敦克爾克只有十英里了。敦克爾克是英國遠征軍出逃的唯一港口，英軍主力此時還待在比利時。萊因哈特的部隊也到達艾爾（Aire）—聖奧梅爾—格拉夫林一帶的運河沿岸，當時只有一營英軍駐守在格拉夫林和聖奧梅爾之間二十英里長的阿運河一線，六十英里長的運河沿線幾乎沒有什麼像樣的防守。許多橋樑未遭到破壞，甚至都沒做炸毀它們的準備。五月二十三日那天，德軍裝甲部隊輕而易舉地在運河對岸不少地方建立了橋頭堡。正如戈特（Gort）在急電中所言，「河流就是這邊唯一的反裝甲障礙。」一旦過河，就沒有任何東西可以阻止戰車前進的步伐，也再也無法阻止德軍將逃往敦克爾克的英國遠征軍置於腳下。

在這關鍵時刻，克萊斯特接到命令，讓他的部隊在運河一線暫時停止前進。最初是由誰發出這個命令的？對此說法不一，但正是這個命令迫使部隊止步不前則是毋庸置疑的事實，有大量的檔案和當事人可以見證，正是德軍高層的命令使走投無路的英軍得以死裡逃生。

克萊斯特說，當他得到命令時感到不可思議。「我決定無視這個命令，越過阿運河繼續前進。事實上我的戰車已經進入阿茲布魯克（Hazebrouck），將撤退的英軍切割開來了。事後我才知道，當時英軍司令戈特勳爵已經在阿茲布魯克。然而這時又接到口氣更為強烈的命令，命令我軍撤回阿運河，我的戰車在那裡滯留了三天。」

古德林說：「我再三反對，他們就是聽而不聞，相反，還不斷強調那個該詛咒的命令。法蘭西會戰後，我問布勞齊區，為何同意讓裝甲部隊止步於敦克爾克。他說那是希特勒的命令，並說他曾希望有人會不聽從這個命令。」但是，在渡過馬士河後，在前進的途中發生了太多的事情，暫停的命令措詞嚴厲，即便是古德林也不敢再冒被撤職的風險而違抗命令。

曾在參謀本部主管裝甲部隊的托馬對我說，當時他正和古德林的裝甲部隊挺進到貝爾格（Bergues）附近，敦克爾克鎮就在眼皮底下了。他直接向陸總部發了多次電報，苦苦請求讓部隊繼續前進，但這些請求如石沉大海。談及希特勒的態度，他尖薄地說：「跟這種白癡有什麼好說的？希特勒這個傢伙讓垂手可得的勝利毀於一旦。」

與此同時，英軍不斷地撤往敦克爾克，並加強防禦以掩護士兵上船渡海。德國裝甲部隊的眾將就這樣眼睜睜地看著英國人從自己鼻尖下溜之大吉。

「三天後命令才取消，」克萊斯特說，「部隊重新出發，但此時就遇到了強硬的抵抗。我的部隊剛剛開始前進，可是希特勒又命令我們後撤，轉而向南去收拾法國臨時佈置在索姆河的殘部。在英國人逃走後，我只能讓從比利時下來的步兵去佔領人去樓空的敦克爾克」。

幾天後，克萊斯特在康布雷的戰地遇見希特勒，他斗膽指出英軍全身而退，德軍在敦克爾克喪失了一次極好的機會。希特勒回答道：「可能是的，但我可不想讓德國戰車陷在法蘭德斯的沼澤地帶，英國人不會再回來參戰了。」

對其他人，希特勒也給出各種理由，比如故障的戰車過多，部隊需要休整，進攻之前還必須加強偵察。他還解釋說，要確保有足夠的戰車對法軍殘部進行攻擊。

那些將領被迫止步不前，眼看著就要到手的勝利功虧一簣，希特勒的這些解釋並不能讓他們心服口服。那些裝甲部隊的指揮官對我說，當時每天有新的戰車運來取代舊品。他們對陷入沼澤的說法更覺得可笑，當時他們身處戰場，對情況的判斷要比希特勒更清楚。然而希特勒的解釋亦非虛言，當時這三個理由一直盤旋在他的腦海中，他不得不為之再三思量。但這些還不是他做出致命決策的全部原因。

第十二章　放走敦克爾克的敵軍

敦克爾克是英軍出逃唯一的港口，上級卻命令德軍裝甲部隊在敦克爾克周邊暫時停止前進，是二戰史上一個難解之謎。

戰後布勞齊區的副官，西韋特將軍最早對我談起此事，他十分肯定地說阻止德軍裝甲部隊前進的命令來自希特勒本人。他還講到布勞齊區和哈爾德持反對意見，他們力圖取消這個命令，這個說法得到有關檔案的證實。後來倫德斯特和布魯門特提，也對我講了這個命令是如何下達給A集團軍的。倫德施特說是由陸總部的格賴芬貝格上校（Greiffenberg）打電話通知的，上校還表示哈爾德持反對意見，布魯門特提說電話是他親自打的。

邱吉爾在他寫的戰爭回憶錄中說，裝甲部隊暫時停止前進的命令「最早是由倫德斯特提出來的，不是希特勒」。他的根據是倫德斯特部隊的戰時日誌，裡面記載五月二十四日上午，希特勒在沙勒維爾（Charleville）造訪倫德斯特總司令部時倆人交談的內容。

但是在具有見識的歷史學家看來，邱吉爾所謂有力的證據未免言之過實。史學家最清楚這些戰時日誌是如何編撰的，也明白其中不乏錯謬之處。戰時日誌通常是由一些低階軍官負責，他們並未親自參與那些重要會議。在實施重大決策的非常時期，日誌的記錄和查核往往與真實的情況相去甚遠。對於任何單一證據都必須小心處理，何況日誌本身的記錄並非如邱吉爾的結論那麼清晰。邱吉爾將日誌的記錄歸納如下：

二十三日午夜，布勞齊區從陸總部發來有關「包圍戰最後作戰」的命令。次日上午，希

> 特勒會見倫德斯特，倫德斯特表示快速深入敵方的裝甲部隊已經力有不濟，需要暫停整補，以便養精蓄銳進行最後的攻擊……而且倫德斯特預料他的部隊從北到南過於分散，可能會受到攻擊……希特斯—貝圖恩—艾爾—聖奧梅爾—格拉夫林（Les-Bethune-Aire-St. Omer-Gravelines）一線，以便攔截被B集團軍在東北方阻擊的敵軍。他還考慮到當務之急是保存裝甲部隊的實力，如此才能執行後續的作戰行動。

然而，從這些敘述中看不出最先提出停止前進的是倫德斯特。含糊其詞的日誌至多表明，倫德施特在評價戰局時所展示的憂慮，與希特勒的觀點相符。史學家不可能僅憑這一點就否定其他軍官的見證，他們眾口一詞認定命令出自希特勒本人，是從他的指揮部發下來的。哈爾德在陸總部的日記，也清楚地證實這些軍官的陳述。

將這些記錄和其他證據聯繫起來研究，就能讓事件的脈絡顯得更為清晰。德軍渡過馬士河後，哈爾德最初的想法是倫德斯特的部隊應當向西南前進。進攻的軸心將通往貢比涅（Compiegne），指向魯昂（Rouen）附近的塞納河下游（雖然在通過貢比涅後，哈爾德曾想轉向東南經過巴黎）。部隊將採取梯形陣式，其左翼後退一步，當部隊前進時就能與右翼互為屏障，以防側翼受到攻擊。部隊前進時，右翼克魯格的軍隊轉向波克，幫助後者包圍在比利時的盟軍。

但是希特勒把轉向西南的建議並不當一回事，他有自己的盤算。他想讓裝甲部隊停止腳步，等到增援的步兵沿埃納河築起一道防線來掩護南翼，然後再派裝甲部隊向西北開到在比利時與波克對峙的盟軍正後方。哈爾德十七日中午的日記中記載，當天上午古德林被迫停止前進。提到與希特勒的會見，哈爾德寫道：「雙方沒有任何商討的餘地。元首固執己見，認為主要的威脅來自南方（我看根本不存在威脅）。」接著日記對新的指令進行了歸納。後面又寫道：

「極不愉快的一天。元首緊張得要命。被他自己的勝利嚇壞了，他不敢再去冒險，要給我們套上籠頭。其理由無非是要顧及南翼。」（然而希特勒的理由要比哈爾邦德所想的更好，比如說是因為倫德斯特仍然擔心法軍主帥甘莫林會從東南方發起反攻。）

哈爾德為耽誤時間和坐失戰機而感到憂心忡忡，隔天早上，也就是十八日的日記中到處可見這種擔憂：「每個小時都十分珍貴，可是元首的最高統帥部卻看法迥異。元首老是擔心南翼，他狂怒尖叫，指責我們會毀了整個戰役。他再也不想談什麼繼續向西挺進，更不要說向西南方向了，一心只想著轉向西北的計畫。」經過一次「最不愉快的會談後」，希特勒才同意裝甲部隊應當西進，但並沒有立刻下達命令。

當天晚上哈爾德向希特勒回報第十二軍團的步兵正在轉向進入埃納河一線，總算得到希特勒的同意讓裝甲部隊向海邊前進。

哈爾德的另一個憂慮是在比利時的盟軍是否會迅速插入南方，「波克的部隊是否能趕走敵軍，追上克萊斯特。考慮到大膽的波克敢衝敢打，很可能造成這樣的結局。」哈爾德有點過慮了，就在二十日那天，克萊斯特的先頭部隊在古德林的率領下到達了索姆河口，切斷了敵軍補給線和退路，隨即便揮師北上。從日記來看，哈爾德原來打算只是讓波克集團軍咬住敵軍，倫德斯特的部隊「切入敵人的後方，發動致命一擊……我想把A集團軍作為鐵槌，B集團軍作為鐵砧」。

事情變得有點複雜，因為兩個集團軍並不是齊頭並進，而是越來越靠攏。倫德斯特左翼的裝甲部隊正朝波克的右翼直線挺進。為了避免混亂，布勞齊區打算把圍攻的最後階段交由波克來完成，這就需要調整一下兩個集團軍之間的佈陣，讓克萊斯特的裝甲部隊連同克魯格的部隊從倫德斯特那裡移交給波克。二十三日傍晚，他就此下達了一系列命令。

哈爾德原本希望在最後階段布勞齊區能與自己協調一致，但沒能說服他這樣做。他在日記中尖酸刻薄地批評布勞齊區：「刻意逃避責任。他總是聲辯自己無法作出抉擇，只能在自己和波克之間協調。但作為一個男人，從道理上說，他本來應該有所擔當，有所抉擇。我沒在命令上簽名，表示我的態度就是不同意。」

哈爾德對我詳述他的理由：「面對如此艱巨的任務，各種意見都會聚集到陸總部。從心理層面看，採取這樣的措施會顯得能幹的倫德斯特似乎缺乏信心，儘管他並非有意這樣。波克野心勃勃，他的參謀長沙莫斯（Salmuth）向來態度強硬，由此可見要貫徹執行這個命令勢必會引起兩大集團軍之間的嚴重衝突。」

不管個人意見如何，不難猜測這個命令對倫德施特的影響。他更為關注下一階段的戰役，即向南進軍。他不再為完成北方的包圍而費心，因為這個任務將移交給波克。這肯定會影響他對形勢的看法，而第二天早上希特勒來到倫德斯特的司令部召開軍事會議。會議中，倫德斯特強調在下個階段戰役中確保裝甲部隊實力的重要性，這與希特勒的觀點不謀而合。可以理解二十三日傍晚布勞齊區發出的「移交」命令與倫德斯特次日上午在司令部的會談紀要有相當重要的因果關係，也勢必影響到當天下午希特勒下達暫停前進的命令。

早在二十二日，古德林的軍隊開始從阿布維爾向北挺進之時，希特勒在當晚與布勞齊區交談時就表示了他的疑慮。他指責哈爾德剛剛發出的包圍令，哈爾德命令A集團軍的裝甲部隊儘快向北進攻，切斷盟軍通往海邊的退路。希特勒說他認為坦克在法蘭德斯沿海低地作戰風險太大，他還考慮到已經損壞的坦克，強調他可不願失去更多，因為在法國第二階段的戰役還需要大量的坦克。

希特勒觀點是A集團軍的職能應當從鐵槌轉為鐵砧，從後面擋住被B集團軍從南方驅趕過來的盟軍。克萊斯特和約德爾與希特勒觀點一致。但希特勒認為，僅有他們倆人的支持還不足以否決布勞齊區和哈爾德的決策。在戰略問題上，倫德斯特的意見份量不輕，他對形勢的判斷以及對第二階段戰役的重視深得希特勒之心。希特勒善於利用一方軍事專家的觀點去壓另一方的觀點，從而達到自己的目的。看來很可能那天希特勒見倫德斯特的目的就是借助對方的觀點來證明自己的看法，進而實施自己改變過的作戰方案。

與倫德斯特會晤後，希特勒採取的第一步措施是馬上取消部隊轉移命令。命令要到晚上才能生效，但在早上可以有一些牽制作用，因為那些將轉移給波克指揮的部隊，自然會等待新指揮所下達的命令。（邱吉爾本人也提到：「五月二十四日上午十一時四十二分，我們截獲德軍電報，內容是暫停對敦克爾克—阿茲布魯克—梅維爾（Merville）的進攻。」）

下午希特勒召見布勞齊區，哈爾德也在場。哈爾德日記寫道：「與元首的會見極不愉快」，元首斷然發出新的命令「取消昨天的命令……儘管前方沒有敵軍反抗，我軍由裝甲摩托化部隊組成的左翼必須服從元首的命令停止前進。消滅圍困敵軍的任務將由空軍完成！」

第二天部隊仍舊原地不動，哈爾德二十六日日記中有些記錄值得一看：

> 八時：情況依舊。波克損兵折將，進展緩慢……我們的裝甲部隊已經停止前進，好像在貝圖恩（Bethune）和聖奧梅爾之間的高地上，他們這樣只是為了服從上級的命令，不許進攻。這樣搞的話，清除被圍敵軍可能要花幾個星期。
>
> 十一時：整個上午（布勞齊區）都十分緊張。我很同情他，上面那些命令毫無道理。在一個戰區，撤退的敵軍陣容嚴整，上面命令我們進攻。在另一個戰區，敵軍的後防不堪一擊，上面卻命令部隊原地不動。倫德施特也感到難以容忍，他跑到霍斯和克萊斯特那裡去視察地形，準備裝甲部隊的下一步行動。
>
> 十二時：電話通知說元首已經批准左翼部隊挺進敦克爾克火砲射程範圍內。
>
> 十三時三十分：元首召見布勞齊區。布勞齊區回來時臉帶微笑。元首終於批准向敦克爾克

克進攻，以阻止更多的敵軍逃跑。

但此時放行已經太晚，盟軍利用這段寶貴的喘息時間，在敦克爾克周圍築起牢固的防線。哈爾德二十七日的日記沮喪地寫道：「左翼的克萊斯特似乎遭遇到比料想更頑強的抵抗，進攻過程緩慢。」因為英國遠征軍的主力已經成功撤回，又加強陣地的防守力量，抵抗自然也就更為頑強。從五月二十六日到六月四日敦克爾克失守，三十三萬八千名（包括十一萬四千名法軍）盟軍成功地從海灘和港口撤回英國。

希特勒慣於將錯誤歸咎於他人，如果他認為是倫德施特慫恿他阻止裝甲部隊進軍，在英軍逃逸後他所給出的理由中肯定會提到這一點。但在他後來的種種解釋中從來沒有提及是倫德斯特的意見促成停止攻擊的因素。這是一個充分有力的反證。

布魯門特提的證詞也值得注意，他指出，二十四日會議上倫德斯特確實提出讓部隊休整，養精蓄銳後發動最後一擊，但倫德斯特不是說當下的敦克爾克和完成第一階段戰役，而是指在下一個階段消滅殘餘的法軍之後。這樣的解釋合情合理，與倫德斯特說話的原意更為吻合。一個優秀的戰略家決不會在包圍行將大功告成之時主張推遲行動，但是他會在發起新一輪攻勢前主張整頓一下部隊。北面的戰役一結束，就要儘快整頓部隊，準備向南出擊。哈爾德的日記表明，二十六日上午倫德斯特顯得焦躁不安。

倫德斯特錯就錯在他的焦躁來得太晚，或者說錯在停止進攻的命令剛下達時，未能立刻提出抗議。布魯門特提回憶道，當他用電話將命令傳達給倫德斯特和他的參謀長索旦斯登時，「倆人情緒穩定，沒有表露出任何不滿。相反，情緒激動的質疑均來自前線的指揮官」。布魯門特提還告訴我，從第一階段的戰役開始到結束，「倫德斯特一直擔心法國人會從南方向色當朝我軍在埃納河薄弱的側翼發起大反攻，因為他一向不敢小覷法國軍方的指揮才能。在這個階段，他對南方的關注要大於英吉利海峽。」值得注意的是此時倫德施特的司令部還遠在沙勒維爾，那裡緊貼著埃納河並靠近色當，面朝南方，位於整個德軍前沿陣地的中央。從這個位置可見他的戰略重點所在，同時也說明他對似乎勝券在握的右翼並不十分在意，倫德斯特的眼睛並沒有盯死在敦克爾克。

至於坐失敦克爾克的良機，克魯格和克萊斯特的責任比倫德斯特更大。哈爾德日記記載二十三日下午，陸總部聯絡官報告裝甲兵團司令部的情況：「十七時：居爾登費爾特（Gyldenfeldt）傳達克萊斯特的憂慮。克萊斯特感到如果仍然無法解決阿拉斯附近的危機，他就難以完成任務，裝甲部隊的損失已達百分之五十。我向他指出，四十八小時內可以解決那裡的危機。我有辦法讓他完成分配給他的任務，他必須頂住才行。索姆河一線沒有什麼危險。」古德林也說：「由於克萊斯特從裝甲兵團發來的命令，從亞眠到海岸的行軍一路上都是亦步亦趨的。從歐蒂河（Authie）到康什河（Canche），克萊斯特親自指揮先頭部隊的一舉一動。他的命令具體到何時渡河。這樣就使部隊在沒有遭遇敵軍的情況下毫無理由地走走停停，前進的速度本來可以快很多。」歸古德林指揮的拜爾林說，一開始時走時停，後來又下令停止前進，這使他的上司古德林「極為惱火」。

其他好幾位將軍談到，英軍戰車曾在阿拉斯反擊，雖然這些行動規模不大，還是讓第四軍團司令部深感不安，克魯格曾考慮停止進攻，倫德斯特在敘述那次危機時也證實了這一點。

希特勒的理由

至於希特勒下達暫停前進的命令理由何在，我從瓦里蒙特那裡得到的證詞尤其能說明，因為他當時正在最高統帥部。當他得知這個命令後，曾向約德爾詢問確切的情況。「約德爾證實命令已經下達，並對我的詢問表示很不耐煩。他的立場與希特勒一致，並強調希特勒和凱特爾還有他本人在一戰時都曾親臨法蘭德斯低地，確知坦克在沼澤地帶難以施展，硬上必然會蒙受重大損失。裝甲部隊的實力已經削弱，發動第二階段攻擊的行動又迫在眉睫，所以再也經不起折騰了。」（瓦里蒙特還說，如果暫停前進的命令最早來自倫德斯特，他和最高統帥部的其他人肯定早就得知此事，為命令辯護的約德爾也肯定會提到倫德斯特最早提出或至少是支持這個決定的。這樣就可以讓那些批評者閉嘴，因為「論及軍事行動，倫德斯特在參謀本部高階將領中具有不容置疑的威信」。）

瓦里蒙特繼續說：「另一個理由是，當我得知暫停前進的命令時，戈林出現了，他向元首打包票說空軍可以從空中收緊海邊的口袋，最終完成圍剿英軍的任務。他肯定誇大了空軍的能力。」瓦里蒙特的說法與前引二十四日哈爾德日記中最後一句話可相互印證。古德林說，克萊斯特向他下達命令時曾說：「敦克爾克就讓空軍去處理吧。攻克加萊如果遇到困難，也可以讓空軍去對付那些堡壘。」古德林指出：「我認為正是戈林的狂妄自大促使希特勒作出那個致命的決定。」他還說：「我沒有等待空軍的支援就率領第十裝甲師在五月二十六日攻克加萊。再說空中轟炸對摧毀沃邦（Vauban）的要塞起不了多大的作用。」[22]

加萊問題

基於外界盛傳加萊防守戰對整個戰局的重要性，古德林的陳述也就顯得意義重大。一個英國步兵旅和裝甲營，此前在加萊登陸以增援法軍。二十四日，邱吉爾親自取消讓這些英軍上船撤退的命令，堅持「加萊駐軍要決一死戰，不得從海上撤退」。

一九四一年公佈的官方報告就加萊防禦戰一事聲稱，雖然駐軍被殲滅，「但在這生死攸關的四天裡，駐軍殊死拼殺，牽制德軍至少兩個裝甲師，否則英軍退往海邊的道路就可能被切斷。德軍裝甲師如長鐮橫掃所向披靡，卻在加萊遇阻……刀刃碰上了頑石」。

邱吉爾甚至在戰後還聲稱：「加萊一戰非常重要。其他許多原因也可能阻礙敦克爾克撤退，但是加萊防守戰換取的三天時間，確保格拉夫林水路的安然無恙。否則哪怕有希特勒的猶豫不決和倫德斯特的命令，盟軍還是難免被切斷退路，遭到全滅。」

邱吉爾自然要為他犧牲加萊守軍的決定辯解，令人不解的是他現在居然還要聲稱這個決策是如何地有效。當時德軍在該地區有七個裝甲師，進攻加萊的只是其中的一個。因為希特勒下達中止前進的命令後無事可做，這個師才被派往加萊。否則在德軍裝甲部隊主力衝向敦克爾克時，一小支分遣部隊就可以圍住這個小鎮。其實早在二十三日，德軍已經繞過加萊，並封鎖通往外界的道路。

古德林在評論此事時曾說：「英軍保衛加萊之戰對敦克爾克的作戰沒發揮什麼作用。我們延遲推進並不是因為那裡發生的抵抗。」即使沒有古德林的證詞，只要不帶偏見，實事求是，顯然都會得出相同的結論。英軍的確在加萊英勇奮戰，但這並不能掩飾派他們去作無謂犧牲的事實。

---

22 編註：沃邦元帥，一六七八至一七〇三年擔任法國路易十四的軍事工程師，要塞工事專家，他所發明的星形稜堡是全歐洲最堅固的要塞。至今在加萊，還可以看到沃邦設計的要塞。

關於希特勒的動機

中止向敦克爾克推進命令背後的動機到底是什麼，有關將領始終覺得這是個難解之謎。裝甲部隊的指揮官尤為困惑，因為他們當時已經兵臨城下，沒有絲毫理由停止前進。於是他們紛紛憤而上書，籲請上級批准部隊繼續推進。然而與我交談過這個問題的大多數德國將領認為，希特勒作出這個決定有其軍事上的理由，雖然他們不知道希特勒最迫切的理由到底是什麼。

然而，部分人有不同的看法，他們認為希特勒的決定是因其他動機促成的，或者說至少受到其他因素的影響。哈爾德就曾懷疑希特勒的決定出於政治目的。在五月二十五日上午的日記中，哈爾德強調希特勒的新命令顛覆了原先的作戰方案，並指出「政治領袖固執己見，認定決戰的地點必須在法國北部，而不應在法蘭德斯。為了掩飾其政治動機，他們便斷言法蘭德斯水道縱橫，不適合戰車戰」。

布魯門特提也確信希特勒的命令有其政治動機，不過他認為並不像哈爾德所言。希特勒在沙勒維爾突然造訪倫德斯特司令部時講過一番驚世之言，中止進軍的命令與此有因果關係。只有一位參謀隨同希特勒前來，參與密談的還有倫德斯特和他參謀人員中的兩個要員——索旦斯登和布魯門特提。布魯門特提告訴我：「希特勒興致頗高，他承認戰役的進程『堪稱奇蹟』，他認為六個星期就可以結束這場戰爭。他希望隨後就能與法國達成合情合理的和平，然後再與英國人達成協議就無甚大礙了。」

接下來的一席話語驚四座，他以欽慕的語氣談起大英帝國，談到英國存在的必要性，英國對世界文明的貢獻。他聳聳肩評論道，創建帝國幾乎無不依仗強硬的手段，「欲打造稱心的木器，免不了刨花飛濺」。他將大英帝國與天主教會相比，聲稱它們是穩定世界的兩大要素。他說他對英國所要求的無非是承認德國在歐洲大陸的地位。能歸還德國失去的海外殖民地固然最好，但也不是非得如此不可。他甚至說如果英國在海外遇到麻煩，德國可以派兵援助。他認為殖民地不過是事關一國的威望而已，在戰爭時期根本守不住，何況德國人也不願意到熱帶非洲去安家落戶。

他最後總結道，他的目的無非是為了讓英國能在無損其尊嚴的情況下與德國談和。倫德斯特一直希望與英法談和，聽了希特勒這番話後連連稱是。希特勒離開後，倫德斯特如釋重負地感歎：「好呀，如果他別無所求，我們總算可以求得和平了。」

布魯門特提在反思戰爭的過程中，經常會追溯到希特勒的這次談話。他認為下令「停止前進」，不僅僅出於軍事上的考慮，還有為更易謀求和平的政治用意。如果在敦克爾克的英軍全軍覆沒，英國人臉面喪盡，會下決心報仇雪恨。希特勒希望放英軍一條生路，可以平息一下英國人的怒氣。

此後在準備入侵英國的作戰計畫時，希特勒總是拖拖拉拉，這種態度令人感到奇怪，其實也印證了他內心深處的想法。布魯門特提說：「他對作戰方案似乎不感興趣，也不急於準備工作，這與他一貫的作風大相徑庭。」在入侵波蘭、法國以及後來的蘇聯他都急不可待地反復催促，可這次他卻坐視不理。

有關希特勒與倫德斯特司令部的談話和他後來不急於入侵英國的這些說法，均來自那些長期以來對希特勒決策感到不滿的將領。隨著戰爭的持續，他們對希特勒的仇視有增無減，這就使他們在這個問題上的證詞更引人注目。人們總以為，在戰後這些德國將領自然會傾向於將希特勒描繪成入侵英國的罪魁，而他們自己則總是加以阻撓。可是他們的證詞恰恰相反。這些德國將領坦然承認，作為軍人，他們希望一舉獲勝。對於阻撓他們速戰速決的做法非常反感。有意思的是，將領描述希特勒在兵臨敦克爾克時，有關大英帝國的議論與其早年所著《我的奮鬥》中的許多言論相吻合。值得注意的是，在其他方面，希特勒的行為也與這部自撰聖經中的言論相符。

長期以來希特勒一直想與英國結盟，是這個政治觀念導致他對英國的曖昧態度嗎？還是他內心深處的某種情結在這關鍵時刻起了作用呢？希特勒性格中某些複雜的情結表明他對英國和對德皇一樣，懷有愛恨交加的情感。

＊　＊　＊

部分歷史學家將希特勒下令停止前進歸因於他對英國的情感，這尚無充分的證據。不過儘管不可能評估出情感因素究竟有多大作用，這個因素還是值得考慮的。

希特勒的性格錯綜複雜，簡單的圖解和評價都可能失之片面。他之所以下令停止推進，很可能是多重因素造成的。其中有三個是清晰可辨的：希特勒希望保存裝甲實力供下一輪進攻、他對法蘭德斯沼澤地一直懷有恐懼感、戈林吹噓空軍的實力對他造成影響。不過此人向來嗜好玩弄政治謀略，思路多變難以捉摸，當他在盤算軍事問題時，某些政治考量也可能摻雜其中。

不管希特勒真正的動機為何，至少結局令人滿意。正是由於他的猶豫不決，使得英國在這歷史的關鍵時刻得以死裡逃生。

第十三章　海獅計畫的籌備與放棄

六月五日，德軍向索姆河以南發起新一輪攻勢，法蘭西會戰的第二階段也是最後階段戰役就此打響。此時距離英國遠征軍開始撤離敦克爾克才一個星期，最後一艘船剛好在那天駛離港口。

法軍左翼被切斷，損失達三十個師，佔法軍總數的三分之一左右，這包括他們為數不多的摩托化師在內的精銳部隊。法國還失去了英國十二個師的增援，英軍僅留下兩個師在法國，德軍進攻時，這兩個師沒有和英國遠征軍主力在一起。魏剛將軍（Weygand）此時已經取代甘莫林，統帥殘留的六十六個師，這些部隊要麼損兵折將，要麼素質極低，卻要去守衛比原先更長的防線。相反地，德軍現在有足夠的時間聚集大量的部隊進攻，這些部隊大多沒有參與第一階段的戰役。

新攻勢的序曲最引人注目，原先在西面英吉利海峽方向追擊英軍的德國裝甲師迅速轉向南面和東面，準備參與新的攻勢。能如此迅速地重新集結部隊轉向新的目標，證明機械化作戰已經改變了過去的戰略。

倫德斯特的集團軍在新一輪攻勢中，再次發揮決定性的作用，這肯定不是事先部署好的。倫德施特所要應對的戰線更長，部隊也更多，但戰鬥開始後，卻將總共十個裝甲師中的六個分配給波克的集團軍。好在作戰方案是靈活可變的，作戰模式也隨著戰鬥的發展而演變，作戰模式的改變再一次證明了機械化作戰的力量所在。

倫德斯特與我第一次交談時，對這場會戰有極為精闢的總結。「有幾天情況比較棘手，但不是甚麼大礙。進攻最早是由波克的集團軍在右翼打響的，我先是按兵不動，等到波克的攻擊有所進展，部隊渡過索姆河後，我才開始進攻。我軍在渡過埃納河（Aisne）時遇到頑強的抵抗，此後便輕鬆多了。攻克朗格勒高地（Plateaude Langres）後直趨貝桑松（Besancon）和瑞士邊境，這樣就打到了馬奇諾防線法軍右翼的背後，此戰是制勝的關鍵。」

雖然在困難更多的次要戰場上德軍取得了出乎意料的戰績，但右翼發起的首攻卻並不如意，在原本最希望成功的地方偏偏沒能取得預期的成果。

在右翼的盡頭，克魯格率領第四軍團向位於亞眠和大海之間的地帶進攻，而原先在右邊的第十八軍團則留下來負責在敦克爾克打掃戰場。一個裝甲軍指派給克魯格，由於隆美爾率領的第七裝甲師的迅速切入，克魯格的部隊可以很快就挺進到魯昂附近的塞納河一帶。法軍頓時陷入混亂，無心守衛渡口，德軍就這樣緊隨著法軍的腳步衝過塞納河。

不過德軍原先並沒有將那裡視為決戰的地點，那裡河床寬闊難攻易守，計畫在這種地形展開決戰有違常理。波克集團軍將主攻方向放在亞眠的東部，指望在那裡贏得決定性的戰果，這個重任交給了賴赫勞的第六軍團。

賴赫勞麾下的大將貝希托爾斯海姆給我講述了戰事的經過，「為了這次進攻，上面將克萊斯特的裝甲兵團劃歸第六軍團指揮。此次部隊的編制與第一次進攻時有所不同，因為古德林被調到香檳（Champagne）的A集團軍。取而代之的是霍普納的第十六裝甲軍，我們採取鉗形攻勢。維特斯漢的第十四裝甲軍，自亞眠之戰就已從我軍佔領的索姆河對岸的橋頭堡出擊，霍普納的部隊則從佩羅納的橋頭堡出發。當時打算兩軍應當在聖加斯特到喬塞（St. Just-en-Chaussee）那邊的瓦茲河會師，此後就要決定追擊的方向是朝巴黎以東還是巴黎以西了。

在籌畫進攻方案時，起了些爭議。我個人主張將兩個裝甲軍的兵力集中起來，朝同一方

> 向突破。但賴赫勞最終決定以兩個橋頭堡為起點，採取鉗形攻勢。如果集中兵力，進攻的速度可以更快一點。
>
> 發動攻勢的頭三、四天，進攻在「魏剛防線」面前遭遇到頑強的抵抗。與預計的結果相反，我們的戰區並沒能贏得決定性的突破，倒是在蘇瓦松以東的埃納河那裡取得了決定性的勝利。於是陸總部決定將克萊斯特的裝甲兵團從我們這裡撤走，調到東面的突破口去擴大戰果。我們自然感到很沮喪，這等於是比利時會戰的再度重演。

克萊斯特繼續講述了戰爭的經過：「維特斯漢已經實際控制蓬聖馬克桑斯（Pont Sainte Maxence）附近瓦茲河上的橋頭堡，但是努瓦永（Noyon）西部的激戰卻拖延了霍普納部隊的速度。這時進攻香檳的德軍已經打開缺口。雖然直到九日才開始進攻，但很快就在埃納河那裡強行打開一條通道。古德林的部隊從漢斯（Reims）東面第十二軍團打開的缺口衝了過去。第九、第二軍團也從漢斯西面成功突破，此時我接到命令馬上退出正在進行的戰鬥，將部隊向後取道這個缺口。我們退出前線，從香檳背後的朝北繞了一個大圈，接著通過蘇瓦松一帶的埃納河，然後穿過蒂瑞堡（Chateau Thierry）的馬恩河，直趨特魯瓦（Troyes）。這時，混亂不堪的法軍已經瀕臨崩潰，所以我軍越過第戎（Dijon），直下隆河河谷（Rhone），一路奔向里昂。這次戰鬥尚未結束時，我軍在另一路又發起另一波攻勢，維特斯漢轉頭繞向西南，直趨波爾多（Bordeaux），進而向比亞里茨（Biarritz）以外的西班牙邊境挺進。」

布魯門特提講述了突破埃納河的經過：「此次進攻期間，僅做出過一次重大的戰略決策。古德林的裝甲部隊突破法軍防線，抵達聖迪濟耶（St. Dizier）和肖蒙（Chaumont）之間的馬恩河上游地區，此時需要解決的問題就是必須在三條路中選擇走哪一條。是否應當向東轉，越過朗格勒高地，朝瑞士邊境前進，以便在亞爾薩斯（Alsace）將法軍分割包圍？還是應當向東南越過高原，向第戎和里昂去，直抵地中海，翻過阿爾卑斯山脈去幫助義大利軍隊？或者是應當調頭向西南，向波爾多挺進，切斷從巴黎逃往羅亞爾河或其他地區的法軍退路。為此，我事先就準備好三份電文。」

古德林最終決定選擇第一種方案，克萊斯特的裝甲部隊則在其右側急速前進，通過埃納河的突破口後，再實施第二和第三種方案。因為到那時法軍已經被打得七零八落，德軍分兵出擊就不會有很大的風險。

六月十四日，李布的C軍團加入戰鬥，向著名的馬奇諾防線進攻，此時古德林的部隊已經以席捲之勢闖入馬奇諾防線的後方。法國後防被破之前，德軍不敢貿然進攻馬奇諾防線。即使在古德林突破之後，德軍對馬奇諾防線的進攻實質上還是試探性的。在索爾布呂肯（Saarbrucken）以南的皮特林根（Putlingen）附近的狹窄地帶，第一軍團屬下由海因里希（Heinrici）率領的第十二軍發起主攻。與此同時，在南面一〇〇英里的第七軍團發起助攻，德軍在科爾馬（Colmar）附近越過了萊茵河。

海因里希告訴我他在十二小時之內，就攻破了馬奇諾防線。但後來他也承認，直到法軍的防守已經鬆動，並開始後撤時，突破才得以成功。「十四日那天，經過激戰我的部隊向兩個方向深入。從截獲的法軍電報中得知馬奇諾防線的守軍已經受命撤退，我下令在十五日繼續進攻。所以第二天的戰鬥與其說是攻擊不如說是追擊。」

貝希托爾斯海姆講述了另一側進攻的情形，他先講到克萊斯特的裝甲兵團攻佔瓦茲河的蓬聖馬克桑斯橋頭堡後，便受命撤出，轉向埃納河。「步兵隨即頂上來取代裝甲部隊，但是步兵渡過瓦茲河後卻碰到了一個棘手的問題，法軍在外線靠近桑利斯（Senlis）築起了一道防禦工事，擋住了通往巴黎的道路。賴赫勞沒有把握可以輕易清除這個障礙，於是向東側繞道而行，法軍的後撤幫我們解決了這個問題。法軍放棄巴黎後，我們的右翼軍轉歸第十八軍團，該軍團剛從北方趕來，準備進入巴黎。我則繼續向南挺進，在科爾貝（Corbeil）和蒙特羅（Montereau）一帶渡過塞納河後，直趨羅亞爾河。我們發現在薩利（Sully）和日安（Gien）的大橋已經被炸毀。我軍對奧爾良（Orleans）進攻，完好無損地佔領了那裡的橋樑。從馬恩河到謝爾河（Cher）的行進，一路上以追擊為主，沒有打過幾次大仗。」

布魯門特提總結了這次進攻的大致過程：「唯一的一次激戰是在渡過埃納河的時候，法軍在那裡的防守相當嚴密。先由步兵打開一個通道，裝甲部隊才接續攻擊。即便如此，在全面突破之前，他們還是遭到河對岸頑強的抵抗。此後的戰鬥就越打越輕鬆了。裝甲師馬不停蹄長驅直入，也用不著擔心暴露自己的兩翼，勢如潮水般地席捲了法國南部。德軍步兵緊隨其後，一天急行軍四十到六十公里，肅清那些在戰車碾過之後還在負隅頑抗的遊兵散勇。在許多主要幹道，我們的裝甲部隊所向披靡，急速前進，甚至超過了正朝同一方向後撤的法軍縱隊。」

在戰鬥中，空軍和裝甲部隊以新創的「巷戰戰術」協同作戰。遇到抵抗時，就先叫空軍進行轟炸，先頭部隊隨後衝上去攻克該地。與此同時，戰鬥師的主力以縱隊的形式（長達一〇〇英里左右）等在大路上，直到前方的路障被清除。能夠做到這一點，是因為我軍有空中優勢而敵方的反裝甲力量相當薄弱，也沒有多少地雷。

在一九四〇年的戰役中，雖然法國人打得也很勇敢，但已經不能與一戰期間的凡爾登之戰和索姆河之戰同日而語。英國人打得更為頑強，相較與一戰期間，他們的表現毫不遜色。有些比利時人也打得很勇敢，荷蘭人僅堅持了幾天。我們擁有空中優勢，加上比法國更先進的戰車。最主要的是德國的戰車機動性更強、速度更快、更適合於作戰，能夠遵照指揮官的要求在機動戰中來去自如。法軍在當時根本無法做到這一點，他們的軍事思想和軍事行動仍拘泥於一戰時的老方法。無論是指揮系統還是無線電通訊，他們都大幅地落伍了。他們要改變行軍方向時，先得停下腳步原地待命，然後才重新起步。他們的裝甲戰術根本不合時宜——不過他們確實很勇敢！

德國將領的這番權威性評論，有助於糾正世人對法國守軍的草率論斷。低落的士氣迅速蔓延固然加快了最終的崩潰，但顯而易見的是，第二階段還未打響德軍已經勝券在握，從一開始，法軍就註定必敗無疑，儘管這種失敗或許可以往後拖延一點時間。

考慮法軍的佈防與空間之間的關係，就能看出魏剛面臨著一個難以解決的問題，因為這個空間的範圍從索姆河到瑞士邊境。再綜合考慮軍隊的數量和技術裝備的品質，就可以看出法軍毫無希望。更令人吃驚的是，在敦克爾克潰退之後，英法政府中的一部分人還抱有勝利的幻想，而魏剛這樣的軍人則更為現實。索姆河—埃納河一帶的防線剛剛開始崩潰，貝當就徹底灰心喪氣了。然而令人費解的是，德軍將領確信能在比利時切斷盟軍的左翼，卻沒能料到法國的抵抗會因此而全線崩潰，雖說這是原本可以計算出來的必然結果。所以法軍的崩潰降臨之時，德國顯然沒有料到會有這種可能性，也沒能做好相應的準備。

引而未發的「海獅計畫」

法國崩潰後，德軍上下倍感輕鬆，大家興高采烈，以為戰爭就要結束，可以從容地品嘗勝利的果實了，布魯門特提生動地描述了當時普遍樂觀的情緒。「與法國達成停戰協定後，陸總部立刻下令組成專門人員籌備在巴黎舉行勝利閱兵式，調遣參加閱兵式的部隊。我們為此準備了整整兩個星期，大家興致勃勃，以為天下太平指日可待，開始著手復員工作。我們還收到一份名單，列有行將解甲歸田的各師番號。」

然而幾個星期過去了，英國沒有表示出任何願意談和的跡象，勝利帶來的興奮開始消退，不安的情緒漸漸滋生。一廂情願的謠傳在落寞的氛圍下頗有市場：「一會兒說正在通過瑞典與英國談判和平事宜，一會兒又說從中斡旋的是阿爾巴公爵（Duke of Alba）。」但始終沒有得到證實。六月二十九日，哈爾德飛回柏林去看牙醫。第二天是他的生日，他待在家裡，便抽空到外交部與魏茲澤克公爵（Weizsaecker）會面。哈爾德的戰時日記記下了當時談話的要點，「看來我們還得展示一下軍事實力才會讓英國人作出讓步，這樣我們在東方的進攻才不會有後顧之憂」。次日早上，在飛回法國之前，哈爾德會見海軍參謀長希尼溫德（Schniewind），進行了簡短的交談——「商討了對英作戰的基本問題，先決條件是要掌握空中優勢（這樣或許就可以不必依靠陸戰）」。希尼溫德就入侵英國提出一些注意事項——天氣狀況、進攻路線和能夠徵集的船隻。

海軍總司令賴德爾上將（Raeder）早就考慮過這些問題，他在五月二十一日的會議上向希特勒提出過此事，六月二十日又再度提出，但希特勒沒當回事，他顯然並不認為入侵是迫使英國接受和議的必要手段。

聽完希尼溫德的意見後，哈爾德又與軍械署的李布進行了交談——「他被告知並沒有打算入侵英國，我告訴他並非沒有這種可能性，還得有所準備，因為一旦當局要求登陸作戰，就會催你以最快的速度搞定一切」。

希特勒第一次表露出入侵英國的意向是在七月二日，當時他召集三軍首腦開會，商討入侵英國事宜，讓他們一起出謀劃策。不過最後他強調「入侵方案還僅為初始階段」，並說：「到目前為止，它只是為了以防萬一。」直到兩個星期後，事情才有所進展。此時，哈爾德和格賴芬貝格以及在楓丹白露（Fontainebleau）的參謀們正在忙於制定臨時方案，日期大致定為八月。

七月十六日，在法國投降近一個月後，希特勒發出指令：「儘管在軍事上已處於窮途末路，英國仍未表示出妥協的意向，我決定要準備一個登陸英格蘭的計畫，若有必要，就付諸實施……備戰工作必須在八月中旬前全部完成。」不過這個命令聽起來還是非常「含糊」。

希特勒內心不願入侵英國，這一點在他七月十一日會見海軍總司令賴德爾時表露無遺，戰後繳獲的檔案中有這次會談紀要。一開始他們沒有談入侵英國的事情，而是大談挪威的情況，希特勒對挪威更感興趣。他表示打算在挪威特隆赫姆（Trondheim）附近的灣區建一座「漂亮的德國城市」，並已指示部下遞交有關規劃，後來他們才談到入侵英國。賴德爾認為，「入侵只能作為迫使英國求和的最後手段」。他詳解了入侵行動將會遇到的許多困難，指出不僅要擁有制空權、漫長的運輸線，還需要大量的籌備工作。賴德爾講完後，希特勒發表了自己的看法，會談記錄歸納道：「元首也認為入侵是最後的手段，制空權是先決條件。」

十三日，哈爾德從楓丹白露飛往貝希特斯加登（Berchtesgaden），遞交軍事方案的報告。他的日記中寫道：「英國堅決不與德國談和，這讓元首大為困惑。他認為（我們也有同感）原因是英國人寄望於蘇聯，所以只能靠武力才能迫使它同意求和。」實際上，這與希特勒的真實意願背道而馳。原因就在於英國的失敗將導致大英帝國解體，這對德國沒有任何好處，德國人以鮮血換來的一切只會讓日本、美國和其他國家坐享其成。

雖然十六日發出了對英作戰的命令，但只是試探性地引而未發，三天後在德國國會舉行的對法勝利慶功大典的演講中，希特勒還是籲請英國與德談和。演講的語氣格外溫和，他痛陳死拼到底，結局將是兩敗俱傷。這番話甚至讓玩世不恭的義大利外長齊亞諾（Ciano）伯爵也為之動容，他在日記中寫道：「我相信希特勒是誠心誠意地在求和。事實上，當天傍晚有關英國反應冷淡的消息傳來後，德國人大都難以掩飾失望的情緒……他們正在祈望和平的籲求不會被拒之門外。」

第二天，齊亞諾拜訪了希特勒，他在日記中寫道：「希特勒證實了我昨天的印象，他願意與英國達成諒解，他知道與英國交戰將會艱辛萬分，血流遍野。他也明白當今之世各國人民都厭惡流血。」然而，回到羅馬後，齊亞諾卻發現墨索里尼對希特勒的講話深感不安，他擔心英國人會作出回應，同意和談。「這對墨索里尼來講大為不妙，此刻他最想開戰。」

二十一日，希特勒召集高階將官開會。他一開始就毫不掩飾地表示對英國為何寧戰不和大為不解。他只能猜想英國希望美蘇參戰，但看來可能性不大，雖然蘇聯參戰「對德國尤為不利，尤其是考慮到來自空中的威脅」。接著他談到入侵英國，指出「那將是一次充滿危險的非常之舉，征戰的距離雖然不長，但那是跨海作戰而不是渡河，何況敵方掌握著制海權。無法實施出其不意的閃擊戰術，德國面對的是防備森嚴，欲與我決一死戰的頑敵。然後他又強調了登陸後增援和補給方面的困難。他堅信開戰前至關重要的是「全面的制空權」，登陸行動的成功與否取決於持續的空中支持。而空軍的行動又取決於天氣狀況，九月下半月通常好天不多，所以入侵的主要行動必須在十五日之前完成。分析完局勢後，希特勒聲稱：「如果不能確保在九月之前全部準備就緒，那就得考慮其他方案了。」他的整篇講話充滿著遲疑，最後的結語則暗示他又在打什麼別的主意了。

哈爾德的日記記錄了布勞齊區轉述希特勒在那次會議上的講話，那反映出希特勒對入侵能否成功半信半疑的複雜心態——「英國人毫無希望，我們必將取勝，勝利的前景不可逆轉。」但是他強調：「如果所有手段全都用完還是無法與英國達成妥協，只有在這種情況下我們才會訴諸武力。」拋出這些試探性的和平訊息後，希特勒又樂觀地寄望於那些英國輿論正在傾向求和的跡象。希特勒最終的結論是議和主要的障礙來自蘇聯，「史達林正在向英國人拋媚眼，誘使英國人打到底，拖死我們。這樣他就可以爭取時間，謀求他想要的東西。史達林知道，一旦英德談和，他就會兩手空空。」希特勒由此得出結論：「當務之急是將注意力轉向如何對付蘇聯，要做到有備無患」。

於是德國立即開始籌畫如何對付蘇聯，確定無疑的目的是「給蘇聯的軍隊以粉碎性的打擊，將其領土打得千瘡百孔，從而使它難以空襲柏林和西里西亞工業區。最理想的做法是儘量向縱深進攻，從而使我空軍能摧毀蘇聯的戰略要地」。於是便開始擬定針對蘇聯的「秋季攻勢」方案，在那種情況下「施加於英國的空戰壓力將會有所減輕」。拜爾林告訴我，幾天後他帶著古德林裝甲部隊的作戰參謀回到柏林，「為裝甲部隊佈置侵蘇作戰的作戰計畫」，該計畫擬定四個裝甲部隊沿著同一條軸線向蘇聯境內深入突破，一年後的作戰正是按照這個方案進行的。

當希特勒看到入侵蘇聯要做大量的準備工作時，他便改變了秋季進攻蘇聯的原計畫。他也向外交部和陸總部的要求做出讓步，以損害英國的利益來遷就蘇聯的領土要求，進而阻撓英蘇聯手。不過入侵蘇聯的方案仍在繼續醞釀，較之跨海侵英，希特勒更熱衷於侵蘇。在這關鍵時刻，希特勒的一己之見還是對英國有利。

瞧一瞧英國此時對局勢的反應也很有意思。皇家海軍不敢確保能及時參與英吉利海峽的戰事，正如德國海軍恐怕皇家海軍參戰，英國海軍將領也對德國空軍的威脅感到憂心忡忡。不過就在希特勒下達指令的同一天，我得到可靠的消息稱，為掩護敦克爾克大撤退而受到重創的皇家空軍經過重組，已經恢復元氣，戰鬥力達到原來的水準，五十七個中隊擁有上千架戰機和有足夠的後備力量。

敦克爾克大撤退後的六個星期時間，能夠阻止入侵的英國陸軍兵力嚴重不足，德軍區區幾個師就可以將它擊潰。撤回國內的陸軍需要重組並重新武裝，儘管過程不快，但皇家空軍實力的恢復還是確立了英國民眾對抗入侵的信心，德軍勝利所造成的威脅也與日俱減。倘若能夠以一個旁觀者的身份，參與希特勒的軍事會議一窺「山的那一邊」的情況，英國人就會更加振奮了。看一眼德國情報機構的報告也能產生同樣的效果，他們顯然高估了英國陸軍的實力，怪不得希特勒和他的軍師們在琢磨這個問題時會感到越來越頭痛。

戈林揚言空軍保證可以完成壓制皇家空軍和阻止皇家海軍參戰的雙重任務，入侵英國的方案因此得以進行下去。不過空軍將領並不全像戈林那樣充滿自信，俯衝轟炸機指揮官黎希浩芬尤其持懷疑態度。

陸軍和海軍將領都不相信戈林的承諾，但是他們內部也存在分歧。最初建議登陸部隊要有四十個師，後來削減到十三個師，因為海軍總司令部聲稱軍艦的運送能力僅限於此。如果條件許可，餘下的部隊只能分三批渡海。戰車的威脅並沒有英國估計的那麼嚴重，只有一小部分戰車加入登陸部隊，大部分戰車要到戰役的後階段才上前線。陸軍總部堅決主張登陸點要拉開一定的寬度，至少要從拉姆斯蓋特（Ramsgate）到萊姆灣（LymeBay），從而分散英國預備隊的兵力。但是海軍總司令部則堅持認為他們只能掩護一條航道和狹窄的登陸地帶，向西最遠不可超過伊斯特本（Eastbourne）。激烈的爭論持續了兩、三個星期。哈爾德聲稱海軍的方案等於讓陸軍「乾脆自殺——『我等於把登陸部隊直接送入敵方的絞肉機』」。海軍參謀長的報告則認為，從寬闊的海峽拉開戰線進攻無異於自殺。

最後這場爭論以希特勒強令妥協而收場，結果雙方都不滿意。此時已進入八月中旬，入侵準備工作的時間表延長到九月中旬。因為戈林在十三日揭開了空襲的序幕，陸軍和海軍將領更傾向於坐觀其效，看德國空軍能否擺平皇家空軍，如果不行，入侵英國的問題也就沒什麼好爭的了。

我與倫德斯特談起入侵英國計畫時，問他取消計畫的理由和時間問題。他回答：「法國投降後就開始準備入侵英國了，計畫在草擬期間沒有確定具體的行動日期。這取決於需要多少時間來召集運兵船艦，改裝船艦來運輸戰車，部隊上、下船還得花時間訓練。如果順利的話，可能在八月進攻，最遲不過九月。取消該計畫有多種軍事方面的原因。本來要求德國海軍不僅要控制英吉利海峽，還得控制北海，但它的實力無法做到，僅靠德國空軍的力量也難以確保渡海部隊的安全。先頭部隊登陸後很可能被切斷補給和後援，陷入困境。」我問倫德施施特是否有可能通過空運為登陸部隊提供物資，一九四一年冬在蘇聯的德軍就曾依靠大規模的空中補給。他說一九四〇年時，德國的空中運輸體系還沒有這麼發達，所以也不會去考慮到這種可能性。

倫德斯特接著概述了海獅計畫的執行細節，「由我負責指揮入侵行動，任務派給了我的集團軍。右翼是布什（Ernst Busch）的十六軍團，施特勞斯（Strauss）的九軍團位於左翼。他們得從荷蘭到勒阿弗爾（Le Havre）之間的港口出發，十六軍團從安特衛普到布倫涅的港口出發，九軍團則要利用索姆河到塞納河之間的港口，登陸地點並不打算選擇在泰晤士河（Thames）以北。」倫德斯特指著地圖上從多佛（Dover）到樸茲茅斯（Portsmouth）的登陸地點說，「登陸後，我們就要向前猛衝，沿著倫敦以南的弧形地帶構築一個較大的橋頭堡。其範圍從泰晤士河南岸到倫敦近郊，西南方向到南安普頓水域。」在回答我進一步的提問時，他說：「最初設想派波克集團軍屬下的賴赫勞的第六軍團在維特島（Wight）以西的海岸和韋茅斯（Weymouth）兩側登陸，截斷德文郡康沃爾半島（Devon Cornwall），向北推進到布里斯托（Bristol）。但是沒有採用這個方案，只是將它作為以後見機行事的備案。」

他還談到自己對戰勝英國一直沒有信心，經常會想到拿破崙是如何受挫的。可見，回首歷史往往會使德軍將領畏首畏尾，這與即將到來的秋季中他們在蘇聯的感受如出一轍。

西韋特當時是布勞齊區的副官，他的談話給我的印象是布勞齊區似乎比倫德斯特樂觀。我問西韋特對於海獅計畫的可行性，布勞齊區持怎樣的觀點。他答道：「布勞齊區認為基於英軍在敦克爾克已經受到重創，只要天氣適宜，有足夠的時間準備，海獅計畫是可行的。」不過據我推斷，那是因為邱吉爾斷然拒絕任何和平建議，布勞齊區看到求和無望，才會產生這種想法。「我們希望儘快結束這場戰爭，為了實現這個目的，我們不得不跨海作戰。」我問：「那麼為什麼又沒有實施海獅計畫呢？」「準備工作頭緒紛繁，天氣也不見好轉。本來準備在九月實施計畫，但希特勒認為難以付諸實施，就取消了一切的準備工作。海軍方面也信心不足，他們的實力難以保障兩側的安全，空軍也沒有力量阻止皇家海軍的參戰。」

這些軍人對我講述了有關海軍的消極態度，許多海軍上將的看法也充分證明了這一點，持相同觀點的有福斯（Voss）、布林克曼（Brinkmann）、布魯寧（Breuning）和恩格爾（Engel）。有一個說法典型地反映了他們共同的觀點：「德國海軍根本沒有準備打擊皇家海軍，甚至於都沒打算在短時間內去騷擾它一下。而且，從萊茵河、易北河（Elbe）和荷蘭運河徵集來的駁船完全不適合於渡海運兵。」在交談中，有些人說他們不相信徵集這些駁船真的是為了渡海，懷疑是否真的打算入侵英國。他們感覺這就像是在演戲，大多數高階將領內心並不以為然，表面上卻都裝著認真對待的樣子。「從後來了解到有關英國的情況看，如果德國情報部門工作更為出色的話，德國原本在一九四〇年七月就能贏得這場戰爭。但多數海軍高階將領早在一九三九年九月三日就認定德國註定會輸掉這場戰爭。」就是在那一天，英國正式對德宣戰。

司徒登向我詳談了德國傘兵部隊本來要在入侵英國時擔當的任務，還談了他原本希望傘兵該怎樣作戰，他的看法頗有意思。當時司徒登正在住院養傷，在鹿特丹之戰中他的頭部受傷。此時傘兵部隊由波澤爾（Putzier）負責指揮，計畫動用兩個師的力量，包括三〇〇架滑翔機，每架滑翔機配備一名飛行員和九名傘兵，總共三千人。[23]這支空降部隊的任務是佔領福克斯通（Folkestone）附近寬二十英里、長十二英里的橋頭堡，空軍對預定的機降區域一直進行嚴密的偵察。看來英國人正在急急忙忙地設置各種障礙，在適合空降的地點，尖尖的木樁朝天而立，可想而知，那裡很可能也佈滿了地雷。波澤爾向上司反映了這種種情況，到八月底，傘兵空降

23 傘兵師和第二十二機降師組成第十一航空軍。

行動因此便無疾而終了。「如果當時我在現場，我肯定會敦促上級在英軍忙於敦克爾克撤退時動用傘兵入侵英國，佔領英軍上岸的港口。要知道當時撤離敦克爾克的大部分英軍都已經丟棄了重武器。」

「即便否決了這個計畫，我的傘兵入侵計畫也會與實際制定的方案不同。我要用傘兵去佔領比預設的橋頭堡更遠的內陸機場。佔領機場後，將步兵師空運過來，用不著運戰車和火砲，步兵轉而從後面向守衛海岸的英軍進攻，另一部分步兵朝向倫敦去。我估計一天半到兩天的時間就可以空運一個步兵師，可以保持這種速度增派後援部隊。」在我看來，波澤爾的計畫好像頗為樂觀，用這種方法運送的部隊不多，但隨著時間的發展，就會積少成多。

司徒登強調指出：「但最佳戰機還是在敦克爾克撤退剛剛結束時，那時你們還來不及加強防禦。後來我們聽說英國人有一種降落傘恐懼症，挺逗人的。不過這無疑是最佳防禦之道，很有針對性。」

從決定放棄傘兵入侵計畫時，眾人的態度可以看出某種症狀。準備工作雖然仍在繼續，但工作越深入，人們入侵的意願越加消沉。空軍攻擊的效果也未能如願，這使海軍和陸軍的懷疑論者更為確信戈林的承諾難以立刻兌現。「不列顛空戰」對守軍所造成的壓力也因此大打折扣。與此同時，德國情報部門的報告又過於強調和誇大了英軍的地面防禦能力，有理由懷疑這是情報部門故意誇大其詞，多少有點蓄意阻撓的動機。希特勒本人不僅強調入侵英國的種種困難，更擔心入侵失敗所帶來的惡果。暫定的進攻日期離得越近，「靜觀待變」的論調叫得越響。希特勒不斷推遲確定入侵的具體日期，到九月十七日乾脆決定「無限期推遲『海獅計畫』」。

十月十二日，希特勒明確取消海獅計畫，雖然他的措詞似乎還留有些許餘地：「如果一九四一年春季或者初夏重啟入侵行動，將會隨即頒佈實施有關行動備案。」

希特勒有關入侵英國的軍事會議不僅時刻都彌漫著懷疑的氣氛，甚至極度的散佈著情緒，這些都證實了布魯門特提告訴我的一切。「雖然下令制定『海獅計畫』，也作了準備，此事並沒有被視為當務之急。希特勒一反常態，對計畫漠不關心，參謀人員在制定計畫時也顯得心不在焉。大家都視其為『兵棋推演』。倫德斯特根本沒把它當回事，對計畫幾乎是不聞不問。他的參謀長索旦斯登將軍則三天兩頭請假。到八月中旬左右，沒人相信還會實施這個計畫。到九月中，那些徵集來準備渡海的運輸工具又被悄悄地遣散了，這些駁船本來就不夠用。到九月底，大家都心知肚明不必將這個計畫真當回事，它已經被終止了。我們談起這個計畫時認為那是在虛張聲勢，大家都期待與英國達成諒解的消息。」

布魯門特提所述有關將領們的看法，與哈爾德日記的內容並不完全吻合。哈爾德八月六日日記中的議論值得注意：「我們處於兩難的境地，海軍疑慮重重，空軍一開始自詡能獨自擔當，如今卻對入侵行動猶豫不決。本來負責指揮三軍聯合作戰的最高統帥部如今卻顯得麻木不仁。只有我們還對此事比較起勁，可僅靠我們難以推動事情的進展。」

然而檯面上的將領似乎都不太情願去攻打英國，海軍將領顯然更不願意去冒這個險。他們非常悲觀，對皇家海軍所能造成的困難做了最壞的估計。德國空軍沒能將皇家空軍逐出藍天，這使反對入侵的意見更顯得理直氣壯。不過最根本的原因，是希特勒的內心總是偏向於推遲入侵的種種藉口。在這種情況下，也就不知道會推遲到何年何月，因為希特勒的腦子裡入侵東方的念頭正在與日俱增。

當希特勒在七月提議入侵蘇聯時，他的軍事顧問大都持懷疑態度，儘管他們對入侵英國的前景也不看好。哈爾德日記記錄了他與布勞齊區在三十日的長談，他倆都認為「海軍不可能為陸軍成功入侵英國提供有效的幫助」。但他們也一致認為應當儘量避免「兩線作戰」，他們傾向於力求與「與蘇聯搞好關係」。遷就史達林的某些擴張野心或許能克服「英蘇聯盟帶來的威脅」。「蘇聯覬覦黑海海峽和波斯灣，對此我們不必過於擔心。至於巴爾幹半島，雖然牽涉到德國經濟利益，我們還是能夠各行其是，互不干擾。」

第二天是七月三十一日，三軍首腦飛往貝希特斯加登與希特勒會晤。會議一開始，海軍上將賴德爾詳述了海上入侵英國的種種困難，他說進攻日期最早也要到九月中旬，進而建議最好是在來年春季。希特勒指出還有其他不少難處，他強調潛艇和空戰得花上一兩年時間才能產生決定性的效果。「如果不打英國，我們也要採取行動根除能讓英國指望改變形勢的一切因素……英國寄希望於蘇聯和美國。如果能除掉蘇聯，英國對美國的參戰也就會死了心。蘇聯一旦戰敗，日本在遠東的勢力就會大增，蘇聯是英美在遠東指向日本的利劍。」希特勒提出從截獲的電話記錄證明，由於蘇聯暗示會出手干預，致使英國士氣大增。「蘇聯一旦戰敗，英國最後的希望必然隨之破滅。」希特勒接著宣佈他的決定：「這場鬥爭必須包括摧毀蘇聯。」要打敗蘇聯關鍵在於「一次致命性的打擊」，為了養精蓄銳一舉成功，進攻的日期將延至來年春季。

在接下來的幾個星期裡，出現了一股反對侵蘇的意見，這些言論主要來自一些害怕與蘇聯交戰的軍官和外交人員。哈爾德九月三十日的日記對此有所記載——「元首在德日協定簽署前的二十四小時，通知史達林這個消息。大英帝國已經奄奄一息，寄去的信件意在激起史達林對分享其資產的興趣，誘使他與德國聯手。如果這個計謀成功，我們就可以全力以赴對付英國。」可見，此時德國在外交上做了兩手準備。十一月初，莫洛托夫（Molotov）應邀抵達柏林，德國官方極其希望蘇聯同意加入三國同盟條約。莫洛托夫在會談中有所保留，德方頗感失望，但他們表示對其整體態度還是感到滿意。但希特勒的猜疑則有增無減，決心按他現在既定的方針一意孤行。

瓦里蒙特從最高統帥部的角度對我講述的情況，說明這段時期希特勒思想轉變的原因。談到入侵英國計畫，瓦里蒙特證實「希特勒對入侵表現出一反常態的冷漠」。布魯門特提等人認為入侵英國計畫只是虛張聲勢，瓦里蒙特持不同觀點。他認為由於希特勒接連三次改變主意，給人一種虛張聲勢的印象。第一次，他打算不採取任何行動刺激英國拒絕求和。第二次，希望落空後，他決定入侵英國，迫使其求和。第三次，擔心入侵的成功性不大，就迅速改變主意，採用別的手段逼英國就範。

瓦里蒙特是入侵計畫的鼓吹者之一，他的言談值得詳細引證。

> 我向來毫不懷疑希特勒長期奉行的政治原則，就是與英國達成持久的諒解。我也相信法國崩潰後，希特勒傾向於這個計畫，但這只是一時的，也是最後一次。一九四〇年六月底到七月初，就是在這短短一段時間裡，他起先表示根本不願入侵英國，後來對入侵的態度也十分勉強。後來元首的一位外交隨員告訴我，希特勒打算通過公開的和平訴求來拉攏英國，直到此時，我才明白他那不同尋常的反應。希特勒七月十九日在國會的演說令我失望，但他本人肯定更加失望，因為英國方面對他的示好就是不理不睬。
>
> 與英談和的希望幻滅後，希特勒的作為就不再受政治考量的左右。相反，在我看來此後所發生的一系列事件說明他內心只想儘快以最有效的方法打敗英國。他試圖以四個不同的方式來達到這個目的：從海上和空中打擊英國的貿易和工業；以空襲作為入侵英倫三島的前期準備；準備攻擊英國在地中海各地的據點；為最終入侵蘇聯做好前期準備，因為蘇聯是英國在大陸最後的希望所在。

顯然希特勒的想法與當年拿破崙的思路如出一轍，他臆測英俄正在暗中勾結，這純屬子虛烏有，雙方甚至連互惠關係都不存在。顯然希特勒執意以最後一種方式來解決問題——他對蘇聯布爾什維克的敵意根深蒂固，遠遠壓倒對英國的一時之憤。

瓦里蒙特表示，以布勞齊區和哈爾德為代表的陸軍總部認為，只要海軍和空軍能夠履行各自的職責，他們是會支持入侵英國的行動。「我所在的最高統帥部，來自各軍種代表的官員們力挺入侵計畫，在各方備戰工作行將完成之際，大家儘量在有爭議的問題上相互協調。」（瓦里蒙特就此補充道：「對入侵英國所需船隻的計算非常精細，與實際需求相差無幾。準備用於登陸行動的運輸船和七千噸級的貨船，不管在數量和性能上都有在關切，第一梯隊的登陸艇的配備就比較簡陋。」）

瓦里蒙特繼續說：

希特勒和他身邊的將官依然猶豫不決，部分原因是空軍出師不利，沒能將皇家空軍逐出藍天。希特勒顯然不能也不會相信該計畫最終會大獲全勝，至少難以立竿見影。所以他一直舉棋不定。

在我看來，這與十九世紀初的情況何其相似。正如施特格曼（Stegemann）在評論拿破崙戰爭時所言，俄羅斯早就開始「小心提防」。難道希特勒沒有足夠的理由懷疑和蘇聯在一九三九年協議的誠意？難道他不會擔心蘇聯無法承認德國的東山再起，坐視德軍在西歐為所欲為嗎？我個人並不認為入侵蘇聯以先發制人是德國擺脫困境的唯一途徑，但我仍然記得約德爾在一九四〇年七月底對他的參謀說過：從長期看，德蘇之戰勢所難免，要做到有備無患——這話反映了希特勒對戰局的評估。

也正是這個原因，約德爾對「海獅計畫」的取消有著很大的關係。那年夏末，他在給希特勒的備忘錄中闡述了自己的觀點。他寫道，入侵英國風險甚大，由於天氣不好，空軍出師不利更增加了這種風險。萬一登陸遇挫，將導致德國前功盡棄。因此除非窮盡所有使英國屈服的手段，絕不可輕易尋戰。他提出的手段是攻擊搶奪英國在地中海的據點——

如直布羅陀（Gibraltar）、馬爾他（Malta）和蘇伊士運河（Suez Canal）。他斷言英國喪失這些地區後，戰爭自然就會結束。

希特勒顯然樂於認同這些反對入侵英國的說法。[24]從那時起就沒再認真把它當一回事，到十二月初，徹底放棄入侵計畫——「海獅計畫」至此無疾而終。

海獅計畫終止之後，一度又以不同的形式復活，或者更正確地說，先後以兩種形式出現。在海獅計畫尚未真正被埋葬之前，第一種形式就已經開始醞釀。該計畫企圖佔領愛爾蘭，以此斷絕英國的海上補給線，而不是直接入侵英國。最早想出這個主意的很可能是戈林。

在十二月三日的會議上，希特勒主持討論佔領愛爾蘭的議案，他說：「除非愛爾蘭要求德國出兵，我們才能進駐愛爾蘭。當務之急是讓我們的特使搞清楚德．瓦勒拉（De Valera）是否希望我們出兵相助……愛爾蘭對空軍總司令十分重要，作為攻擊英國西北港口的基地……佔領愛爾蘭有可能結束戰爭，必須就此開展研究。」但是海軍參謀部的報告對此大潑冷水，他們尤其反對從海上出兵。

這就使希特勒把注意力又轉回海獅計畫，只是與過去有所不同。司徒登曾對我講過此事。他自西線戰事開始之日受重傷後一直在養傷，一九四一年一月初，他康復歸隊，任命為由傘兵組成的第十一航空軍司令。上任不久，他就和戈林一起被希特勒召到貝希特斯加登，司徒登是第一次造訪這座山中要塞，希特勒囑咐他要為傘兵部隊的未來作戰部署擬定一個計畫。

---

24 有關證據表明希特勒固然願意放棄入侵計畫，但也未必喜歡約德爾備忘錄所建議的替代之策。他一邊不時玩弄著進攻地中海英國據點的計謀，內心卻越來越傾向入侵蘇聯。賴德爾和戈林是攻擊地中海據點的主要鼓吹者，相當重要的原因是他們急於勸止希特勒入侵蘇聯，約德爾也贊同攻擊地中海的據點，儘管他和希特勒一樣擔心來自蘇聯的威脅。

這次在貝希特斯加登與希特勒和戈林會談是在一月下旬，大約是在二十日到二十五日之間，我想應該是二十五日。希特勒一開口就大談他對政治、戰略和如何繼續與主要的敵人作戰等的整體想法，他還提及進攻地中海據點的問題。然後他便說到入侵英國，希特勒表示前幾年他認為入侵英國風險太大、勝率不高，而且為了誘其和談，他也不想過於激怒英國。但英國人毫無和談意向，那就只能兵戎相見了。

接著商討在入侵英國時，如何部署第十一航空軍的作戰行動。我質疑將傘兵部隊直接投入英國南部海岸為登陸部隊開闢橋頭堡的主張，因為海岸後面的地帶已經設下重重障礙。對於這些質疑，希特勒表示肯定。我隨即提出，如果一定要在南部海岸動用第十一航空軍，那麼首先必須佔領離海岸二十五至三十英里處的內陸機場，讓步兵師在那裡降落。

突然，希特勒用手指向德文郡康沃爾半島的中部，在地圖上沿著湯頓（Taunton）和布萊克當丘陵（Blackdown Hills）畫了一個大圈，他說：「你的傘兵部隊可以在這裡掩護側翼。該區域非常重要，這個重要的隘口非打開不可。」他然後又指向普利茅斯，詳細說明這個大型港口城市對德英雙方的重要性。這時我有點跟不上他的思路，就問南部海岸的具體登陸地點在什麼地方。希特勒曾下令入侵行動須嚴守秘密，他倒是身體力行，只是說了句：「我現在還不能告訴你。」

司徒登接著推出他自己屬意的計畫——從空中突襲北愛爾蘭。他認為作為助攻，該行動應與入侵英國南部的主攻同時進行。他強調指出該行動「不會比空降到英國南部海岸更難，而且更容易發揮傘兵的特性」。他的目的是首先佔據一個牢固的作戰基地，然後加以擴張。他將這種戰術稱之為「如紙上潑墨，先點後化」。傘兵從布列塔尼（Brittany）機場出發，空投到蒂維斯山（Divis Mountain）、貝爾法斯特（Belfast）西部和內伊湖（Lough Neagh）之間的三角區，搶佔那裡的三個機場。在利斯本（Lisburn）也空降傘兵進行助攻，封鎖那裡的公路和鐵路樞紐。在莫恩山（Mourne Mountain）和斯佩林山（Sperrin Mountain）這些不易著陸的地方空投大量傘兵假人，分散守軍的兵力。因航程太遠，滑翔機機隊派不上用處。戰鬥機中隊將隨行，並從佔領的機場起降作戰。司徒登推算萬一行動失敗，他的部隊至少是可以深入到愛爾蘭內陸，至少不會淪為俘虜或被殺。

希特勒認真聽取了司徒登的計畫，但是他「遵循的是『坐觀其變』的策略，便說此事當三思而後行。然後他談了在地中海佔領直布羅陀、馬爾他和在埃及進攻蘇伊士運河的可行性」。司徒登離開後，戈林繼續和希特勒會談。次日晚上，司徒登和戈林一起回柏林，在分手時，戈林說：「不要再為北愛爾蘭自找麻煩了，元首不打算入侵英國，從今以後，直布羅陀才是你的當務之急。」

在入侵英國問題上，司徒登最後向我談了他本人對希特勒的印象和看法。

哪怕擁有優勢的兵力，希特勒還是遲疑不決，不敢跨海進攻對岸嚴陣以待的強敵。在他看來，跨海作戰凶多吉少。後來的格雷特（Grete）和馬爾他事件尤其反映了他的這種心態，從相反的意義看，也是如此，他長期以來一直認為「歐洲堡壘」（Fortress Europe）固若金湯。他低估了盟軍攻破海岸防線的能力，高估了憑藉大海進行防守的我軍實力。（挪威只不過是個「弱小的敵人」。只要下手去佔領就是了，可希特勒還是要「鼓足勇氣」才敢動手。）他首先考慮的是「補給和聯繫」，所思所慮無不為此左右。在所有空降行動和其他特戰行動中，希特勒最關切的就是確保以最快的速度建立地面和水上的聯繫網絡。遵循這個原則本來無可非議，可是希特勒做得太過分了，應乘勝作戰時尤其如此。

那些日子裡，在希特勒看來，若不能建立絕對切實可靠的聯絡通信系統，任何行動都顯得風險太大。一九四〇年第一次危機爆發時，他就想放棄納爾維克。

司徒登繼續說：

因此他挑選最短的路徑入侵英國，他從來不曾計畫在多佛海岸以外的地點登陸。一九四一年一月會議給人一個確切的印象，希特勒決定在更為廣闊的地區進行最後的登陸行動，而不再僅僅侷限於多佛-普利茅斯地區，主攻區域將進一步向西延伸，也就是伯恩第斯布里德波特（Bournemouth Bridport）一帶。第十一航空軍將被派往德文郡康沃爾半島最狹窄的地帶掩護側翼，搶佔半島的交通要道。或許希特勒想要到英國最南端登陸，第十一航空軍的主要任務是建立聯絡交通線，也可能他計畫的登陸區域僅限於半島地區。至少有一點我看得很清楚，在一九四一年一月，希特勒尚未放棄「海獅計畫」，而只是將計畫推遲罷了。他還在「海獅計畫」、直布羅陀和蘇聯三者之間舉棋不定。戈林傾向於「海獅計畫」和直布羅陀，而不是蘇聯。

第十四章　從地中海到北非的失利

與德國將領的交流令人在整體上對北非戰役和地中海戰事的諸多方面有了全新的見解，以下略舉其要。

當英軍戰鬥力最為薄弱之時，埃及和蘇伊士運河能夠免遭德軍蹂躪的原因是義大利人嫉妒德國，加上希特勒忽視搶奪這些中東戰略要地的良機。

德軍在奪取克里特島時受到英軍的重創，賽普勒斯因此倖免於德軍的蹂躪。

直布羅陀能倖免於難，是因為佛朗哥不願讓德軍進入西班牙。馬爾他能逃過戰爭的浩劫，是因為希特勒瞧不起義大利海軍。

這一切都發生在一九四一年，正值英國霉運連連之時。戰爭勝負的命運如潮起伏，它在一九四二年開始發生逆轉。那是因為蘇聯人頑強地頂住了德軍的入侵，日本的偷襲又讓美國捲入了這場大戰，英國的實力也在與日俱增。但畢竟還有很長的路要走，若非希特勒出手「幫忙」，這段路程將更為漫長。

正是希特勒的失算，讓英國人抓住機會，在北非艾拉敏贏得決定性的勝利。若非希特勒不准德軍在蒙哥馬利發起進攻之前及時後撤，德軍很可能不會遭此慘敗。

希特勒是被勉強拖入地中海戰事的。海軍上將賴德爾強烈主張開闢地中海戰線，他清楚地看到，如能將英國的勢力逐出地中海戰略要地，德國將取得主動權，進而影響戰爭全貌。在這個問題上，賴德爾居然得到他最不信任和鄙視的人物—戈林的支持。希特勒在與英國交戰的同時又想攻打蘇聯，賴德爾和戈林都急於想勸他改變主意。在這件事上，海、空軍總司令這兩個死對頭居然為此握手言和了。

雖然希特勒開始著手部署地中海戰事，但他並沒有放棄入侵蘇聯的企圖。他決定這麼做不是因為賴德爾的力爭，而是另外兩個不利事態的壓力所致。

首先是墨索里尼在沒有事先告知德國盟友的情況下，突然在十月二十八日入侵希臘，其目的是為了往自己臉上添光。消息傳來，希特勒極為惱火，他馬上察覺到這將危及他自己的計畫。他原本打算讓希臘保持中立，利用希臘來作為抵禦英國干涉巴爾幹的屏障，以免危及羅馬尼亞的石油供應。希特勒深知義大利人外強中乾，所以只能分散兵力，積極採取措施以防英國在這一側出兵干預。墨索里尼貿然興兵給希特勒帶來極大的麻煩，他不得不違心地投入巴爾幹作戰，派兵撲向克里特。

第二個不利事件是在十二月初，英軍從埃及對北非的義大利軍隊發起反攻，義軍不堪一擊，全線崩潰。

托馬生動地描述了德軍進入北非戰場之前的情況。

一九四〇年十月，我到北非實地調查，了解一下德國是否應該出兵幫助義大利人將英軍逐出埃及。我見了格拉齊亞尼元帥（Graziani），對當地情況作了一番研究後送出報告。報告強調部隊的補給問題的重要性，困難不僅在於地處沙漠，還因為皇家海軍控制了地中海交通線。我認為不可能同時維持義軍和一支龐大德國軍隊的補給。

我的結論是，如要派部隊去，就得是一支裝甲部隊。至少要有四個裝甲師才能確保勝利。我估算要維持從穿越沙漠到達尼羅河谷的補給量，不得超過四個師。我還指出，必須讓德軍取代義軍才能做到這一點。有限的給補無法維持龐大的兵力，必須派出精兵強將。

但是巴多利奥（Badoglio）和格拉齊亞尼（Graziani）反對德軍取代義軍。當時他們根本就反對德國向北非出兵，希望靠自己的力量贏得佔領埃及的榮耀，墨索里尼在後面給他們撐腰。不同的是，墨索里尼希望德國能助上一臂之力，但是他也不想讓德軍擔綱主角。

不要忘記托馬前往北非兩個月後，在韋維爾將軍（Wavell）的指揮下，奧康納（O'Connor）率領英軍打了一場漂亮的反擊戰，由此托馬所披露的內幕十分重要。當時那支英軍人數不多，裝備不整，卻能以少勝多，將一支裝備更糟、兵力龐大的義軍打得人仰馬翻，潰不成軍。假設當時在場的是一支德國裝甲部隊，英軍戰勝的機會就微乎其微了。

要是真如托馬所建議的派出四個裝甲師的精兵，那年冬天他們隨時可以橫掃埃及。當時奧康納手下只有一個裝甲師和一個步兵師，而且兩個師的武器裝備都很差。

現在可以揭開另一個內幕了，墨索里尼之所以自作主張出兵埃及，部分原因就是將英國人逐出埃及這個主意沒能激發希特勒的興趣。這與英國當時的預料也大相徑庭，不過倒是可以與希特勒在入侵英國問題上令人吃驚的態度互為印證。雖然托馬不是那種慣於揣摩他人心機的人，希特勒冷漠的態度還是讓他驚愕不已。

「我呈上報告後，希特勒說他最多只能派出一個裝甲師。聽他這樣說，我回答道，那還不如乾脆放棄出兵計畫。希特勒聞言大怒，他出兵北非是出於政治上的考慮。他擔心如果德國不出兵表示支持，墨索里尼會因此倒戈。但他派出的部隊能少則少。」（此時希特勒已經中止入侵英國計畫，正在規畫入侵蘇聯。）

托馬繼續說：「希特勒以為只要德國略加援手，義大利人就能在非洲應付自如，他對他們期望過高。我在西班牙見過他們，曾與他們在同一條戰線『作戰』，希特勒似乎對義大利軍官在餐桌邊的誇誇而談信以為真。他問我如何看義大利人，我不以為然地說：『我和他們打交道是在戰場上，可不是在軍官餐廳。』」（托馬居然用這種態度對希特勒說話，無怪乎這次談話後，他就失寵了。）「我告訴希特勒：『一個英國士兵勝過一打義大利人。』我還說：『義大利人是好工人，但不是好戰士，他們討厭打仗。』」

德國參謀本部也反對出兵非洲，無論派大部隊還是小部隊。在托馬看來，布勞齊區和哈爾德壓根就不願捲入地中海戰事。「哈爾德告訴我，他曾竭力向希特勒表明戰線過長的危險。並尖銳地指出：『我們的危險在於——贏得所有的戰鬥，卻輸掉最後的決戰。』」

對於地中海戰場，希特勒雖然不願全力以赴，卻也不甘無所作為。格拉齊亞尼吃了敗仗後，希特勒派了一支特遣部隊，交由隆美爾指揮，以便收拾局面。這支部隊的實力足以挫敗英軍佔領利比亞的計畫，至少在兩年多時間裡讓英軍感到左支右絀，十分頭痛，但還不足以給英軍致命性的打擊。從一九四一年春到一九四二秋，戰鬥一直處於拉鋸狀態。

與此同時，英國在地中海的各個據點都顯得岌岌可危，只是來自德軍的威脅最後是無疾而終，這個結果也讓人看不清這些威脅本來是何等致命。

德軍攻打直布羅陀的計畫構成的威脅最為嚴重，它可以將英國的勢力擋在地中海以西外。瓦里蒙特告訴我：「攻佔直布羅陀計畫被取消了，該計畫原本是一九四〇年十月希特勒與佛朗哥在昂代（Hendaye）會談的主題。十二月中旬，佛朗哥卻通知德國海軍上將卡納里斯，他不同意攻佔直布羅陀計畫。這突如其來的變化讓希特勒大吃一驚，因根據先前達成的共識，他已經派卡納里斯到西班牙去商定一九四一年一月初德軍進入西班牙的具體日期。」佛朗哥並沒有一口拒絕，而是故意拖拖拉拉，說什麼「西班牙不可能在德國指定的日子參戰」。其理由是「英軍不斷地威脅，國內的軍備工作尚不完善，西班牙的軍需儲備絕對不足」。

由於佛朗哥不願讓德軍借道西班牙，希特勒就打主意企圖從空中越過。司徒登告訴我，在一月他受命擬定一份由傘兵佔領直布羅陀的計畫。但經過仔細研究後，僅靠傘兵難以完成這項重任。他總結道：「如果德國同意西班牙保持中立，就沒法佔領直布羅陀。」他的觀點得到認同，計畫就此被擱置。

從此希特勒就全力以赴準備入侵蘇聯，他首先得佔領希臘以防英國趁機作梗。結果事態發展到還得對付南斯拉夫，希特勒十分惱怒。更糟的是，雖然德軍在四月迅速佔領希臘和南斯拉夫，成功擊退已在希臘登陸的英軍，但還是不能確保這個側翼安然無恙，該區域安全的有效性甚至還不如中立狀態。希特勒一邊詛咒墨索里尼目光短淺從中攪局，一邊不得不採取措施擴大安全屏障，以防英國出手干涉。

瓦里蒙特從最高統帥部的角度談了他的看法：「佔領大功告成後，按照希特勒的意思，約德爾命令「國防部」從戰略角度研究是否應當佔領克里特和馬爾他。我們傾向於佔領馬爾他，但在希特勒看來克里特似乎更為重要，因為這個島靠近愛琴海，便於進而出兵蘇伊士。」在評論佔領克里特所帶來的後果時，瓦里蒙特又說：「沒多久大家就明白，空軍沒有足夠的能力充分利用克里特作為東地中海的主要空軍基地。而且，由於通往雅典鐵路的運量連希臘國內的需求都無法滿足，也找不到可供使用的船隻，顯然通過克里特向隆美爾的部隊提供補給是行不通的。」

司徒登就該計畫的源起披露了更多的內幕，令人吃驚的是希特勒一開始並不熱衷於攻佔克里特，以在東地中海給英國人當頭一棒。

「德軍進入希臘南部後，希特勒打算停止巴爾幹戰役。得知此事，我就乘飛機去見戈林，我向他提出由傘兵部隊獨自攻佔克里特的計畫。生性好事的戈林馬上看出此事可行，送我去見希特勒。四月二十一日，我見到希特勒。我先向他解釋這個方案，希特勒說：『這聽起來不錯，但行不通。』不過最終我還是說服了他。」

「這場戰鬥，我們動用了一個傘兵師，一個滑翔機團和從沒有空運經歷的第五山地師。第二十二機降師曾參加過挪威戰役，它在三月份被派往普洛什特去保護羅馬尼亞的油田，元首擔心那裡的油田遭到破壞，他拒絕讓該師參加克里特戰役。」（瓦里蒙特說：「真正的原因是我們沒有運輸工具能及時將這個師送到希臘南部參加作戰。」）

提供空中支援的是黎希浩芬第八航空軍的俯衝轟炸機和戰鬥機，在進攻比利時和法國時，這支部隊曾大顯身手。司徒登說：「我要求將這支部隊和傘兵部隊都由我來指揮，但遭到拒絕。該戰役的指揮權授予洛爾（Lohr），他是巴爾幹戰役所有空軍部隊的總指揮。但全部的作戰計畫都是由我擬定的，我可以全權處理此事。第八航空軍打得不錯，但若是由我來親自指揮，戰果將更為輝煌。」

「沒有從海上運輸部隊的計畫，最初曾考慮過用這種方式派遣增援部隊，但只有一些希臘漁船可供使用。由這些小船來負責為遠征計畫運送武器，包括高射砲、戰防砲、火砲和一些戰車，還有第五山地師的兩個營。在義大利魚雷快艇的護送下，船隊開往米洛斯（Melos），準備在那裡原地待命，等我們找到英國艦隊的蹤跡後再行動。船隊抵達米洛斯後，他們被告知英國艦隊還在亞歷山大。實際上恰恰相反，英國艦隊此刻正在趕往克里特的途中。船隊便駛往克里特，結果正好撞上英國軍艦，被打得七零八碎。德國空軍趕來把英國海軍打退，也算為我們報了仇。但是原本指望的重武器沒能及時送到，我軍在克里特的陸上戰鬥出師不利。」

司徒登詳細闡述一年前發生的另一個不幸事件所造成的惡果，「在攻擊「荷蘭堡壘」的傘兵行動中，有部隊攜帶著我的作戰指令，在海牙（Hague）附近的伊彭堡（Ypenburg）被敵人俘獲。英國人立刻從這些價值不菲的文件中探知我新成軍的傘兵部隊的作戰準則、戰術和訓練方法。他們利用從這些情報歸納出來的模式，作了相應的防禦。在我們從克里特繳獲的這些文件之前，我對此一無所知，這是我軍在克里特蒙受重創的重要原因之一。假如我事先知道敵人已經掌握這些情報，我在攻擊機場時就會採取不同的戰術，讓英國人的防禦戰術無從發揮。」

他接著又說，主要文件是一九四〇年頒佈的英軍反空降手冊，裡面複製了德軍傘兵部隊襲擊「荷蘭堡壘」行動時的作戰命令中的重要部分，尤其是關於奇襲機場的指令。手冊是在「弗賴貝格將軍（Freyberg）司令部所在地干尼亞（Canea）靠近阿柯蒂里半島（Akortiri Peninsula）附近的一個山洞裡發現的。」但發現手冊時「戰鬥已經結束，因為情報的丟失沒有及時告知，所以在此之前，司徒登根本就不知道一九四〇年五月制定的作戰準則早已落入敵手」。

司徒登可能高估了情報丟失對英軍反空降戰術的影響，因為還有許多來自不同途徑的情報，而且戰術的制定是基於一些常識性的原理。言之有理的地方是如果早知準則外泄，他肯定會改變戰術。「五月初制定計畫時，我最先想到的是在馬里門（Maleme）和伊拉克里歐（Heraklion）的南部空降傘兵，或者將傘兵全部空降在馬里門西南和南部，在空軍的幫助下，對機場進行全般性的地面攻擊。敵方周邊地區是適合空降的大片高原。如果戰前就看到敵方的防禦手冊，我就會採取這種戰術展開進攻。」

司徒登談起作戰過程的情況：

五月二十日那天，我們還沒能完全成功地佔領機場，最大的進展是佔領馬里門機場，驍勇善戰的突擊團在那裡與紐西蘭精銳部隊幹了一仗。五月二十日晚間到二十一日晚上這段時間，身為德軍指揮官，我必須作出一個重大決定。我決定動用手下的傘兵機動部隊攻克馬里門機場。假如敵方在當天晚上或五月二十一日上午向我反攻的話，他們肯定能擊潰已經傷亡慘重、筋疲力盡的突擊團，當時這支隊伍已經因為武器彈藥匱乏而實力大減。

但是紐西蘭人的反攻零零落落不成規模，事後我聽說英軍指揮官預料除了傘兵外，德軍還將從馬里門和干尼亞之間的海岸登陸，於是派了不少部隊駐守海岸。在此關鍵時刻，英軍指揮官不敢冒險派這些部隊到馬里門進行反攻。二十一日，德國機動部隊成功佔領機場和馬里門的村莊。到了晚上，最先空運過來的第一山地營成功著陸，克里特之戰以德軍勝利而告終。（到二十七日，英軍殘餘部隊全撤退到南部海岸，從那裡逃往埃及。）雖然我們成功地佔領了克里特，但傷亡慘重。除了受傷的，陣亡和失蹤人數高達四千人。我們一共向島上空投、空運二萬二千人，其中傘兵為一萬四千人，其餘是山地師。大多數損失是由降落不順造成的，克里特適於跳傘的著陸點很少，風從內陸吹往海邊。因為擔心傘兵被吹到海上，飛行員將空投點儘量靠近內陸，有些傘兵正好空降到英軍的陣地上。裝在箱內的武器空投得過於分散，增加了我軍的傷亡。一開始英軍僅有的幾輛戰車打得我喘不過氣來，好在他們的戰車還不到二十四輛。英軍的步兵中多數是紐西蘭人，雖然遭到猛攻，卻打得十分頑強。

傘兵部隊受到重創讓元首感到十分惱怒，他由此得出結論，傘兵的突襲已經無用。此後他常對我說：「傘兵大顯身手的時代已經一去不復返了。」

他不相信英美正在發展傘兵部隊的情報，盟軍在聖納澤（St. Nazaire）和第厄普之戰中沒有動用傘兵更使他確信自己的看法。他對我說：「你瞧，他們根本沒有建立傘兵部隊。我沒錯吧。」直到一九四三年盟軍攻克西西里時，希特勒才改變主意。那次戰役盟軍動用了大量傘兵，希特勒深受觸動，下令擴充德國傘兵部隊。但等他醒悟過來，無奈為時已晚，此時你們盟軍已經掌握了制空權。面對敵方強大的空軍，德國傘兵已無用武之地。

回想一九四一年的戰事，司徒登說：

在說服希特勒同意進行克里特之戰時，我還建議讓傘兵佔領賽普勒斯，以此為跳板，進而佔領蘇伊士運河。希特勒對這個建議似乎沒有反對，但又不願加以充分肯定，他滿腦

> 子想的都是如何入侵蘇聯。我軍在克里特蒙受重創後，他斷然拒絕再派傘兵進行一場大型作戰。我反復向他進言，但還是沒用。
>
> 一年後，他卻同意攻佔馬爾他的方案，義大利也參與這次行動。計畫是我們的和義大利的傘兵一起空降到島上，佔領橋頭堡，然後義大利約六到八個師的主力從海上登陸，加強灘頭堡陣地。我指揮的部隊包括一個傘兵師、三個尚未整編為師的團和一個義大利傘兵師。
>
> 我希望在八月前實施該作戰方案，這還得取決於老天幫忙，我在羅馬花了幾個月的時間籌畫作戰事宜。六月，希特勒將我召到狼穴就這次行動舉行最後的商談。不幸的是，就在我奉召的前一天，希特勒先見過剛從非洲回來的克魯威爾將軍（Cruwell）。克魯威爾告訴希特勒，義大利軍隊實力不佳，士氣極為低落。
>
> 希特勒大吃一驚，他認為如果英國艦隊在海上出現，所有的義大利軍艦都會龜縮回義大利港口，德國的空降部隊就會變得孤立無援。於是他就決定放棄進攻馬爾他的計畫。

這個決策事關重大，因為當時隆美爾在北非大勝英軍，英軍被逐出加沙拉的據點，德軍佔領了多布魯克。趁英軍混亂，隆美爾通過西部沙漠乘勝追擊，打得英軍狼狽不堪。到七月初，在被阻於艾拉敏之前，隆美爾已經兵臨尼羅河谷。

這是英軍在中東處境最為危急的時期。與此同時，紅軍在希特勒發起的高加索攻勢中全線崩潰，這使整個戰場的形勢更為嚴峻。在艾拉敏，隆美爾正在錘擊著中東的前門；在高加索，克萊斯特大兵壓境威脅著後門。

然而，托馬卻聲稱這種險境只是偶然的巧合，並非德軍刻意為之。「並非像你們所認為的那樣，針對中東的鉗形攻勢從未形成過嚴謹的計畫。希特勒的參謀曾經含含糊糊地談過此事，但我們參謀本部從來沒有同意過，我們認為這個計畫沒有可行性。」甚至連對埃及造成的威脅也是靠運氣，英國軍隊出人意料地在加沙拉、多布魯克之戰中潰敗。隆美爾部隊的實力尚不足以征服埃及，但他經不起誘惑，還要乘勝前進，終於鑄成沙場敗筆。

我問托馬，隆美爾是否真的有信心攻到蘇伊士運河，據說他曾對部下誇過口。托馬回答：

我肯定他不會這樣，他說這種話頂多也是為了鼓舞士氣，尤其是要給義大利軍隊打打氣。在艾拉敏遭到阻擋後，隆美爾馬上冷靜下來了，他深知得依靠突襲才能打亂英軍的陣腳。面對艾拉敏正面的防線，他看不到任何可乘之機，何況他也知道英國的增援部隊正在源源不斷地開往艾拉敏。

因為兵力有限，補給不順，隆美爾明瞭部隊已經走得太遠了。但他的輝煌戰果已經引起轟動，他難以急流勇退，希特勒也不會讓他後退。結果他只好在那裡硬撐，直到英軍大兵壓境，將他徹底打垮。

托馬說，他是從隆美爾本人和他的部將那裡了解到這些狀況的，托馬是在九月份從蘇聯調往北非的。「我接到命令去頂替生黃疸病的隆美爾。我打電話表示不想沾手，我說：『看看我兩年前寫的東西吧。』回電說那是希特勒親自下的命令，他堅持要派我去北非，我別無選擇。我大約在九月二十日到達北非，花了幾天時間和隆美爾共同商討現況。然後隆美爾就去了維也納附近的維也納新城接受治療。兩週後，施圖姆將軍（Stumm）來到北非，他接任非洲戰區總司令。這樣我的權力僅限於指揮艾拉敏前線部隊，如此我就無法繼續進行部隊組織管理體系的改進工作。沒過多久，施圖姆中風死了。我們要面對英軍的進攻，而所發生的這一切卻使我軍的決策大受干擾。」

在此危難之際，任何談到在英軍進攻之前我軍先行撤退的建議均遭否決，我只能儘量改進部隊的部署。若非我們用在多布魯克倉庫中繳獲的英軍補給品維持部隊的生存，我們肯定會不管希特勒的命令自行後撤。全靠這些物資才使我們能繼續撐下去。

聽他這麼說，我就問，如此看來多布魯克之戰的失利在當時對英軍似乎是災難性的，可事實上卻促成了英軍在北非戰場的勝利。如果德軍在蒙哥馬利進攻前撤出艾拉敏，就可免遭滅頂之災。托馬似乎沒想到這一點。

這場戰鬥發生在一九四二年十月二十三日，托馬向我談了他的看法。他說英軍第八軍團武器精良，擁有絕對的優勢，還沒開戰，勝利就非它莫屬。

我算了一下，當時你們可動用一萬二千架飛機，而我們的飛機打得僅剩下十二架。開戰三天後，隆美爾才從維也納回到北非戰場，他就是想改變部署也為時已晚。他尚未痊癒，情緒緊張，老是拿不定主意。英軍的壓力與日俱增，逼得我們走投無路。當我們明白根本無法阻擋英軍的突破，就決定分兩階段撤退到向西五十英里的達巴（Daba）附近，這樣或許能讓我們幸免於難。我們準備在十一月三日晚實施第一階段的撤退，行動開始後，希特勒拍來電報命令禁止任何後撤行動，堅持要我們必須不惜任何代價在原地死守。這是要讓我們的部隊繼續向前推進，去打一場無望獲勝、自取滅亡的戰鬥。

托馬接著對我講了他是怎麼被捕的。在戰鬥中，他乘著戰車從各個情況危緊的陣地之間遊走，戰車曾被擊中多次，最終因起火而無法動彈，於是就被俘虜了。「我看這也是命該如此。」他給我看自己的軍帽，上面有好幾個彈孔，表明他有幸大難不死。他遺憾地說，他在波蘭、法國、蘇聯和北非總共僅參加過二十四次裝甲戰。「西班牙內戰期間，我就參加過一九二次裝甲戰。」

拜爾林接替托馬指揮非洲軍，他帶領德軍成功地擺脫英軍的追擊，按照隆美爾的規劃，將部隊巧妙地撤退到的黎波里塔尼亞（Tripolitania）。

托馬被俘後，曾與蒙哥馬利見過面，倆人在餐桌上探討這次戰鬥的情況。「他不但沒有問我德軍的現況，反而告訴我德軍的兵力部署和補給概況。讓我大為驚訝的是，他洞悉我軍的狀態，尤其了解我軍補給不順和海運受損的情況。他對德軍了解之深入似乎不亞於我本人。」

托馬在談到勝利者是如何掌控這場作戰時說：「英軍擁有壓倒性的優勢，我認為蒙哥馬利還是十分謹慎的。但是」——托馬停頓了片刻，加重語氣說：「他是這場戰爭中唯一做到每戰必勝的將領。」

他總結道：「在現代機動作戰中，戰術不是主要因素。決定因素在於組織好你的資源，以確保部隊的機動能量。」

第十五章　巴巴羅沙行動

希特勒將賭注壓在東線戰場，結果輸得一敗塗地。原因是他還不夠大膽，同時德軍高階將領對進攻方向始終存有不同的意見。生死攸關之際，勝利的機會稍縱即逝。希特勒無法走出失敗的陰影，從此以後，他走向自我毀滅之路，也毀了德國。

這是拿破崙故事的重演，但其中也有著很大的不同之處。希特勒坐失佔領莫斯科的良機，此時他離決定性的勝利僅有咫尺之遙。在蘇聯，德軍佔領的土地比拿破崙更大，堅持的時間比拿破崙更久，蒙受的失敗也比拿破崙更甚。

一九四一年七月，希特勒發動巴巴羅沙行動，此時他的如意算盤是在到達聶伯河之前摧毀蘇聯紅軍的大部分主力。但希望沒有成為現實，紅軍遠比預想的強悍。下一步該怎麼辦？希特勒和他的將領產生了分歧。布勞齊區和哈爾德主張繼續向莫斯科推進，希特勒傾向先了結南面的戰事。於是德軍按希特勒的主張向南集中火力。基輔包圍戰取得重大勝利後，希特勒頗為得意，繼續按照自己的打算行事。莫斯科作戰一拖再拖，剛開始時還取得了一場重大的勝利，隨後德軍便陷入了秋季的泥淖，最終在冬季的大雪中一敗塗地，莫斯科的行動拖得太晚了。

但德軍將領與我交談的內容表明這並非是失敗的唯一因素，因為當局者迷。有時他們的結論也不一定正確，但是可以從他們提供的面向推敲出一些結論。

最令人吃驚的是拯救蘇聯的不是它現代化程度有多高，而恰恰是因為它太落後。如果蘇聯將其道路系統修建得像西方國家一樣發達，那麼它可能很快就會遭到入侵者的大肆蹂躪。正是它那坑坑巴巴的破爛道路，搞得德軍摩托化部隊舉步維艱。

不過也有與這個結論相反的論點。德軍之所以失去勝利的機會，是因為他們的機動性是建立在車輪上而不是履帶。在那些泥濘的道路上，車輪打滑難行，履帶式甲車則可繼續前進。

儘管路況糟糕，依靠履帶前進的裝甲部隊在秋季到來之前，就已經能在蘇聯的心臟地帶所向披靡。對於任何一個善於觀察並富有想像力的人而言，一次大戰早已昭示了履帶式車輛的重要性。戰車的誕生地是英國，一戰之後，我們這些倡導摩托化作戰的人，曾一再敦促新型態的軍隊應當配備具有越野能力的戰車。在發展摩托化部隊的方向，德國比英國和其他國家做得更好，但在發展履帶越野運輸載具這個關鍵問題上，卻始終做得還不夠。簡言之，在一九一四至一九四一年之間，德軍的現代化程度高於其他國家，但由於它沒能遵行這個二十年前的軍事觀點，以致坐失制勝良機。

德軍將領在任官初期就會全心全意地致力於軍事專業，專注於軍事技能，對政治幾乎是不聞不問，更談不上關心這以外的世界所發生的事情了。這種類型的人通常精明能幹，但缺乏想像力。只是到二戰後期，裝甲學派的大膽思想才被允許自由發揮，無奈為時已晚，但對其他國家來說反而是幸運的。

下面是被俘德軍將領談及侵蘇作戰時的主要觀點。

巴爾幹戰役的影響

在談到侵蘇作戰問題之前，先得探討一下希臘戰役是否延遲了對蘇開戰，從而導致了致命後果。英國政府發言人聲稱，雖然威森將軍（Wison）的部隊最終倉皇逃離希臘，但當初派遣這支部隊出戰希臘的行為無可非議，因為它使德國入侵蘇聯的行動延遲了六個星期。但是這種說法受到許多軍人的質疑，他們熟知地中海戰區的形勢，將這次行動斥之為政治賭博。其中就有著名的金根將軍（de Guingand），他當時在埃及的盟軍聯合參謀部，後來成為蒙哥馬利的參謀長。

他們當時就質疑這次行動，現在更是堅持自己的觀點。他們認為向希臘派出一支兵力有限的部隊，無法使希臘擺脫德軍的入侵，反而喪失了利用義軍在昔蘭尼加的失敗，在德軍尚未到達之前佔領的黎波里的良機。[25]他們認為，希臘高層原本對英國派兵干預持懷疑態度，只是在艾登（Eden）的勸誘下，以為英國會派出大部隊前來助戰，這才同意英國出兵干預。

歷史學家必須承認，事件的發展證實了這個軍事觀點。僅僅三週時間，德軍就佔領了希臘，英軍被逐出巴爾幹。此時在昔蘭尼加的英軍，由於兵力不足也被隆美爾打得落荒而逃，本來英軍是可以在的黎波里登陸的。這次行動不僅使希臘人民蒙受苦難，也讓英國大丟面子，前途堪憂。即使出兵希臘真的推遲了德軍入侵蘇聯的日期，也不能等同於英國出兵希臘的決策是正確的，因為他們出兵希臘的目的並不是為了延遲德軍入侵蘇聯的行動。

探討一下希臘戰役是否間接地，或無意中延遲了德國入侵蘇聯的時機也不無歷史價值。支持這種觀點最確切的證據，是希特勒最初下令在五月十五日之前完成入侵蘇聯的準備工作。但到三月底，行動的日期又被推遲了一個月，改為六月二十二日。倫德斯特說，由於參加巴爾幹戰役，一些裝甲師延後了集結的時間，他的集團軍入侵蘇聯的準備工作也因此受到延誤，加上天氣因素，這是造成推遲侵蘇的主要原因。

在倫德斯特麾下指揮裝甲部隊的克萊斯特講得還要明確，他說：「與其他部隊相比，在

25 瓦里蒙特曾言：「德國最高統帥部當時無法理解，為何英軍不利用義大利在昔蘭尼加的困境，向的黎波里推進。那裡沒有任何力量能夠阻止他們。」

巴爾幹的部隊規模的確算不上很大，不過他們的戰車佔了很大的比例。我手下原本準備從波蘭入侵蘇聯的大部分戰車都參加了巴爾幹戰役，這些戰車需要修整，裝甲部隊的將士也需要休息。許多戰車朝南一直打到伯羅奔尼撒半島（Peloponnese），還得從那裡趕回來。」

倫德斯特和克萊斯特的看法，自然會受到他們當時所處狀況的制約，因為他們發動進攻的主要力量，是來自於這些回歸的裝甲師，其他德軍將領並不認為巴爾幹戰役對入侵蘇聯的影響有多大。他們指出，進攻蘇聯的主要任務是由駐在波蘭北部的波克中央集團軍負責，勝利主要取決於波克這一路軍隊的進展情況。

倫德斯特的部隊對進攻居次要作用，兵力不足並不會對整個戰役產生決定性的影響，因為紅軍不會輕易就被撼動。兵力不足甚至有可能讓希特勒打消在侵蘇作戰的第二階段向南推進的念頭。正如我們將會看到的那樣，向南推進產生的致命後果就是它延誤了戰機，致使德軍在冬季前沒能及時抵達莫斯科。其實在緊急狀態下，不等巴爾幹的部隊趕回來增援，原本也可以開戰。但結果還是延遲進攻的觀點佔了上風，而擔心地面不夠乾燥的憂慮更是強化了這種觀點。哈爾德說，在攻勢開始之前，天氣情況仍然很不理想。

不過並不能根據將領們事後的看法，來確定如果沒有巴爾幹戰役的麻煩，當時又會作出什麼決策。暫定的進攻日期一旦因巴爾幹戰役而被推遲，任何在部隊從巴爾幹回來之前就開戰的主張都無從談起了。

不過，並不是希臘戰役導致侵蘇日期的延遲。早在一九四一年的作戰計畫中，希特勒就已經將入侵希臘考慮在內，以此作為入侵蘇聯的先期步驟。推遲入侵蘇聯的決定因素在於三月二十七日，南斯拉夫發生政變，西莫維奇將軍（Simovich）及其同謀推翻了剛與軸心國達成協議的政府。消息傳來，希特勒怒不可遏，當天就決定要以壓倒性優勢征服南斯拉夫。要進行這樣一場更大規模的戰爭，所需的陸軍和空軍已非希臘戰役那些兵力能夠承擔的。這就迫使希特勒作出更為致命的決定，推遲原定對蘇聯的進攻日期。

基於擔心英軍會出兵希臘，希特勒才決定攻打希臘，希臘戰役的結果讓他感到寬心。英軍在希臘的登陸，甚至都沒能阻止南斯拉夫現任政府與希特勒結盟，反倒是鼓勵了西莫維奇無視希特勒的淫威，促使後者發動政變推翻政府——儘管不算十分成功。

在詢問了哈爾德和格賴芬貝格後，布魯門特提就入侵蘇聯之前的事件提供了更多的說明。格賴芬貝格曾任陸總部作戰廳廳長，後來成為利斯特第十二軍團的參謀長，指揮過巴爾幹戰役。

希特勒忘不了盟軍在一九一五至一九一八年曾佔領薩洛尼卡（Salonica），他唯恐英軍故伎重施，再次從薩洛尼卡或色雷斯（Thrace）南部海岸登陸。這樣英軍就會出現在往東向蘇聯南部進攻的德軍後方。希特勒猜測英軍會如一戰時那樣挺進保加利亞、羅馬尼亞和南斯拉夫。他清楚地記得，在一戰後期，巴爾幹的協約國軍曾對大戰的勝負起到舉足輕重的作用。

作為入侵蘇聯之前的防範措施，希特勒決定佔領薩洛尼卡和傑賈加赫（Dedeagach）（即阿歷山德魯波利斯（Alexandropolis）之間的色雷斯南部海岸），由利斯特的第十二軍團和克萊斯特的裝甲兵團負責此項作戰任務。德軍在羅馬尼亞集結，穿過多瑙河，進入保加利亞，從那裡突破邁塔克瑟（Metaxas）防線。其右翼向薩洛尼卡推進，左翼向傑賈加赫挺進。抵達海岸後，僅留下部分德軍，防守海岸的任務交由保加利亞人負責。第十二軍團的主力，尤其是克萊斯特的裝甲兵團全部掉頭向北，經過羅馬尼亞，參加東線戰場南部的戰鬥。最初的計畫並沒有設想佔領希臘的大部分領土。

當保加利亞國王伯里斯三世（Boris）被告知這個計畫時，他表示出對南斯拉夫的擔憂。他擔心南斯拉夫可能會對第十二軍團的右翼構成威脅。但是德國代表向伯里斯國王保證，由於德國和南斯拉夫在一九三九年已經簽訂協議，不會有來自南斯拉夫方面的威脅。德國代表表示，伯里斯國王的態度有點半信半疑。

事實證明國王的懷疑沒錯，當第十二軍團按照計畫準備從保加利亞發起軍事行動時，貝爾格萊德發生的政變迫使攝政王保羅王子退位，此時德軍才剛要開始行動。顯然在貝爾格萊德的政壇上，有人反對保羅王子的親德政策，希望與西方結成聯盟。作為軍人，我們無法猜測政變事先是否得到西方或蘇聯的支持。但無論如何，這決不是希特勒一手促成的。恰恰相反，這突如其來的政變讓人非常不快，它幾乎使第十二軍團在保加利亞的整個作戰計畫毀於一旦，如克萊斯特的裝甲師不得不立刻從保加利亞西北向貝爾格萊德（Belgrade）行動。另一個隨機行動則是魏克斯的第二軍團急忙在卡林西亞省（Carinthia）和施蒂里亞（Styria）集結，對向南邊的南斯拉夫而去。巴爾幹的戰火迫使入侵蘇聯的行動從五月推遲到六月，所以從這一點看，貝爾格萊德的政變對侵蘇作戰具有實質性的影響。

天氣狀況對一九四一年的戰事也有相當的影響，不過那是偶然的。五月之前，在波蘭的布格河至桑河防線東部的地面作戰相當困難，那裡大多數道路泥濘難行，田野沼澤密佈。許多河流無人監控，致使洪水氾濫成災。越往東走，地勢越加險惡，普里皮亞季河（Pripet）和別列津納河（Beresina）的濕地森林情況尤其惡劣。在五月中旬之前，即使氣候正常，這些地區的交通也是非常不便。而一九四一年又是不尋常的一年，那年冬季特別漫長。直到六月初，橫在我軍面前的布格河仍河水高漲，綿延數英里。

北方的情況也同樣不妙，曼斯坦的裝甲軍在東普魯士負責攻擊的前鋒。他說，從五月底到六月初，那裡一直大雨滂沱，如果提早發動侵蘇作戰情況可能會更糟。即使排除巴爾幹戰役的干擾，提早侵蘇日期是否可行也是令人懷疑的。德軍在一九四〇年入侵西方時盡得天時，但在一九四一年入侵東線時，老天卻偏要和他們作對了。

衝動下的侵蘇作戰

接下來我與德軍將領的交談將探究希特勒為什麼要入侵蘇聯，事情的原委有點撲朔迷離。雖然從一九四〇年七月起，希特勒就開始盤算入侵蘇聯，在年底也已經完成確切的入侵計畫，這個決策對德國的前途關係重大，但值得注意的是大多數德軍將領對其中的原因卻依然是一頭霧水。當他們被告知決定侵蘇時，多數人感到不勝惶恐。但是他們所知甚少，而且很晚才通知他們。希特勒相當滑頭，他讓這些將領處於互不通氣的「隔離房」內。每一個將官僅被告知希特勒要他去完成的任務有關的情況，他們就像一排牢房裡相互隔離，如同互不往來的囚犯一樣。

我從他們那裡得知，倫德斯特一直是反對入侵蘇聯最甚者，也是他最早提出放棄入侵蘇聯的計畫，所以我急於想知道倫德斯特對這個問題的看法。他說：「希特勒固執己見，認為蘇聯遠比我們所想像的更具攻擊性，我們必須在蘇聯變得強大之前先發制人。他提供給我們的情報說蘇聯正準備在一九四一年夏對德作戰。我對這種說法持懷疑態度，我們越過蘇聯邊境時，根本沒有看到任何他們準備進攻的跡象。一九四〇年，我軍忙於西線戰事無暇他顧之時，蘇聯那邊卻毫無動靜，這使不少曾擔心蘇聯發動進攻的德國人放下了心。我認為德國對付蘇聯威脅最好的辦法很簡單，那就是加強邊境的防禦能力即可。如果蘇聯人要的話，就讓他們來攻，這種狀況最能夠測試他們的動向，也大大減少貿然入侵蘇聯的風險。」

我進一步問他為什麼不相信希特勒所謂蘇聯即將侵德的說法，他說：「首先，我軍侵入蘇境後，對方大吃一驚。我在前線沒有發現他們有任何準備進攻的跡象，只是在更深入的地方略有動作。他們在喀爾巴阡山脈面對匈牙利邊境一帶有二十五個師，我原來預料他們會掉頭進攻我的右翼。相反，他們卻全線後撤了。我由此推斷，他們根本沒有進攻的準備，蘇聯指揮官根本沒有向德國先發制人的打算。」

我之後詢問了布魯門特提，當時他是擔任主攻的克魯格第四軍團的參謀長，那年底轉任陸總部副參謀總長，他在那裡直接處理作戰卷宗，並對入侵蘇聯的戰況進行戰後評析。

布魯門特提告訴我，倫德斯特、布勞齊區和哈爾德都反對入侵蘇聯。「三個人都參加過一次大戰，經驗告訴他們入侵俄國絕非易事，交通、預備隊和補給都是大難題。倫德施特直言不諱地質問希特勒：『入侵蘇聯決非兒戲，你可曾考慮清楚？』」

希特勒依然固執己見，不過他被迫承認德蘇之戰必須決勝於聶伯河以西。希特勒事先也承認，如果遭到頑強的抵抗，戰線被迫拉長，德軍將面臨調動、後勤和增援等諸多困難。當主攻路線上的裝甲部隊受命越過聶伯河，向斯摩棱斯克和傑斯納河（Desna）進攻時，希特勒的如意算盤造成紅軍的恐慌，並切斷行動緩慢的紅軍之間的聯繫，以便德國步兵從後面包抄。當希特勒發現紅軍並沒有在聶伯河以西被圍剿，他就像拿破崙一樣被引入蘇聯的腹地。此舉事關整個戰役的勝負，正是希特勒在最佳路線選擇上的舉棋不定導致了致命的後果。

克萊斯特也提供了一些旁證。他說自己是在侵蘇作戰即將發動時，才被告知這個消息的。「和其他高階軍官一樣，我們被告知紅軍將進攻德國，消除這個威脅對德國很重要。我們得到的解釋是，由於這個威脅日益逼近，東線的防禦將牽制大批德軍，如此元首就無法落實其他的作戰計畫。要消除蘇聯的威脅，唯一的解救之道便是主動。」

克萊斯特繼續說：「我們並沒有如人們所想像的那樣低估蘇聯紅軍的實力，德國駐莫斯科最後一任武官是能幹的考斯林將軍（Kostring），他一直向我方通報紅軍的狀況，但希特勒並不認同他的情報。」

「勝利的希望很大程度上寄託在入侵會引起蘇聯政治動盪的前題，我們大多數將領早就明白，如果蘇聯人主動後撤，沒有政治動盪的作用，德軍勝利的希望將十分渺茫。我們過於指望一旦紅軍受到重挫，史達林就會被他的人民推翻。元首的政治顧問助長了這種一廂情願的想法。作為軍人，我們沒有足夠的政治判斷來駁斥它。」

「我們沒有長期作戰的準備，一切都基於在秋季前決勝的設想上。」冬天降臨了，德國人為自己的短視付出了慘重代價。

至於希特勒入侵蘇聯的動機，瓦里蒙特後來的一番話對我頗有啟發。對希特勒在入侵決策尚未最終定型之前幾個月的所思所想，當時在最高統帥部任職的瓦里蒙特有著更貼切的闡述：

就我來看，希特勒入侵蘇聯的原因，在於他發現自己正處於與拿破崙相同的處境。希特勒和拿破崙兩人都將英國視為最強大、最危險的對手，兩人都下不了入侵英倫三島推翻英國政府的決心。兩人都相信，只要英國放棄大陸盟國在軍事上對其施予援手的希望，大英帝國就不得不與主宰歐洲的勢力妥協。兩人都推測俄羅斯將成為英國的盟友，兩人都承認隨著戰爭的延長，英俄聯盟的危險將與日俱增。兩人都確信在歐洲佔主導地位的勢力決不能坐視周邊地區的列強（英俄），等到最佳時機來遏止位於英俄之間的中歐強國的崛起。所以無論是基於自覺還是不自覺的想法，希特勒和拿破崙一樣，都認為從防禦戰略的角度出發，必須抓住時機，先發制人。希特勒低估了蘇聯的軍事力量和作戰潛力，至少在他的參謀當中抱有這種想法的佔了大部分，這一點是致命的，而正是這種想法加強了他要對蘇聯先發制人的決心。德國的一個聲明證實了我的這種看法，侵蘇作戰之前，在與義大利人和芬蘭人協調時，凱特爾和約德爾先後聲稱：「戰爭已經取得勝利，餘下的只是清掃的工作而已。」這種看法很可能出自希特勒本人，瓦里蒙特還說，約德爾在他的小圈子裡也常常散佈類似的言論。

瓦里蒙特繼續說，「有關蘇聯軍事實力的情報工作一直做得很差」。他指出，往往是先由參謀本部開會對情報進行評估，據此制定作戰方案，凱特爾和約德爾並不插手此事。「只有陸總部通過參謀本部對情報進行評估，而且從不允許凱特爾公佈其結果。」

從瓦里蒙特的陳述中可以看出，與克萊斯特的說法相反（我發現克萊斯特本人對蘇聯紅軍的評價總是要比他的同僚更高），低估紅軍實力的傾向並不侷限於希特勒或他身邊的人。參謀本部可能並沒有低估侵蘇作戰的困難，但他們肯定低估了蘇聯能夠迎戰德軍的部隊數量，有關文獻清楚地證明了這一點。侵蘇作戰開始兩個月後，哈爾德的一則日記頗能說明問題：「我們低估了蘇聯，原以為他們有二〇〇個師，可現在發現他們至少有三六〇個師。」

德國情報機構低估了紅軍的實力，與此同時它的報告又增加了人們對蘇聯隨時會發起進攻的恐懼心理。在一九四一年上半年，紅軍在蘇聯西部和蘇聯佔領的波蘭集結的兵力有所增加，到五月，其兵力已經增至蘇波戰爭爆發前的兩倍。蘇聯空軍的集結和機場的擴建也十分明顯，所有這些更增添希特勒的擔憂。當他向將領和其他人談到蘇聯很可能正計畫在夏末進攻德國時，無疑是在表達其內心真正的擔憂，他的軍事顧問也抱有同感，但這並不表示他的這種擔憂是對的。德國人總是忽視自己的行為會使對方產生反應這一點，希特勒尤其如此。另一方面，有關蘇聯在邊境增兵的情報接連不斷，希特勒感到時間越來越緊迫，這也是可以理解的。

即便如此，令人吃驚的是希特勒明知自己的兵力原來就不如對手，而且萬一戰爭拖延，德蘇兵力對比必將更為懸殊，他還是貿然決定開戰，侵蘇之戰堪稱近代史上無前例可循的一場豪賭。二月，希特勒向德軍將領宣布侵蘇計畫，哈爾德說明雙方的兵力對比，將領們都感到憂心忡忡。因為即便按照哈爾德列舉的數字，蘇聯西部的紅軍也有約一五五個師的兵力，而德方可徵召的部隊僅一二一個師。（事實上德國真正能立即動用的部隊還低於這個數字。）唯一可以壯膽的是，所謂德軍的素質遠遠高於紅軍，但這尚不足以打消眾將的疑慮。

主動出擊使德軍在其選定的主要戰場——普里皮亞李河沼澤地帶的北部——略顯優勢。波克的中央集團軍將從那裡出發，以鉗形陣勢沿明斯克—莫斯科公路挺進。其先頭部隊為兩個裝甲兵團（九個裝甲師和七個摩托化師），總共有五十一個師。但是在波羅的海附近李布的北面集團軍僅有一個裝甲兵團（三個裝甲師和三個摩托化師），總共為三〇個師，與敵方的兵力不相上下。分配給倫德斯特的南面集團軍只有一個裝甲兵團（五個裝甲師和三個摩托化師），總共為三十七個師。他們受命要以劣勢的兵力（尤其是在最關鍵的戰車數量上）完成作戰任務。克萊斯特告訴我，作為倫德斯特的先鋒，他的裝甲部隊只有六〇〇輛戰車。「在你看來，這可能難以置信，但那確實是我們從希臘回來後所能徵召到的全部兵力。我們在南方面對的蘇聯布瓊尼集團軍擁有的坦克達二四〇〇輛之多。除了依靠出其不意的戰術，我軍主要依靠優良的訓練和作戰技能。在蘇聯人汲取經驗之前，這些是我軍取勝的決定因素。」

後來的戰事表明，希特勒以技術優勢克服數量上劣勢的信念在戰爭之初顯然要比後來更為有效。希特勒以質量戰勝數量的信念在戰場上得到了驗證，他的冒險一搏幾近成功。如果事先德軍的目的更為具體明確，其成功的機會將會更大。德方的分歧致使蘇聯在防守時受益匪淺，最終導致德軍侵蘇作戰的失敗。

第十六章　攻克莫斯科無望

「戰爭迷霧」一詞通常指戰局的變幻莫測。在一九四一年，卻有一層不同尋常的迷霧對戰爭的進展產生著致命性的影響。令人驚訝的是，在東線指揮德軍作戰的指揮官員之間，關於此戰的目的究竟為何卻始終不清楚。從最初制定作戰計畫開始，希特勒就和陸軍將領有不同的意見，雙方一直沒有妥善解決這些分歧。

希特勒希望先佔領列寧格勒，這樣就能確保德軍在波羅的海側翼的安全，與芬蘭聯為一線，進而降低莫斯科的重要性。然而，出於謀求經濟利益的迫切性，他又想奪取烏克蘭的農業資源和聶伯河下游的工業區。這兩大目標距離甚遠，結果就形成了兩條互不關聯的戰線。集中兵力，目標單一，具有內在的機動性，能給敵方造成巨大的嚇阻，兩個不同方向的作戰則完全相反。

布勞齊區和哈爾德希望集中兵力於莫斯科，這不是為了佔領蘇聯首都，而是因為他們「預料將會在通往莫斯科的路上發現敵軍」，抓住最佳機會消滅紅軍的主力。希特勒認為這樣風險太大，那會促使紅軍全面向東撤退，讓德軍撲空。布勞齊區和哈爾德同意希特勒要避免撲空的看法非常重要，希特勒也認為他們趁早「圍剿」敵軍主力的主張也有一定的價值。於是雙方就先著力於完成入侵第一階段的任務，至於長遠的目標就束之高閣以後再定了。

在與希特勒打交道的過程中，布勞齊區傾向於儘量避免在「半路上糾纏」，這樣做的結果卻是給後來埋下了更大的隱憂。在這件事上，因為他要暫時避免與希特勒衝突，結果在戰役的中途就遇上了麻煩。一九四〇年十二月十八日，希特勒批准並頒佈「巴巴羅沙」計畫，該計畫清楚反映希特勒的想法，也表明布勞齊區遵從了希特勒旨意。

該計畫如此規定作戰目的：

普里皮亞季河沼澤地帶分南北兩大戰區，重點放在北面，擬派出兩個集團軍。在這兩個集團軍的南邊，由強大的裝甲和摩托化部隊組成中央集團軍，從華沙北部出發，其主要任務是殲滅在白俄羅斯的紅軍，這樣就能與北面集團軍配合形成強大而機動的陣形。北面集團軍從東普魯士向列寧格勒推進，一舉殲滅在波羅的海諸國作戰的敵軍。只有在完成這個最重要的任務，並隨即佔領列寧格勒和克隆斯塔（Kronstadt）之後，才能佔領交通和軍事工業中心——莫斯科。

只有出其不意地迅速打垮蘇聯的防禦，才能保證我們能夠同時完成兩大任務。

普里皮亞季河沼澤地帶的南面集團軍主要任務，是從波蘭的盧布林（Lublin）向基輔推進，迅速突破，深入紅軍的側翼和後方，沿聶伯河將敵軍包抄圍剿。

在二月三日的軍事會議上，哈爾德再次詳述陸總部的作戰計畫，在結束會議時，希特勒最後強調：「為了完成任務，必須牢記主要目的是佔領波羅的海諸國和列寧格勒。」

入侵蘇聯失敗

我要探究的下一個問題是入侵計畫是如何出錯的。克萊斯特的回答是：「失敗的主要原因是那年冬季來得太早，加上蘇聯人不斷棄守陣地，沒有如我所願進行決戰。」

倫德斯特也認同這個「決定性因素」。「但是在冬天來臨之前，由於道路泥濘難行，致使我軍行動遲緩，喪失了許多戰機。十分鐘的雨量就會讓烏克蘭的『黑土』化為泥漿，在地面乾燥之前簡直寸步難行。時不我待，路況卻拖住了我軍的腳步。更糟糕的是蘇聯境內鐵路稀少，沒法及時將補給送達先頭部隊。另一個不利因素是隨著紅軍的後撤，他們的增援部隊卻源源不斷地從後方趕來。我們好像剛剛打掉一支敵軍，又會出現一支新的部隊在前方攔截。」

布魯門特提也認同這些看法，但不認為紅軍是主動棄守陣地。在通往莫斯科的幹道上，紅軍持續抵抗的時間並不短，這足以讓他們陷入包圍。但是，由於德軍喪失了機動能力，一再錯失包圍敵軍的機會。「道路難行是最主要的障礙，其次是鐵路，即便修復後還是無法滿足需求。我們的情報機構在這兩方面都犯了大錯，嚴重低估兩大因素所造成的影響。加上蘇聯境內的鐵路軌距與德國不同，又耽擱了恢復鐵路運輸的時間。蘇聯會戰中的補給問題一直很嚴重，地方上的複雜情況更使之雪上加霜。」然而，布魯門特提還是認為，如果採納古德林別出心裁的作戰計畫，如果不是希特勒的猶豫不決浪費了極為寶貴的時間，德軍原本是可以攻克莫斯科的。布魯門特提有關這方面的議論以後再談。

克萊斯特強調的另一個原因是，此時德軍已經不再享有一九四〇年入侵西歐時絕對的空中優勢。雖然德軍重重創蘇聯空軍使自己佔有數量上的優勢，這種優勢卻隨著德軍的深入，空中支援距離的拉長而日趨抵消。地面推進越快，戰線就拉得越長。談到這點，克萊斯特說：「在進攻的好幾個階段，我的裝甲部隊都因為缺乏空中掩護而受到牽制，機場離得太遠了。而且我們在開始幾個月裡所享受的空中優勢僅限於局部地區，而非整個戰場。這得歸功於飛行員的高超技能，而非數量上的優勢。」蘇聯空軍取得經驗重整旗鼓後，德軍的空中優勢就隨即消失了。

倫德斯特認為，除了這些最基本的原因外，德方另一個失誤是最初的部署使部隊在突破後的後續攻勢延遲。按照最高統帥部計畫，在倫德施特的左翼和波克的右翼之間有一個空隙，正對著普里皮亞季河沼澤地帶的西端。當時認為那裡地處沼澤，不必擔心部隊的安全。於是決定傾其全力沿沼澤南北迅速推進。倫德斯特在討論該作戰方案時就對此提出質疑，「根據我一戰在東部前線作戰的經驗，蘇聯的騎兵可以在普里皮亞季河沼澤地帶作戰。所以我對進攻時的這個空隙感到擔憂，因為蘇軍可以輕而易舉地從那個地方威脅我軍的側翼。」

在入侵蘇聯的第一階段，倫德斯特的擔心並沒有成真。賴赫勞的第六軍團強行佔領沼澤南部布格河的渡口後，克萊斯特的裝甲部隊迅速通過該地，直取魯克（Luck）和里夫內（Rovno）。但是在部隊穿過帝俄的舊邊境，向基輔前進途中，蘇聯騎兵突然從普里皮亞季河沼澤地帶出現，向德軍反攻。形勢一度十分危急，雖然經過苦戰總算轉危為安，卻拖延了前進速度，使德軍沒能及時抵達聶伯河。

不難看出，騎兵的騷擾讓倫德斯特感到壓力很大，不過這對整個戰役最終結局的影響並不那麼明顯。因為在普里皮亞季河沼澤地帶北部的波克沒有受到類似的干擾，而波克集團軍才是主攻的重心所在。

正是在這裡，在這直趨莫斯科的大路上，德軍重兵雲集，準備與蘇軍一決雌雄。但隨著戰事的發展，倫德斯特和克萊斯特在南面遭遇的困境，與在這裡有過之而無不及，那還得歸咎於人為因素——判斷失策。

海因里希通過地圖說明德軍進攻計畫的全貌。此人個頭不高，舉止彬彬有禮，頗有牧師風度，說起話來好像在做禱告。雖然他看起來不像軍人，卻頗具軍事才幹。他從軍長做起，最終當上了集團軍總司令，並指揮保衛柏林的奧德河之戰。戰役經過由海因里希說明，布魯門特提則補充說明戰役背景。從布列斯特立陶夫斯克（Brest Litovsk，布列斯特的舊稱）到莫斯科的時候，在前進過程中，布魯門特提一直擔任克魯格軍團的參謀長。後來其他在東線作戰過的將軍對他的敘述有所補充，並作過幾點更正。

簡單來說，該作戰計畫就是要圍剿紅軍的主力部隊。通過機動用兵形成一個極大的包圍圈，內圈由步兵組成，兩個龐大的裝甲兵團則在外圍。

這兩大裝甲部隊分別由古德林和霍斯指揮。古德林的部隊由三個裝甲軍組成，還有一個步兵軍也歸他指揮，準備用來包圍布列斯特立陶夫斯克前線的要塞。另外兩個步兵師分配給作為先鋒的兩個裝甲軍，準備攻佔布格河的渡口。一個裝甲兵團實際上相當於一般作戰部隊的軍團等級，後來也以這個為基準重新命名。但是在剛開始和後來，時而會將其置於後繼的步兵軍團指揮。隸屬關係的不明確，結果導致不少麻煩。

德軍的進攻打得蘇聯邊防軍完全措手不及，他們輕而易舉地渡過了布格河。古德林部隊中的戰車裝備有可供渡河用的呼吸管，跟潛艇的呼吸管相似，這些戰車能夠沿著河床過河。蘇聯漫長的防線在很多地方幾乎無人防守，德軍裝甲部隊在空曠的原野上長驅直入。到傍晚時分，有些裝甲師向前推進了五十英里。越往內陸挺進，遇到的攔阻就越多，不過德軍通常都能擊敗守軍。

二十四日，勒梅爾森（Lemelsen）的第四十七裝甲軍與蘇聯大軍在斯洛尼姆（Slonim）展開激戰，紅軍試圖衝破德軍對比亞韋斯托克（Bialystok）地區日益收緊的包圍圈。

德軍的裝甲部隊以鉗形攻勢推進，終點是明斯克。霍斯的右翼部隊從東普魯士出發，在二十六日抵達明斯克的北郊。勒梅爾森裝甲部隊的距離最遠，用五天半時間走二百多英里路，在二十七日才與霍斯的部隊會師。次日，德軍攻陷明斯克。與此同時，史維本堡的第二十四裝甲軍快速推進，在同一天到達別列津納河，佔領這條具有歷史意義的河流上的橋頭堡。然後他們向聶伯河進攻，結果發現蘇聯已經急調增援部隊加強了沿河一線的防守。

遠在後方，德軍步兵的鉗形攻勢已經在斯洛尼姆完成對紅軍的包圍，但沒能及時攔截從亞韋斯托克撤離的主力。之後試圖在明斯克再次將其包圍，這次比較成功，雖然在合圍完成前不少零星的部隊成功逃脫包圍圈，但還是殲滅近三十萬紅軍。圍剿成功使德軍上下欣喜若狂，連那些原先對希特勒決定入侵蘇聯感到十分擔心的將領也轉憂為喜。哈爾德在七月三日說：「要在十四天之內贏得對蘇作戰看來並非不可能。」

然而，這些戰況卻使德軍將領對後續行動的戰術判斷，出現了嚴重誤差。古德林和霍斯已經按照原先的指令從明斯克繼續向前推進，僅留下一些小部隊幫助後續的步兵收緊包圍圈。克魯格則主張部隊停止前進，投入全部的裝甲部隊先全力完成殲滅圍剿敵軍的任務。但裝甲部隊已經向前挺進，克魯格這些不受歡迎的命令，下達得並不順暢。於是克魯格就籲請波克配合，後者同意將部隊調回來。布勞齊區認為裝甲部隊應該繼續前進，希特勒卻支持克魯格和波克的主張。七月三日，古德林和霍斯的裝甲部隊劃歸克魯格指揮。就在同一天，明斯克以西的蘇聯大軍繳械投降，兩支裝甲部隊又可以放手行動了。

古德林決定立刻抓緊時機，強渡聶伯河，因為如果花一兩個星期等待第四軍團的步兵趕上來，那麼紅軍就有時間派出增援部隊。古德林決定在夜幕的掩護下強行渡河，紅軍的防線十分寬廣，德軍集中兵力攻向三個無人防守的地點。得知古德林的意圖後，克魯格趕來見他，企圖再次加以阻止。但是他看到進攻已經待發，於是便同意一試。此戰打得相當漂亮，七月十日渡過聶伯河後，古德林向斯摩棱斯克推進，紅軍從突破口側翼發起的反攻無法能阻止德軍的前進。古德林的左翼在十六日抵達斯摩棱斯克，中路到達傑斯納河，並在二十日佔領艾爾雅（Elnya）。右翼部隊的進展有所遲緩，那是因為遭遇到從戈梅利（Gomel）向聶伯河以北進行反攻的大批紅軍。

侵蘇部隊已經深入蘇聯四〇〇英里，離莫斯科僅二〇〇英里之遙。雖然第二階段戰役從明斯克到斯摩棱斯克花了近三個星期，比第一階段五天結束戰鬥要長很多，但是如此深入敵後，這種速度已經是相當快了。

霍斯的部隊抵達斯摩棱斯克北部，形成一個新的包圍圈來分割位於聶伯河和傑斯納河之間的紅軍，德軍的裝甲部隊已經追上他們。包圍幾乎就要大功告成，但是泥濘難行的鄉村道路使德軍行動困難，紅軍成功地逃脫了一大批。即便如此，在斯摩棱斯克，德軍還是俘獲十八萬紅軍。布魯門特提生動地描述德軍從明斯克出發後的情況。過了聶伯河和北德維納河後，路況越來越糟。「廣袤的原始森林、密佈的沼澤、糟透的路況、無法承載戰車重量的橋樑，我軍簡直寸步難行。紅軍的阻擊也日趨頑強，他們開始在前線佈雷。由於可行的道路屈指可數，他們很容易封鎖這些道路。」

「從邊界通往莫斯科的高速公路尚未完工——這才是西方人所謂的『路』。我們沒有料到情況會這麼糟，因為我們的地圖與實際不符。在地圖上紅線標誌著所有的大路，看似不少，但其實只是些泥路小徑。德國情報機構有關波蘭蘇聯佔領區的情報相當精準，可是有關蘇聯境內地形的情報卻錯得離譜。」

「這樣的鄉間道路讓戰車吃盡苦頭，而伴隨戰車的運輸大隊日子更難過，車隊裝著燃料、補給和預備隊。運輸車隊只能在公路上行進，沙質道路變得泥濘不堪後，這些車輛就開不動了。一至二小時的雨勢，就足以讓裝甲部隊停滯不前。成群結隊的車輛、戰車一線排開，長達上百英里，在太陽出來曬乾地面之前，它們都沒法動彈，這種場面真是非同尋常。霍斯的部隊從阿沙涅韋爾（Orsha Nevel）出發，沼澤和暴雨使他們前進速度大大降低。古德林的部隊迅速向斯摩棱斯克推進，但也遇到同樣的麻煩。」

古德林證實布魯門特提所說的地圖問題，他也提到沼澤地帶所造成的麻煩。不過他強調，開始進攻的幾個星期天氣不錯。「部隊行動遲緩的主要原因是克魯格的遲疑。後方一出現問題，他就想阻止裝甲部隊向前推進。」

克魯格對於阻止部隊前進有其特別的作用，布魯門特提沒說這一點很可能是出於對前上司的忠誠。布魯門特提披露，從一開始雙方就存在著戰術上的分歧。布魯門特提表示，希特勒和大多數高階將領都同意，應該按照正統的戰略準則打包圍戰。「但是古德林獨持異議，他主張以最快的速度長驅直入，由後續的步兵來包圍敵軍。他強調要讓紅軍疲於奔命，沒有時間集結。他要直奔莫斯科，並堅信只要不浪費時間，他能達到目的。只要德軍推進到史達林勢力的中心，蘇聯的抵抗就可能全線癱瘓。」

「古德林的計畫十分大膽，同時也意味著在保證增援部隊和補給方面得冒很大的風險。但是如果拖延時間則風險更大，讓裝甲部隊頻頻調頭，追上敵軍後就得花更多時間殲滅他們，這樣將耗費更多的時間。」

「我們抵達斯摩棱斯克後在那裡耗了好幾個星期，因為需要補充物資和增援部隊，但更大的原因是德軍將領就接下來的戰略又產生了新的分歧，這種爭論總是沒完沒了。」

波克主張向莫斯科推進，他同意古德林和霍斯的觀點，表示他堅信用裝甲部隊再次長驅直入，能夠成功到達莫斯科。但是希特勒認為應該是實行他當初制定的主要任務的時候了，即佔領列寧格勒和烏克蘭。希特勒強調列寧格勒和烏克蘭要比莫斯科更重要，但他並不是如許多持批評態度的將領所想的那樣僅僅是出於經濟和政治的考慮。他似乎在設想進行一場類似坎尼會戰（Cannae）那樣以少勝多的作戰。德軍對莫斯科所造成的威脅，使得蘇聯的預備隊都吸引到那裡去，德軍的兩翼就能輕而易舉地實現自己的目標——佔領列寧格勒和烏克蘭。再從那裡分兩路出發，在莫斯科會師，此時莫斯科就如成熟的果子那樣垂手可得。這是一個精緻而宏大的構想，但由於時間因素而最終破產。蘇聯人的抵抗遠比預想的要頑強，天氣惡劣的程度也超乎預料，而且希特勒也不曾料到此戰會拖到下一年。顯然，將領們的意見分歧終究還是於事無補。

七月十九日，希特勒發佈下一階段的作戰指令——圍剿聶伯河和傑斯納河之間紅軍的戰鬥一旦結束就立刻執行。波克的一部分機動部隊開往南方，去幫助倫德斯特殲滅與之對陣的紅軍。另一部分向北挺進，切斷列寧格勒與莫斯科的聯繫，幫助李布攻佔莫斯科。波克則帶領其餘部隊步行前進，盡全力向莫斯科正面進攻。

布勞齊區再次表現出見風使舵的態度，他沒有馬上提出不同的作戰方案，而是表示在下一階段作戰開始之前，裝甲部隊必須先休息一下，戰車也要修整，更換零件。希特勒同意有必要暫緩進攻，但是蘇聯的抵抗和反攻使德軍難以一下子肅清傑斯納河以西的紅軍，直到八月初，裝甲部隊才得以稍加喘息。在四日的會議上，波克催促要儘快向莫斯科進攻，古德林說他已經準備好在十五日出兵。然而希特勒強調他的主要目標仍是列寧格勒，並表示拿下列寧格勒後，他將在莫斯科和烏克蘭之間作出取捨。希特勒傾向於先攻烏克蘭，這樣就可以為佔領克里米亞和那裡的蘇聯空軍基地打開道路，他認為克里米亞的空軍基地對羅馬尼亞油田有著潛在的威脅。

轉戰南方——基輔合圍戰

在接下來的兩個星期，德軍高層依然是爭論不休。布勞齊區企圖勸誘希特勒批准向莫斯科進攻，但是他的態度過於溫和，沒能打動希特勒。到八月十五日，在哈爾德起草的備忘錄中更加強烈地提出攻向莫斯科，但是希特勒在二十一日否定了哈爾德的建議，並發出了新的指令。這個新指令只是重複了他一個月前的主張，只是不再那麼強調列寧格勒的重要性，而更重視在倫德斯特負責的基輔地區圍剿紅軍。此後波克才可能繼續轉向莫斯科，倫德施特則南下切斷蘇聯來自高加索的石油供應線。

當陸總部收到希特勒的這個命令後，哈爾德建議布勞齊區一起提交他們的辭呈，但布勞齊區認為這樣做沒用，希特勒肯定會斷然拒絕。

在爭論不休的這段時間裡，戰局的種種演變促使希特勒更加堅持己見。倫德斯特部隊左側，賴赫勞的第六軍團被紅軍擋在基輔城外，藏在普里皮亞季河沼澤東面的紅軍，不斷地威脅著其左翼和波克的右翼。另一方面，克萊斯特的裝甲部隊在一次斜線運動戰中取得了輝煌的戰果。它突然轉向東南，直插德涅斯特河（Denister）與聶伯河之間的走廊地帶，向黑海和聶伯河彎斜向推進，切斷羅馬尼亞人前方的紅軍。這一系列舉動措有利於當前的戰局，如果克萊斯特揮師向北，波克方面向南派出一支精銳部隊，從兩翼發起攻勢，不僅可以瓦解基輔周圍紅軍的頑強抵抗，而且能夠將其團團圍住。這樣一來就能徹底消除進攻莫斯科時，可能遭遇聶伯河以南紅軍反擊的威脅。正是所有這些有利的態勢促使希特勒下定決心在基輔決戰，以此作為莫斯科作戰的前奏，贊同這樣做的並非只有希特勒一人。

有關這個重要決策，布魯門特提提起過的一件事頗有意思。他說：「雖然波克希望挺進莫斯科，克魯格卻不認同。克魯格強烈支持圍剿基輔紅軍的替代方案，按照他的想法，他的第四軍團就可以向南迂迴，與古德林的裝甲部隊一起完成鉗形攻勢。在力推這個方案時，他特意對我說：『這樣一來，我們就會歸倫德施特指揮，而不是波克。』與波克打交道極不容易，克魯格自然不願和他沾邊。人際關係影響到戰略決策，這倒是個有趣的例子。」

倫德斯特自然樂意北方的援軍來幫助他解決眼前的燃眉之急，也希望能夠摘取包圍戰的輝煌勝利，這可是軍人夢寐以求的赫赫戰功。由於波克麾下的主將與希特勒意見一致，自恃有將領的支持，希特勒便決定與陸總部的建議背道而馳。確實可以列舉很多理由來表明，在向莫斯科推進之前，先得消除紅軍從側翼反攻的威脅，解決南面的後顧之憂。況且，紅軍主力的行動相對遲緩，這增加了德軍機動性的戰略優勢，德軍機動部隊集中兵力不斷地從一個地方向另一地點靈活作戰，頻頻取得決定性的戰果。但要落實這個方案，時間已經非常緊迫，尤其是德軍對冬季作戰並沒有做好充分的準備。

這裡可以提一下，克魯格並未如願擺脫波克的控制。雖然他和參謀們已經從前線撤出，準備對基輔的鉗形攻勢，但不久克魯格部隊參戰一事便被取消了。（雖然這會使古德林南進時的步兵實力有所減弱，但古德林對此並不感到遺憾，他對我說：「克魯格比波克還要難以相處。」）克魯格一氣之下就乾脆請假搭飛機打道回府了。在莫斯科作戰打響之前的幾個星期，他就一直在家閒晃。

希特勒堅持要發動基輔作戰，但在其他方面，他對陸總部和波克作了一定的讓步。除了將第四軍團歸波克指揮之外，他放棄了從霍斯的裝甲兵團抽調至少一個軍的兵力去助攻列寧格勒的打算。他還同意一旦基輔作戰結束，就從其他集團軍調動裝甲部隊，幫助中央集團軍準備莫斯科作戰，九月六日下達的新命令中包含了這個決定。希特勒的如意算盤是在九月中旬開始攻擊莫斯科，但是根據以往的經驗，看似合乎邏輯的計算未必就能得出必然如此的結論。

就基輔包圍戰本身而言，德軍大獲全勝，輝煌戰果堪稱空前。賴赫勞和魏克斯率領的德軍在當面纏住紅軍，古德林從紅軍的後方插入，克萊斯特則從聶伯河灣向北突進。這兩支裝甲軍在距基輔東面一五〇英里處會師，從後方將紅軍團團圍住。這次逃脫的蘇軍寥寥無幾，總共有六十萬人淪為戰俘。但是戰鬥尚未結束，時間已經是九月下旬了，道路破敗、天氣惡劣，這雖然沒有阻止德軍完成包圍，但還是延遲了合圍的速度。

秋季來臨，路途日漸難行。冬季步步逼近，致命的威脅將再度降臨到侵蘇大軍的頭上。

功敗垂成的列寧格勒

希特勒認為當務之急是佔領列寧格勒，雖然這個想法與布勞齊區、哈爾德以及波克的觀點相左，但支持他的高階將領也不乏其人。他們之中不少人當時就支持希特勒的決策，至今仍認為那是正確可行的。一九四五年倫德斯特談起這次戰役時說：「在我看來，一九四一年在蘇聯的行動應當首先集中力量進攻列寧格勒，而不是莫斯科。這樣就能與芬蘭人聯手，然後從北向莫斯科推進，與由西而來的波克的部隊配合作戰。」

但隨著戰役的進展，該方案不僅受挫於來自正面的抵抗，還改變了原定的目標，轉向了烏克蘭。倫德斯特本人也對目標的轉變有過促進作用，因為他自然更關注自己南面集團軍的戰況。倫德斯特的意見舉足輕重，如果當初讓他來指揮北方的戰事，戰爭演變的格局可能就會截然不同了。

集中兵力南向基輔「合圍」，與北上攻克列寧格勒很難同時協調進行。陸總部和波克則力主早日攻向莫斯科，三個方向的分歧使事情更為難辦。希特勒決定基輔包圍先行，這勢必使之成為「當務之急」，列寧格勒也就退而成為次要目標了。

不少德國將領對我說過，正是由於希特勒的橫加干預，致使德軍喪失了早日佔領列寧格勒的機會。瓦里蒙特說：「正當北面集團軍的裝甲先鋒兵臨列寧格勒市郊時，希特勒卻又一次下達了要命的暫停進攻命令。他顯然是想避免德軍的人員和物資受到重創，因為要與蘇聯這個大城市裡憤怒的人民進行巷戰，其慘烈的程度可想而知。他希望切斷外界與市內所有的運補，不戰而屈人之兵。」布魯門特提的看法是：「本來拿下列寧格勒費不了多少事，可是由於一九三九年攻佔華沙時德軍傷亡慘重，希特勒從此對攻佔大城市總是神經過敏。我軍的戰車行將進攻之際，希特勒卻下令停止進攻——一九四一年發生在敦克爾克的一幕再度重演。進攻本已萬事俱備，連從法國運來的遠程火砲也架好了，但實際情況與表面現象恰恰相反，德軍並沒對列寧格勒做過真正的攻擊。」

想通過包圍和封鎖來降服列寧格勒的目的並沒達到，隨著機動部隊在秋季被調往莫斯科方面，攻克列寧格勒的希望已日趨渺茫。霍普納的裝甲部隊一直是北面戰場的前鋒，卻被調往克魯格的第四軍團。七月，希特勒還在反對陸總部集中兵力攻克莫斯科的方案，此刻為了加強對莫斯科為時已晚的攻勢，他卻捨棄了自己原定的目標列寧格勒。看來如果德軍一直堅持無論是最高統帥部還是陸總部的決策都可能獲得更好的結果，但他們卻想兼顧兩者，最終導致在兩邊都失敗。

秋季攻勢

包圍基輔的輝煌戰果淡化了在列寧格勒的失意。大多數德國人為這次大勝而欣喜若狂，以為可以在維亞茲馬（Vyasma）周圍傑斯納河地區同樣再取得一次包圍戰的勝利，從而打開大路迅速向莫斯科挺進。雖然即將秋去冬來，那些原來就主張進攻莫斯科的將領此刻更加求戰心切，而那些原來持異議的將領現在也認同攻佔莫斯科的時機已經成熟。

戰後，倫德斯特對我談了他的觀點，他說：「佔領基輔後，我們應當在聶伯河停止前進。我曾為此力辯，布勞齊區也同意我的看法。但是被基輔勝利衝昏頭的希特勒卻自以為穩操勝券，執意要向前推進，攻佔莫斯科。波克自然是何樂而不為，他的鼻子早就對準莫斯科了。哈爾德也同樣如此。」然而根據現存的有關資料，由於身邊的將領幾乎無不躍躍欲試，布勞齊區未必真的像倫德斯特那樣謹慎從事。資料顯示，倫德施特首先提出停止進攻，然而在十一月初之前，即便是他也沒有竭力主張停止行動。

在當時的格局下，可以理解為什麼樂觀自信的情緒能佔上風，大多數將領主張針對莫斯科的秋季攻勢。然而蘇聯贏得了兩個月的時間，留給德軍的機會日漸渺茫，如今他們更加指望秋高氣爽的天氣。但是事與願違，那年秋季異常潮濕。布魯門特提沮喪地說：「我們錯失八、九月的時機，這可是一年中天氣最好的兩個月份，其後果是致命的。」希特勒決定發起秋季攻勢的同時，還想發動另一場戰役，他禁不住來自南方的誘惑，妄圖既攻佔莫斯科，又能品嘗南方勝利的戰果，這就使事態更為複雜，德軍的兵力難以集中。

受挫於「高加索門戶」

希特勒決定繼續作戰，他命令倫德斯特肅清黑海沿線的敵軍直抵高加索為止，這個新任務是基於個人的貪婪。倫德斯特在地圖上給我說明，德軍的目標是奪取沃羅涅什（Voronezh）以東至頓河一線到羅斯托夫附近的河口，其右翼長驅直入佔領邁科普（Maikop）油田，其左翼進攻位於伏爾加河（Volga）的史達林格勒（Stalingrad）。倫德斯特向希特勒指出，越過聶伯河向前推進四〇〇英里並不容易，而且風險太大，長距離的奔襲會使部隊的左翼暴露出來，容易受到打擊。希特勒則信心十足地斷言，蘇聯人不會進行認真的抵抗，冰凍的道路能讓德軍迅速抵達目的地。

倫德斯特向我描述了事情的經過，他說：「由於要分兵到莫斯科，這個方案一開始就顯得很不順。我的許多機動部隊被調往東北，準備越過奧廖爾，開往莫斯科南郊。此行徒勞無功，反而坐失良機。我原來希望波克的右翼向東南轉頭，向在庫斯克與我對陣的紅軍後方攻擊，將其分割圍剿。我認為將進攻重心轉向東北鑄成大錯，因為那裡有通往莫斯科的鐵路，紅軍佔據著有利的地勢，足以抗擊德軍的進攻。」（可見倫德斯特依然和陸總部觀點相左。）

由於我的六軍團被擋在庫斯克之外，沒能到達頓河邊上的沃羅涅什，原定目標落空。這次攻擊也影響到友軍的第十七軍團的進展，使我軍向高加索推進的範圍變得更為狹窄。第十七軍團在頓涅茨河遭到頑強的攔阻。它無法繼續前進去掩護克萊斯特第一裝甲兵團的側翼。紅軍朝南向黑海方向反攻，克萊斯特的側翼岌岌可危。曼斯坦的第十一軍團在另一側突破了佩雷奇普地峽（Perekop Isthmus）的防線，攻入克里米亞，迅速橫掃除了薩瓦斯托普要塞（Savastopol）和刻赤高地（Kerch）以外的整個半島。但是希特勒分兵決定，削弱了我在主要作戰方向的兵力。

用克萊斯特的話來描述高加索行動最為合適，他說：「我軍還沒到達頓河下游之前，事態已經十分明朗，已經沒有時間和機會抵達高加索了。雖然我們包圍了聶伯河以西的大部分紅軍，撕開了前進的通道，蘇聯主力還是通過東方的鐵路和公路源源不絕地到來。加上惡劣的天氣，在緊要時刻，我們不時陷入泥濘，而且我的先頭部隊又偏偏汽油短缺。」

「我當時的想法是先攻入羅斯托夫，摧毀頓河上的橋樑，而非不斷推進。我在米烏斯河畔（Mius）找到一處極為有利的防禦地點，開始部署一條冬季防線。但是戈培爾的宣傳機器卻對我軍進入羅斯托夫大肆鼓噪，說什麼「打開了前進高加索的門戶」，致使我的想法難以落實。我的部隊被迫在羅斯托夫耽擱了過長的時間，結果在十一月末，紅軍向我攻來，我軍遭到重創。不過我軍退守米烏斯河防線後就頂住了追擊。雖然敵軍從內側向外大力推進，整個冬季，我軍還是成功地守住了這條防線，那裡離羅斯托夫以西僅五〇英里，是德軍整個東線推進得最遠的一個據點。」

克萊斯特補充道：「在第一個冬季，德軍的處境非常危險。他們幾乎被凍僵了，舉步維艱，那是反制紅軍包圍的一大障礙。」

倫德斯特的敘述證實了克萊斯特的話，他也談了自己是如何第一次被撤去總司令職務的。「我想擺脫與紅軍的糾纏，退守米烏斯河。布勞齊區開始時也是同意的，但是元首卻否決了，希特勒下令不准後撤。我回電聲稱，死守不退簡直是胡來，並說：『如果你不同意我的建議，就另請高明來指揮吧。』當天晚上，元首回電接受我的辭呈。十二月一日，我離開東部前線，從此一去不返。希特勒隨後飛到那裡，視察了戰場的形勢後，他改變主意，同意後撤。值得注意的是，從一九四一年到一九四二年，米烏斯是我軍唯一未被撼動的防線。」

我從其他方面得知兩個重要的補充。倫德斯特建議退守米烏斯河時，布勞齊區先是贊同，後來又轉變態度，屈服於希特勒的主張，不同意後撤。不過希特勒當即接受倫德斯特的辭呈時，布勞齊區還是表示了異議。希特勒任命賴赫勞接替倫德斯特，為了表示對元首的順從，賴赫勞起先對是否後撤不作任何表態。紅軍的反攻迫使希特勒改變主意，這是無從爭辯的事實。

兵敗莫斯科

十月二日，德軍開始向東面的莫斯科推進。由三個軍團執行該項任務，右翼是第二軍團，霍普納裝甲部隊所隸屬的第四軍團位於中路，第九軍團加上霍斯的裝甲部隊位於左翼。與此同時，古德林的裝甲兵團獨自行動，從南方起程直撲位於傑斯納河對岸紅軍防線的後方。九月三十日，古德林率領的部隊直趨奧廖爾和圖拉（Tula）以及莫斯科南郊。

布魯門特提對這次攻勢的過程有著生動的描述：

第一階段的行動是包圍維亞茲馬和布良斯克（Bryansk），這次包圍戰打得非常完美，俘獲六十萬紅軍。這就是一個現代版的坎尼戰役，只是規模更大。戰車對勝利有著關鍵性的作用，紅軍猝不及防，他們沒料到德軍會在深秋時節發起如此強大的攻勢。然而，德軍要依靠閃擊戰術擴大戰果為時已晚。

圍剿紅軍後，我們繼續向莫斯科挺進。一路上並沒有遭遇多少抵抗，但是道路泥濘，行軍速度極慢，部隊疲憊不堪。而且我軍在納拉河（Nara River）與紅軍遭遇，那裡易守難攻，防備森嚴，蘇聯的增援部隊擋住了德軍前進的步伐。此刻，大多數德軍指揮官都在問：『何時才會停止進攻？』他們忘不了拿破崙軍隊在俄國全軍覆沒的經歷，許多軍官開始重溫科蘭古侯爵（Caulaincourt）有關一八一二年戰爭的慘烈描述。在一九四一年這個緊要關頭，該書對德軍影響匪淺。當時的情景至今歷歷在目，我還記得克魯格經由布滿泥濘的路，從寢室走到辦公室，日復一日呆站在軍事地圖面前，手裡卻始終拿著科蘭古的書籍。

我對這一點特別感興趣，因為在一九四一年八月德軍的攻勢似乎勢不可擋之時，我曾在十月份的“*The Strand*”月刊上發表過一篇文章，從科蘭古的書中摘取大量的引證，比較了拿破崙侵俄和希特勒的侵蘇作戰，並暗示將有同樣的結局。我在該篇文章表示，雖然德軍將領想起科蘭古時為時已晚，看來我們還是所見略同，布魯門特提面帶苦笑表示認同。

他繼續說：「士兵們不像將領那麼悲觀，他們可以在夜晚看到莫斯科上空高射砲的火光，這激起他們的鬥志——莫斯科近在咫尺。他們還以為能在城內的房屋裡避寒取暖渡過嚴冬。但是指揮官卻明白已經無力向前推進這最後的四十英里。」

然而在德軍高層這邊，另一個不同的觀點卻佔了上風。有關資料表明，波克比希特勒更熱衷於進攻莫斯科。波克聲稱德蘇雙方都已經打得筋疲力盡了，勝負取決於誰具有超強的意志力。布勞齊區和哈爾德贊同波克的觀點，倫德斯特和李布希望停止進攻，但是他們沒有直接參與進攻莫斯科，所以他倆的意見影響甚微。

布魯門特提和我討論了十一月初發生的事情，他說：

我們在阿沙開了一次重要的會議，討論未來的作戰方案。通知所有軍團和集團軍的參謀長都要前來參加，與哈爾德共商大計。會議就在哈爾德的專用列車上舉行。布勞齊區和其他指揮官沒有出席會議，會議的目的是讓與會者「感受一下各種意見」，商討是應當再發起一次全面性的進攻，還是在冬季暫停進攻。

南面集團軍參謀長索旦斯登態度最為堅決，他反對進行任何新的攻勢，北面集團軍參謀長也持相同的看法。中央集團軍參謀長格賴芬貝格態度曖昧，他指出進攻的風險，但沒有明確反對繼續進攻。他的處境有點為難，波克能征善戰，但野心勃勃，他的眼睛早就盯上了莫斯科，而莫斯科已近在咫尺。

哈爾德接著發言，他表示元首和他本人都希望繼續進攻。他說有理由相信蘇聯的抵抗已接近崩潰的邊緣。他還告訴我們，元首的計畫是先繞過莫斯科，佔領城外的鐵路樞紐。因為陸總部的情報表明大量的蘇聯預備隊正從西伯利亞乘火車趕來增援莫斯科的守軍。

會後不久，我們就接到命令攻佔莫斯科，這可是生死攸關的命令，不過方案已經略作修改。因為克魯格堅決反對攻佔莫斯科城外的鐵路樞紐，他認為在這個季節深入重地無疑是「瘋狂行徑」。計畫強調正面進攻，佔領莫斯科，因為它是蘇聯抗擊入侵的「偉大象徵」。計畫命令要炸毀克里姆林宮，向世界宣告布爾什維克的垮台。

雖然德軍指揮官都明白要攻克莫斯科並非易事，但是他們都沒料到在如此嚴酷的冬季，敵方還能夠集結如此強大的軍隊。

進攻之前，德軍重新部署。南邊為克魯格的第四軍團和第一裝甲軍；北邊是霍普納的裝甲軍和第九軍團的一些步兵師。身為總指揮，克魯格必須完成一項他認為難以完成的任務，這頗具諷刺意味。

布魯門特提繼續說：

攻勢由霍普納的裝甲部隊在左翼開頭，道路泥濘不堪，加上紅軍的阻擊，部隊行進的速度十分緩慢。我軍損失慘重，老天也和我們作對，大雪紛紛灑落造成道路濕滑。紅軍通過冰凍的莫斯克瓦（Moskwa）從側翼不斷向我反攻，霍普納不得不分散兵力來對付這些反擊。第二裝甲師成功地深入敵方陣線，已經可以看到克里姆林宮了，但最遠也就是到此為止了。

情況很不樂觀，這時是否要派第四軍團參加攻勢的問題放到檯面上討論了。每天晚上霍普納都打電話催促儘快出動第四軍團，我和克魯格都會談到深夜，商討是否同意霍普納的一再請求，克魯格決定親自下去聽一下前線將士的意見。克魯格是個精力充沛、敢作敢為的指揮官，他喜歡親臨戰場，於是他來到前線，徵詢初級軍官和士官的意見。前線幹部求戰心切，表示有信心打進莫斯科。經過五到六天的商議和調查後，克魯格決定動用第四軍團進行最後一搏。地面積雪皚皚，冰凍厚達幾英寸。較之泥濘的道路，凍硬的路面倒是有利砲兵部隊的推進。

十二月二日，德軍開始攻城，但到下午就傳來進攻受阻的回報，紅軍在莫斯科周圍森林的防守十分堅固。蘇聯人十分擅長森林作戰，下午三點就會入夜的時令更讓他們的防守如虎添翼。

第二五八步兵師的幾支部隊確實打進了莫斯科的近郊，但是蘇聯的工人從工廠湧出，手握錘子和其他工具來保衛他們的城市。

一到夜晚，紅軍便猛攻那些孤軍深入的德軍。第二天，前方回報說不可能突破紅軍的防線了。那天晚上克魯格和我進行了一次長談，最後他決定撤回前方的部隊。幸運的是，紅軍沒有察覺到我們在後撤，撤退非常成功，我們有條不紊地將部隊重新徹回到原先的位置，但兩天的苦戰已使我軍傷亡慘重。

後撤的決定還算及時，否則紅軍的全面大反擊將讓我們敗得更慘，朱可夫元帥投入了一百個師進行反擊。多支紅軍部隊集合在一起向我猛攻，我軍危在旦夕。希特勒終於明白德軍擋不住紅軍的進攻，極不情願地同意德軍儘快退到後一道防線。有關蘇聯後備部隊的數量，我們大為失算。他們將自己的實力隱藏得可是夠好的。

希特勒攻佔莫斯科的賭局就此告終，這也是他在蘇聯首都投下的最後一筆賭注。自那以後除非被俘虜，德軍將士再也見不到克里姆林宮了。

第十七章 攻打高加索和史達林格勒

莫斯科已經遙不可及，嚴冬導致德軍上下彌漫著恐懼的氣氛。戰局每況愈下，拿破崙大軍潰敗的悲慘命運似乎離他們越來越近。

在這黑暗的時刻，正是希特勒「絕不後退」的決定穩住了部隊的軍心。這反映了希特勒鋼鐵般的意志，儘管也可能出自他執拗的性格，因為大多數將領和他意見相左。

但是這次成功的轉危為安並沒能讓他逃脫最終毀滅的命運。首先這讓他在一九四二年夏季在東線戰場陷得更深。他開局不錯，但隨即便誤入迷途。因為他的眼睛只盯著高加索，結果坐失拿下史達林格勒的良機。然後為了發動為時已晚的史達林格勒戰役又使高加索之戰前功盡棄。

冬季來臨後，希特勒又異想天開，欲將賭注再次押在他心中的「莫斯科」上。這次災難性的結局使德軍大傷元氣，從此一蹶不振。不過即便在這個時候，他還是可以在德軍佔領的緩衝地帶進行靈活多變的防禦作戰，以拖延戰術搞得紅軍精疲力竭。無奈此人固執己見，「絕不後退」，從而加速了第三帝國的覆滅。

冬季危機

從德軍將領與我交談的內容可以清楚地看出，一九四一年十二月兵敗莫斯科後，德軍的處境岌岌可危。將領們紛紛敦促希特勒大踏步地後退，以確保冬季防線的安全，他們指出部隊裝備不整，無法抵禦冬季作戰的嚴酷環境。希特勒置之不理，下令：「軍隊必須寸土不讓，人人都要原地固守。」

他的決策看似會帶來災難性的後果，然而事態的演變再次證明他是對的，提佩爾斯基希將軍（Tippelskirch）的一番話道出了其中的原委。提佩爾斯基希身材修長，舉止儒雅，先後擔任過軍長和軍團司令。他說：「二戰時的陣地防守甚至比一次大戰時還要堅固。雖然紅軍繞到我方的側翼，卻總是沒能攻破我軍的陣地，他們沒有能力充分發揮其優勢，而且也無法獲得足夠的補給物資。在那些位居交通要道的城鎮，我軍集中兵力嚴防死守，按照希特勒的主意，像刺蝟一樣將其團團圍住，牢牢地守住了那些城鎮。局勢轉危為安。」

許多德軍將領事後都承認，在那樣的格局下，希特勒的決定堪稱上策，儘管他們當時並不認同這樣的做法。「這是希特勒的一大成就，」提佩爾斯基希說，「在危急時刻，我軍不禁想起拿破崙兵敗莫斯科的往事，重蹈覆轍的陰雲揮之不去。一旦陣腳鬆動，開始後撤，很可能形成倉皇出逃的局面。」

其他一些將領贊同這個說法，但是倫德斯特卻尖酸刻薄地指出：「首先，正是希特勒下令死守才造成了危險的局面。如果他及時同意後撤，德軍就不會陷入困境。」

布魯門特提和我談過十二月莫斯科作戰的情況，他也間接地表示贊同倫德施特的意見。他認為希特勒前後不一的態度，取消自己已經承諾的後撤行動，並過於強調嚴防死守，給德軍帶來了不必要的危險。

德軍在莫斯科受挫後，克魯格曾向最高統帥部建議最好全面後撤至卡盧加（Kaluga）和維亞茲馬之間的烏格拉河（Ugra），德軍已經在那裡構築了部分防禦工事，元首的最高統帥部就此權衡了不少時日後才勉強同意。與此同時，紅軍的反攻已經給德軍造成極大的威脅，尤其是德軍的側翼岌岌可危。德軍剛開始後撤，元首又下達了新的命令：「第四軍團不准後退一步。」

我們的處境越來越糟，因為古德林的裝甲兵團在圖拉附近，遠離我軍右翼，這支部隊已瀕於彈盡糧絕，在第四軍團主力撤出前必須先讓他們撤退。時間的延誤馬上就帶來了新的麻煩，紅軍猛攻古德林的弱點，一下子將它驅趕到了奧卡河（Oka）對岸。與此同時，霍普納的裝甲部隊也遭紅軍猛烈攻擊，面臨著被包抄的險境。

結果第四軍團就處於孤立無援的突前位置，隨時可能被紅軍圍剿。河面已經結冰，無法把蘇軍阻擋在河的另一邊。情況萬分火急，因為蘇聯騎兵正包抄到我軍右側，從後面向我進攻。這支部隊由騎兵和架雪橇的步兵組成，在蘇軍收復的村莊裡，無論老少，只要扛得動槍，所有的男人都必須參戰。

十二月二十四日這天，第四軍團面臨著嚴酷的險境，正是希特勒拒絕及時撤退的建議才造成眼下這種局面。我的上司克魯格已於十五日去頂替生病的波克，留下我來負責第四軍團。我們的司令部設在小雅羅斯拉韋茨（Malo Yaroslavets），我和參謀們待在小木屋內渡過那年的聖誕。衝鋒槍擱在桌上，四周槍聲不絕於耳，似乎我們已經難以逃脫任人宰割的命運。此時我們發現紅軍沒有朝北來夾擊我軍的後方，而是轉向西面。他們確實是錯過了一次極好的機會。

局勢依然十分嚴峻，希特勒還是舉棋不定，直到一月四日，他才終於同意全線撤至烏格拉河。此前我剛剛離開第四軍團，出任副參謀長，由屈布勒將軍（Kuebler）接替軍團司令一職。不久，他就發現自己難以擔此重任，再由海因里希取而代之。雖然第四軍團的兩翼被團團圍住，海因里希還是盡力將新的防線維持到春季以及後來的一段時間。

布魯門特提談到部隊撤離時狀況，他說：「路上積雪很深，直到戰馬的下腹。大部隊撤離時，先得派一部分官兵在白天掃雪清路，晚上車隊才能行駛。當時的氣溫低達華氏零下二十八度（編註：約攝氏零下三十三度），你可以想像得出部隊面臨的考驗何等艱難。」

雖然希特勒的決定可能使德軍免於在莫斯科作戰後面臨全線潰敗，但還是付出了沉重的代價。「在莫斯科作戰的最後總攻擊前，我軍的損失並不十分嚴重，」布魯門特提告訴我，「但是在冬季無論是人員還是物資都損失得相當慘重，很多人死於嚴寒」。（有資料顯示，德軍每週的平均損失僅是第一階段戰役時的一半。不過產生這般印象是不難理解的，因為勝利在望時，人們對傷亡不那麼在乎。而在戰敗和嚴冬的雙重打擊下，就會感到損失特別慘烈。從入侵開始到二月底，德軍傷亡總計為一百多萬。由於部隊人員短缺，又未能得到新兵的補充，損失過重的感覺就進一步放大了。）

提佩爾斯基希的談話提供了更多的細節，那年冬天他在第二軍擔任師長，當時該部隊正位於列寧格勒和莫斯科之間的瓦爾代高地（Valdai Hills）。他告訴我，他的部隊已經剩下原編制約三分之一的戰力。「冬季結束之前，每個師都只有五千人左右，有的連只有五十名官兵而已。」

他還闡述了自己對希特勒「固守」策略長期影響的看法。「對德國空軍來說，那年冬季簡直是災禍連連。德軍固守的那些『刺蝟』位置突前，側翼又被紅軍包圍，處於孤立無援的境地，空軍必須給他們空投物資。第二軍一天需要約二〇〇噸的物資，平均需空投一百架次。由於惡劣的天氣居多，所以不得不利用好天加倍空投量，為這麼一個軍的後勤補給，一天就得出動三五〇架飛機，惡劣天氣致使許多飛機墜毀。那些據點散布在開闊的前線，運輸機不堪長途飛行，這對德國空軍後來的發展有致命的影響。」

我向德軍將領詢問了有關一九四一到一九四二年間，紅軍冬季攻勢的情況和結果。所有人都表示，紅軍深入側翼造成的威脅讓德軍非常緊張，德軍被分割包圍，彼此無法聯繫。布魯門特提概略表示，由此造成的直接後果遠甚於所構成的威脅。「紅軍冬季攻勢主要結果，是打亂了德軍在一九四二年的作戰部署。天氣所造成的危害和威脅要比紅軍的攻勢更大。德軍士氣低落，傷亡主要是由嚴寒所致，那年冬季帶給德軍的傷亡遠超過來自紅軍的攻擊。」

他還認為德軍戰線過長，不堪重負。「每個師的戰線長達二十到二十五英里，甚至在莫斯科附近那樣關鍵的地區也長達十到十五英里。修築公路和鐵路難度很高，給各個據點分送物資相當困難，這就使本已薄弱的前線更為艱困。」

德軍每個師的防線延伸度遠遠大於一戰時的上限，這麼薄弱的防線居然能夠頂住紅軍的進攻，我問布魯門特提原因何在。他回答：「在一戰時，戰鬥師切入縱深，其陣地相對的較窄。如今新式武器和自動射擊武器的改進也有助於我們守住較寬闊的防線。防禦手段的機動性也大為加強，這是另一個重要因素。如果防線被攻破，在缺口擴大之前，只要調動一些戰車和機動部隊就能擊退攻入防線的敵軍。」

德軍利用這種優勢在防守上一再轉危為安，諷刺的是，這反而給希特勒壯了膽，促使他將更多的賭注押到進攻上。他認為事實證明他的決策要比將領更高明，從此以後，他就更聽不進將領們的意見了。

布勞齊區不擅於與希特勒打交道，他的體弱多病則使情況變得更糟。與希特勒的爭辯讓他壓力更大，對作戰進展的不滿則更令他心情沮喪，結果他的身體越來越差。十一月，正當德軍要作出生死攸關的決策時，布勞齊區卻心臟病發。進攻莫斯科失利後沒幾天，他就提出辭去總司令一職。過了兩週，直到十二月十九日，德國公開宣佈布勞齊區退休。希特勒原來就是國防軍最高統帥，掌管著三軍。此時他決定利用這個機會，親自擔任陸軍總司令。宣佈布勞齊區退休也就是公然對外表示他是因軍事錯誤而去職，從而將軍事上的失利全都歸咎於軍方將領。

對布勞齊區去職的這種解釋正中希特勒下懷，他的親信也為之鼓譟。總司令一職不僅增強了希特勒的權力，也使德國將領與他抗衡的能力大為削弱。布魯門特提一針見血地指出：「二戰期間，只有海軍將領最為寬心，因為希特勒對海戰一竅不通，但他自以為精通陸戰。」

即便是海軍將領也有他們頭痛的事情，就像拿破崙的海軍將領一樣，德國海軍將領也得和一個自以為瞭解陸戰的元首打交道，提醒他注意英國皇家海軍會製造的麻煩，這將間接影響到德國的大陸戰略。他們想讓希特勒相信在獲取更遠大的目標之前，必須先截斷英國這個海權國家與其基地之間的聯繫，尤其這些基地是德國這個陸權國家在範圍之內可觸得的，但是他們的努力沒有成功。

另一方面，陸軍將領的視野過於侷限在歐洲大陸和軍事領域，所以也沒能制止希特勒的胡作非為，狹窄的視野抵消了他們謹慎從事的優點。克萊斯特在與我的一次談話中對此提出正面的反思。他說：「這一代軍人並不重視克勞塞維茨的教導，我在軍事院校和參謀本部時情況就是如此。人們會引用幾句克勞塞維茨的名言，但是並沒有認真研究過他的著作。人們將他視為軍事哲學家，而不是實戰的導師。史里芬的著作受到更多的推崇，他的作品似乎更實用。德國的敵人總是互為聯手，軍事實力超過我們。史里芬的著作告訴我們如何以弱勝強。然而克勞塞維茨的理論更切中要害，尤其是他的『戰爭是政略的延伸』這一名言所揭示的，政治因素比軍事因素更為重要。德國錯就錯在以為軍事上的成功可以解決政治問題。在納粹的統治下，我們把克勞塞維茨的名言顛倒了過來，竟把和平視為戰爭的延伸。克勞塞維茨有關俄國難以征服的預言也居然一語成讖。」

一九四二年的作戰方案

德國高層在冬季就一直在為春季該如何作戰爭辯不休，早在莫斯科作戰之前就已經開始探討這個問題。談及當時的情況，布魯門特提對我說：「許多將領認為不可能在一九四二年策劃新的攻勢，固守現有的陣地才是上策。哈爾德對繼續進攻持極其懷疑的態度，倫德斯特依然強調並敦促德軍撤回到波蘭的原有防線，李布也贊同倫德斯特的觀點。其他將領並不主張退得這麼遠，但大多數人對戰爭的走向還是十分茫然。自從倫德斯特和布勞齊區辭職後，軍方與希特勒抗衡的力量日漸削弱，如今希特勒又要壓著軍方恢復攻勢。」

布魯門特提在一月初出任副參謀總長，成為參謀總長哈爾德的副手。他最了解希特勒決策背後的動機和打算。

他總結道：「首先，希特勒希望在一九四二年贏得他在一九四一年沒能成功獲取的戰果。他根本不相信紅軍的實力已經增強，對這方面的消息置若罔聞，他和哈爾德為此而『鬥嘴』。有情報表示，在蘇聯烏拉山（Ural）等地的工廠月產戰車可達六〇〇到七〇〇輛。當哈爾德將此事告訴希特勒時，他拍桌大怒，說那是不可能的，他不願意相信他不情願相信的事情。其次，他自己也不明白該怎麼辦，所以聽不進任何撤退的建議。他知道必須要有所行動，而他所謂的行動就是進攻。其次，來自德國經濟部的壓力太大。經濟部告誡希特勒，繼續進攻雖然重要，如果沒有來自高加索的石油和烏克蘭的小麥，這場戰爭將無以為繼。」

我問布魯門特提，參謀本部是否調查過這種說法有何根據。我還問他，位於聶伯河灣地帶尼科波爾（Nikopol）的錳礦對德國的鋼鐵業是否有甚麼影響。在回答後者時，布魯門特提說，他也搞不清楚，他對戰時經濟所知甚少。在我看來，這一點非常重要，德國軍事戰略家對與戰略息息相關的其他因素往往一無所知。他還說，參謀本部無法對經濟學家的評斷提出質疑，因為參謀人員從不出席有關經濟問題的會議。可見，希特勒是有意把軍方蒙在鼓裡。

希特勒決定向蘇聯境內深入，生死在此一搏，但此時他卻發現已經沒有足夠的資源像一年前那樣發動全線進攻。希特勒無法決定是否應該再次向莫斯科挺進，他必須作出抉擇。於是他轉向南方攻去，計畫攫取高加索的油田。但是這樣做就像伸縮式望遠鏡，在繞過紅軍主力時，會拉長自己的側翼，當德軍到達高加索時，在長達近一〇〇〇英里的任何一個點上，都容易遭到紅軍的反擊。

波羅的海一側是德軍即將進攻的另一個目標。原定的一九四二年作戰方案包括在夏季佔領列寧格勒，以確保與芬蘭的聯絡，使芬蘭免除邊境被分割的隱憂。這樣一來，北面和中央集團軍就得保持防禦的態勢，只不過情況略為改善而已。

為了向高加索挺進，還特別成立A集團軍，歸利斯特元帥指揮，同時兵力已被削減的南面集團軍則作為其左翼，由賴赫勞取代倫德斯特擔任總司令。但是賴赫勞在一月突然死於心臟病，波克則再次被召回接管這支部隊，一九四二年戰役第一階段結束後，波克又被解職。克魯格繼續擔任中央集團軍總司令，屈布勒則取代李布為北面集團軍指揮。瓦里蒙特告訴我：「李布在一番爭議後辭職不幹了，因為希特勒硬要他固守丹姆楊斯克（Damyansk）的突出地帶，李布堅持認為只有拉直防線，得到急需的增援，才有可能守住該地。」布魯門特提說，李布一向對侵蘇作戰持有異議，所以他寧可早日辭職。「他心不在此，他認為入侵蘇聯在軍事上毫無取勝的希望，而且他厭惡納粹政權，所以有個藉口可以辭職豈非正中下懷。若無一個讓希特勒認同的理由，要辭職是不可能的。」

在談到一九四二年作戰方案形成過程時，布魯門特提提出的一些看法頗有見地。

在高司單位的經歷讓我了解到，戰爭勝負的關鍵取決於政治因素而非軍事戰略，取決於帷幄之中的思想交鋒，而非前方戰場的刀兵相見。而且從成文的作戰命令中是看不出這些思想交鋒的。文獻檔案未必是研究歷史最好的線索，簽署這些命令的人其內心的真實想法很可能與紙上的東西截然不同。歷史學家如果以那些文獻檔案為依據，以為這反映了指揮官的真實想法，那真是愚不可及。

多年前，我在哈夫登將軍（Haeften）手下從事一戰戰史研究時，就已經意識到這一點。哈夫登是個相當嚴謹耿直的歷史學家，他教我研究歷史的方法，告訴我這項工作的難度。但是，在這次大戰時，我在納粹政權最高統帥部就近觀察的結果，使我對歷史研究有了更清晰的想法。

納粹體制會產生一些怪異的副產品。德國人講究有組織、守紀律，習慣將要辦的事情付諸於文字。在這場大戰中，德國人產出了比以往更多的「文件」。過去訓練軍人主張命令要簡明扼要，讓執行者有更多自由發揮的餘地。可是在這場戰爭中，對思想的禁錮越來越嚴，與過去的做法大相徑庭。在能夠想像到的範圍內，命令都被規定得死死的，一舉一動都嚴格按照命令的細節執行，以免事後被追究。因此命令寫得繁瑣而冗長，與傳統的訓詞背道而馳。現在命令的語言往往誇誇其談，好用「最」之類的詞語，一反過去簡明扼要的文風，而且命令還要寫得像宣傳品那樣富有「鼓動性」。許多發自元首和最高統帥部的命令都必須逐字逐句層層下達，否則一旦出事，有關人員就會受到懲罰，理由就是未能正確傳達元首的意志。

德國納粹體制下的粗暴專橫與蘇聯不相上下，我的親身經歷表明兩者何其相似。比如在侵蘇作戰初期，我參與審問兩個在斯摩稜斯克被俘的蘇聯軍官。他們明白地表示對上級制定的作戰方案持完全不同的意見，但又必須不折不扣地執行上級的命令，否則就會掉腦袋，他們只能在被俘後才能自由表達自己真實的想法。在冷酷的體制下，他們只能唯命是從，決不敢說不。

國家社會主義體制與布爾什維克體制相似之處甚多。希特勒有一次和身邊的親信談話，哈爾德也在場，希特勒說他實在羨慕史達林，因為他還不能像史達林那樣用極端的手段對付那些堅持己見的將領，他還談到戰前史達林對紅軍將領的大清洗。蘇聯軍隊和將領全心全意忠於布爾什維克主義，全軍上下如同一人無條件地服從領導，對此他表示羨慕不已。而德軍將領和參謀總長則對國家社會主義缺乏狂熱的信仰，「他們遇事顧慮重重，愛提意見，對我做不到徹徹底底的同心同德。」

隨著戰事的演變，希特勒越發沉溺於發表這種連篇累牘滿口狂言的演說。希特勒瞧不起手下的將領，但又離不開他們，否則他的作戰方案無從實施，但是他對這些人的控制越來越嚴。許多戰時命令和報告都具有兩面性。簽名同意經常未必表示本人真心認同，但他又不得不簽，否則後果可想而知。未來的歷史學家和心理學家應當對這些現象多加關注。

攻向高加索

一九四二年的攻勢有點不同尋常，其最初的計畫就是如此。發起攻勢的起點是塔甘羅格（Taganrog）到庫斯克反向的斜線，其右翼位於亞述海，緊靠羅斯托夫附近的頓河，其左翼則位於西面一〇〇英里以外的庫斯克。強有力的進攻將從後側發起，其目的不是很明確。希特勒和參謀本部再次就戰略目標產生分歧，在攻勢開始之前，雙方沒有達成任何妥協，各自的看法也沒有得以澄清。正如在一九四一年曾經發生過的情況一樣，由於意見分歧，結果產生了很多麻煩，而這一次後果更為嚴重。

希特勒不顧哈爾德的質疑，執意重新發動攻勢，他計畫向伏爾加河附近的史達林格勒挺進。在準備作戰方案時，哈爾德以此為主要目標，德軍右翼的主要任務是助攻，向前挺進給南側做有力的掩護。希特勒攻佔史達林格勒的目標不僅僅是為提高士氣，更在於保障德軍北側的安全，這樣他就可以放心深入東南，佔領高加索。

克萊斯特曾在利斯特的指揮下率領裝甲部隊挺進高加索，他告訴我，希特勒曾向他面授機宜。誠如克萊斯特所理解的：「佔領史達林格勒是為了完成主要目標的輔助性行動，該城處於頓河和伏爾加河之間的瓶頸地帶，其重要性就在於它有利的地理位置。在那裡可以有效地攔阻東面紅軍對我側翼的進攻。戰役開打後，史達林格勒對我們而言只不過是地圖上的一個地名而已。」但是布魯門特提告訴我：「希特勒原本打算從史達林格勒向北推進，從後方鉗制莫斯科的紅軍。經過反復商討，他才被說服，承認這個大膽的計畫難以實現。他的一些親信甚至還奢談進軍烏拉爾，那更是癡人說夢。」

即便是後來的作戰方案也還是風險過大，而且隨著方案的實施，這種風險有增無減。

克萊斯特說希特勒在四月一日召見他，那是一個不吉利的日期。「希特勒說我們必須在秋季之前佔領高加索油田，否則戰爭將無以為繼。我認為，暴露如此長的側翼，危險太大，希特勒表示他將調動羅馬尼亞、匈牙利和義大利的軍隊來作掩護。我和其他人都提醒他用這種軍隊過於輕率，但他根本就聽不進去。他告訴我，這些友軍只會用來防守沿著頓河到沃羅涅什南部的防線，他認為從史達林格勒到里海（Caspian）一帶最容易防守。」

隨著事件的進展，當時人們提出的質疑最終得到證實。然而，必須承認第二年的這場賭博也並非完全沒有成功的希望。一九四二年夏季，紅軍正處於最低潮，多虧此時德軍的有生力量也已消耗了不少，否則只要德軍再稍加攻擊就可能使蘇聯許多局部地區的潰敗惡化為全線崩潰。

夏季攻勢旗開得勝，是因為紅軍在一九四一年的人員和裝備均損失慘重，新徵召的軍隊尚未準備好上戰場。德軍左翼從庫斯克迅速挺進到沃羅涅什，行軍如此神速也是因為蘇聯的預備隊嚴重不足，而且大部分遠在北方的莫斯科地區。另一個原因是，五月時紅軍對卡爾可夫作持續性的攻勢。布魯門特提談及此事時說：「這次行動消耗了紅軍的很多兵力，本來他們可以用這些兵力來阻擋我們的攻勢。」他繼續說：「從庫斯克到頓河和沃羅涅什的進攻中，第四裝甲兵團擔當先頭部隊。匈牙利的第二軍團隨後接管了這個地區，我們的裝甲部隊調頭沿著頓河的右岸向東南方推進。」

記得當年前線曾傳來激勵人心的消息，說紅軍在沃羅涅什進行了頑強的抵抗，成功地阻止德軍在該地區的繼續深入，於是我進一步詢問當時的情況。布魯門特提回答道：「德軍從來沒有打算要越過沃羅涅什直接向東推進，我們接到的命令是在沃羅涅什附近的頓河流域中止前進，就地佈防，從側面掩護第四裝甲兵團朝東南方向進軍，包路斯的第六軍團為其殿後。」

德軍從斜線插入頓河和頓尼茲河之間的走廊地帶，從而掩護了克萊斯特的第一裝甲兵團，為其突進肅清了道路。第一裝甲兵團不久又將重新成為戰場的主角，它從卡爾可夫附近出發，迅速越過切爾特科沃（Chertkovo）和米列羅沃（Millerovo），直指羅斯托夫。當克萊斯特的部隊逼近羅斯托夫時，頓尼茲河南邊的第十七軍團才參與這次進攻。談到這次閃擊戰的經過時，克萊斯特告訴我，他的部隊在羅斯托夫以北跨過頓河下游，然後沿著馬內奇河（Manych）河谷向東面挺進。紅軍炸毀了那裡的大壩，洪水直瀉，德軍的計畫差點因此而挫敗。好在克萊斯特的裝甲部隊僅被耽擱了兩天，便成功渡過了河，然後以三個縱隊的陣勢迅速向南挺進。克萊斯特本人帶領右翼縱隊，早在八月九日就抵達邁科普（Maikop）。與此同時，他的左翼和中央縱隊向東南挺進一五〇英里，正朝高加索山脈的山腳下逼近，裝甲部隊的扇形攻勢由跑步前進的第十七軍團殿後。

進攻開始六個星期後，德軍抵達並佔領了西部的許多油田，但它從來沒能成功抵達位於山脈那邊的主要油田區。克萊斯特說：

汽油短缺是失敗的主要因素，我軍大部分的物資都是依賴羅斯托夫瓶頸地帶的鐵路運輸，黑海通道沒有安全保障。相當一部分汽油得靠空運，但是其運量不足以滿足部隊需求量，正當前景看好之時，部隊卻不得不停止前進。

不過那還不是導致失敗的最終原因。如果我的部隊沒有被不斷調出去助攻史達林格勒，我們還是可以達到既定目標的。不光調走我的機動部隊，還從我這裡調走了防砲和除了偵察機中隊以外的全部空軍。

在我看來，調走我的兵力是導致失敗的深層原因。紅軍突然集結了八〇〇架轟炸機，它們從格羅茲尼（Grozny）附近的機場起飛，向我戰線攻來。雖然只有三分之一的戰機可以用於作戰，但已經足以阻止我再度進攻，由於我沒有戰鬥機和高射砲，敵人的轟炸機效率就更高了。

克萊斯特承認紅軍的守勢非常頑強，他指出了一個有趣的心理因素。「在作戰初期，我軍推進時幾乎沒遇到多少有組織的抵抗。蘇軍一旦被追上後，大多數部隊都無心戀戰，似乎只想快點逃回去。這與一九四一年的情況截然不同。但是當我軍進入高加索後，與我應戰的地方部隊卻堅守不退，因為他們是在保衛家鄉。加上鄉村的路況不利我軍前進，他們的阻擊就打得更為順手了。」

克萊斯特詳述了佔領邁科普以後的軍事行動。他的首要任務是控制從羅斯托夫穿過高加索山脈到梯弗里斯（Tiflis，第比利斯的舊稱）的公路，第二個目標是巴庫（Baku）。德軍最先在捷列克河（Terek）遭遇頑強的反阻，克萊斯特便向東迂迴，成功渡過了河。但過了河後，險惡的地形和茂密的叢林再次卡住了前進的道路。德軍的左翼暴露在史達林格勒和里海之間的草原地帶，這使部隊的攻勢難上加難。

> 紅軍從南高加索和西伯利亞調來增援部隊對我進行圍攻，我軍側翼的戰線拉得太長，蘇聯騎兵隨時隨地可以突破我軍的陣地，對我側翼構成嚴重的威脅。從阿斯特拉罕（Astrakhan）以南通過大草原的鐵路也有助於紅軍集結部隊，這些鐵路建設得十分粗糙，就只將鐵軌舖在平坦的草原上，也沒有什麼路基。我們企圖破壞這些鐵路，無奈徒勞無功。剛剛毀壞一段鐵軌，他們很快就會重新舖上鐵軌，連接在一起。我的偵察部隊已經抵達里海莫茲多克海邊（Mozdok），但這無濟於事。因為對手神出鬼沒，我們不知該向何處機動。隨著時間流逝，紅軍在該地區的力量越來越大，對我側翼的威脅也日趨嚴重。

在十一月之前，克萊斯特還企圖通過向各個方向發動突襲來達到自己的目的。從莫茲多克突破失敗以後，他便在西側的納爾奇克（Nalchik）改變攻勢方向，與來自普羅赫拉德納亞（Prokhladnaya）的德軍合力進攻，成功抵達奧爾忠尼啟則（Ordzhonikidze）。他在地圖上向我解釋這一系列機動作戰的過程，作為一個職業軍人，他得意地稱其為「相當漂亮的一仗」。此戰克萊斯特終於得到所需的空中增援，但是惡劣的天氣拖住了德軍前進的步伐。沒隔多久，紅軍便反擊了。「在這次反攻中，我原以為該是相當精實的一個羅馬尼亞師突然潰敗，這徹底打亂了我的計畫。此後，戰局又陷入僵持狀態。」

其他德軍將領也認同克萊斯特對失敗原因的分析，尤其是汽油短缺，致使裝甲部隊無法動彈連續幾個星期，坐等補給物資。由於汽油不夠，連運輸卡車也開不了，只能靠傳統的「沙漠之舟」——駱駝來運油。紅軍在高加索山地的反擊使德軍勝利的希望日趨渺茫，對此布魯門特提作了一些補充，他說那是因為德軍大部分訓練有素的山地部隊沒能上來增援克萊斯特，而是調去增援沿著黑海向巴統（Batum）進發的第十七軍團。「沿黑海前進的重要性遠不如克萊斯特的突破，錯就錯在不該將重兵派往那裡。當黑海那邊的德軍受阻於圖阿普謝（Tuapse）並要求增援時，我們一些人提出異議，爭論過程十分激烈。我們對那些堅持向黑海推進的人說：『你講得對，夥計，但是要知道石油可是在那邊。』我們指的是巴庫。但是嚷著要支援圖阿普謝的人還是佔了上風，削弱了高加索方向的兵力，等到要補救時已經來不及了。」

在高加索分散兵力出擊的一幕又再重演，只是這次的規模更大，這次分散兵力是為了攻打高加索和史達林格勒。布魯門特提對這個問題的看法與眾不同，「面對強敵的反擊，想要同時攻佔高加索和史達林格勒是十分荒唐的，我認為消滅敵人的有生力量比佔領油田更加重要。我當時就表態，主張先集中兵力攻佔史達林格勒。經濟學家聲稱如果拿不下油田，戰爭就打不下去，對此我們也很難提出異議。但戰事的進展證明他們的觀點未必正確，因為雖然沒能拿下高加索油田，德國還是堅持將戰爭打到了一九四五年。」

兵敗史達林格勒

如果德軍能將攻佔史達林格勒作為當務之急，那麼他們可能早就佔領了這座城市，一九四二年戰役最大的諷刺莫過於此。克萊斯特的陳述揭示了這一點：「在我左邊挺進的第四裝甲兵團，本來可以在七月底之前輕而易舉地佔領史達林格勒，但他們卻受命轉向南面幫助我的部隊渡過頓河。我並不需要他們的援助，他們一來反而把我們的道路搞得擁擠不堪。兩星期後，等到他們再度北上，蘇聯已經集結了足夠的部隊固守史達林格勒。」

在七月的最後兩週，戰爭的局勢對德軍最為有利。兩支裝甲部隊一路橫掃，打得紅軍節節敗退。蘇聯亂了陣腳，恐慌萬分，形勢便於德軍乘勝追擊擴大戰果。所以德軍裝甲部隊輕而易舉地渡過了頓河下游。德軍所向披靡勢不可擋，向東南可以進軍高加索，向東北則可以直逼伏爾加河。大部分蘇軍還待在頓河下游以西地區，遭到德軍裝甲部隊的窮追猛打。

由於第四裝甲兵團一時轉向東南，沒能抓住戰機一舉攻克史達林格勒，戰爭的格局開始逆轉。蘇聯人贏得了時間來集結軍隊保衛史達林格勒。德軍的第一次進攻受挫後，只能等待包路斯的主力前來助攻。包路斯的第六軍團先得打到頓河，圍剿河灣地帶的蘇軍，然後才能參與圍攻史達林格勒。但是包路斯的部隊未能及時趕到戰場，這不僅是因為它以步兵為主，而且它的戰力也已經大打折扣，因為它不得不將整師整師的兵力分出去加強沿著頓河中游不斷延伸的側翼。

到八月後半，德軍卯足全力開始進攻史達林格勒時，蘇聯人也已經在那裡聚集了更多的增援部隊。進攻一再受阻，史達林格勒靠近蘇聯的主要據點，比起高加索那裡更容易得到增援。進攻接連受挫讓希特勒惱羞成怒，在他看來，「史達林之城」這個名字本身就是對他的最大挑釁。他從主要戰線和其他地方調集部隊，力圖攻克史達林格勒，就此消耗了大量兵力。

長達三個月的戰鬥，在德軍方面無非是攻城戰術的反復運用。他們越逼近市區，其戰術迴旋的餘地也就越窄，這就如杠杆的阻力越小，其能撬動的範圍也就越小。與此同時，隨著陣地的縮小，守軍更易調動兵力加強弧形防線上的任何薄弱環節。德軍越深入建築密集的區域，推進的速度就越慢。在圍城的最後階段，德軍已經推進到離伏爾加河西岸僅半英里之處，但因傷亡慘重，此時德軍的力量已瀕臨消耗殆盡，每前進一步所付出的代價遠遠大於所得。

面對頑強的抵抗時，巷戰對於攻方來說其困難程度遠超過守軍的。紅軍最大的困難，是增援部隊和補給都必須用渡輪和駁船，在砲火威脅之下運過伏爾加河。這限制了西岸守軍增援部隊的數量和補給，結果守軍的壓力一直很大。紅軍高層的反攻大計，是將兵力集中在側翼，儘量不向正面守軍派出增援，這種冷漠的決策對城中的守軍來說更是雪上加霜。在作戰的後半段，僅有兩次從準備反攻的部隊中，抽調一個師去增援史達林格勒的守軍。史達林格勒的守軍打得英勇頑強，他們固守的陣地並不大，但已經足夠了。

史達林格勒攻防戰的故事，蘇聯已經提出不少生動的描述。因為大多數參戰的德軍將士已經淪為戰俘，德國方面還有許多詳情仍付之闕如。據目前所知，德軍只是逐街苦戰，傷亡日增。早在強令他們進攻之前，將士們就已經無心戀戰，只是懼怕於希特勒的嚴令，他們才被迫拼死一戰。

德軍對史達林格勒的進攻是如何演變成自掘陷阱的結局，其中來龍去脈很值得進行一番歷史學的探討。其實側翼崩潰的不祥之兆早就如陰影籠罩，布魯門特提在強調這一點時說：「進攻時側翼拉長的情況是逐漸形成的，但是只要不是故意視而不見，任何人都足以了解由此帶來的危險。在八月，紅軍逐漸從沃羅涅什東南向頓河另一側增援。紅軍開始進行短暫而強力的試探性攻勢，讓紅軍搞清楚駐守在沃羅涅什南部的是匈牙利的第二軍團，由此再往前的地區則由義大利的第八軍團駐守。九月後，羅馬尼亞軍隊接管遠至史達林格勒以西到頓河河灣東南的大片地區，潛在的危險就更大了，德軍僅能對『友軍』如此漫長的防線略作加固。」

哈爾德派我乘飛機去視察義軍的陣地，前方傳來緊急報告，說紅軍已經突破那裡的防線，並打開了一個很大的缺口。我發現進攻的只是紅軍的一個營，可是他們卻把義軍的一個師給殲滅掉，我立即採取緊急措施，調來義軍阿爾卑斯山地師和德軍第六師的部分兵力來收復這個缺口。

我在那裡待了十天，回去後寫了一份報告，指出在冬季很難固守如此長的側翼防線。鐵路遠離前線達二〇〇公里，光禿禿的山野沒有可供採伐的樹木來構築防禦工事。德軍戰鬥師的防線約五十到六十公里，那裡沒有像樣的戰壕和堅固的據點。

這個報告獲得哈爾德的認可，基於敵方防守力量的增強，我軍側翼過長，危險有增無減，哈爾德強烈要求德軍暫停進攻，但希特勒根本不聽。到九月份，元首和哈爾德之間的關係日趨緊張，倆人的爭論也越來越激烈，能親眼見到兩人的爭辯倒是讓人長了見識。元首總是用手在地圖上掃來掃去——「進攻這裡；進攻那裡。」——含含糊糊的，根本無視實際困難。如果能行得通的話，無疑他會將整個參謀本部也這樣一掃而去，他認為參謀們沒能全心全意地支持他的主張。

參謀總長哈爾德終於明確表示，他無法承擔在冬季繼續進攻的責任。九月底，哈爾德解職，取代他的是柴茲勒。當時柴茲勒是倫德施特在西總的參謀長，我則是到西線頂替他的位子。

初來乍到，又剛被委以重任，柴茲勒當然不會像哈爾德那樣動輒對元首的主張橫加非議。希特勒便可以毫無顧忌地推行自己的主張，但蘇聯人不會讓他隨心所欲，我軍已經越陷越深。沒過多久，柴茲勒便對戰事的前景深感不安，他與希特勒爭辯，指出元首想讓德軍在整個冬季不斷向史達林格勒逼近的計畫是難以實現的。戰爭的結局證實柴茲勒的先見之明，希特勒對他的敵意則有增無減。希特勒沒有將他解職，而是對他日益冷淡。

布魯門特提概括說了當時的形勢：

此時撤軍未必會產生恐慌，因為德軍已經發下冬季作戰的裝備，已經克服了一年前不知所措的恐懼。但是他們還缺乏足夠的兵力固守已佔領的陣地，而紅軍的實力則每個星期都在增強。

希特勒依然一意孤行，去年他的「直覺」被證明是對的，他堅信這次還會再度應驗，所以他堅持「絕不後退」。結果紅軍發起冬季大反攻，攻打史達林格勒的德軍被分割圍剿，不得不繳械投降。德軍本已疲憊不堪，兵敗史達林格勒更讓它大傷元氣，戰爭的天秤開始向不利德國的一邊傾斜。

揭開更多的真相

談到一九四二年攻勢的目的和主攻方向究竟是史達林格勒還是高加索這些尚無定論的問題時，哈爾德的解釋給了我很大的啟發。

希特勒給我的手諭表示，要準備在一九四二年夏向蘇聯南部發動攻擊，目標是史達林格勒的伏爾加河。所以陸總部的作戰指令十分強調這個目標，另提到保護頓河南岸側翼的重要性。首先必須確保側翼無虞，封鎖高加索東部，以防紅軍從那裡反擊。其次，派一支強大的機動部隊駐守在阿爾馬維爾（Armavir）和東部高地，以防紅軍從北高加索和馬內奇河中間出擊。希特勒並沒有對陸總部的作戰指令提出什麼異議。但是希特勒的一貫作風是高估自己軍隊的實力，低估敵方兵力。在我看來，他內心早就對陸總部將進攻目標側重於頓河南部頗不以為然。我還記得他當時的一些激烈言辭，指責參謀本部膽小怕事。不過希特勒還沒將這些指責針對陸總部將目標侷限於頓河南部，顯然他當時還沒有充分把握能對陸總部的命令提出反對意見。

陸總部的基本作戰指令下達之後，希特勒與一些將領商討作戰目標，這些人不會像陸總部那樣反對希特勒的白日夢。克萊斯特就是其中之一，他幹勁十足，通過參謀總長柴茲勒，與希特勒之間建立的密切關係遠遠超過其他將領。為了尋找與自己想法一致的將領，希特勒似乎對克萊斯特留下某種印象，他所謂的夏季攻勢方案在整體上與陸總部下達的作戰指令並不是同樣一回事。

如像克萊斯特所言，進攻史達林格勒僅僅是為了防備高加索方面受到側面攻擊，那麼克萊斯特就可以正確地預料德軍的主力部隊將開往高加索。在這種格局下，他會同意希特勒長線出擊的大膽計畫，而這正是希特勒與克萊斯特商談的目的所在。還有一種可能是，戈林和凱特爾向希特勒作出災難性的影響。希特勒原本只是想拿下史達林格勒，後來在他們的影響下，卻漸漸不知不覺地將目標轉向巴庫和波斯（編註：伊朗舊稱）。

我得再次強調，以上解釋僅僅是當事人的一己看法，並沒有書面依據。不過我有過好多次這樣的經歷，希特勒故意曲解陸總部的想法，以贏得基層軍官的讚許，而這種經他曲解過的想法恰恰是為陸總部所摒棄的。所以我認為這次很可能是他的故伎重施。不過基於當時德軍高層所處的特殊氛圍，我至少從沒聽說過陸總部的基本指令與希特勒私下給將領下達的指令有什麼分歧。

瓦里蒙特從最高統帥部的角度，對戰役作出的評價對我頗有啟發。

希特勒一九四二年的作戰計畫仍能反映出他最初的設想，也就是兩翼並進，中路殿後。可如今他改變了一年前的想法，轉而將重心放在南翼。在尚未聚集足夠的兵力之前，暫時擱置了向北挺進的計畫。

促成向南挺進的內在原因無非是為了經濟利益，尤其是為了那裡的小麥、錳礦和石油。

不過，在希特勒看來更重要的是切斷蘇聯這些必備的戰略物資供應，包括來自頓尼茲的煤炭供應。他以為這樣就能讓蘇聯的戰爭機器停止運轉。雖然我堅信當時普遍的輿論是反對再次發動攻勢，至少也是反對希特勒想要發動的那種大規模進攻，但是我未曾聽到過任何人站出來反對希特勒的計畫。

還有一些因素對一九四二年夏季攻勢產生過影響，或許你對此會有興趣。首先，我要肯定布魯門特提所言不虛，希特勒確實未曾打算讓德軍越過沃羅涅什。我記得希特勒曾經大罵波克，指責他毫無必要地將部隊深入沃羅涅什市區。（波克被撤職，取代他的是魏克斯元帥）而且，戰役伊始希特勒就下令加強從沃羅涅什到庫斯克北側翼防線的反裝甲火力，以防紅軍向那裡發起猛烈的反攻。

導致失敗最根本的原因在於對沃羅涅什第一階段的攻勢剛剛結束就開始抽調前線的兵力。甚至在向頓河與沃羅涅什中間地區進行斜線進軍時，希特勒就將第十一裝甲軍調到後方，轉歸克魯格的中央集團軍指揮。其主要原因似乎是沒有足夠的汽油供給南部地區的裝甲部隊。但是，在進攻部隊被部分調離後，希特勒又想利用它來達到另一個目的。他命令克魯格出動第十一裝甲軍到薩奇尼茲其（Ssuchinitschi）以西突出地帶，去解決冬季危機遺留下來的問題。而克魯格則想將這支軍隊派到北面，去抵擋紅軍已經在勒熱夫（Rzhev）開始的反攻。

最大的錯誤發生在一九四二年八月，當時幾支裝甲師滯留在頓河南部，等著補給汽油。希特勒聽說英軍入侵第厄普便亂了方寸，匆忙將兩支精銳部隊——武裝親衛隊第一師（SS-Leibstandarte）和大德意志裝甲擲彈兵師派往西線。他不顧約德爾和哈爾德的反對，堅持要這樣做。結果只有武裝親衛隊第一師趕到了西線戰場，大德意志裝甲擲彈兵師在趕火車的途中，在前線的正中區域遭遇紅軍反擊，脫不了身，只能在那裡苦戰。

利斯特在南高加索的失敗不僅導致他的解職，還讓希特勒的指揮部在一九四二年九月下旬發生了一場嚴重的人事危機。早些時候利斯特曾接到命令，讓他率領軍隊利用所有可通行的道路，越過低高加索地區，向黑海推進。利斯特沒能完成這個任務，希特勒又變得煩躁不安，派約德爾前往利斯特的指揮部察看究竟。約德爾回來向希特勒報告，說利斯特是完全按照上面的命令行動，但是紅軍藉由複雜的地形，展開了全面有力的阻擊。儘管約德爾指出是希特勒的命令要求利斯特進攻時拉開戰線，但希特勒還是不斷指責利斯特沒能集中兵力有效突破。

約德爾的爭辯使希特勒勃然大怒，他死不承認自己發出過這樣的命令，聽著約德爾當面重述命令內容，希特勒惱羞成怒大為失態。此後很長一段時間，約德爾和凱特爾都失去了元首的寵信。打那以後，希特勒一改以往的生活習慣，不再和旁人進行每日兩次共餐，白天總是躲在他的房內，連前方戰報也是送到屋內給他，只有極少數的隨從才能入內。他十分做作地拒絕與最高統帥部的任何一個將領握手，並下令讓別的軍官取代約德爾的職務。

將約德爾撤職的命令雖然沒有真正落實，希特勒習慣的改變卻延續了很長時間，我在指揮部時他一直這樣深居簡出。難得有一次，約德爾和我作了次推心置腹的交談，他說希特勒之所以在聽完他的匯報後勃然大怒自有其心理因素。約德爾認為狂妄自大是維護獨裁的心理根基，獨裁者容不得下屬挑明他的錯誤。我的觀點和過去一樣鮮明，而且更切中要害，可以斷言，面對第二次侵蘇攻勢的真實結局，希特勒猛然醒悟，他的東線戰略目標已經化為泡影，這場戰爭必輸無疑。

希特勒顯然也看到了西線側翼過長所形成的危險，尤其是他也知道這與一九一九年發生的情形極為相似，當年紅軍在這裡一舉殲滅「白軍」，指揮官正是史達林其人。

後來我們才知道陸續趕來防守史達林格勒西線的羅馬尼亞師大多裝備極差，他們下火車後還得長途跋涉匆匆趕來，有的士兵甚至是光著腳跑來的。希特勒清楚地知道情況日益惡化，但是他寄望於儘快佔領史達林格勒，這樣就可以有足夠的兵力來緩解緊張局勢。但是為了在史達林格勒的拼死一搏，越來越多德軍從側翼防線上抽調過來，最後甚至抽調整個營的兵力去填補。與此同時，蘇軍對中央集團軍的反擊越打越猛，德軍傷亡慘重，在勒熱夫（Rzhev）情況尤其危急。正是這個問題讓希特勒和哈爾德最後大吵一場，後者也因此被解職。

第十八章　史達林格勒之後的東線戰場

我問過許多德軍將領：「你認為在史達林格勒戰役之後，德國能不能避免戰敗的結局？」倫德斯特回答道：「我認為可能，只要允許前線指揮官自行決定撤退的時間和地點，而不是一再被迫到處死守。」一九四一年後，倫德施特沒有參與東線戰事，這種立場使他的觀點更為客觀公正。倫德斯特始終認為這場戰爭的前途還算是樂觀的，由於他擁有分別在東、西兩線作戰的獨特經歷，在宏觀層面上他的看法具有特殊的價值。其他東線的將領對這個問題的回答則更加明確。他們都認為如果放手讓他們展開靈活的防禦作戰，就能拖垮蘇軍的攻勢。有些人還舉出明顯的事例。

克萊斯特談了他自己的經歷。當包路斯被困史達林格勒後，克萊斯特指揮部隊主動從高加索撤退，從而避免了重大的損失。他也因此被提升為陸軍元帥，榮獲這等獎勵可謂實至名歸、不同尋常，通常多數將領都是因為攻城拔寨才得以晉升。天寒地凍，路途遙遠，大軍壓境，側背受敵，在如此險惡的情況下能夠全身而退，史所罕見。

克萊斯特講述了這次撤退的經過：

一九四二年十一月，我軍對高加索的攻勢以流產而告終，戰局陷入僵持狀態，雖然如此，希特勒執意要我們仍舊停留在那些易遭攻擊的深山老林中。一月初，蘇軍越過馬內奇河南端，從艾理斯塔（Elista）向西，朝我軍的後側發起進攻，情況十分危急。這比在莫茲多克附近向我正面發起的反擊威脅更大。但最大的威脅還是來自從史達林格勒一路殺來的紅軍，他們沿頓河而下，直趨羅斯托夫，深入我軍的後方。

當時紅軍離羅斯托夫僅七十公里之遙，我的部隊位於羅斯托夫以東六五〇公里處，希特勒命令我在任何情況下都不准後撤，這等於是在宣判我的死刑。然而，第二天又傳來新的命令，讓我撤退，但必須帶走全部裝備。在任何情況下都不易做到這一點，時值隆冬就更是難上加難了。

原先委派安東內斯庫元帥（Antonescu）的羅馬尼亞集團軍從側翼掩護我軍從艾理斯塔撤回頓河，但是安東內斯庫沒能親臨戰場，真得感謝上帝！於是這個任務便交給了曼斯坦，他的南面集團軍中有一部分羅馬尼亞部隊。在被紅軍分割之前，我軍成功地撤出羅斯托夫的瓶頸地帶，這全靠曼斯坦的傾力相助。他那邊也一度情況吃緊，我不得不派出幾個師前往增援，共同阻擊從頓河向羅斯托夫進攻的紅軍。一月中下旬時情況最危急。

克萊斯特指出，能在幾近絕望的困境中成功撤退，表明靈活的防禦戰術的威力。他的部隊安然撤回聶伯河之後，便向從史達林格勒和頓河西進的紅軍殺了個回馬槍，一舉扭轉局面。這次反攻收復了卡爾可夫，穩定了南面的局勢。直到一九四三年仲夏，這一帶還算比較太平。

利用這一喘息時機，德軍加強了東線的防守。他們重整旗鼓，雖然還難以恢復到原先的實力，但已經足以使紅軍望而卻步。然而希特勒就是聽不進任何改變防禦戰略的建議。在夏季首先發難的不是蘇聯，而是希特勒。雖然這次他的進攻範圍不像以往那麼大，但他還是傾其所有，動用十七個裝甲師圍攻庫斯克突出地帶。談到這次進攻，克萊斯特說他一開始就認為不會有什麼好結果，但是負責實施鉗形攻勢的克魯格和曼斯坦在事先卻似乎頗為樂觀。「如果能提前六個星期出兵，很可能我們能取得偉大的勝利——儘管我軍的實力已經不再可能做到決定性的結果。蘇聯人在事先聽到風聲，探知我軍正在準備進攻，便在前線布下了大批地雷，將主力撤回後方，這樣在我軍高層預設的包圍圈裡留守的紅軍也就所剩無幾了。」

更多在庫斯克攻勢中的證據

曼斯坦向我說明了他的態度和沒有及時出兵的原委：

一九四三年三月，德軍再度佔領卡爾可夫，這是我們在東線取得的最後一次勝利。我給希特勒分析當時的情形，指出我軍兵力有限，難以全面阻擋紅軍的攻勢。我們唯一的機會在於憑藉機動靈活的防禦戰術，充分利用我軍長於指揮和能征善戰的優勢。道路泥濘的時節過去以後，在一九四三年有兩種可行的作戰方案。

第一種是以攻代守先發制人，以此來遏止紅軍的反擊。那樣的話，出兵的時間越早越好，要搶在紅軍恢復兵力，尤其是戰車數量得到補充之前。進攻的第一步必須分割庫斯克突出地帶的紅軍，摧毀其準備投入戰鬥的儲備裝甲部隊。然後我軍全部裝甲部隊朝南功去，橫掃烏克蘭南部的紅軍防線，這必須在五月初執行。

第二種方案更好，那就是以靜待動，後發制人，我軍等著紅軍主動攻擊，他們肯定會撲向我烏克蘭南部陣地，目標是摧毀我黑海北部的陣地。敵軍開始進攻後，我軍就主動後撤。然後集中兵力在基輔向進攻中的紅軍北翼反擊，一舉拿下紅軍在南部的陣地。

希特勒決定採用第一種方案，因為他不願放棄頓尼茲流域，而且他也不是那種敢於在戰略上大膽冒險的人物。原定五月的第一個星期開始進攻庫斯克，但是幾天前在摩德爾的影響下，希特勒又下令暫緩進攻，以便等待聚集更多的戰車。他先是將進攻日期往後拖延了四個星期，後來一直推遲到七月十三日，這與我和克魯格的判斷完全相悖。

拖到這時才出兵，困難之大是顯而易見的。然而我還是抱有希望，我的兩支部隊雙雙告捷，他們成功突破紅軍在庫斯克南面的防線，殲滅戰場上的敵軍裝甲部隊。此時，希特勒下令停止進攻。這樣做是不得已而為之的，因為敵軍突破了克魯格集團軍的陣地，摩德爾的軍團（隸屬克魯格集團軍）從北面發起的攻勢受挫。我不得不轉攻為守，抽出好幾個裝甲師去增援克魯格。致使我餘下的部隊兵力不足，難以擔起防守的重任。

然而，在瓦里蒙特看來，雖然希特勒不願後撤，但促成庫斯克攻勢的主要人物並不是他，而是新任參謀總長柴茲勒。瓦里蒙特對我談了他的看法：

希特勒雖然制定了進攻計畫，並不願意付諸實施。柴茲勒與希特勒意見一致，他認為東線的德軍兵力不足，通信設備太差，坐視紅軍掌握攻擊的主動權風險太大，所以柴茲勒一直慫恿希特勒進攻庫斯克。

當時約德爾是希特勒在東線以外其他戰區的參謀長，他反對在東線實施重兵出擊，他預料盟軍將會在地中海戰區登陸，指出必須加強義大利和巴爾幹的守軍和後備支援。但是柴茲勒對這些遙遠的問題不感興趣，作為參謀總長他卻無權過問東線以外的戰事，這一直讓他十分惱火。所以他全力以赴實施「他自己的」攻勢，並向希特勒抱怨約德爾插手自己的事務。這樣一來，以約德爾為首的「最高統帥部作戰署」從此不再擔任總管全局的角色，而是成了負責除東線戰場以外戰區的次級作戰參謀機關。事實上，從此以後能夠掌管戰略全局的只有希特勒一人。

希特勒最後終於勉強同意進攻庫斯克，德軍因此損失慘重。從一開始，希特勒就對取勝信心不足。他最後之所以同意出兵，主要原因在於不這樣做的話，他就得認真考慮在東線實施大規模的戰略性撤退。然而，後退絕對有違希特勒的信念。正如他後來所言：「將領們所打算採取的行動，無非是想要撤退。」基於同樣的原因，希特勒還一再禁止任何建立並加強後方陣地的舉措。

庫斯克攻勢的結局

德國最後一次進攻被擋住後，紅軍便著手反攻，如今他們實力雄厚，而德軍則在這最後一搏中消耗了大量兵力。要不然他們可以利用這些兵力對紅軍的反攻進行長期的抗擊，甚至可能打成平局。德軍幾乎耗盡了所有的機動預備隊。這樣一來，紅軍在秋冬的攻勢簡直是所向披靡，偶有停頓也不是因為德軍的反擊，而是自己補給跟不上來，德軍的南部防線開始土崩瓦解。

但是在北面戰場，由於那裡的德軍獲准保持守勢，紅軍的攻勢屢屢受挫於德軍嚴密而頑強的抵抗。當時海因里希率領第四軍團駐在從羅加雷夫（Rogachev）到阿沙（Orsha）一帶，守衛著橫跨莫斯科到明斯克的公路，他的敘述值得一閱。他提到曾反復閱讀過我寫有關現代戰爭趨勢的著作，他說：「你的結論是在戰術上攻難守易，根據我的作戰經驗情況確實如此。誠如你所言，問題的關鍵在於兵力與防守空間的比例。我提供幾個自己的作戰案例來說明，或許你會感興趣。」

德軍從斯摩棱斯克撤退後，紅軍向前推進到離阿沙近二十公里處，德國第四軍團在那裡倉促構築防線，在僅有一條戰壕的情況下阻擊紅軍。那年秋季，從十月開始一直到十二月，紅軍不斷攻擊我部。這回紅軍連續向我發起五次進攻，我有十個師駐守在直線距離寬一五〇公里的防線，由於陣地彎彎曲曲，實際防守距離約有二〇〇公里。第四軍團曾遭重創，也沒有預備隊可用，好在火砲仍安然無恙，這可是制勝的關鍵武器。

紅軍的主要目標是阿沙的鐵路樞紐，企圖截斷從列寧格勒到基輔的鐵路。因此他們集中兵力猛攻那橫跨主要幹道約二十公里的防線。紅軍的第一次進攻動用了二十至二十二個師，第二次是三十個師，後來三次增加到每次三十六個師，其中部分部隊是原有的，大多數則是新成軍的。

我用三個半師的兵力守住正面戰線，其餘六個半師守衛寬闊的防線，我們成功地擋住敵軍的每一次進攻。前後五輪接連不斷的進攻，每次都苦戰五到六天，往往在第三到第四天時的攻勢最猛，隨後便日漸消退了。我軍的陣地沒有被撕開過較大的缺口，紅軍沒有動用大量的戰車。他們每次進攻最多用五十輛戰車增援，但都遭到我軍的攔阻。

紅軍通常一天進攻三次，早上九時，重砲轟擊後第一波攻勢開始。第二次在十至十一時，第三次在十四至十五時，就像時鐘精準報時那般。紅軍不斷向我推進，除非遭到我軍砲火的攻擊。他們被後面的軍官和政委用槍逼著往前衝，誰敢後退就會被當場槍斃。蘇聯的步兵沒有接受過多少正規訓練，但打得很頑強。

依我看，德軍防守的成功有三大要素。首先，我採取分區防守，每個區域範圍不大，在紅軍主攻方向重兵設防。其次，我集中三八〇門火砲，組成一個強大的砲兵群來掩護受到威脅的區域。這些火砲由司令部的一名軍官統一指揮，他可以集中砲火向正面二十公里範圍內的任何一點轟擊。紅軍衝鋒時最多時會有上千門火砲助攻，但是他們的火力不像我們這麼集中。其次，德軍各戰鬥師每天的傷亡約一個營，我們安排從其他陣地調來另一個營的兵力及時補充。在敵軍再次進攻前，我總是準備好三個營預備兵力，部署在每個戰鬥師的後面，同屬該預備隊的戰鬥師的餘部緊隨其後。這樣我就可以及時向前線派出增援部隊，重新再組編制齊備的戰鬥師。當然有的師會暫時合併在一起，這是無可避免的，也是成功防守必須付出的部分代價，但我總是儘快恢復各個師的完整性。

一九四四年五月，海因里希受命指揮第一裝甲兵團，和匈牙利第一軍團駐守喀爾巴阡山脈。一九四五年初，德軍北方防線崩潰後，海因里希率領這些部隊退守西里西亞。一九四五年三月，海因里希受命擔任集團軍總司令，負責對抗紅軍對柏林的最後攻勢，他負責指揮奧得河戰役和柏林戰役。

在後來的作戰過程，上述防禦戰術又有所改進。一旦得知紅軍正在為下一輪攻勢而在集結時，我就會在夜色的掩護下將部隊從前線後撤到第二線，通常靠後二公里左右。紅軍的第一次進攻撲空後，後面的攻勢就不會那麼兇猛。當然這種防禦戰術的成功前提，是能獲悉敵軍進攻的確切日期，我派出巡邏隊抓獲俘虜來收集情報。紅軍的攻勢被瓦解後，我就將第二道防線作為向前推進的起點，然後出動未遭攻擊的部隊收復第一道防線。這套戰術在奧得河戰役中非常有效，唯一的缺點是此時我軍已經實力不濟，原先的死守硬拼虛耗了大量兵力。

在最後三年的防禦作戰，我用這種戰術從未打過敗仗。我感到自豪自己從未向最高統帥部要求過增援部隊。此外，我發現自走砲應用於此種防禦戰術時，是最有價值的武器。

你認為攻方需要三倍於敵的兵力才能佔有優勢，根據我的經驗這還不夠，我認為對於工事堅固防守嚴密的敵人，攻方至少需要六到七倍的兵力才能克敵制勝。如果要攻破我的防線還得成倍增加兵力，攻防力量對比至少要達到十二比一，甚至十八比一。

德軍東線防守失敗的主要原因，是本來可以集中兵力固守重要的地點，卻被迫去死守漫長的防線。這樣就永遠失去了戰場的主動權。我認為僅靠死守無法拖垮紅軍，但是如果採取靈活機動的防禦戰術，縮短防線，騰出部隊進行有效的反攻，就可能扭轉局勢。但是希特勒從來不向指揮幹部探詢防守的計畫和方法，最後一年的參謀總長是古德林，他對希特勒毫無影響，他的前任柴茲勒對希特勒略有一點點影響，更早的參謀總長哈爾德的建議大多被棄置不理。

一九四二年我擔任第四軍團司令，此後的經歷讓我大開眼界。我曾將防守一個不利陣地的小部兵力實施戰略性撤退，因為此一決策，我接獲當時集團軍總司令克魯格對我的警告，他說如果再有類似行動將把我送上軍事法庭。希特勒總是要我們寸土必爭，以軍法懲治威脅任何不聽話的人。沒有他的批准，都不可撤退，無論兵力規模多小都不行。這項規定在部隊中根深柢固，以至於傳言營長都不敢「把哨兵從窗口移到大門」。每當情況發生變化，這種死板的規定捆住了我們的手腳。部隊一再在不利的情況下死守，直到遭包圍和繳械，不過也有些指揮官盡可能回避希特勒的命令。

這種回避只有在有限的局部範圍內才行得通。提佩爾斯基希繼海因里希後接任第四軍團司令，他見證了靈活機動防禦戰術的價值，也看到了無法在更大範圍內實施這種戰術所造成的災難性後果。「一九四四年三月，我在莫吉廖夫（Mogilev）指揮由三個師組成的第十二軍。紅軍在進攻的第一天動用了十個師，到第六天共計上了二十個師。然而他們只是攻佔了第一道防線，在第二道防線就被擋住了。我利用暫時的間歇時間，趁著月色照耀下反攻，一舉收復失地，我軍損失輕微。」

提佩爾斯基希接著講述紅軍一九四四年夏季攻勢時的戰況，在攻勢發動前三個星期，他出任第四軍團司令。前線指揮官懇求上級同意他們後撤到別列津納河，這樣大步後退將能避開紅軍進攻的鋒芒，但是他們的請求遭到拒絕。然而提佩爾斯基希還是稍作後撤，退至聶伯河一帶，以保持陣地的完整性。但是左右兩側陣地均被攻破，德軍全線崩潰，一直潰退到華沙附近的維斯瓦河才穩住陣腳。

當時如果及時全線撤退的話，就戰略而言是上策。紅軍在進攻時往往會自亂陣腳，德軍撤退後，他們通常會花一段時間整理部隊。德軍連續大踏步的後撤可以消耗紅軍的實力，而且還可以創造戰機，趁德軍實力尚存之時進行有效的反擊。

希特勒在一九四一年堅持不撤退的決策是有道理的，但是他在一九四二年以及後來的戰役中故伎重演則鑄成大錯，因為情況已經發生了變化。入侵第二年，德軍裝備齊全，準備好進行冬季作戰，也具備了在這樣的條件下與紅軍對抗的實力，進行戰略撤退並不會挫傷士氣。我軍具有在冬季機動作戰的能力，這樣不僅可以養精蓄銳，還能讓我們作強力的反攻。

德軍失敗的根源在於我們常採取一些徒勞無功的行動，尤其是在錯誤的時間和地點進行無謂的防守，致使兵力受損，這都得怪希特勒，我們的一些作戰毫無戰略意義可言。

曼陶菲爾說：「如果我們採取機動靈活的防禦戰術來牽制敵軍，史達林格勒會戰後，紅軍在後續各個階段的攻勢結果就會大不相同。我運用這種戰術曾屢次獲得成功，即使面對兵力佔優勢的對手，也能克敵制勝。」

狄特馬將軍（Dittmar）的視野更為開闊，立場也更為不偏不倚，他的觀點也很有意思。作為德國軍事評論員，他的戰時廣播評論出奇地客觀，遠遠超過其他任何國家的軍事評論。更為難能可貴的是他所面臨的新聞限制和危險遠遠大於同盟國的軍事評論員。我問他怎麼做得到在許多場合如此直言不諱。他告訴我，這得歸功於廣播電台台長傅利奇的寬容，狄特馬的廣播稿播出前只需通過台長一人的審查就行了。狄特馬認為台長內心對納粹政權深感失望，所以樂於借他人之口來表達自己真實的想法。評論播出後當然會收到一些抗議，傅利奇盡其所能保護狄特馬，「我總感覺自己脖子上被絞刑用的絞索越勒越緊。」

我問狄特馬如果採取靈活機動的防禦戰術，德軍能否拖垮紅軍。他說：「我看可行，靈活機動防禦戰術的優勢是顯而易見的，但是由於希特勒的反對，我軍將領無法適當地運用這種戰術。參謀本部不准將官下令部隊組織後防，甚至不許探討萬一我軍後退後應該採取的作戰方案，希特勒禁止他們準備任何撤退的計畫。然而，在一九四三年，參謀本部還是悄悄地做了一些準備，他們將一些措詞謹慎的指令以傳單的形式散發到各個部隊，不過沒有任何文字表明這些指令出自參謀本部。」

我問狄特馬，當紅軍於一九四三年七月和一九四五年一月先後發動強大攻勢之前，德軍是否曾試圖進行戰略性撤退。他回答道：「沒有。由於希特勒硬要死守，每次的結局都是防線被徹底突破。有些聰明的基層軍官，不顧希特勒不惜一切代價寸土必爭的命令，在自己可行的範圍內，作了一些小範圍的撤退。有些指揮官死抱希特勒命令不放，結果就是被分割包圍，每次災難性的後果都應歸咎於希特勒冥頑不化的死守戰略。最慘的一次是一九四五年一月，當時紅軍在維斯瓦河發動攻勢，在緊要關頭原先準備上去的增援部隊卻被調去解救布達佩斯。」這支部隊由裝備最為精良的三個裝甲師組成。

「拼命死守的戰術一次又一次地重演，導致戰局每況愈下。舊的缺口尚未補上，新的缺口又頻頻告急，左支右絀的被動應戰最終使德軍走向毀滅。」

第十九章　對紅軍的印象

德軍將領對紅軍的印象比較有趣，他們的描述通常也非常生動。克萊斯特對紅軍的讚賞最為簡要：「踏上戰場，他們就是一流的勇士，我們起初能打敗他們主要是因為曾受過良好的訓練。經歷過沙場的磨煉，他們就成了一流的戰士。他們打得頑強堅韌，在缺乏補給物資的逆境中仍能堅持反抗。他們的參謀本部很快就從初期的失敗中汲取教訓，迅速提高作戰效能。」

其他一些德軍將領並不同意這種看法，他們說在戰術上和裝備方面，紅軍步兵整體來說都比較落後，只是裝甲部隊頗具威力。然而，我注意到貶低紅軍的德軍將領大多在東線北部作戰，紅軍的精銳部隊主要是在南方作戰。另一方面，在德軍北部戰線的後方，蘇聯的游擊隊十分活躍。到一九四四年，他們迫使德軍放棄大部分地區，僅僅駐守著幾條主幹道和補給線。在那年，紅軍的夏季攻勢中，提佩爾斯基希的第四軍團在聶伯河北被圍困，他告訴我，撤往明斯克的大路已經被封鎖，他率部往南繞向普里皮亞季河濕地，由於游擊隊的破壞，那裡荒無人煙，道路破爛不堪。「我發現一路上所有的橋樑都已經被炸毀，我們不得不邊修復邊撤退。」

談到在北部前線四年的作戰經歷，提佩爾斯基希說：「一九四一年，我們的步兵已經不再害怕蘇聯步兵，但他們還是很怕被俘後送到西伯利亞或更可怕的地方。這種恐懼感反而促使他們拼命抵抗，但隨著時間的發展，尤其是身處被分割包圍孤立無援的險境，希特勒還命令他們要死守，此時他們就會感到格外恐懼。」

我問倫德斯特，一九四一年時的紅軍有哪些優缺點，他回答道：「剛開戰不久，我就發現紅軍重型戰車的品質和性能都出奇的好，但是其火砲的威力就不如我們原先預計的那麼厲害。在巴巴羅沙會戰初期，蘇聯空軍也沒有發揮多大的作用。」

曼陶菲爾認為：「一九四一年，紅軍的問題是步兵沒有配備足夠的反裝甲武器，若無機動的反戰車防線（也就是沒有戰車的支援），就沒法抵禦德軍的進攻。我軍在一九四二年以後遇到相同的麻煩，所以步兵必須配備反裝甲小組，這樣就能威脅裝甲部隊，能將敵軍的戰車分割圍剿。」

克萊斯特談到了蘇軍的武器，他說：「即使是在一九四一年，他們的武器也相當棒，尤其是戰車。紅軍的火砲相當厲害，步兵的武器也不錯，步槍比我們的更先進，射速更快。蘇軍T-34戰車可以說是世界第一。」在好幾次交談中，曼陶菲爾特別提到蘇聯戰車的設計相當出色，其優勢就在於該戰車的「履帶寬闊堅固，擅長爬坡涉水，跨越戰壕都不會輕易脫落。」英國專家認為蘇聯戰車不夠精巧靈便，行動緩慢。但是德國裝甲專家卻認為英美過於追求精巧靈活，這些都有損戰車的整體戰力。

至於武器裝備的供應問題，克萊斯特說，一九四二年紅軍的裝備最差，他們還來不及彌補一九四一年的損失，那一年最缺乏的是火砲。「他們只好把迫擊砲裝在卡車上代替火砲。」到了一九四三年，紅軍的武器供應日趨好轉，因為西方盟國的大量裝備湧入蘇聯，尤其是西方製造的汽車，加上蘇聯東部新的工廠又生產出更多的各種武器裝備，紅軍戰車全部都是國產的。

古德林說：「蘇聯的戰車設計是向美國人學的。紅軍在一九四一年使用的，就是根據美國克利斯帝懸吊系統略加改造後自行製造的主戰車（編註：作者指的是蘇聯 BT 系列戰車）。侵蘇作戰開打後，著名的 T-34 戰車，也是以克利斯帝懸吊系統為主體設計的。T-34 首次於一九四一年出廠，同年七月出現在戰場上，史達林式戰車則是在一九四四年出現。」

我不認為蘇聯人很落後，一九三三年我有機會在卡爾可夫看到他們在工廠生產農用牽引機。鄰近的一家工廠生產戰車，我親眼看到有二十到二十五輛戰車開出廠門。蘇聯人告訴我每天都是這樣，要知道這可是在一九三三年！蘇聯人擅長模仿國外的設計，然後根據本國的情況加以改進。

T-34不管在履帶、引擎、裝甲和主砲方面均優於德國戰車，其光學瞄準儀和通訊設備則不如德國戰車，T-34沒有可供車長作全方位觀察用的砲塔。一九四三年，德國的豹式和虎式戰車出現在戰場，武器優勢再次回到德軍手中，但這僅僅是指戰車在一對一情況下，而不是戰車在整體數量上的優勢。蘇聯人大量生產T-34而不作任何性能改進，而希特勒卻老是要研發新型號，以致產量總是跟不上需求。

所以要以史為鑑，千萬不可小看俄國人。他們至少能在極短的時間內照搬他人的設計。

森格爾上尉（von Senger）的一番評論也頗有意思。他的父親是德軍裝甲部隊的指揮官，森格爾曾在東線戰場指揮過一支裝甲部隊作戰，後來失去了一個手臂。在戰爭後期，他曾任德國裝甲部隊督察長的副官。他說：「蘇聯戰車整體設計相當優秀，只是比較粗糙。不像德、英、美等國的戰車，蘇聯戰車沒有為裡面的裝甲兵提供舒適的空間。裡外都很粗糙，甚至連油漆都不塗。不過戰車底盤和其他關鍵裝備的設計都相當不錯。一九四三年夏天以前，只有排長以上的戰車才能配備無線電。此後所有的戰車都配備了無線電，而首先這樣做的就是新改良的T-34。車組成員因此也從原本的四個增至五個，多了一個無線電兵。」（曼陶菲爾提過：「我在好多場合遇到過蘇軍的女戰車無線電兵，她們勇敢、堅強而狂熱。」）

森格爾強調：

蘇聯人篤信如下原則：在能到手的武器中挑選出最好的，型號宜少不宜多，儘量簡單實用，然後就大量生產。一九四二年我們的裝甲部隊有十二種不同型號的裝甲車，還有二十種型號不同的車輛。蘇聯的裝甲部隊大多只有一種型號的戰車，那就是T-34，車輛的型號也只有一種，那就是福特卡車！

紅軍的摩托化部隊就只有戰車和卡車，沒有小汽車、摩托車或其他車輛。在戰爭後期，他們有了一些美式吉普，供營級指揮官使用。與德軍相比，蘇軍簡單化的裝備有其短處，也有其長處。德軍戰車的型號、功能和設計過於繁複，這樣對於零組件和作戰部署都帶來諸多不便。

蘇聯戰車的保養工作也做得不錯。雖然大修不像德軍那麼快，一般保養的效率卻很高，他們有許多優秀的技師。事實上德國的戰車修理廠也雇用越來越多的蘇聯技師。戰前，德國和其他地方的人都以為蘇聯人不擅長機械類的技術工作，事實證明這種看法不盡正確。他們在機械方面頗具天賦，或許還超過某些西方人。

曼陶菲爾說：

裝甲部隊離不開回收和維修部門，紅軍在這方面的工作做得相當不錯。他們步行緊隨戰車前進，隨時拖走損壞的戰車進行維修，展現了高超的技能。我要是向德國維修人員下達類似的命令，恐怕他們會把我的戰車給燒掉。

另一方面，紅軍裝甲部隊的編組缺乏戰術機動性，合理的編隊配合適當的指揮幹部是隨機應變、機動作戰的根本。在這方面，他們學會了不少，但直到戰爭結束時，還是未能達到德軍和盟軍的水準。

森格爾就這個問題作了更詳盡的探討：

紅軍的裝甲戰術相當簡單，他們只是照搬戰前精心設計的訓練模式行事，也不要求發揮個人的主動性和判斷能力。紅軍戰車指揮官雖然在其有限的職權範圍內還算能幹，但缺乏高度的智慧。進攻之前，長官會給各車一張地圖，上面標有彩色的路線和攻擊目標。我們繳獲了許多這樣的地圖，可以從中推斷出他們的戰術「計畫」。

事實上，紅軍的戰術就是小部隊作戰的「步兵增援」，通常動用一連的戰車，也就是十輛左右，為後面的步兵連在前面打開通道。進攻時戰車一字排開，步兵緊跟在每輛戰車後面。他們不用大規模的戰車編組進行攻擊，但在突破之後，戰車就會聚集在一起，以大規模編組的方式挺進，直到遭遇新的防守陣地為止。

紅軍沒有任何用來運送步兵的履帶式裝甲車，一些支援的步兵就直接坐在戰車上。此外，紅軍的機動部隊主要靠輪型卡車運送。

令人驚嘆的是，蘇聯不曾在東線戰場有效運用他們的傘兵部隊。蘇聯傘兵是全球最早成軍的同類型部隊，在戰前的年度演習中，他們也曾有傑出的表現。我曾與司徒登探討過這個問題，他說：「我也奇怪紅軍為什麼從來不動用傘兵部隊，我想原因可能是他們的傘兵缺乏訓練，尤其欠缺在導航和傘降方面實際操練的經驗，他們做過僅是空投幾個間諜或把小股部隊丟到我後方搞破壞行動而已。」

蘇聯傘兵基本無甚作為，但也有一次例外。當時紅軍一反常態，進行了一次大規模的空降行動。司徒登對此有所敘述：「一九四一至一九四二年的冬季作戰中，為了幫助蘇聯騎兵突圍，紅軍在莫斯科西南邊的德軍陣地後方投入上千名傘兵。蘇聯人辦事魯莽，這次空投的方式也相當原始。在月色如洗的夜晚，蘇聯運輸機飛過廣袤的皚皚雪原，在離地面僅幾公尺的高度緩慢地飛行，傘兵都不用降落傘，而是直接跳下飛機，這可是最簡易的空降行動。」

談到軍事指揮能力，我請教倫德斯特，根據他的經驗，那幾個紅軍將領是一流的。他答道：「在一九四一年，沒有碰到什麼軍事奇才。至於我曾與之交戰的布瓊尼元帥，一個被俘的紅軍軍官的評價十分到位，『此人鬍子大，腦袋小』。不過在戰爭後期，他們指揮作戰的能力有很大的改進，朱可夫就相當不錯。有意思的是，朱可夫一九二一至一九二三年期間曾在德國學習軍事戰略，他的教官就是塞克特將軍。」

狄特馬是德國的首席軍事評論員，他能夠了解德軍將領的看法。德軍一致認為朱可夫最為出色。科涅夫也不錯，是個相當聰明的戰術家，但與朱可夫相比畢竟不是同一等級。「隨著戰爭的演變，紅軍指揮作戰的水準從上到下都有很大的提升。他們的長處在於軍官們十分好學，而且能在戰爭中學習戰爭。」他補充道，紅軍兵源充足，有條件讓犯錯的將領從失敗中吸取教訓，德國人可交不起這個學費。

也有一些德軍將領，尤其是來自北面戰場的將領，對這種說法提出質疑。一般而言，在蘇聯軍隊的等級階梯上，上層和下層指揮幹部的意見最有份量，中層軍官則總是戰戰兢兢的。能夠躋身高層的大多精明能幹，可以直言自己的看法，也有權按照自己的方式行事。初級軍官人數眾多，能在有限的範圍內，培養出良好的戰術意識能力，因為槍砲無情，在戰場上無能的必然結果就是傷亡。然而較之其他國家的軍隊，蘇聯中層軍官往往有更多顧慮，上級的命令和指示比敵人更讓他們膽戰心驚。

一位曾在蘇聯北方戰線作戰過的德國軍官就此作過一番意味深長的評論，他說：「只要我們能採取靈活機動的防禦戰術，就不怕紅軍的進攻。他們的進攻十分莽撞，只知道反覆地往前衝。因為紅軍指揮官害怕一旦停止進攻，上級就會責怪他們沒有決心。」

我問狄特馬，蘇聯軍人的素質如何，他生動地描繪紅軍的主要特徵，他的分析頗為透徹。「我首先要說，這是一支具有鐵石心腸的軍隊，不僅僅是聽天由命，簡直就是麻木不仁。大難臨頭之時，他們卻似乎木然無知，其他國家的軍隊決不會像他們那樣無動於衷。我曾在芬蘭前線作戰，只碰過一次紅軍真的要向我投降。這種麻木不仁固然使他們難以被征服，但同時也使他們在軍事上過於遲鈍，侵蘇作戰初期，這種遲鈍往往導致他們被德軍包圍。」

狄特馬還說：「希特勒後來還特別下令，要將主導紅軍的這種精神灌輸給德軍。我們力圖在精神上學習蘇聯，他們則向我們學習戰術，而且還學得不錯。蘇聯就是這樣死板板地訓練軍隊，因為他們不在乎人員傷亡。他們的軍人已經習慣於盲從。」

這種盲從的習慣壓抑了蘇聯軍人原有的戰術意識，使其不善於隨機應變，遭到突襲時不知所措。提佩爾斯基希舉例說：「紅軍很死板，打亂他們的部署並不難。尤其是在戰鬥進行的時候，往往要過好長時間，他們才會改變作戰方案。根據我的經驗，只要能夠出其不意，迅速堅決地予以反擊，往往可做到以弱勝強，阻止並挫敗紅軍的攻勢。我軍強有力的反擊通常能使紅軍感到出乎意料，讓他們吃了不少苦頭。然而一旦知道自已佔有優勢，就會變得十分大膽。他們就像野生動物那樣，察覺到威脅，馬上就會尋找藏身之處。或許這就是為什麼他們的空軍儘管在技術和機械上並不亞於對方，卻在實戰中始終處於下風。因為空軍長於進攻，這與陸軍的秉性相悖。不過要打敗他們必須具有高超的指揮能力、一流的訓練、高昂的士氣和堅定的意志，這樣的部隊才能以少勝多。」

布魯門特提喜歡從哲學和歷史的角度來探討這些問題，他從第一次世界大戰的親身經歷談起。

一戰時我還是個中尉，一九一四年八月，我在比利時中南部的那慕爾與法軍和比軍有過短暫的接觸，後來又和俄軍打了兩年。我們第一次向俄軍陣地進攻後就發現，他們與法國和比利時的軍人根本不同。他們善於隱蔽，工事做得相當精緻，而且十分頑強！那次我軍的損失非常慘重。

在那個年代，他們還是沙俄的軍隊，相當厲害，不過還算比較善良。俄軍要撤離時，根據他們的作戰準則會習慣焚燒城鎮，當他們被迫撤離東普魯士時，也就這麼做了，後來他們在自己的國土上也是這麼幹的。當紅色的火焰從被焚燒的村莊上空升起，照亮了傍晚的天際，我們便知道俄軍要走了。奇怪的是俄國百姓並不抱怨，這是他們一貫的做法，已經沿襲好幾個世紀了。

我說大多數俄國軍隊比較善良，主要是指俄國在歐洲這邊的人民所組成的軍隊。至於亞洲地區居民組成的軍隊，如西伯利亞軍團，則舉止相當野蠻，哥薩克人也是如此。一戰初期，德國東部曾遭到他們的大肆蹂躪。

即使一戰時，德軍在東線也是打得比西線艱苦。人們寧可到西線，也不願上東線戰場。西線作戰主要依靠武器裝備和大規模的砲火，如凡爾登戰役、索姆河戰役等等。西線也挺折磨人的，但至少對手還是西方人。東線戰場的砲火沒那麼猛，但打得更加艱苦，面對面的廝殺，場面極為慘烈。夜戰、肉搏戰、叢林戰，這些都是與俄軍交戰學會的。一戰期間，德軍流傳著一句話：「英勇的軍隊在東線拼命廝殺，消防隊員則是在西線待命而已。」

然而，到了二戰我們才領教了「俄羅斯」的真正含義。一九四一年六月開戰後，紅軍展

> 示了它的新面目，我軍損失高達百分之五十。在布列斯特—立陶夫斯克，蘇聯國家政治保衛總局（OGPU）的官兵和女兵營不顧德軍飛機火砲的狂烈轟擊，在一個舊城堡內堅守了一個星期，打到最後一人為止。我們的戰士很快就明白，與紅軍作戰意味著什麼，可是元首和大多數高階將領卻不知道，我們為此付出了沉重的代價。
>
> 二戰時的紅軍要比沙俄軍隊厲害得多，他們狂熱地為共產主義理想而戰。這使他們變得更加頑強，也讓我軍出手更狠，因為東線戰場的格言就是「你死我活」。紅軍的紀律遠比沙俄軍隊要嚴厲，他們對上級的命令一味盲從。我們曾經截獲過一些紅軍的命令，如「為什麼沒有進攻，我最後一次命令你佔領斯特蘭科（Strylenko），否則當心你的腦袋！」「為什麼你的部隊還未到預定地點準備進攻？立即行動，除非你不要命了。」我們由此得知對手居然是這般性情冷酷。在一九四一年時，誰又想得到沒過幾年，同樣的情況會出現在我們的部隊裡。
>
> 回顧戰史，凡是俄國人參與的戰爭都是激烈、殘酷無情的，而且傷亡慘重。俄國人一旦決定堅守，要打敗它真的難上加難，結果必定是血流遍野。他們的想法就像孩童那樣單純，他們光知道盲從，亞洲斯拉夫地區（Slav Asiatic）的特徵就是只懂專制，不許抗拒。俄國指揮官可以任意向下級提出不近人情的苛求，不准訴苦，不准抱怨。
>
> 東方和西方是兩個世界，他們沒法相互理解。俄羅斯就像獅身人面像上無言的問號，他們雙唇緊閉，從不向我們敞開心扉。

布魯門特提提出的一點，其作用幾乎和部隊的士氣一樣重要。幾乎所有的將領都一致表示，紅軍之最大資本就是他們無需正規的補給物資也能堅持作戰。曼陶菲爾曾多次率領戰車衝入敵營，他的敘述頗為生動。「紅軍向前推進的方式是西方人難以想像的，戰車在前面衝鋒，後面跟著成群的部隊，大多騎在馬上。戰士們背著一袋乾糧，裡面是他們行軍途中在鄉村和田野裡收集來的麵包屑和蔬菜。馬料是屋頂上的乾草，而且少得可憐。蘇聯人習慣於這種原始的生存方式，在行軍時能堅持三個星期之久。你無法像對付一般的軍隊那樣，通過切斷其補給線來阻止他們前進，因為你幾乎找不到他們的後勤車隊在何處。」

第二十章　盟軍進攻義大利

一九四三年五月，德義在突尼西亞的陣地全線崩潰，這給盟軍提供了極為有利的機會。德義八個師和大批輔助性部隊被分割包圍，淪為「非洲大袋」中的戰俘，包括德國在地中海戰區的主力和義大利的精銳。義大利國門洞開，防守乏兵，義軍士氣極為低落。只有一些德國部隊可以馬上幫助義大利加強防守，德軍兩個師奔赴義大利本土，這兩個師都是剛剛徵兵後成軍的，一個本來準備派往西西里，另一個則準備派往薩丁島。

盟軍在突尼西亞大獲全勝後，過了兩個月才於七月十日在西西里登陸。當時只有兩個德國師迎戰盟軍八個師的進攻，因為盟軍一登陸，大部分義軍便瓦解了。守衛義大利的德軍雖然沒有空軍的支援，僅有兩個師兵力的增援，還是頂住了入侵的強敵。面對德軍的反擊，盟軍直到八月中旬才佔領全島。在高射砲的掩護下，德軍通過墨西拿海峽（Messina）撤退到義大利本土。凱賽林元帥（Kesselring）是德軍在義大利南部的總指揮，他對能贏得喘息的機會深感欣慰，當德軍全身而退時，他更是如釋重負。他原來擔心盟軍會進而攻佔義大利西南端的卡拉布里亞（Calabrian）——「義大利半島足尖」，如果那樣的話，在西西里作戰的德軍就會被斷了退路。

在大戰略上，盟軍錯過了一個更大的機會。義大利人在七月二十五日推翻了墨索里尼政權，西西里的義軍很快就向盟軍投降，這表明義大利希望儘快求和。但是同盟國卻沒有盡力為新政府的和平之路提供方便，一直拖到九月三日義大利才背著德國，與同盟國達成停戰協議並秘密簽約。八日，也就是盟軍在那不勒斯（Naples）以南的薩來諾（Salerno）登陸的前夜，他們才公開宣佈義大利投降的消息。早在五天之前，八月三日那天，蒙哥馬利就已率領英軍通過墨西拿海峽，不急不躁地向義大利「足尖」推進。

德軍派出八個師抵達義大利北部，還有一些增援部隊正在途中。儘管如此，凱賽林只能用七個師的兵力，防守義大利半島的南部和中部。同時又要解除義大利軍隊的武裝並加以防範，這又使德軍本已有限的兵力更為緊張。所幸的是盟軍主力的登陸地點主要集中在薩來諾，在那裡凱賽林比較容易集結部隊先進行反擊。至於向半島南端足尖推進的盟軍，暫時並不會對德軍構成很大的威脅。盟軍指揮官不敢讓部隊越出空中掩護的範圍，這讓凱賽林有機可乘，他可以借此算出盟軍的行動規律。盟軍得意地將薩來諾的登陸稱為「雪崩作戰」，卻遭到頑強的反擊，損失相當慘重，而且差一點導致災難性後果。

盟軍行動之前，我曾認為要瓦解德軍的防守打亂他們的陣腳，最有效的策略是在半島的腳後跟——塔蘭托（Taranto）和布林迪西（Brindisi）登陸。這樣就能「大大出乎德軍的意料」，而且能減少風險，有望儘早佔領兩大良港。

在最後一刻，盟軍才將這個登陸方案作為輔助行動納入作戰規劃，但是進攻塔蘭托的只有英軍第一空降師，這支部隊本來還在突尼西亞整補，倉促結集後，便由緊急調集的海軍船隻送上前線了。所幸這支部隊沒有遇到什麼抵抗，它不但沒有戰車，也沒有火砲，更沒有像樣的車輛，只帶了一門榴彈砲。總之，它缺乏乘機擴大戰果的必要裝備。過了將近兩個星期後，盟軍另一支小部隊（包括一個裝甲旅）在東面的亞德里亞海岸港口城市巴里（Bari）登陸，他們向北前進並沒有遭遇任何像樣的抵抗，最後佔領了福賈（Foggia）周圍的一些機場，這就為盟軍轟炸德國開闢了一個新的航線。從半島腳跟發起的間接行動，對在薩來諾附近與盟軍對峙的德軍後方產生威脅，動搖了德軍的抵抗。

十月一日，盟軍進入那不勒斯。與此同時，德軍在義大利其餘地區加強了防守，他們成功地解除義軍的武裝，從而使義軍投降的不利因素化為烏有，這樣德軍就可以集中兵力反擊盟軍在義大利本土的進攻。義大利本土寬僅一〇〇英里左右，大部分地區處在亞平寧山脈（Apennines），那裡荊棘叢生、地勢險惡。德軍原本只想拖延盟軍佔領羅馬的日子，爭取時間在義大利北部構築一條牢固的防線。但他們看到盟軍進展緩慢，便忍不住派增援部隊向南推進。這就像為了頂住越來越大的壓力，將一個黏滯的活塞在一個汽缸裡來回抽動。

克拉克將軍（Mark Clack）率領的英美混編第五軍團從薩來諾出發，但在那不勒斯二十英里開外的沃爾圖里諾河（Volturno）遭遇德軍，在卡西諾（Cassino）前面的加里利亞諾（Garigliano）再次遭到德軍更強力的反擊。盟軍十一月和十二月連續發動攻勢，都無功而返。與此同時，在亞平寧山脈東面，蒙哥馬利的第八軍團在十月一日從福賈出發，先派一支小部隊在泰爾莫利（Termoli）偷襲德軍後方，再乘機從正面進逼比費爾諾河（Biferno），但還是在薩來諾受阻於德軍。十一月底，蒙哥馬利組織了一次強大的攻勢，他說：「將德軍趕到羅馬以北的時機已經成熟，……局勢對我們極為有利，我們要把敵人打得落花流水。」但蒙哥馬利的軍隊渡過河後便遭到德軍反擊，戰局陷入僵持狀態，亞平寧山脈的東面和西面都是如此。

歷時四個月之久，到年底時，盟軍僅向薩來諾以北推進了七十英里，而且大部分地區還是在九月份佔領的。盟軍推進的速度是如此緩慢，以至於他們自己將其形容為「寸進」。

蒙哥馬利在年底離開義大利戰區，回英國籌備諾曼第登陸。他還帶走了幾個久經沙場的精銳師，由幾個新建立的師來填補空缺。對義大利會戰更為不利的，是大量的登陸裝備和船隻都調去備戰諾曼第。利斯爵士（Sir Oliver Leese）取代蒙哥馬利指揮第八軍團，克拉克仍為第五軍團司令，亞歷山大繼續擔任義大利戰區的總司令。

一九四四年一月下旬，盟軍進行了一次登陸行動，目的是動搖守衛在卡西諾周圍和加里利亞諾的德軍防線。一支強大的盟軍部隊在羅馬以南二十五英里處的安其奧（Anzio）登陸。

但是它沒能迅速向內陸推進，德軍馬上出動預備隊加強薄弱的據點。德軍雖然沒能如願以償將盟軍打回海上，但還是將他們包圍在一個狹隘的灘頭堡。盟軍在卡西諾重新發起的攻勢也遭到德軍的抗擊。

僵持了四個月後，亞歷山大將軍發動新攻勢，目的是讓第八軍團的部分兵力越過亞平寧山脈，增援第五軍團的出擊。在地面攻勢展開之前，先派飛機對敵方補給線進行猛烈轟炸。在朱安將軍（Juin）率領擅長山地戰的法國殖民軍團從大山的側翼突破，在他們的幫助下，英軍這次終於佔領了卡西諾。在安其奧的盟軍及時插入，攻破敵方的陣地。在這套組合拳的打擊下，德軍才被迫開始全線後撤。六月五日，也就諾曼第戰役開始的前一天，盟軍進入羅馬。

凱賽林臨危不亂，以高超的指揮能力使部隊擺脫困境，並成功地對盟軍展開新的反擊戰。他在佛羅倫斯以北構築新的防線，盟軍再次被迫止步不前。八月下旬，亞歷山大率領的第八軍團主力調回亞德里亞海海岸，突進到波河（Po）河谷一帶，但因秋雨綿綿，部隊只得暫停，義大利戰役就這樣拖到了冬季。

為了應付紅軍和英美聯軍對德國的東西夾擊，希特勒只得從義大利抽調兵力和武器裝備。在盟軍的不斷打擊下，德軍在義大利的防線終因不堪重負而土崩瓦解，但此時已是一九四五年四月。當初義大利宣佈投降，盟軍踏上半島之時沒曾想到他們得花二十個月的時間才將德軍逐出義大利，德國人自己也未曾料到。

我在一九四五年下半年有機會交談的德軍將領中，沒有幾個人曾經在義大利作戰，有些人只是在某些戰區或會戰的某個階段有所參與。因此在本書初版時沒有涉及義大利戰役，因為我擔心資料不全。不過後來我有機會聽到凱賽林的敘述，他的參謀長魏斯特伐將軍（Westphal）也提供了不少可供佐證的資料。魏斯特伐是公認的德軍青年才俊之一，曾任隆美爾的作戰參謀和參謀長，在北非待了十八個月後，於一九四三年夏調任為凱賽林的參謀長。第二年又到西線接替布魯門特提出任倫德斯特的參謀長。

森格爾將軍也提供了有關義大利會戰的一些有價值的新材料。他曾指揮過西西里的德軍，在指揮德軍撤出薩丁島和科西嘉島的行動中表現傑出。從一九四三年十一月起，他在義大利擔任第十四裝甲軍軍長。一戰之前，他曾榮獲牛津大學羅德斯獎學金（Rhodes），後來成為德國教育家庫爾特·哈恩（Kurt Hahn）的朋友。哈恩曾經在薩萊姆（Salem）創辦過著名的中學，納粹掌權後，他又在蘇格蘭的戈登斯通（Gordonstoun）創過同類型的學校。戰後，薩萊姆中學重拾自由教育的校風，森格爾回到那裡任職。

在對義大利會戰作了概述之後，我會將「山的那一邊」對這次會戰的評述作個總結，就像在描述其他會戰時所做的那樣，我會在適當的地方直接引用那些有參與作戰的將領們的評論。

序幕

一九四二年十一月，盟軍進攻法屬北非殖民地，此舉完全出乎希特勒和最高統帥部軍事顧問的意料。（凱特爾和約德爾在戰後承認這是他們始料未及的。）德國人得到情報說是美國計畫在達喀爾（Dakar）和非洲西海岸的一些島嶼登陸，他們想當然地認為美國人不會進入地中海，因為那裡是英國人的勢力範圍！當報告說大批運輸船隻駛離摩洛哥海岸時，德國人又自以為那是運送英軍去遠東。甚至在得知一部分艦隊穿過直布羅陀海峽時，他們還是貿然斷定那不過是盟軍打算在利比亞登陸，從背後包抄剛被蒙哥馬利逐出埃及的隆美爾軍團。

凱賽林持不同的觀點。身為德軍駐地中海中部總指揮，他預感到情況不妙，早在一兩個月前，他已經在為盟軍可能在法屬北非登陸而憂心忡忡。就在盟軍進攻的前三天，最高統帥部還是認為凱賽林的警告不可信，他緊急求援的要求被置之不理。面對突變必須立即回應，德國匆忙通過空運不斷將一小批一小批的部隊送到突尼西亞，在比塞大（Bizerta）成功攔阻從阿爾及利亞趕來的盟軍先頭部隊。如果盟軍跨境奔襲的起點不是離西部戰線很遠的地方，德軍的攔截就難以得逞了。

在突尼西亞戰場，盟軍的力量在增加，德軍的實力也在增長。德軍構築了大量工事保衛比塞大和突尼西亞其他地區，盟軍在整個冬季毫無進展。隆美爾的部隊從艾拉敏撤出後，經過長途跋涉，總算找到了一個庇護所。然而，為了拯救隆美爾的殘部，守住非洲的立足點，這次遲到的行動讓希特勒的部隊和友軍付出了沉重的代價。所以當五月份德軍陣地被局部突破後，整個戰線全面崩潰，該地區近二十五萬將士淪為戰俘，其中德國人佔三分之二。如果當初希特勒願意捨棄隆美爾的殘部，盟軍的包圍圈將比他們預料的範圍更大，也更難確保能夠成功圍剿德軍。

隆美爾本人「在戰場又堅持了一天」，部隊剛抵達突尼西亞邊境時，他再次病倒，被飛機送回德國養病，此時離北非大敗僅一個月。九月，隆美爾被任命為德軍駐義大利北部戰區司令，凱賽林負責指揮南部德軍。另有一位軍人有幸被「疾病」擊倒，他就是在二戰後期讓盟軍大吃苦頭的曼陶菲爾將軍。一九四四年年底，他指揮裝甲部隊成功突破美軍在阿登的陣地，此時他在突尼西亞比塞大的一個戰區指揮一個臨時建立的師與美軍對峙。就在五月六日盟軍發動反攻的那一天，曼陶菲爾病倒了，和其他一些傷病員一起坐飛機撤到西西里。他告訴我，在飛往特拉帕尼（Trapani）的途中，他們的飛機三次遭到盟軍空軍的攻擊。我說大難不死真是幸運，他淡淡一笑，回答道：「結果還不是一樣，我最終還是在英國的特倫特公園（Trent Park）與戰友會師，他們休息的時間比我更長！」[26]

德軍戰線的崩潰讓希特勒和他的軍事顧問大為震驚。連綿起伏的山勢使通往比塞大和突尼西亞的隘口難攻易守，他們原先指望憑藉有利的地形，這條防線可以永保安然無恙。但是他們未曾考慮到周邊防線寬達一〇〇英里，與有限的預備隊不成比例，而防線的縱深又太淺，極易在空襲下陷入癱瘓，防線一旦被突破也來不及重新集結部隊加以補救。守軍的基地離前線太近，很不安全。敵人突破前線後，很快就能衝進基地。德國軍隊原本就對背海一戰憂心忡忡，基地的喪失將使他們更為悲觀，要知道制海權和制空權都牢牢地掌握在盟軍的手中。最高統帥部裡的那些決策者遠離戰場，根本沒有對前方將士的士氣予以充分的考慮。此前他們也曾低估向地中海那頭的遠征軍提供物資補給的困難。像哈爾德和陸總部其他參謀一樣，凱賽林也曾反對發動北非戰役，反對以這個理由入侵埃及。他認為無法維持如此長的補給線，北非戰役打下去就會演變成一場「補給線之戰」。在這個問題上，凱賽林與隆美爾意見相左。隨著北非戰役的深入，這種擔憂與日俱增，隆美爾的殘部被逐回突尼西亞時，凱賽林所擔心的危機到了頂點。當德軍第一次突襲突尼西亞，並向已經佔領的橋頭堡派出大規模的增援部隊時，凱賽林本人也曾錯誤地站在樂觀派一邊。後來他承認：「我們既不能向部隊補充物資，也沒法讓他們全身而退。」

盟軍進攻西西里島

盟軍佔領突尼西亞為前進南歐掃清了路障，可謂一舉兩得。德義軍隊在突尼西亞慘遭殲

26 編註：盟軍用來關押德軍高階將官位於倫敦北部的別墅，英軍在此裝有密錄器，收集到許多可供前線或政治所用的珍貴情報。

滅，這讓義大利和周圍諸島幾乎無兵可守。危急時刻，希特勒向墨索里尼表示，可以派出五個新募集的精銳師前來相助，墨索里尼回答說他只需要三個師就足夠了。墨索里尼事先並沒有徵求凱賽林的意見，凱賽林得知此事後認為這表明了義大利人的政治願望—「在咱家裡，我仍是主人。」墨索里尼的答覆也與義軍首腦羅阿塔將軍（Roatta）意見相悖。羅阿塔曾強烈要求必須增派六個裝甲師，分赴三個戰場——北部的來航（Leghorn）、中部的羅馬和南部的那不勒斯。削減援軍之舉使義大利在反抗盟軍進攻時付出了慘重的代價。

而且德義軍方無法預測盟軍將攻擊何處，這也增加了防守的難度。盟軍可以主動選擇進攻目標，守方處於兩難的境地——他的兵力捉襟見肘，不知道如何部署，猜不准該把有限的兵力放在什麼地方。在約德爾的影響下，希特勒認為盟軍下一步會在薩丁島登陸。那裡的德軍只有倉促招募的第九十裝甲擲彈兵師（編註：前身為第九十非洲輕步兵師）。薩丁島的港口原本就不多，那裡的碼頭大多已被盟軍的空襲炸毀，援兵和物資很難運上島。於是希特勒決定出動司徒登的第十一航空軍。這支部隊有兩個傘兵師，駐在法國南部，是「元首的預備隊」，如果盟軍進攻薩丁島，他們就用傘兵反擊。司徒登告訴我，計畫就是這麼定的。

然而，凱賽林則認為盟軍下一步行動很可能是在西西里登陸。墨索里尼和義軍指揮部也持同樣的看法。留守那裡的德軍只有第十五裝甲擲彈兵師（編註：西西里師與第十五裝甲師合併而成），也是臨時徵召成軍的，不過「赫曼．戈林」裝甲師也被派到那裡。即便如此，原來守衛該島的十個義大利師裝備不整，實力太弱，能夠出手幫助他們的德軍畢竟還是太少。

五月十三日是德國一舉攻入色當的週年紀念日，在羅馬召開的會議上，凱賽林提出以閒接的方法迅速出兵西班牙，以解救義大利的燃眉之急。與會的新任海軍總司令鄧尼茲上將同意凱賽林的想法。（前一年的十一月，在盟軍進入法屬北非後，他的前任海軍賴德爾上將曾多次敦促希特勒採取同樣的行動。）鄧尼茲回到德國後，去見希特勒，催他儘快採取這個方案。他認為這樣既可以威脅英美侵義部隊的側翼，又能奪回戰場的主動權。但希特勒表示為時已晚，他說較之一九四〇年，佛朗哥現在更不會同意這麼做。沒有佛朗哥的首肯，德軍無法進入西班牙。西班牙人驍勇善戰，他們會發動游擊戰，破壞入侵者的通信聯繫，使德軍難以立足。

即便如此，在盟軍進攻西西里之前又過了兩個月，令人驚訝的是德義在加強歐洲門戶的防守方面依然無所作為。在突尼西亞淪陷後的一個月裡，盟軍空軍不斷轟炸非洲和西西里海峽之間的潘泰萊里亞島（Pantelleria），儘管該島工事堅固，最後還是被攻陷了，盟軍的意圖十分明顯，但更奇怪的是德義還是無動於衷。盟軍耗費大量的「炸彈」進行如此曠日持久的「準備」，確切無疑地表明下一個目標就是西西里。儘管德軍高層也意識到這一點，但他們並沒能從這個明確的警示中有所獲益。這主要是因為德義之間互不信任，彼此猜忌。回首往事，凱賽林認為本來有可能擊潰盟軍的進攻。盟軍在西西里海岸站穩腳步後，當時匆匆趕往增援的兩個德軍師如能早一點到達，並由德軍統一指揮，就能組成強而有力的機動反擊。他的結論有其道理。

德軍要求將新派到西西里的兩個師由德軍司令部統一指揮，義大利人卻拒絕其友軍的要求，致使有效反擊盟軍的行動付之東流。義軍所能接受的是德國可以任命一位聯絡官，與義大利駐西西里第六軍團司令古佐尼將軍（Guzzoni）保持聯繫。埃特林中將（Sengerund Etterlin）擔任這個聯絡官，給他配備了一些能幹的作戰參謀和一個通信連，以便在情況緊急時親自指揮駐島德軍，正如魏斯特伐所言，這只是個「權宜之計」。盟軍入侵西西里後，義大利第六軍團不堪一擊，此時德軍作戰參謀才帶著第三個德國師（第二十九裝甲擲彈兵師）匆匆趕往西西里。

這個師是從義大利亞德里亞海岸調來的，此前剛剛被派去守衛重要的福賈機場和「義大利的腳跟」。他們剛到福賈就被調走，盟軍本可乘機攻擊「腳跟」，但他們卻行動遲緩坐失良機。因為沒有大規模的空中掩護，盟軍不敢貿然行動。凱賽林敢於從這個至關重要的陣地抽調兵力可謂老謀深算，他充分利用了盟軍的「謹慎策略」。

森格爾從守軍的角度給我講述了西西里作戰的經過，他輪廓分明的面容讓我留下很深的印象。作為一個裝甲部隊的指揮官，他特別談了裝甲部隊在該次作戰中的表現。

德義指揮部正確地預測盟軍的登陸地點很可能是西西里的東南部。然而，他們認為最易受到攻擊的地方是南部海岸傑拉（Gela）附近的沿海平原和位於東海岸的卡塔尼亞（Catania）。那裡地形平坦，適於裝甲部隊排兵佈陣，一登陸就有足夠的活動空間，也便於向島嶼中心地帶推進，這個具體而微的分析恰恰錯了。七月十日，盟軍打響西西里島戰役，其登陸的範圍從錫拉庫薩（Syracuse）延伸到利卡塔（Licata），包括整個東南海岸。登陸的裝甲部隊沒有遭到海岸守軍任何有效的抗擊。這些義大利守軍只是些二三流的部隊，裝備簡陋，又缺乏相應的砲火掩護。

盟軍指揮部偏偏不選適於戰車推進的海灘上岸，而是讓裝甲部隊和其他兵種一起登陸。我猜想他們不讓戰車集中在平原地帶可能是考慮到兩個因素：其一是盟軍擁有制空權和制海權，他們就可以集中登陸以分散守軍的兵力，還可以避免剛上岸就遭到守軍戰車的反擊。眾所周知，登陸行動的初期最為關鍵。他們採取這種戰術的第二個原因是傑拉和卡塔尼亞後方的平原畢竟不像非洲大平原那樣能讓戰車迅速挺進。

盟軍裝甲部隊主要沿著大路推進，依仗著海軍的艦砲和空軍的掩護，他們可以快速推進。在作戰後期，即使沒有海軍艦砲，即便地形不利戰車的活動，憑藉空中優勢，他們仍然能順利前進。但是與蘇聯和北非的情況不同，在西西里地形險要之處，盟軍從來不曾突破過軸心國精心組織的防線。也未能通過追擊來殲滅潰逃的敵軍，而蘇聯和非洲的地形則會讓他們輕而易舉地做到這一點。

森格爾接著談了西西里作戰初期的關鍵時刻守軍所採取的行動，他特別提到了德軍戰車反擊在傑拉附近突破海岸防線的美軍，這次作戰讓盟軍受到重創。

正如蒙哥馬利所言，軸心國的部隊兵力分散，防守就顯得左支右絀。軸心國最高統帥部擔心盟軍從東西海岸同時登陸，所以不得不分頭設防。虎式戰車是德軍裝甲部隊的主力，這些戰車和戈林師集中在東面，準備（用虎式戰車和戈林師中的戰車團）來反擊盟軍戰車在傑拉或卡塔尼亞平原地帶的進攻。德軍從卡爾塔吉羅內（Caltagirone）向南反擊，我親眼看到戰車衝到傑拉拉古薩（Gela Ragusa）公路南面的沙丘上，就在那裡成功地阻擊盟軍的進攻，但是同盟國海軍艦砲給德軍造成很大的損失。雖然他們成功地擊退了盟軍，甚至在那裡將登陸的盟軍趕回艦艇。無奈這局部的勝利沒有什麼戰略價值，因為盟軍遍佈整個錫拉庫薩和利卡塔的其他地區，所有的道路都為他們所用。

德軍最高統帥部曾對虎式戰車寄予厚望，指望依靠先進技術東山再起，但是事實證明虎式不適於西西里的地形。虎式戰車車身高，裝甲厚，體積巨大，在山間小路上顯得十分笨拙，而且還容易被敵人的偵察機發現。只要一組降落大路邊上的傘兵，就可以在橄欖樹的掩護下對它進行攻擊。戰車無法離開大路，因為在義大利，橄欖樹都種在山邊斜坡石頭砌成的平台上。虎式在狹窄的路面上無法轉彎，稍有損壞便不能動彈，需要至少兩輛戰車來拖，這一來便成了敵軍砲火密集轟炸的活靶子。

然而，在緩慢而有序的撤離西西里行動中，作為對抗戰車的武器，虎式和其他戰車卻發揮了極大的作用。它們藏身於小路邊的灌木叢中，設下埋伏，突襲盟軍那些同樣行動笨拙的戰車。盟軍推進的速度越慢，德軍用戰車來打戰車的效率就越高。戰車比固定的戰防砲更耐打，它有厚厚的裝甲，可以就近左右移動避開密集的砲火。它能使士氣低落的步兵振奮精神，車內的無線通信設備還能聯絡各個部隊加強防禦。在高階指揮官看來，哪怕是在隊形分散的情況下，戰車組成的陣形也要比步兵陣形更為可靠。

取道卡塔尼亞是通往墨西拿海峽的捷徑，蒙哥馬利的部隊在卡塔尼亞東海岸面對德軍的有力阻擊。除此以外拖延行動本來未必能為守軍創造多少機會，盟軍之所以一再遭到阻擊是因為德軍突然加強了西西里的空中防禦。英軍在登陸後三天內便肅清了東南角的敵軍，穩住了陣腳。蒙哥馬利說，在十三日那天「我決定從倫蒂尼（Lentini）出發，全力以赴向卡塔尼亞平原突進。」關鍵在於奪取卡塔尼亞南面幾英里處的錫梅托河（River Simeto）上的普里馬索橋（Primasole），為此動用了一個傘兵旅。雖然只有一半的傘兵空降到正確的地點，他們還是成功地佔領完好無損的大橋。

司徒登給我講述故事的另一半：「七月十日，盟軍登陸後，我馬上建議立刻派兩個傘兵師進行反擊。但希特勒不同意，約德爾更是反對。所以僅派了第一傘兵師從法國南部飛往義大利，一部分到羅馬，另一部分到那不勒斯，第二傘兵師則和我一起待在法國尼姆（Nimes）。不過第一傘兵師很快就飛往西西里，作為地面部隊增援那裡為數不多的德軍，因為那裡的義軍已經開始崩潰。這個傘兵師分批降落在離南卡塔尼亞東部我軍防線的後方，我原本希望他們能空投到盟軍戰線的後方。第一批傘兵降落在德軍陣地後面三英里處，正巧遭遇幾乎同時空投在那裡的英國傘兵，英軍想從這裡打開通向錫梅托河大橋的通道。我軍擊潰了這些英國傘兵，從盟軍手中奪回了大橋。那是七月十四日。」

在增援部隊的協助下，經過三天的激戰，英軍再次奪得大橋。但是此後他們在向北挺進的途中一再受到德國傘兵和戰車的頑強阻擊，盟軍沿東海岸迅速前進六十英里外的墨西拿的希望日漸渺茫。蒙哥馬利被迫將第八軍團的主力轉向西面，準備沿著埃特納（Etna）山腳迂迴前進，與從巴勒莫（Palermo）向東推進的美軍會師。面對森格爾所謂的拖延戰術，盟軍歷經艱辛緩慢推進，整整耗費了一個月時間。德軍贏得了時間，安然撤回義大利本土，準備「他日再戰」。

盟軍最高統帥部沒有試圖在「義大利足尖」——卡拉布里亞登陸，以切斷西西里德軍通往墨西拿海峽的退路，這使凱賽林如釋重負。在西西里會戰期間，他一直十分擔心盟軍會採取這個行動，因為他已經無兵迎戰。在他看來，「如果對卡拉布里亞發起第二次攻勢，西西里之戰將會以盟軍大獲全勝而告終」。到西西里會戰結束，德軍在島上的四個師全身而退，而當時凱賽林麾下只有兩個師的兵力駐守在義大利南部。

義大利的倒戈和德國的反政變

七月二十五日，墨索里尼被趕下台。儘管巴多里奧元帥（Marshal Badoglio）為首的義大利新政府保證將繼續忠於軸心國，希特勒還是立刻就預感到義大利早晚會設法退出戰爭。希特勒馬上採取應對措施。二十七日，希特勒命令駐在希臘的隆美爾B集團軍負責義大利北部的防禦，其藉口是為了減輕義軍的負擔，這樣就可以有更多的義軍去解救祖國南部的燃眉之急。B集團軍負責埃爾巴安科納（Elba Ancona）以北區域的防務。為了排兵佈陣，從其他戰線勉強抽調一些德軍師，乘火車匆匆趕往義大利北部。

與此同時，司徒登和第二傘兵師飛往羅馬附近的奧斯蒂亞（Ostia）。德軍沒有在事先將這次調防通知義大利，只是告訴義方第二傘兵師是用來增援西西里和卡拉布里亞的。然而司徒登卻被告知「希特勒預料義大利新政府會向盟軍投降」。他受命指揮從奧爾維耶托（Orvieto）

移師羅馬的第三裝甲擲彈兵師，準備一旦義大利投降就馬上收繳羅馬周圍義軍的武器。凱賽林對希特勒和最高統帥部的想法有不同意見，他堅信義大利高層將會繼續忠於德國盟友。他悲歎「德國政府對巴多里奧政府極其冷淡的態度」，害怕這會促使義大利新政府對德國離心離德，他尤其擔心德國的輕率舉措會迫使義大利突然倒戈。八月初，凱賽林接到指令，如果義大利政府向盟軍投降，他必須解除義軍武裝，將軍人全部關押起來。凱賽林爭辯道，他兵力有限，難以完成如此重任。凱賽林的辯解是有道理的，尤其考量到兵力、地域和盟軍介入的危險等因素。但是他無法改變上司的命令，他決定只在可行的範圍盡其所能。

魏斯特伐說凱賽林「決定只對那些緊鄰德軍據點的義大利空軍加以監控，至於其他地區的義大利空軍就顧不了那麼多。他委派德國駐義大利的海軍指揮部盡可能運用有限的手段——德軍快艇和潛艇阻止亞德里亞海港內的義大利軍艦逃離。他向為協調在義大利南部防務而新成立的德軍第十軍團司令部發出指令，關照他們行動必須看準形勢、因地制宜，儘量以溫和的方式讓他們放下武器，不要忘了他們畢竟是曾經的友軍。凱賽林事先唯一措詞明確的命令就是：德國人絕不能最先露出敵意」。

凱賽林面臨的問題看來確實相當棘手。「在羅馬就集結了五個以上的義大利師，德軍最高統帥部曾經誘勸義大利最高指揮部將這些部隊派去增援南方前線，但義方不為所動。」巴多里奧寧可讓盟軍進入，也不願讓德國人佔領羅馬。這是很自然的事情，因為他已在暗中和盟軍協調停戰事宜，準備倒戈。雖然凱賽林尚不知秘密談判的詳情，他也已經能夠察覺到「羅馬附近的義大利軍隊實力不凡，足以對德國第十軍團的後方交通構成嚴重威脅」。

艾森豪一語中的：「義大利人迫不及待地想要投降。」但不幸的是這種願望沒能及時成為現實，部分原因在於需要安排好防範措施，盟軍「無條件投降」的要求讓他們頗感為難。長期拖延不決對盟軍和義大利都不利，雙方終於在九月三日簽訂了停戰協議。同一天，蒙哥馬利率軍穿過墨西拿海峽，在義大利的足尖登陸。停戰協議一直秘而不宣，直到盟軍在義大利的「小腿」部（盟軍選定薩來諾灣）第二次登陸後才予以披露。他們準備同時在羅馬空投一個師的盟軍傘兵，幫助那裡的義軍起義，然而這個方案最終胎死腹中。九月八日午夜，在宣佈義大利投降的幾個小時前，盟軍打響薩來諾登陸作戰，義大利高層有點措手不及，他們向盟軍抱怨準備工作尚未準備周全，於是取消了空降行動。停戰協議也讓德國大吃一驚，儘管薩來諾情況危急，德軍還是在羅馬採取了迅速果斷的行動。因為義大利人極其渴望停戰，所以在盟軍還沒到場之前，他們就先向德國人投降了！

如果義大利人作戰也像演戲一樣在行的話，事情的結局可能就不大一樣了。在這場戲的序幕，他們的表演相當出色，隱匿了真實的企圖，蒙住了德國人。對於那幾天發生的事情，魏斯特伐有著相當生動的描述。「九月七日，義大利海軍部長庫爾唐上將（Countde Courten）拜訪凱賽林，通知他說八日或者九日義大利艦隊將從斯佩齊亞（Spezia）出發，向英國地中海艦隊挑戰。他兩眼含著淚水表示，艦隊此行將破釜沉舟，不成功，毋寧死，然後他詳述了作戰計畫。」信誓旦旦的保證讓德國人信以為真。次日，魏斯特伐和圖桑將軍（Toussaint）一起驅車前往蒙特羅通多（Monterotondo）的義軍司令部。「起初我們被羅馬北面的義軍關卡擋住去路，不過等了一個多小時後，就順利抵達蒙特羅通多，羅阿塔將軍熱情地接待了我們。他和我深入探討了義大利第七軍團和德國第十軍團在義大利南部聯合作戰的事宜。我們談話的時候，瓦爾登堡上校（von Waldenburg）打來電話，告訴我們廣播已經宣佈義大利向盟軍投降的消息。……羅阿塔向我們擔保，這只是敵方拙劣的宣傳伎倆。他說義德兩國仍將一如既往並肩作戰。」

魏斯特伐並沒有完全聽信義方的保證，傍晚他回到自己的指揮部，發現凱賽林已經向下屬軍官發出暗碼「軸心」——這個事先安排的暗號表明義大利已經背叛軸心國，必須採取相應的行動。

德軍各路指揮根據當時的形勢和各自的處境分別採取了威逼利誘、軟硬兼施的策略。在羅馬，司徒登看到敵眾我寡，斷然採取應變策略。「我派傘兵從天而降，佔領義軍司令部。不過這僅僅是局部的成功，我們在司令部的一處捕獲了三十個義軍將領和一五〇個初級軍官。但其他人員卻堅持不降。早在前一天晚上，義軍參謀總長就跟著國王和巴多里奧元帥一起逃之夭夭了。」

司徒登對停戰宣言做出強烈反應，這似乎讓義軍將領大吃一驚，誤認為司徒登兵力雄厚。巴多里奧告訴我們，羅阿塔對他說，他已經命令卡爾博尼將軍（Carboni）集中兵力，後撤到蒂沃利（Tivoli），那裡的地形有利於防守。此時義軍將士已經無心戀戰。後撤行動不僅將首都羅馬拱手讓給了德軍，也為德義談判掃清了道路。可以戴著天鵝絨手套來擺平此事，就不必再揮舞鐵拳了。

故事的其餘部分可以用魏斯特伐的話來結束：

> 義軍總司令無條件接受德國的投降建議，羅馬周圍地區完全恢復平靜。第十軍團也再無補給線被切斷之憂，駐義德軍指揮部也終於擺脫將與昔日盟友兵戎相見的夢魘。義軍投降後，士兵們就可以馬上回家了。德方的這個承諾引起不小的反響，這有違希特勒的命令，希特勒曾下令將全體義軍收為戰俘。不過如果硬要執行希特勒的命令，義大利人肯定不會動心，不可能接受德國人提出的投降條件。
>
> 我們大為寬心的是，羅馬再也不會淪為戰場。凱賽林在投降協議書上許諾，羅馬將成為不設防城市。他保證只讓警察來管理這個城市，用兩個連的兵力來守衛電話通訊設施，德軍信守承諾直到退出義大利為止。義軍投降後，德軍又恢復了與最高統帥部的無線電通訊，八日以後通訊一度中斷。兵不血刃地解決義大利軍隊的另一結果是，可以馬上從

羅馬通過公路向南方的第十軍團增派部隊。原先對羅馬附近情況的種種擔憂統統煙消雲散，這個結局真是再好不過了。

如果盟軍登陸的同時，義軍向盟軍投降，最初的命令能否得以實施，義大利的局勢能否擺平，甚至連德國最高統帥部在事先也顯得信心不足。按照魏斯特伐的說法：「最高統帥部私下已經對凱賽林的部隊不抱希望。到八月，消息洩露，凱賽林也得知此事。從八月份起，給我們的物資、人員、武器、裝備全部都沒有了，也證實了消息所言非虛。我軍提出的所有要求都被最高統帥部擱置不理，並以『將視情況而定』來搪塞。這種悲觀的情緒很可能也影響到在義大利北部的B集團軍。他們進入亞平寧山脈的陣地，準備接納逃脫盟軍和義軍夾擊的德軍。」

「凱賽林同樣感到局勢相當嚴重，但是他認為在一定的條件下，還是可以有所作為的——盟軍登陸的地點越靠南就越有可乘之機。不過如果敵軍從海上和空中在羅馬登陸，那麼第十軍團要逃脫被圍剿的命運就難上加難了。我軍在羅馬附近的兵力實在有限，根本沒法殲滅強大的義軍和擊退登陸的盟軍，更談不上還要確保第十軍團後方的交通線。早在九月九日，義軍就開始封鎖通往那不勒斯的要道，也等於切斷了第十軍團的後勤補給，這當然讓德軍很不高興，第十軍團無法在這種狀態下長期堅持作戰。九日和十日，盟軍並沒有在羅馬附近的機場空降，這讓凱賽林大大地鬆了一口氣。在這些天裡，我們無時無刻都在擔心盟軍會在義軍的配合下從天而降。盟軍空降肯定會讓義軍士氣大增，對我軍不滿的義大利平民無疑也會因此大受鼓舞。」

凱賽林的結論可謂是一語中的：「如果盟軍登陸地點不是在薩來諾，而是在羅馬附近空降或在就近的海岸登陸，我軍就不得不乖乖地從義大利南部全線撤離。」

盟軍登陸義大利

九月八日之後幾天，德軍最為緊張，尤其是凱賽林，他的司令部就設在羅馬南面的弗拉斯卡蒂（Frascati）。他沒有把握能使義軍屈服，並解除他們的武裝，他還得對付三個方向的進攻。當務之急是應對盟軍在薩來諾的大規模登陸。

由於情況不明，開頭幾天最令人焦慮。德軍在友邦的國土上作戰，友軍卻突然倒戈，「戰爭的迷霧」頓時顯得空前濃厚。且聽魏斯特伐的敘述：「總司令起初對薩來諾的戰況幾乎一無所知。電話聯繫已經中斷，電話是由義大利郵電系統控制的。因為不允許我們檢查義大利的電話設施，所以也沒法馬上修復電話線路。新成立的第十軍團通訊小組不熟悉南方的氣候狀況，所以無線電聯絡一開始也不行。在最初的那幾天裡，總司令對薩來諾的戰況感到心急如焚。」

他僅能得到的一條消息卻使他更為焦慮。他得知英國第八軍團正在漸漸逼近，而由於汽油短缺和指揮失當，從卡拉布里亞撤回的德軍沒能及時趕到薩來諾前線。

於是凱賽林「尋求別的途徑來增援薩來諾前線」。九日，魏斯特伐電告最高統帥部的約德爾，要求立刻將義大利北部曼托瓦（Mantua）附近的兩個裝甲師調來增援。「這些請求和我軍直接向B集團軍的求援都遭到拒絕，理由是這些部隊就算趕來也已經太遲，而且B集團軍也離不開這兩個裝甲師。」凱賽林和魏斯特伐認為這些藉口毫無道理。雖然曼托瓦離薩來諾有四五〇英里，他們估計兩個師可以在十三日趕到戰場，而此時戰鬥尚勝負未決。「德國空軍的劣勢和缺乏壓制敵艦砲火的手段是薩來諾之戰失利的兩大主要因素，第三大因素是缺乏地面部隊」。在魏斯特伐看來「如果這兩個師能及時出手，薩來諾的戰況很可能逆轉。」魏斯特伐說，因為沒能滿足增兵要求，後來約德爾曾向凱賽林表示悔意。

凱賽林和魏斯特伐固然感到失去了在一開始就打敗侵義盟軍的機會，不過他們認為盟軍也坐失了一次大好良機。凱賽林在評析這次戰役時說：「盟軍的作戰部署自始至終表明其最高統帥部的主導意識就是穩中求勝，致使他們在戰術運用和裝備調派方面都採取相當保守的方法。所以儘管德軍的偵察手段不足，情報稀少，我還是可以算出對手下一步的動向，盡我所能採取適當的應對措施。」

盟軍在薩來諾的主要登陸地點果然不出凱賽林所料，他以有限的兵力在關鍵地帶加以阻擊。雖然德軍的力量尚不足以將盟軍趕回海上，但畢竟遏制了其進攻的勢頭，沒讓它立刻構成極大的威脅。雖然英國第八軍團如期推進到義大利半島的足尖，畢竟離德軍距離尚遠，沒有構成即時的威脅。嚴重的威脅來自從塔蘭托附近半島腳跟登陸的盟軍，好在其實力不強，缺乏機動車輛，這個威脅也就自行消解了。

魏斯特伐對我談了他在「山的那一邊」的看法：「如果盟軍登陸地點不是薩來諾，而是在位於羅馬西北的奇維塔韋基亞（Civitavecchia）的話，將會對德軍產生致命的打擊。如果那樣的話，只需幾天的時間，羅馬就會落入盟軍之手。大家都明白駐守羅馬的德軍只有兩個師，也沒法迅速調集其他部隊來加強防守。有五個義大利師在羅馬作為內應，如果盟軍從海上和空中發起進攻，七十二小時內肯定可佔領羅馬。攻克羅馬不僅會產生巨大的政治影響，而且可以一舉切斷德軍從卡拉布里亞撤退的五個師的交通線。同時在那不勒斯和薩來諾以及周邊道路重新佈陣，這樣盟軍就能將羅馬到佩斯卡拉（Pescara）以南的義大利領土盡收囊中。」

英國第八軍團長途跋涉穿越卡拉布里亞向半島的足尖推進，此舉也遭到魏斯特伐的批評，他指出半島根部和亞德里亞海沿岸防守薄弱大門洞開，如果英軍第八軍團取道於此，將取得更大的戰果。「英國第八軍團本當集中兵力在塔蘭托登陸，駐守在那裡的德軍只有一個傘兵師（下面僅有三個砲兵連！）。當然，如果能確保陸上補給不斷以彌補港口設施的不足，最上策是在佩斯卡拉和安科納一帶登陸。由於德軍兵力有限，羅馬無法派兵抵抗。波河平原那邊也無法迅速派出像樣的部隊。」

凱賽林和魏斯特伐都認為盟軍為了對付空襲，戰術力求穩當，為此他們在戰略上付出了沉重的代價。其實義大利南部的德國空軍力量相當薄弱，盟軍的嚴加防範實屬過慮。他們還認為盟軍最高統帥部習慣於將進攻距離控制在空中掩護的範圍內，這就簡化了繁雜的防守問題，反而成全了守軍。

義大利半島以外的問題是已經派往薩丁島和科西嘉島的德軍，義大利的投降讓他們處於十分危險的局面。他們的成功脫身讓凱賽林和魏斯特伐感到又驚又喜。「從薩丁島和科西嘉島撤出的德軍居然沒有遭到敵人海軍和空軍的阻擊，這簡直是不可思議，三萬多裝備整齊的德軍就這樣安然無恙地撤回歐陸。」魏斯特伐進而指出：「面對敵軍的海空優勢，總司令非常清楚，要讓那裡的德軍全身而退談何容易，但令人驚訝的是居然沒有遭到盟軍的任何阻擊。從兩個島上撤出的殿後部隊在科西嘉集結待命的時候情況比較危急，西西里島撤退的成功經驗再度得到應用。運兵北非時已經有了先例，大部分人員是通過空運來轉移的。那次成功的撤退主要得歸功於森格爾，他頭腦清醒，指揮若定。」森格爾在西西里島戰役結束之前，一直負責那裡的戰事。第九十裝甲擲彈兵師在比薩（Pisa）重整旗鼓，準備再戰。該師的成功撤退有助於下一階段義大利本島之戰。

桑格羅之戰

盟軍第五軍團在薩來諾登陸後牢牢地穩住了陣腳，但是接下來朝北向羅馬的推進卻十分緩慢。凱賽林不斷對其進行阻擊，最後在卡西諾附近的加里利亞諾迫使盟軍止步不前。盟軍對卡西諾發起的深秋攻勢也沒對德軍的防守構成多大的威脅。

但是，蒙哥馬利十一月向桑格羅（Sangro）發起進攻的次日，在亞平寧山脈的另一邊亞德里亞海岸卻軍情吃緊。盟軍出動三個師和一個裝甲旅向沿海地區發動攻擊。魏斯特伐說：「可以迎戰的德軍只有第六十五步兵師，它只有七個營和十二個砲兵連。在攻勢開始的前一天，凱賽林和我剛剛視察過這個師……該師在史達林格勒戰後重建，至今還沒參加過作戰，將士們鬥志昂揚。但是它還不曾真正領教過敵軍密集空襲和砲擊的厲害，這種密集的砲火使守軍在戰場上寸步難行，而且完全壓制住我軍的火力。在空中和地面砲火的掩護下，英軍一個營接著一個營前仆後繼向前猛衝，這種戰術簡單實用，第六十五師被打得潰不成軍。」

十一月二十八日夜，發動總攻擊。「到第二天結束，第六十五師實質上已經不復存在。北上的道路已經洞開，至少通往安科納的大路已無德軍防守。」

「我們急忙從西線抽調第二十六裝甲師，該師竭盡全力匆匆趕來，但在穿越山地的時候極易受到空襲，耽擱了不少時間。從北方調來的第九十裝甲擲彈兵師剛剛歸我們節制，它從北方趕來，一路上幾經延誤，沒能及時趕到戰場，師長和團長均被免職。」

「在這兩個師抵達之前，英軍第八軍團通往北方的道路完全暢通無阻，其挺進趨勢可以說是所向披靡。在第九十裝甲擲彈兵師沒能填補缺口讓前線重新聯為一體之前，我軍的陣地還無法鞏固。它在行軍途中很容易被徹底打垮，但是英軍沒有抓住這個機會，我們很快就化解了亞德里亞沿海的危機。」

戰略的改變

在桑格羅和卡西諾的成功防守確定了一個戰略決策，就在這些戰鬥剛剛開始之前，希特勒產生了這一想法。佛羅倫斯北部伊特魯里亞（Etruscan）一帶的亞平寧山脈峰巒起伏道路難行，希特勒和他的軍事顧問過去一直認為唯有憑此天險才能阻止盟軍的推進。一旦第十軍團退到那裡，就馬上劃歸隆美爾的B集團軍，凱賽林的指揮權就此終止。

這個計畫改變的經過頗為有趣，魏斯特伐給我談了其中的過程。

最高統帥部原來計畫在幅員遼闊的亞平寧山脈排兵佈陣，當得知義大利南部戰況比預料更好後，他們就改變主意，打算將防線設在羅馬東南部的狹窄地帶。

他們之所以這樣盤算，一個原因是想讓盟軍的空軍基地儘量遠離德國本土。另一個原因是最高統帥部起初估算這條靠南的防線只需要七個步兵師，在後方兩翼再配備兩個摩托化師作為戰術預備隊就可以了。相比之下，亞平寧防線則至少需要十二個步兵師。

十月份，有人請隆美爾談談他對這個問題的看法。隆美爾表示他基本上反對這個計畫，主要原因是從長遠來看，這種嘗試風險太大，他認為沒有把握。如果實施這個計畫，凱賽林仍將留在駐義德軍最高指揮這個位子上。希特勒對此一直猶豫不決，部分原因是自從突尼西亞失陷後，凱賽林已經失寵。凱賽林比較親義，這也被認為不合適擔任這個職位，不過這時也得聽聽凱賽林的意見。凱賽林聲稱他能夠守住羅馬以南的防線，他清醒地認識到這項任務的艱難，但是，作為一個空軍將領，他深知義大利中部機場事關重大，決不能拱手讓給盟軍。除此以外，駐義德軍兵力有限，很難守住亞平寧山脈一帶的防線……凱賽林深信在他選定的防線上，他有把握拒敵於亞平寧山脈之外，他保證至少可以堅守六到九個月。

時光一天天慢慢地流逝，十一月行將結束，希特勒依然舉棋不定。後來他決定將義大利南部或全境的最高指揮權授予隆美爾，任命電報正在草擬時，他又突然改變主意，轉而任命凱賽林為全義最高軍事指揮官，此項任命於十一月二十一日生效。B集團軍就此離開義大利戰場，原來在義大利北部的德軍改編為第十四軍團，歸西南總司令指揮（或稱C集團軍），凱賽林接管後改稱此名。

此時，德軍已經下定決心讓防線儘量靠南，堅守的時間越長越好。這條防線從東到西橫貫卡西諾，稱之為伯納德（Bernard）防線（盟軍將其稱為冬季防線）。

在桑格羅防衛戰成功以後，希特勒甚至想在義大利發動反攻，其目的是重新奪取福賈的機場。希特勒之所以有這個打算，主要是因為盟軍空襲德國南部的飛機就是從那裡起飛的。凱賽林提出如要發起攻勢，至少還得增派三到四個裝甲師和兩個山地師。希特勒沒法提供所需的兵力，這個計畫只得作罷。

德軍兵力的確不足，不僅師級部隊少於盟軍，人員和火力也遠為遜色，要維持有效的防禦談何容易。德國步兵師的成員已從一九三九年的一萬六千人減至一萬二千人，實力大不如前。火砲和戰車也供不應求，尤其是空軍力量最弱。更糟的是盟軍進攻時，德國駐義空軍第二航空軍團（Luftflotte 2）已經不屬於凱賽林管轄。「那是因為戈林的要求，他遠在東普魯士，卻自以為比空軍出身、親臨戰場的凱賽林更高明，認為他可以更有效地直接指揮第二航空軍團」。那時德國海軍也擁有自主權，雖然憑藉凱賽林的個人威望和影響，他能夠得到其他軍種較好的配合，但凱賽林和他的部下「還是非常羨慕敵方責權分明的指揮體系——一個總司令負責一個戰區，一切聽從他的指揮」。

盟軍登陸安其奧

一九四四年一月二十二日，盟軍一個集團軍的兵力在羅馬附近的安其奧和內圖諾

（Nettuno）登陸，展開了一次大規模的海上側翼包圍行動。一開始他們運氣不錯。

韋斯法特爾講述了事情的經過。「凱賽林一直敦促空軍必須時刻對那不勒斯港口的航運作空中偵察，敵人在義大利西海岸任何新的登陸行動都會以那裡為起點。」幾個月來，德國戰機很少能飛越那不勒斯。由於惡劣天氣和防空火力的關係，德國戰機即便飛越該地也很難拍到要求的照片。不過，到一月初，偵察機終於拍到港口清晰的照片。「我們由此看出新的登陸行動迫在眉睫。」德軍馬上擬定對策，凱賽林決定從東部的第十軍團抽調第二十九和第九十裝甲擲彈兵師到羅馬附近，作為預備隊嚴陣以待。

一月十二日，盟軍向西面的卡西諾進攻，到十八日他們越過加里利亞諾，進一步加強攻勢。德軍指揮官擔心盟軍將突破利里河河谷（Liri），便要求借調兩個後援的師級單位，並聲稱僅需幾天就行了。凱賽林不太情願批准這個請求，正巧此時他要接見來訪的德國情報局局長卡納里斯。卡納里斯在回答凱賽林的詢問時保證「沒有絲毫的跡象表明盟軍立即會有新一波的登陸行動，那不勒斯港的運輸狀況一切正常」。所以儘管很猶豫，但凱賽林還是同意了派遣增援部隊。

英美聯軍在安其奧登陸後，沒有遭遇任何抵抗，他們深入內陸為灘頭堡構築起一道防線為止都沒有發現任何德軍。雅恩將軍（Jahn）趕到當地，他告訴我：「盟軍登陸時，那裡只有兩個營的德軍守著。盟軍可以輕而易舉地抵達阿爾邦丘陵（Alban Hills）。」凱賽林的司令部就坐落在阿爾邦的山坡上，緊靠安其奧到羅馬的公路。魏斯特伐說：「盟軍登陸後的那幾天，我們非常緊張。在敵人佔據羅馬東南的制高點之前，德軍是否有可能先派一部分兵力趕到那裡？這個問題十分關鍵。任何理性思考所能得出的答案都是『不可能』。在二十二日，甚至在二十三日，敵方只要派遣一股小部隊，如一個威力偵察團，迅速突進，大膽攻擊，就能輕易攻入不設防的羅馬城內。甚至可以在二十二日輕取瓦爾蒙托內（Valmontone），封鎖卡西諾前線到羅馬的交通和補給。然而敵方卻在登陸後止步不前了，貽誤了大好時機，這就大大有利於我們採取應對措施。」多虧事先有所準備，這些應對措施以極快的速度得到落實。德軍事先就制定了反登陸的方案，預測了五個可能登陸的地點，整理出各個戰線和地區的後備力量，隨時準備開往登陸地點。準備工作包括行軍路標、中途加油以及穿過亞平寧山脈隘道時的破冰設備。

到二十五日傍晚，凱賽林和他的參謀們以為「羅馬和瓦爾蒙托內被攻佔的危機已經緩解。」一直到三十日，盟軍才離開灘頭堡。儘管盟軍指揮官這時擁有五個實力不凡的師，但是很快就遭遇德軍的阻擊，到二月一日，盟軍的攻勢已如強弩之末。此時凱賽林已經集結了與敵方幾乎相等的兵力，包括從義大利北方調來的一個師和從法國調來的一個師。第十四軍團司令麥根森將軍（Mackensen）和他的參謀也從北方趕來，親自指揮作戰。

此時希特勒迫切希望「儘早發起決定性的反攻，將敵人的登陸部隊趕回大海」。他甚至不厭其煩親自選定反攻的確切方向——集中攻擊不超過四英里寬的區域。麥根森提出異議，認為範圍過於狹窄，凱賽林也持相同的意見。約德爾回答說，希特勒「斷然拒絕擴大進攻範圍」。魏斯特伐坦承，希特勒信心十足，凱賽林和他也多少受其影響，沒能堅持自己本該堅持的反對意見。由於天氣不好，空軍又需要補充彈藥，進攻一直延遲到二月十六日，儘管如此，對盟軍灘頭堡的進攻一度勢如破竹，差點突破。盟軍的空軍發揮甚大的作用，使德軍的攻勢陷入僵局。二十九日，德軍再次發起猛攻，但正如雅恩將軍所言，「毫無希望」。結果盟軍在安其奧的灘頭堡就像德軍咽喉裡的一根刺，最後終於從這裡突破德軍的防線。安其奧登陸一個重要的間接後果是它打破了希特勒長期醞釀的方案，希特勒一直打算從義大利抽調五個精銳裝甲師去法國，準備迎戰盟軍在西線的進攻。

盟軍自安其奧灘頭堡發起的進攻一開始便遭到阻擊，這使盟軍在義大利全面推進的時間大為延遲。二月，盟軍從卡西諾發起的正面攻勢再次受挫，傷亡慘重。三月，盟軍發動第三次攻勢，經過九天的激戰，又以失敗告終。此後，盟軍最高統帥部決定暫停進攻，積蓄力量，準備在三月再攻。與此同時集中力量，用空襲來截斷德軍的補給，以削弱其阻擊盟國夏季的防守力量。然而義大利戰役的拖延不決消耗了盟軍大量資源，本來他們可以將這些資源投入一九四四年的西線進攻。盟軍進攻義大利所付出的代價要比德軍防禦所遭到的損失大得多。

本尼迪克特（本篤會）修道院（Benedictine Monastery）坐落在卡西諾山頂，是歐洲著名的古建築，在盟軍二月份發動的攻勢中，修道院被炸毀，此事一直是人們討論的話題，現在應該可以作出歷史性的定論。事情是美軍大批轟炸機和砲兵所為，當時盟軍統帥部宣稱，修道院位居通往市鎮的要道，德軍在寺院「修築了工事，盤踞其中」，所以下令將其炸毀。威爾遜元帥（Sir H. Maitland Wilson）在一九四六年發佈的報告中重申了這種說法，但這種說法似乎與梵蒂岡和修道院院長早期提供的證詞相抵觸。他們證明，雖然德軍明知會不利於作戰，還是沒有貿然闖進修道院。我和森格爾討論過此事，他曾對此事作過詳細的筆錄。當時森格爾在卡西諾指揮第十四裝甲軍作戰。「凱賽林發下緊急命令，德軍將士不准擅自進入修道院，以免給盟軍找到轟炸和砲擊修道院的藉口。我個人沒法證明這個資訊是否傳達到盟國，但是我敢肯定梵蒂岡有途徑做到這一點，因為它非常關注修道院的安危。凱賽林不僅下令嚴禁德國軍人進入修道院，還派兵把守在修道院大門口，以確保命令得以落實。森格爾的敘述與我聽到的其他當事人的證詞完全吻合。

正如森格爾和菲廷霍夫（Vietinghoff）所言，炸毀修道院反而對德軍的防禦大為有利。這樣德軍就可以放開手腳在修道院的廢墟上構築工事，藏在破牆瓦礫背後要比躲在完好的修道院裡更有保障。「任何有過巷戰經驗的人都知道，房屋倒塌後就從老鼠的陷阱轉化成了防守的堡壘。」隱匿在廢墟背後的砲兵可以進行轟擊，徹底粉碎英軍衝進卡西諾市區的企圖。德軍將領認為，要攻佔卡西諾，唯有展開大範圍的側翼包抄才可能奏效。他們想不通盟軍為何直到第四次卡西諾作戰才採取這種戰術。

捨棄羅馬和退守亞平寧

盟軍在兵力上佔有優勢，而且已經控制了安其奧的側翼。有基於此，德軍比較明智的策略應是在盟軍發起夏季攻勢之前，主動退守到亞平寧山脈一帶的防線。趁盟軍有所懈怠之時，審時度勢，主動後撤一步，這不僅能減少自己的損失和壓力，而且能給盟軍「佔領」羅馬後的囂張氣焰潑盆冷水。更明智的策略是適度後退到羅馬附近的臨時陣地，而不是困守在卡西諾和加里利亞諾。這樣才能減輕滯留在南部所造成的危險和壓力，並有可能挫敗盟軍的夏季攻勢。

然而德軍既沒有全線後撤，也沒有局部後撤，他們為何沒有主動後撤呢？當時強調的理由是，亞平寧山脈那邊構築的哥德防線（Gothic Line）尚未完工。當在夏季攻勢中受到重創狼狽不堪的德軍退守亞平寧時，這裡的工事也還沒完工，但是身處逆境的德軍還是在哥德防線擋住了盟軍前進的步伐。不願及時後撤的做法有其深層原因，它並非理性思考，而是源自於情感。魏斯特伐對其上司凱賽林極為崇拜，他說：「凱賽林意志堅強超乎常人，加上軍人無私奉獻的精神，這種性格的人凡事總是欲將有限的能量發揮到超過極致。所以我認為，直到戰鬥行將結束，元帥的內心仍執著於羅馬不可失陷的信念。」其他德軍將領也向我證實了魏斯特伐的看法。如雅恩就曾聲稱：「我們的長官曾希望讓盟軍永遠止步於卡西諾陣地之前。」

凱賽林的這種希望與希特勒的想法正好一致。希特勒後來一系列反對任何後撤的做法表明，他期望盡最大的努力保住現有的陣地，凱賽林深知希特勒在這個問題上的態度。不過正如事情所發生的那樣，當時沒人下令一定要堅守，是凱賽林本人堅信自己有能力守住陣地，早先出乎意料的戰果更加強了他的信心。凱賽林認為盟軍指揮官麥根森比較悲觀，這又強化了凱賽林自已的樂觀情緒。這兩人的性格截然不同，凱賽林認為以盟軍現有的兵力足以戰勝德軍，但麥根森過於謹慎，缺乏自信。「這減輕凱賽林對十四軍團的焦慮和擔憂。」魏斯特伐進而指出，十四軍團看似兵力充足，足以在安其奧遏制盟軍的攻勢，但主要都是新兵組成的步兵師。而第十軍團的主力才是久經沙場的老兵。

儘管如此，若不是加里利亞諾那邊的防線被盟軍突破，安其奧陣地所面臨的危險未必能成為現實。朱安將軍率領法國殖民地軍團翻過山脈，攻破了加里利亞諾的德軍防線，這次間接的進攻使德軍整個防線陣腳大亂。「山的那一邊」的情報沒能及時到達，使這次突襲更加令人猝不及防。凱賽林說：「不幸的是事後第三天我才得知遭到法國突襲。特別設置的『緊急通報』系統癱瘓了。到第三天，已經來不及按計畫派出增援部隊趕到山上的陣地。」

法軍的側翼進攻動搖了德軍在卡西諾的防線，隨後盟軍開始在安其奧突破德軍的防線。第十軍團司令菲廷霍夫將軍認為部隊的補給線岌岌可危，建議迅速北撤至瓦爾蒙托內一線，以便和第十四軍團聯手佈防。然而即便在這個時候，希特勒還是嚴禁後撤，使德軍喪失最後一次保住羅馬南部陣地的機會。德軍沒能按計畫撤退，它過長的防線開始分崩離析，羅馬城陷入敵手，德軍長距離後撤到北方的哥德防線。第十軍團沿著內陸的小路繞道而行，擺脫盟軍的追擊，第十四軍團則被打得落花流水。（有些德國軍人傷心地抱怨，由於凱賽林要確保羅馬古城的完好無損，使部隊慘遭重創。凱賽林下令不准炸毀台伯河上的橋樑，因為它們具有極高的歷史價值。德軍被捆住了手腳，盟軍則乘虛而入。）即便如此，凱賽林還是頂住了盟軍的追擊，並在哥德防線迫使盟軍止步不前。由於西線和東線戰場吃緊，部隊的物資補給和後援日漸枯竭，凱賽林還是在哥德防線成功地堅守了一年之久，直到一九四五年四月。

德軍眼中的盟軍戰略

魏斯特伐和凱賽林認為，在義大利戰役中盟軍本來可以採取更有效的戰略。魏斯特伐說：

盟軍在薩來諾登陸後，接下來兩棲作戰的地點不應在安其奧，而該選儘量靠近羅馬北邊的地方，如利佛諾（Livorno），那裡到處都有便於登陸的地形。到一九四三年年底，盟軍最高統帥部肯定已經了解在義大利北部的德軍規模甚小，德軍主力集中在羅馬以南的前線。就德軍的佈防和整體格局，無論是在義大利北方、羅馬還是如里窩那之類的其他地方，在盟軍登陸並鞏固陣地之前，德軍都沒有能力進行強而有力的反攻。

一九四四年春，在盟軍五月大舉進攻之前，形勢非常有利於盟軍採取登陸行動。當時除了兩個師駐守里窩那，其餘全部可供調動的部隊都和第十、第十四軍團在卡西諾和安其奧前線。盟軍的上策是用相應的兵力牽制這些德軍，主力部隊進行戰略性的側翼包抄，就能將駐義德軍各個擊破。

我想盟軍可能是擔心戰線過於分散，唯恐在德軍空襲下蒙受損失，所以不敢冒險採取這個策略。然而他們肯定知道，德國空軍在北非戰役中遭到重創後，幾乎已經消失在戰場上。空軍缺乏訓練有素的補充飛官，同時 Me109 戰鬥機性能不佳，而且轟炸機也太少。

我們的結論是如果盟軍在里窩那和斯佩齊亞一帶實施大規模的登陸行動，面對盟軍的逼近和登陸，德軍將無可奈何。而且敵軍不僅可以順利上岸，還能在德軍趕來之前封鎖亞平寧的隘道，從前線趕到新的登陸地點路程長達二〇〇英里，大多數德軍得徒步前進。

在我看來，對登陸行動進行空中掩護也不難做到。飛機可以從航空母艦起飛，或者就從科西嘉島起飛，從巴斯蒂亞（Bastia）到里窩那也不過八十英里，戰鬥機只需十五分鐘時間就能飛到。這樣的登陸行動將一舉擊潰德軍在義大利中部的防線，極易給全體德軍以致命的一擊，很難想像哪個負責任的指揮官居然不敢採取如此輕鬆的登陸行動？德軍兵力不足，沒法擊退正面進攻和登陸行動，所以靠近德軍前線的登陸行動也能使第十和第十四軍團陣腳大亂。安其奧東南面是一個比較理想的登陸點，從那裡可以與進攻第十軍團的部隊聯手截擊其右翼。另一個可行的登陸地點是台伯河河口，目的是從後面攻擊第十四軍團。從羅馬北面的奇維塔韋基亞登陸最具有震撼效果，那裡的兵力十分薄弱，增援部隊若不能及時趕到，根本就別指望在那裡構築有效的防線。那裡地勢平坦，從格羅塞托（Grosseto）以北到里窩那都無險可守，最適宜敵軍登陸。說實在的，我軍唯一能進行有效阻擊盟軍登陸行動的地方，恰恰是安其奧的北面和南面。

漫長的最後階段

當德軍擺脫盟軍的截擊，最終抵達亞平寧山脈北段時，指揮官們大大地鬆了一口氣。盟軍在諾曼第登陸後，八月又在法國南部登陸，這更讓駐義德軍如釋重負，他們算準盟軍不會再從他們背後的義大利北部執行登陸行動。他們對戰爭的結局已經不抱幻想，既然盟軍已經收復法國，兵臨萊茵河，義大利已成戰爭的死角。他們暫時能苟延殘喘，不會馬上遭到滅頂之災。

但是隨著部隊不斷被抽調去加強萊茵河和東線陣地，應召入伍的新兵和裝備日趨減少，輕鬆的情緒便漸漸煙消雲散了。兵員缺口必須由新的義大利師來填補，這些部隊是在德軍佔領義大利北部時，墨索里尼和格拉齊亞尼元帥徵募二來的。那年冬季，提佩爾斯基希被派往義大利指揮第十四軍團，他告訴我當時只有兩個德國師和四個義大利師，雖然這些義大利師要比曾在蘇聯作戰的義軍精幹，但兵員匱乏已經到了危險的程度。第十軍團被抽調的兵力不多，但為新增兵員和裝備嚴重不足而困擾。

雅恩對我作了義大利戰役最後階段的總結，他當時負責指揮德義聯軍。

為了抗擊盟軍的秋季攻勢，我們打得十分艱苦，我軍傷亡慘重。盟軍最後幾次進攻尤其危急，幸虧暴雨和大雪的幫忙，才讓我們轉危為安，勉強守住了陣地。一九四五年初，又有四個師被抽調到德國，這進一步削弱了我們的防守實力。連精銳部隊戈林師也被調去抗擊紅軍。

兵力不濟的狀況逼得我們調整策略，撤退到阿爾卑斯山。但是最高統帥部卻要我們盡可能延後撤退的時間，他們認為保住義大利北部至關重要，那裡可以提供武器和糧秣。不過早在十月份就已經制定好計畫，一旦盟軍突破，德軍就撤退到阿爾卑斯山山麓。四月，盟軍突破我軍陣地，由於缺乏車輛和汽油，加上美軍速度神速，這樣的撤退已經不可能實現了。美軍穿過科莫（Como）後，轉向西面，切斷了我軍後路。我們與上級失去了聯繫，收不到任何命令，又沒有飛機，德軍等於成了瞎子和聾子。撤退的部隊「在藍天下」迷失了方向，不知道發生了什麼事，也不知道如何是好，直到接獲投降的命令！

第二十一章　諾曼第登陸

對英美而言，諾曼第登陸堪稱冒險一搏。盟國方面有關諾曼第登陸的著作可謂是卷帙繁多。聽一聽「山的那一邊」對此戰的評述或許能讓人耳目一新。諾曼第戰役的第一個月，德方的總指揮是倫德施特元帥，從一九四二年初開始，他就一直負責西線戰場。他對我談了自己的看法。第二個月，克魯格元帥接替倫德斯特直到德軍崩潰為止。諾曼第淪陷後，克魯格在絕望和對希特勒的恐懼中服毒自殺。他的參謀長布魯門特提將軍自始至終一直參與這個重大戰役，他對兩個階段的情況作了詳細的論述。

倫德斯特和克魯格先後出任西線總司令，諾曼第作戰主要由隆美爾的B集團軍負責，防線從布列塔尼延伸到荷蘭。如今隆美爾已死，從他參謀們的敘述，再參照其他參戰高階將領的回憶，可以揭示出隆美爾在諾曼第戰役中的作用。

瓦里蒙特將軍是倖存的最高統帥部高階軍官，我可以從他的敘述中窺見希特勒和他軍師們的想法。

通過敵方的眼睛來考察一場戰爭是很有意思的事情。這與「倒看望遠鏡」最大的不同就是，它不是縮小景象，而是放大，場面之生動具有驚人的效果。

站在英國海岸來看進攻，會認為任務十分艱巨。如果從法國海岸來看進攻，也就是從敵方的角度，你就更能理解對方完全不同的感受。擁有制海權和制空權的強敵大軍壓境，「我要防守的海岸線長達三千英里。」倫德施特告訴我，「從南面的義大利邊境到北面的德國邊境，駐守這條防線的兵力只有六十個師。其中大多數都弱旅殘兵，只有部分是精銳部隊。」

從戰略角度來看，六十個師根本沒法「守住」三千英里的防線，就算把預備隊也投入進去，平均每個師也得防守五十英里。這個任務根本不可能完成。一戰時，通常每個師平均頂多防守三英里，才能頂住敵人的強攻。此後隨著現代防禦能力的加強，一個師的防守範圍可以擴大到兩倍，乃至三倍。即便如此，區區這點兵力是絕對不可能保護如此漫長的防線。

唯有猜中盟軍可能登陸的地點，才能進行有效的防守。那些不太可能作為登陸點的海岸只得任其置於幾乎無兵駐防的局面，加強防守那些有可能作為登陸點的海岸線。即便如此，這些區域的防守還是顯得力量單薄，因為必須在戰區內配備預備隊，以便得知真正的登陸地點後進行反攻。

倫德斯特和布魯門特提向我強調指出，希特勒想當然地認為盟軍可能在歐洲德佔區的任何地方登陸，他對偵察敵方船艦動向的行動往往不屑一顧，這讓前線的將領們更加為難。

序幕

我問倫德斯特，他是否曾預料盟軍的進攻會比後來實際發動的時間更早。他回答：「一九四一年我軍深入蘇聯境內時，你們沒有進攻，這曾讓我感到驚訝。不過當時我還在東線，對西線的局勢不是很清楚。我到西線對情況有所了解後就不再認為盟軍會過早發起進攻，我知道你們在兵力和武器裝備上還沒有做好充分的準備。」倫德斯特的這番話與他一九四一年給希特勒的報告相吻合，當時他指出西線過於暴露，可能會讓德國腹背受敵。他的警告讓希特勒十分緊張，於是便派倫德斯特去負責西線戰場。倫德斯特統轄的區域從荷德邊境延伸至法義邊境。

有人認為一九四二年八月盟軍在法國第厄普的登陸預示著即將發生的反攻行動，倫德斯特表示他不敢苟同，他認為那只是一次佯攻，以試探德軍沿海防禦的虛實。我問布魯門特提如何看這個問題，他的回答略有不同。「當時我不在西線，九月底我接替柴茲勒出任參謀長，到了西線後，聽說了不少有關這次登陸的情況。統帥部也無法斷定這是否僅僅是一次突襲，如果盟軍一開始突襲成功，也可能會有大部隊隨後跟進。」看來當時柴茲勒和凱特爾認為問題相當嚴重。正如本書第十七章所寫，希特勒下令抽調兩個精銳師前往西線，否則這兩個師很可能扭轉史達林格勒會戰的結果。

倫德斯特繼續說：「一九四三年，我們佔領法國全境時，我預料盟軍會進攻歐洲大陸。我以為你們會及時抓住機會，趁德軍戰線拉得過長時反攻。」

布魯門特提對此作了補充說明：「一九四二年十一月，盟軍在法屬北非登陸後，希特勒認定盟軍會從北非進攻法國南部，元首於是命令我軍進駐法國未佔領區。我們認為盟軍會從地中海沿岸登陸，維琪政府不會作出抵抗。我軍順利地進駐了法國全境，沒有引起什麼摩擦，只是游擊隊的行動導致了一些傷亡，這些行動已經開始令我們感到不安。在部隊開進未佔領區之前，倫德施特隻身先行一步，目的是與維琪政府協商和平進駐事宜，從而避免雙方不必要的損失。倫德斯特此行成功地達到目的。」

疑惑不安的一九四三年

布魯門特提說：「五月突尼西亞失陷之後，希特勒越來越擔心盟軍會在法國南部登陸。實際上那一年希特勒預測的登陸地點老是在變，他一會兒猜挪威，一會兒說是荷蘭，一會兒又說在索姆河附近、諾曼第和布列塔尼、葡萄牙、西班牙、亞德里亞海沿岸。他的目光就這樣老是在地圖上掃來掃去。」

「他尤其擔心盟軍會採取鉗形攻勢，在法國南部和比斯開灣（Biscay）同時登陸。他還害怕盟軍會一舉佔領地中海西部的巴厘阿里群島（Balearic），然後在巴賽隆納登陸，進而北上進入法國。他又恐怕盟軍入侵西班牙，下令將精銳部隊開往庇里牛斯山脈（Pyrenees），準備進行攔截。與此同時，他一直堅持嚴禁德軍破壞西班牙的中立，任何行動都不准冒犯西班牙。」（但是，史維本堡告訴我，一九四三年四月，他在達克斯（Dax）指揮第八十六軍，當時該部隊正駐在庇里牛斯山脈。他接到命令準備快速挺進西班牙。該作戰方案稱為「吉塞拉行動（Operation Gisela）」。五個師中四個師是機械化或摩托化的，準備實施史維本堡所謂的「荒唐行動」。「其中一個師進攻西班牙北部的畢爾巴鄂市（Bilbao），其餘的部隊展開扇形攻勢，其左翼進軍西班牙中部，目標是馬德里。」）

布魯門特提繼續說：「對於希特勒的某些擔憂，我們這些軍人並非沒有同感。我們認為英軍不可能派部隊在比斯開灣登陸，因為這超過了英國戰機空中掩護的距離。我們也有諸多理由排除盟軍入侵西班牙的可能性，雖然我們懷疑盟軍會冒險挑起西班牙的敵意，無論在什麼情況下，都不適於在這個國家展開大規模的軍事行動。那裡的交通網極差，庇里牛斯山脈障礙重重。而且我們和駐守庇里牛斯邊界線的西班牙軍官關係不錯，他們明白無誤地讓我們知道，如果德軍入侵西班牙，他們將奮起抗擊，同時他們又給我們提供有用的情報。」

不過，布魯門特提繼續說，德國將領雖然排除了希特勒所擔憂的一些威脅，但他們認為盟軍肯定會在某個地點發起登陸行動。「這一年的種種跡象表明，盟軍的進攻勢在必行。整個一九四三年，有關進攻的傳言甚囂塵上。消息主要來自外交管道——德國駐羅馬尼亞、匈牙利和日本大使館的武官，還有維琪政府。」

看來謠言似乎要比刻意安排的騙局更能影響敵方將帥的思路，我曾問倫德施特，他是否預料過那年九月盟軍會越過英吉利海峽進行登陸行動，當時我們精心策劃了一次佯攻行動，調動大部隊集結在英國南部海岸，似乎要發動一場登陸行動。倫德施特微笑著說：「你們的舉動太露骨了，顯然是在虛張聲勢。」

那次過分的表演讓德國將領鬆口氣，它表明盟軍不會馬上越海出擊。秋風將起，這意味著在戰爭的風暴降臨之前，駐守法國邊境的德軍還有一個冬季尚可苟且偷生，這讓長期以來驚恐不安的德軍略感放鬆。

總之，一九四三年可以概括為「疑惑不安的一年」。布魯門特提說：「法國反抗組織聲勢日壯，給德軍造成很大傷亡。我們如坐針氈，日子越來越難過。反抗行動在一九四二年還沒達到高潮，那時反抗軍分為三個派別——共產黨、戴高樂主義者和吉勞德主義者（Giraudists）。三個組織相互敵視，還經常給我們提供對方活動的情報。但一九四三年他們就聯合起來了，英國人給他們下達指令，空降武器。」

改變防衛策略

在一九四三年期間，由於兵力不足，德軍的防禦計畫不斷在變。法國一直就像部隊療養院，那些在東線戰場打得精疲力竭的部隊往往被調到法國休養生息，整頓重組。布魯門特提在談及此事時說：「到一九四三年，先後有五六十個師調防法國，那些在蘇聯戰場上損兵折將的師被頻頻撤回法國輪換休整。這樣持續的輪調不利於構築有效的沿海防禦體系。於是便成立了專屬的海防部隊，針對各自防區的屬性，形成特殊的防禦體系。這個體系的長處在於它能確保軍隊對所屬防區十分熟悉，同時也能儘量利用西線有限的武器裝備。但它有一個無法避免的弱點，部隊的官兵大多年事已高，武器也不如一線部隊。大多數武器是從法國、波蘭和南斯拉夫繳獲的，所用彈藥規格不一，在緊要關頭往往會供不應求，不像標準武器那麼方便。海防師大多數只有兩個步兵團，兩個野戰砲連，共二十四門火砲。另外一個中型砲兵連，有十二門砲。

這些火砲要靠馬車運輸，機動性極差。」

「除了這些海防師，還有海岸砲兵部隊。海岸砲兵部隊無論是海軍還是陸軍均屬海軍總司令部指揮，而海軍和陸軍總司令部常常意見相悖。」

那年年末，隆美爾來到西線視察，新的矛盾隨之而來。此前隆美爾曾一度負責指揮駐義大利北部的德軍，十一月，希特勒委派他去視察並改進從丹麥到西班牙邊界的沿海防禦部署。聖誕之前，隆美爾結束丹麥之行，進入法國——這就進入了倫德斯特統轄的地盤。隆美爾根據希特勒給他的特別指令行事，但希特勒又沒有明確交代隆美爾和倫德斯特之間的關係。兩員大將之間的衝突自然難免，而兩人觀點的不一則必然使矛盾更為加劇。

布魯門特提評論道：「不久，部隊就不知該聽倫德斯特還是隆美爾的指揮，隆美爾要求他們處處設防。為了解決這個問題，倫德斯特提出隆美爾負責從荷德邊界到羅亞爾河這片最重要的戰區。布拉斯考維茲將軍（Blaskowitz）負責從羅亞爾河到阿爾卑斯山一帶的南部防線，兩人均隸屬總司令倫德施特。隆美爾的B集團軍駐在荷蘭；第十五軍團防守從荷蘭到塞納河；第七軍團防守從塞納河到羅亞爾河一線。布拉斯考維茲的G集團軍中的第一軍團負責比斯開灣和庇里牛斯山，第十九軍的防區為地中海沿岸。」

根據隆美爾的參謀所言，是隆美爾提出這個建議的，「因為只有這樣才能儘快將他的想法付諸實施。」不管怎麼說，在隆美爾來後一個月左右，這個方案得到了批准。雖然這使兩位將領之間的關係多少有所緩和，但是由防禦策略分歧所引起的矛盾並沒有真正得到化解。

新的部署在部隊內部又引起新的矛盾，史維本堡剛被任命為西線裝甲兵團司令，那裡所有的裝甲部隊本當歸他指揮。他自然希望集中裝甲部隊的兵力，但是新的部署不僅削弱了他的權威，而且還引起不同觀念的衝突。隆美爾主張將裝甲部隊分散佈防，這與史維本堡的觀念存在著根本性的分歧。史維本堡是裝甲作戰最早的引領人物之一，得到裝甲部隊督察長古德林的支持。隆美爾過去也堅信集中兵力的作戰原則，但認為現在情況有變，尤其是盟軍掌握著制空權，這就迫使德軍要對原先的作戰原則作出相應的調整。

兩位裝甲戰專家的意見衝突讓倫德斯特處於兩難的局面，他在戰略直覺上比較傾向於史維本堡和古德林，但是當必須決策時，他又不得不承認隆美爾的主張言之有據，他有與英美強敵對戰的經驗，盟軍佔有絕對的空中優勢。而史維本堡和古德林主要在東線作戰，在那裡空軍的實際作用跟西線不同。人們常把這種衝突說成是倫德斯特與隆美爾之間的矛盾，更深層的原因在於隆美爾與得到古德林支持的史維本堡的分歧，倫德斯特只不過是一個仲裁者，何況他還要受到希特勒的制約和戰況的影響。

倫德斯特和我談起過隆美爾，他說：「隆美爾是個勇士，擅長指揮一些小型戰鬥，但還算不上是一個卓越的高級將才。」（這種觀點在德軍高階將領中很有市場，不過我發現，隆美爾手下的軍官和一些相當精練的參謀長對這種說法極為不滿。）倫德斯特對隆美爾的忠誠未加非議：「他總是不折不扣地執行我的命令。」

另一方面，那些對作戰方案持有異議的將領則抱怨倫德斯特優柔寡斷。每當隆美爾的觀點與他的看法相悖，並難免影響到他的決策時，倫德斯特卻不能斷然加以否決。有些人認為倫德斯特為人過於謹慎，唯恐干預下屬的職權，所以總是猶豫不決。史維本堡講得更不客氣：「倫德斯特的個性太軟弱，不能堅持己見。面對各種衝突，他總是保持中立。結果在一些存有爭議的問題上總是得不到明確的定論，這就像船在海上飄蕩卻沒人出來掌舵一樣。」史維本堡還說：「倫德施特是個紳士，既聰明又理智，但我平生在軍中高層遇過最懶散的軍人亦非他莫屬，他不喜歡我『無事生非』的性格。一九四四年，倫德施特已是將軍老矣，身心俱疲之人，指揮作戰難免無精打采。」

由於隆美爾的據理力爭，倫德斯特的某些決策會有所改變，史維本堡對他的評價也許過份地低了。隆美爾的參謀長史派德（Speidel）告訴我，隆美爾經常能夠說服倫德施特。史維本堡也承認這一點，不過他認為這正表明倫德施特缺乏主見，「不能堅持自己原先的看法」。綜合所有的說法，除了其他的一些麻煩，倫德斯特的確是有點身心俱疲。那種狀態可以說明不少問題，但是這樣一個疲憊的老人卻能贏得眾多部將的尊重，而且多數人認為他是不可替代的統帥，這表明倫德斯特具有非凡的人格魅力。隨著戰爭的結束，他淪為囚犯，歷經磨難，這種人格魅力再度閃爍出光芒。面對審判，他舉止得體，給人留下深刻的印象。

在此，我不得不承認，與倫德斯特接觸的次數越多，他給我留下的印象越好，有許多事情都直接或間接地證明了這一點。資深固然是他深孚眾望的原因之一，但他能贏得眾多囚犯由衷的愛戴靠的決不是資歷。倫德斯特思想保守，這不光表現在軍事領域，他精明能幹又心細如發，這種氣質使他顯得卓絕不凡。他高貴而不高傲，舉止談吐讓人感受什麼才是正統的貴族。

他的長相看似十分嚴肅，但不時會流露出可人的微笑和一絲幽默。有一次散步後回到他那狹窄的囚室，我們穿過佈滿鐵絲網的大門，走進內院，來到囚室的前門，我示意他先進去，他卻躬身微笑道：「喲，不，這可是我的寓所。」

在哪裡登陸？

到了一九四四年，大批美軍運往英國，顯然主攻將從英國發動，但盟軍將在法國哪個地方登陸仍難以確定。「幾乎沒有可靠的消息從英國傳來，」布魯門特提告訴我，「我們軍方沒法插手情報工作，德國情報機構完全由希特勒的最高統帥部控制，由親衛隊保安處（Sicherheitsdienst, SD）負責執行。我們的情報全靠他們提供。」

「他們籠統地告訴我們英美軍隊各自在英格蘭南部集結的消息，在那裡數量有限的德國間諜，通過電報將偵察到的情報發回國內，不過內容也就僅此而已。我們的空軍太差勁了，飛越英國上空的偵察工作極為有限。不過在臨近登陸日時，夜間偵察機報告發現大批盟軍正運往西南沿海，飛機是根據夜間的車燈發現這個情況的。」（估計這些部隊是美軍，因為美軍駐守在英格蘭南方的西半區域。）「我們截獲從英國軍艦發出的電報也表明，英吉利海峽將有重大活動。」

「另一個跡象來自法國的反抗組織日趨活躍。我們查獲了幾百台無線電台，破解了與英國之間聯繫的密碼，內容雖然有點晦澀，大致的意思還是很明顯的。」

「我們掌握的情報並不能確定具體的登陸地點。這個關鍵問題還得依靠我們主觀判斷。」

布魯門特提接著說「德國海軍參謀部一直堅持認為盟軍將在一個大型港口附近登陸。他們預測盟軍將會進攻法國北部的勒阿弗爾市，那是一個大港，而且有一個小型潛艇基地。我們陸軍不同意這種看法。我們不信盟軍會直接進攻這麼一個嚴加防守的城市。而且我們還得到情報，英國南部正在進行大規模的軍事演習，部隊的登陸地點是平坦開闊的海灘。」

「我們由此推斷，盟軍一開始不會進攻港口城市。但是我們沒想到，也沒有接獲任何報告，他們在搞一個代號『桑椹』的人工碼頭。我們以為你們會將船橫排，形成一個浮橋，將裝備卸在海灘上。」

倫德斯特坦承：「我以為反攻將從比較狹窄的地方橫渡海峽，會選擇勒阿弗爾和加萊之間，而不是康城和瑟堡之間。我預測登陸地點會在索姆河入海口的一側，首先在西側的特雷波爾（Treport）和勒阿弗爾上岸，進而擴大到索姆河和加萊一帶。」

我問倫德斯特他這樣推斷的理由，他回答：「從盟軍的角度看，索姆河到加萊一帶對我們具有戰略意義，因為那裡離德國很近，是通往萊茵河的捷徑。我估計你們四天就可以到達。」

這些理由表明倫德斯特的推斷是基於一種先入為主之見，即在理論上設定盟軍會選擇一條最佳路線，而無視其實際困難。我提醒他說，基於同樣的理由，這條路線也很可能有重兵防守，當然這也恰恰說明了盟軍很可能會避開這條路線。

他承認這一點，但是又說：「德軍的防禦能力被高估到荒唐的程度。所謂的『大西洋長城』純粹是宣傳機器捏造出來的幻覺，它不僅欺騙了盟軍，也欺騙了德國人民。讀到『大西洋長城』無懈可擊的謊言就讓我火冒三丈。希特勒從沒來看過這究竟是怎麼一回事，戰爭期間他只來過一次英吉利海峽，那還是在一九四〇年，當時他來到格里內角（Cap Gris Nez）。」我說：「就像拿破崙那樣遙看英國海岸？」倫德斯特帶有諷刺的微笑點了點頭。

倫德斯特繼續說，他認為盟軍將反攻索姆河—加萊的另一個理由是因為那裡部署著V型火箭，為了使倫敦免遭火箭的毀滅，英軍不得不儘早攻擊這個地區。他聽說這些火箭威力之大超乎想像，希特勒對這種武器也抱有過分的期望，德國的戰略部署因此受到影響。

然而正是希特勒猜中盟軍的登陸地點是在諾曼第，布魯門特提透露了這一點。「三月底，最高統帥部發來指令，預測諾曼第將遭到攻擊。從此以後我們不斷收到這種警告，開頭總是『元首擔心……』，我也搞不明白是什麼原因促使他得出這個結論。於是將第九十一傘兵師和一些戰車分隊派往那裡，作為預備隊駐在瑟堡半島後方靠近卡倫坦（Carentan）的地方。」

隆美爾的參謀告訴我，隆美爾與倫德斯特的看法相反，他也認為盟軍會在諾曼第登陸。我問倫德斯特和布魯門特提，他們說確實是這樣。隆美爾是在春季時逐漸改變看法的，他們不知道那是隆美爾自己作出的判斷，還是因為希特勒不斷發出「注意諾曼第」的預警。

希特勒的「直覺」一向備受嘲諷，可這次他比一流的將才算得更準。將領們往往易受正統軍事理論的束縛，過於刻板。也許他們認定盟國的參謀也是保守的，卻忽略了「出其不意」的制勝之道。

在回答我的有關問題時，倫德斯特透露了一個重要的情況。「如果盟軍在法國西部的羅亞爾河附近登陸，他們將輕而易舉地獲得成功，他們可以構築開闊的灘頭堡，然後向內陸進攻。我連一個師的兵力都沒法調到那裡進行攔阻。」布魯門特提補充道：「在那裡登陸的話，盟軍根本不會遭到任何實質的抵抗，只有三個師駐守在羅亞爾河以南三〇〇英里的海岸，其中兩個還是由新兵組成的訓練師。如果連長要巡視那裡的防區，還得踩著腳踏車在海岸上繞一天。我們認為羅亞爾河一帶離英國太遠，超出盟軍空中掩護的範圍。我們深知盟軍高層極其重視空中掩護，所以料定他們不會選擇那裡作為登陸地點。」（我對他透露的情況特別感興趣，我曾於一九四四年一月打過一份報告，建議盟軍將羅亞爾河口附近的西海岸作為登陸地點，「切實貫徹『出其不意』的軍事原則，打亂敵軍的部署」。）

除了隆美爾，德軍將領大都認為登陸地點不會是諾曼第，更可能是在較狹窄和更易實施空中掩護的地點。倫德斯特也說：「我們以為進攻諾曼第的目的只是為了佔領瑟堡，英軍在康城附近登陸的可能性要大於美軍登陸諾曼第。」

＊＊＊

不妨聽聽瓦里蒙特從最高統帥部的角度所作的評述。「情報部門權慾薰心，慣於勾心鬥角，結果總是鑄成大錯。從成立到一九四四年，『對外事務和反情報處』隸屬於最高統帥部，由海軍上將卡納里斯負責，他們收集情報，進行整理後提供給三軍參考。這樣一來，主要隸屬於陸總部的西線戰場陸軍作戰參謀部還得依靠海軍和空軍的配合。一九四四年初，希特勒下令解散卡納里斯的反情報處，這是一項基於政治因素所作的決定。原有的情報部門併入第三帝國安全中心，其頭目是親衛隊保安處處長卡爾滕布倫內（Kaltenbrunner）。出於個人目的，卡爾滕布倫內常常避開正常的官方途徑，將重要的或者他認為重要的情報直接遞交希特勒或約德爾。這種『體制』的必然結果就是麻煩多，情報少。一九四四年六月五日下午，卡爾滕布倫內認定他掌握的情報表明盟軍入侵行動迫在眉睫，便通報約德爾。約德爾沒當一回事，甚或也沒有轉達這個情報給他的參謀長或希特勒。」

「至於登陸地點，是希特勒首先提出的諾曼第可能性最大。五月二日，希特勒下令加強諾曼第一帶的防空和反裝甲的武力。那是因為他得到英軍活動的有關情報，盟軍兩支主力部隊在那裡集結，英軍在東南方，美軍在西南方。尤其是美軍的行動讓希特勒預測諾曼第的西面將遭到攻擊。希特勒的推斷除了根據盟軍的活動情況，還在於他認定盟軍首先需要奪取一個大港，其所處的位置要適於能迅速到位的短線防守。瑟堡和科唐坦半島（Cotentin Peninsula）正好符合這些條件。我們也無法確定希特勒是否言之有理，但他一直喋喋不休地咬定諾曼第，不斷要求加強諾曼第的防禦能力。我們軍官根據軍事常理運籌帷幄，希特勒則總是根據直覺進行決策。」

我對希特勒推斷盟軍登陸地點的緣由特別感興趣。我曾經建議登陸地點要出其不意，因此在三月中旬被召到戰時內閣辦公室，與伊斯梅（Ismay）和雅各（Jacob）兩位將軍一起探討此事。我指出英美軍隊在英國南部港口間的調動，過於明顯地暴露我軍計畫在瑟堡和塞納河口之間登陸。奇怪的是德軍將領居然沒有像希特勒那樣作出正確的判斷，這個問題的癥結不是所謂的直覺，而在於合理的推斷。

瓦里蒙特繼續說：「希特勒越來越堅信自己的判斷，而且在諾曼第登陸之前和登陸以後很長時間內，他都認定盟軍還將在英吉利海峽發動第二次入侵。所以得在巴黎周圍預備小股的預備隊以防西線入侵。為了加強諾曼第的防禦能力，就得向各地調集增援部隊，但是除了新編的第九十一傘兵師和一部分防空武器外，幾乎無兵可調。這是攸關生死的問題，希特勒曾在我面前一再重申：『如果我們沒法阻止入侵，不能將敵人趕回大海，這場戰爭就輸定了。』希特勒將希望全部寄託在隆美爾和他的裝甲部隊上，指望身經百戰的德國將士能夠擋住戰績平平的盟軍戰士，卻沒把盟軍的空中優勢考慮在內。」

然而正如瓦里蒙特所言，希特勒極為精明，他聲稱：「如果我們成功地打退了盟軍的入侵，那麼在短期內他們不可能馬上捲土重來。這就意味著我們的預備隊可以騰出手來，轉戰義大利和東線。這樣我們就能穩住東線戰場，或許還能轉守為攻。如果我們不能擊退盟軍，就不可能打贏一場持久戰，因為我們所能提供給前線的資源遠遠不如敵方。我們贏不了一場持久戰的另一個原因是我們每後退一步，就意味著在法國的防線將拉得更寬。沒有戰略預備隊，根本沒法守住這麼長的防線。所以必須堅決打敗入侵者的第一次進攻。」

德軍的部署

準確地說，一九四四年四月德軍在西線共有五十九個師，其中八個師在荷蘭和比利時。一半以上為海防師或訓練師。二十七個野戰師中只有十個裝甲師，其中三個在南方，一個在安特衛普附近。

在塞納河以西長達二〇〇英里的諾曼第海岸有六個師駐守（其中四個是海防師）。其中三個師駐守在瑟堡半島，兩個師駐守從瑟堡到康城間四十英里的防線，也就是從維爾（Vire）到奧恩河（Orne）。一個師駐守在奧恩河到塞納河一帶。布魯門特提說：「這樣的部署與其說是『防禦』，不如說是『防護』！由於我們預測盟軍不會在瑟堡半島西面登陸，所以那裡的防守相當薄弱，甚至把從蘇聯招募來的雜牌軍也派到那裡。」

一個裝甲師部署在突出地帶，準備進行反攻。那就是第二十一裝甲師。「各方一直就第二十一裝甲師的佈防問題爭論不休，」布魯門特提說，「倫德施特贊同將其部署在瑟堡半島後面的聖洛（St. Lo）以南一帶。隆美爾卻主張將其部署在緊靠海岸的地方，在靠近康城一側。這就意味著它靠海岸太近，難以作為整個地區的預備隊。」

不過，事實證明將該師部署在康城附近至關重要，若非如此，英軍在登陸的第一天就可能佔領康城。隆美爾也曾懇求再派一個裝甲師駐守維爾河口附近，但沒有得到同意，美軍就是在那裡上岸的。

德軍內部的尖銳分歧對防禦計畫產生重大的影響。倫德斯特認為既然兵力有限，海岸線又如此之長，想要阻止盟軍登陸是不可能的。所以他主張趁盟軍上岸陣腳還未穩時，發動強襲將其擊退。如前所述，史維本堡力挺倫德斯特，認為這是符合裝甲作戰的正確戰略。

隆美爾則認為應當在敵人尚未完全上岸時，在海灘上將其擊潰，這才是唯一的取勝之道。他經常對參謀說：「成敗勝負取決於前面的二十四小時。」布魯門特提雖然與隆美爾的觀點並不一致，還是客觀地解釋了隆美爾的理由：「隆美爾在北非戰場發現裝甲部隊喜歡在關鍵時刻從遠距離發動逆襲，他認為如果現在按照總司令的想法，將作為預備隊的裝甲部隊部署在遠離前線的內陸，一旦要它們執行逆襲擊時很可能遭到盟軍戰機的半途攔截。」我從隆美爾的參謀那裡得知，在北非戰役後期，隆美爾裝甲部隊曾被盟國空軍緊緊咬住，好多天都無法前進，對此他一直耿耿於懷，而如今盟軍的空中力量比那時更為強大。

古德林向我描述了他所看到的分歧所在：「一九四四年三月，在法國造訪了史維本堡將軍之後，我向希特勒談到隆美爾的防守策略，我對希特勒說，裝甲部隊緊靠前線不太安全，這會使它失去機動性。希特勒有些遲疑，命令我到法國去和隆美爾商討。四月，我造訪隆美爾在拉羅舍居伊翁（La Roche Guyon）的司令部，隆美爾向我和史維本堡明確地表示他的看法。」古德林將隆美爾的觀點歸納為，由於盟軍掌有空中優勢，德軍裝甲部隊無論是白天還是黑夜行動都會很困難。因此，隆美爾要將可以調動的裝甲部隊部署在海岸陣地，或者緊靠在陣地後方。在討論這個問題時，隆美爾認為盟軍最可能登陸的地點是索姆河口，那裡離英國距離較近，有利於通信聯絡。「我指出如果他預測的登陸地點有誤，那麼預備隊的佈防也將選錯地點。」

古德林繼續說：「這次的討論沒有結果。五月初我又去見希特勒，再次談到這個問題，還是無功而返。希特勒贊同隆美爾的觀點，他不願否定戰場指揮官的意見。見希特勒之前，我在巴黎先與倫德施特交換了意見。將近四月底時，隆美爾改變了原先的看法，轉而預測盟軍的登陸點可能是在諾曼第。但他顯然沒有對麾下裝甲部隊的位置作出相應的調整，致使在登陸地點無法部署足夠的預備隊。儘管盟軍掌握著制空權，實際上德軍還是在日日夜夜地調動裝甲部隊，只是白天確實損失很大。」（倫德斯特的參謀指出，晚上時間太短，運兵的路線受到限制，每次調動所耗費的時間都超過原先的預料。倫德斯特本人也強調這一點，後面章節將有所涉及。）

由於古德林沒能說服希特勒，而倫德斯特也開始傾向隆美爾的觀點，史維本堡決定親自到最高統帥部陳情，反對隆美爾的方案。五月初，史維本堡為此來到貝希特斯加登，聲稱首先應當將大部分裝甲部隊作為機動預備隊「隱藏在巴黎西北或南方的森林中，這樣既可以免遭敵機的轟炸，當敵軍深入法國境內時又可以從這裡發起反攻。」史維本堡的干預促使希特勒作出了致命的妥協，他下令將西線的四個裝甲師作為戰略預備隊劃歸最高統帥部指揮，這個決定造成日後難以預料的後果。它削弱了隆美爾的實力，使他難以實施自己的方案。它又使倫德斯特缺乏預備隊的支援，而且它也沒有讓史維本堡如願以償。倫德施特堅信要趁入侵者陣腳未穩，及時將其擊退的重要性，同時他也沒有放棄集中兵力進行反攻的信念，但是他沒有預備隊來達到這兩個目的。

由於希特勒不願削減其他戰區的兵力來提供西線所需的預備隊，倫德施特看到唯一的辦法就是大幅度收縮在法國的防線來集中兵力。為了解決這個問題，在隆美爾的鼓動下，他向希特勒提出了一個激進的方案。倫德斯特告訴我說：「在盟軍入侵之前，我就想將整個法國南部的防線撤至羅亞爾河，將兵力集中起來，組成一個強大的機動部隊，以便向盟軍發起反攻。要打一次機動戰，至少需要十到十二個步兵師和三到四個裝甲師。雖然我認為這是組成實力相當的預備隊的唯一辦法，但希特勒不願聽從我的建議。德國的報紙都在吹噓什麼『倫德斯特的中央集團軍』，這全是胡扯——根本不存在這樣一支軍隊。更糟的是，我根本沒有權力指揮在法國的區區幾個裝甲師。沒有希特勒的批准，我一個師都無法調動。」

隆美爾在實施他的「靠前」方案時也受到阻礙。那確實不是因為倫德施特從中作梗，而是因為最高統帥部建立預備隊後，可以調配給他的裝甲師就所剩無幾了。他的防線從斯海爾德河延伸到羅亞爾河，卻只有三個裝甲師駐守其間，這點兵力去迎戰入侵的強敵簡直是杯水車薪。隆美爾將其中兩個師部署在塞納河的東邊後，情況就更加不利了。既然隆美爾已經相信登陸地點可能在塞納河的西邊，那他為什麼不將兵力作相應的調動呢？那是因為隸屬於最高統帥部的兩個精銳裝甲師已經作為預備隊部署在諾曼第的後方，隆美爾指望他們會首先出兵相助。

倫德斯特關注的是預測的登陸地點言之有理，所以他不顧史維本堡的反對，希望達到調動預備隊的目的。在登陸日的最初幾個小時，倫德施特還希望通過最高統帥部下令調動後備隊，但他發現很難得到批准，直到當天下午他的請求才獲准。（為了彌補失去的時間，命令精銳裝甲師白天就從勒芒（Le Mans）出發，致使他們受到重創，延誤了更長的時間。次日情況更糟，一路上空襲不斷，以至於部隊戲稱這條路線是「炸彈跑道」。）

史維本堡說這次調兵事先沒有通知他，直到命令下達後他才得知此事。於是他「籲請倫德施特暫緩調遣第二個裝甲師（裝甲教導師），至少要等到夜幕降臨」，但是「倫德斯特沒有同意我的請求」。這支被炸得千瘡百孔的裝甲師師長是拜爾林，他說他當時提出等到黃昏再行動，但第七軍團司令多爾曼（Dollmann）堅持要他在下午五點鐘就出發。

能否如史維本堡所願集中兵力進行大反攻，這一點頗令人置疑。但預備隊遠離前線無疑使隆美爾及時反攻的方案難以落實。前線的裝甲部隊嚴重不足，後方增援部隊又遲遲拉不上來，在這種情況下，想要趁登陸的敵軍陣腳未穩之時將其擊潰談何容易。

早期對沿海防禦的忽視也使取勝的希望更為渺茫。隆美爾的參謀長告訴我，一九四四年春季，隆美爾曾正確地預測登陸地點，竭盡全力在諾曼第沿海設置水下障礙物，建造防空碉堡，布下雷區。在他來到戰場的前三年，法國北部沿海地區布下地雷不到二〇〇萬枚。在登陸日前幾個月，埋下的地雷增加了三倍，但離他希望的五千萬枚還差得遠呢。德軍在短期內沒法完成大量的防禦手段，這真是盟軍的幸運。

倫德斯特對我解釋道：「缺少工兵和物資造成防禦能力的下降。原先在法國的陶德（Todt），工兵部隊中大部分人都抽調回國去搶修被空襲破壞的地方。海防師駐守的範圍也太廣，通常超過四十英里，使得一些必要的工作難以落實。此外，缺少物資更是雪上加霜，由於盟軍空襲不斷地干擾，我方必備的物資在生產和運輸上均受到極大影響。」

這還沒包括隆美爾所抱怨的一九四二年到一九四三年對防禦的忽略，至此問題癥結還不是因為工作不力或不相信會有反攻，而是在於倫德斯特和他的部下都是機動攻擊戰的支持者，相當輕視靜態防禦，對構築陣地防守根本沒當一回事。隆美爾的參謀就是這種觀點，也與倫德斯特所偏愛的以攻為守的作戰風格不謀而合，當然也是史維本堡一向力挺的。

總之，由於軍方上層的意見衝突，加上希特勒對預備隊死不放手，德軍的防禦措施最終「兩頭落空」。法國易手的主要原因與其說是盟軍入侵，不如說是德軍防禦措施的失當。

布魯門特提說：「有許多跡象表明入侵將臨。法國境內的動亂構成嚴重的威脅，游擊隊的伏擊和偷襲讓我們損失慘重。許多裝運物資和增援部隊開往前線的火車出軌翻覆，法國和德國西部的鐵路網，尤其是索姆河、塞納河和羅亞爾河上的橋樑均遭到有計畫的轟炸，所有這些都是盟軍空襲的目標。」

倫德斯特強調：「雖然不知道盟軍會在哪一天進攻，但那沒多大關係，從三月起，我們時刻等待著這一天。」我問當暴風使登陸行動被迫推遲二十四小時，並差點被取消時，這是否會讓德方在這關鍵時刻有所放鬆。布魯門特提答道：「沒有，沒什麼影響，因為我們認為盟軍肯定有不畏風浪的船隻。所以我們一直提心吊膽，時時以防不測。」

倫德斯特繼續說：「登陸時分確實出乎意料，因為海軍參謀告訴我們登陸應在潮水高漲之時。盟軍選擇在退潮時登陸的一大優點是可以利用礁石掩護，在很大程度上減少了傷亡。」

「登陸部隊的規模倒是在預料之中，實際上我們原先預料兵力可能還要更大，因為我們得到的情報誇大了駐英美軍的兵力。然而過高估計登陸部隊的規模產生了一個間接的後果，那就是我們更傾向於在索姆河與加萊地區會有第二次登陸行動。」

布魯門特提從德軍西線總司令部的角度向我講述了登陸日的故事，該部位於巴黎西部的聖日爾門（St. Germain）。（隆美爾的司令部位於魯昂和巴黎之間的拉羅舍居伊翁。）

六月五日晚上九點剛過，我們截獲一份英國發給法國地下組織的電報，從中推斷出反攻迫在眉睫。我們的第十五軍團馬上發出了「警報」。由於某些原因，第七軍團直到次日清晨四時才進入戒備狀態。真是倒楣，午夜剛過，就有消息傳來，盟軍傘兵開始空降。時間是最重要的。附近可供調動的增援部隊是駐在巴黎西南的武裝黨衛隊第一裝甲軍。但是沒有希特勒最高統帥部的命令，我們無權調動這支部隊。早上四點，我就代表倫德斯特打電話要求派出這支部隊加強隆美爾的攻擊力。但是約德爾代表希特勒予以拒絕。他懷疑諾曼第登陸僅僅是一次佯攻，相信塞納河以東將會遭到另一次進攻。這場口舌之爭一直「打到」下午四點，總算答應我們的要求派出這支部隊。[27]

部隊出動時又遭到新的麻煩，武裝親衛隊第一裝甲軍的砲兵原來安置在塞納河東岸，敵人的空軍已經炸毀了橋樑，倫德斯特和我親眼看到有些大橋被炸得粉身碎骨。必須在巴黎南面繞個大圈才能將這些砲兵運過塞納河，一路上又遭到狂轟濫炸，耽擱了好多時間。這支增援部隊整整花了兩天時間總算到達目的地，準備出擊。

到這個時候，盟軍已經鞏固了灘頭堡，及時反擊的機會就此落空。德軍裝甲部隊不再打算將敵軍趕回大海，而是各自為戰，力圖阻止登陸者深入內陸。

透露出來的兩件事情令人吃驚，希特勒直到那天上午很晚的時候才得知入侵的消息，隆美爾又像在艾拉敏會戰時一樣，沒有親臨戰場。若非如此，德軍的行動可能會更加迅速有力。

希特勒就像邱吉爾，喜歡熬夜，這個習慣搞得他的參謀們精疲力竭。他們又不能起得很晚，所以早上處理有關事務時總是顯得昏昏欲睡。盟軍登陸的那天早上，約德爾似乎不敢叫醒正在睡覺的希特勒，便自作主張拒絕了倫德施特的請求，沒有出動隸屬於最高統帥部的預備隊。瓦里蒙特給我講了布魯門特提從法國來電話告知登陸後發生的事情，他說自己「感到登陸行動未必已經真正開始」。中午時分，他們在奧地利薩爾斯堡（Salzburg）的克萊謝姆（Klessheim）就當前形勢開會討論。瓦里蒙特回憶希特勒走進房間時發出一陣怪笑，用一種相當冷僻的奧地利方言說：「哦！到底還是來了。」

會議之後，希特勒批准倫德斯特的請求，派出最高統帥部的增援部隊。如果隆美爾沒有離開諾曼第，增援部隊可能會來得更早。布魯門特提說：「隆美爾與最高統帥部關係十分密切，經常直接給希特勒打電話，而倫德施特卻不行。在戰爭開始時，隆美爾就在最高統帥部工作，熟知那裡的人脈關係。」

可是隆美爾在六月五日上午離開司令部回德國了，布魯門特提說：「最高統帥部『默許』隆美爾回國給他妻子過生日。他驅車回家，他的家就在多瑙河（Danube）沿岸的烏爾姆。西線總司令『知道』這事。」但是，隆美爾的參謀長史派德說，隆美爾此行的目的是次日在貝希特斯加登覲見希特勒。「因為敵人掌有制空權，德軍高階將領出行禁乘飛機，所以隆美爾才坐車回國。」六日早上六時，史派德告知在赫林根（Herrlingen）的隆美爾登陸已經開始。隆美爾馬上趕回諾曼第，下午五時左右回到司令部。在盟軍登陸的最初十二小時，隆美爾卻不在司令部，很難評估這究竟造成多麼嚴重的後果。雖然反擊的措施早有安排並及時生效，不過如果隆美爾當時身處現場，他可能會加速行動，或採取其他措施。

那天德軍的指揮系統肯定是出了某些狀況，駐在康城和法萊斯（Falaise）之間的第二十一裝甲師離戰場最近。午夜盟軍傘兵在康城海邊降落後，第二十一裝甲師師長福伊希廷格爾（Feuchtinger）馬上就知道了，但是直到早上七時，他沒有接到任何命令，只是通知他劃歸第七軍團指揮。（史維本堡說，從二點十五分起，第七軍團參謀就「不斷請求批准裝甲部隊立刻參戰」。）半小時前，福伊希廷格爾已經自行決定主動向奧恩河東岸出發，攻擊那裡的盟軍傘

27 根據第七軍團的檔案，發出警報的時間是凌晨一點三十分。

兵。上午近十時，通知他部隊轉歸第八十四軍節制，負責把守海岸地區，並接到第一個作戰命令——向奧恩河西面的英國登陸部隊攻擊。（史維本堡說，改變進攻方向的命令是由第八十四軍發出的，這與第七軍團的意圖相悖）。這就意味著福伊希廷格爾必須中止進攻傘兵部隊（英國第六傘兵師），轉而將戰車開到河對岸。其目的是阻止入侵者（英軍第三師和加拿大第三師）向康城進軍，但是這卻讓他們失去了掃平奧恩河橋頭堡的機會。

雖然到下午戰車前進到海岸的某些地區，但盟軍已經在岸上站穩腳跟，德軍欲將其趕下海的企圖遭到挫敗。德軍的反擊不僅為時已晚，而且規模太小，難以達到目的。武裝親衛隊第十二裝甲師直到入夜才趕到，次日的進攻也因汽油短缺而大打折扣，裝甲教導師一直到六月八日才趕到，最關鍵的三天時間就這樣貽誤了。此後，由於防守海岸的步兵師被打得潰不成軍，這三個裝甲師和其他後續部隊忙於填補缺口，兵力都虛耗在分散的防線上。如果將這三個裝甲師集中起來，在敵軍登陸的第一天就向奧恩河東西兩面的盟軍發起進攻，很可能在敵軍灘頭堡尚未鞏固之前就將其打垮。這是德軍擊退登陸部隊唯一真正的機會。如今回過頭來看就清楚了，只有全面實施隆美爾的方案，才能給德軍帶來唯一的希望。

我問倫德斯特，登陸以後，他是否對反攻還抱有希望。他答道：「幾天後就沒希望了。盟軍的空襲使我軍處於癱瘓的狀態，甚至在晚上也難以行動。他們將塞納河和羅亞爾河上的橋樑全部炸毀，將整個地區炸得千瘡百孔。這極大地阻礙了預備隊的集中，部隊趕到戰場的時間要比我們事先估計的晚三到四倍。」

倫德斯特補充道：「除了空襲，你們海軍艦砲也極大地遏止了我軍的反擊。海軍艦砲的射程和威力大大出乎我們的意料。」布魯門特提指出，戰後審訊他的陸軍軍官似乎也沒有意識到海軍火砲對德軍的打擊有多麼嚴重。

不過還有一個原因致使德軍行動遲緩。倫德斯特和布魯門特提說，到盟軍登陸後的第二個星期，他們就確定原先預料在塞納河以東的第二次登陸行動不會再發生。但是希特勒的統帥部卻認定會有第二次登陸行動，不願讓他們將兵力從加萊調往諾曼第，也不同意他們按自己的想法重組在諾曼第的德軍。「處於絕望之中的倫德斯特懇求希特勒到法國面談。六月十七日，倫德斯特和隆美爾在蘇瓦松與希特勒會見，他們力圖讓希特勒認清形勢。雖然諾曼第的軍事要地康城和聖洛還沒易手，但顯然沒法長期固守。此時兩位元帥已經達成共識，除了大範圍撤退，沒有任何辦法可以扭轉局勢。他們也知道希特勒不會同意撤退。他們希望先從康城撤退，留下步兵防守奧恩河一線，將裝甲部隊撤回來進行休整重組。他們計畫讓裝甲部隊向瑟堡半島的美軍側翼發動反擊。

> 但是希特勒堅持不准撤退，「你們必須原地固守。」他甚至於不許我們按照自己認為的最佳方案來調動部隊。
>
> 從第二個星期開始，倫德斯特和我已經越來越清楚地認識到，我們無法將敵軍趕回大海。但希特勒卻依然認定有這種可能！由於他拒不修正自己的命令，德軍只能在支離破碎的防線上死守。德軍已經沒有任何章法，我們只是絕望地執行希特勒的命令——不惜一切代價死守康城和阿夫朗什一線。

布魯門特提同情部隊官兵所受的苦難，他說：「德軍不像在一戰時那麼經得起砲火的打擊。德國步兵在二戰中的表現不如一戰，士兵有太多的想法，不如一戰時那麼嚴守軍紀和服從命令。倉促擴軍影響到部隊的素質，沒有時間來整飭軍紀。」

在十七日的會議上，希特勒無視兩位元帥有關戰場形勢危急的警告，還讓他們放心，說什麼新式V型火箭，後來所稱的飛彈，很快就能讓這場戰爭起關鍵性作用。會議前一天早上，飛彈已經開始轟炸倫敦。兩位元帥於是表示既然飛彈的威力如此之大，何不趕快用來對付在海灘上登陸的盟軍，如果有技術上困難，那麼就先攻擊英國南部向法國運兵的港口。希特勒堅持先集中轟炸倫敦「以迫使英國求和」。隆美爾在分析了軍情後表示應當儘快結束這場戰爭，希特勒打斷他的話，駁斥道：「這不關你的事，還是管好自己的防務吧。」

倫德斯特和隆美爾這次晉見元首的唯一所得就是希特勒答應到附近的前線與一些前線指揮官見面，親自聽聽他們的意見。可是第二次電話通知說，希特勒已經在晚上回到貝希特斯加登。史派德告訴我，希特勒之所以急忙離開是因為一顆飛彈在蘇瓦松指揮部附近爆炸。很可能這只是眾多偏離目標的飛彈之一，但卻讓希特勒大驚失色，頓生疑慮。

六月最後一個星期，倫德斯特和隆美爾再次去貝希特斯加登見希特勒，希望能讓他正視現實，結果還是無功而返。希特勒讓他們等了好幾個小時，會見時希特勒不談別的，只是給兩人拼命鼓勵，加以訓誡「在任何情況下，都要頂住」。

二十九日第二次會見後不久，倫德斯特就被停職。「倫德施特直截了當地說，除非他有自主權，否則他沒法執行命令。有鑑於此，加上倫德施特對戰爭的悲觀論調，希特勒決定起用新的總司令取而代之。他給元帥寫了一封信，措詞比較客氣，說當前狀況使他得出結論，最好還是有所改變。」

布魯門特提說，倫德斯特另一段直言不諱的話也促成了希特勒要他辭職的決定。凱特爾曾給倫德斯特打電話詢問他對軍情的看法，聽了倫德施特悲觀論調後，便傷心地問：「我們該怎麼辦？」倫德施特斬釘截鐵地說：「結束戰爭！除此以外你還能幹什麼？」

史維本堡也被撤職。他寫過一份報告，由倫德斯特批准後向上呈報，強烈要求放棄康城，實施「機動防禦」，同時聲稱由於最高統帥部死板的策略，德軍裝甲師正在「溶解」。對於這些直言不諱的批評和警告，希特勒惱怒萬分，下令立刻將史維本堡解職。

前後夾擊，德軍崩潰

那時克魯格正巧來到希特勒的指揮部，克魯格在蘇聯的一次空難中受傷，已經休假養病有九個月的時間，但是東線局勢危急，希特勒在七月初召他前來商討對策。希特勒本來打算派克魯格去東線取代布什，擔任中央集團軍總司令。此時蘇聯剛好發起夏季攻勢，東線戰場岌岌可危。據布魯門特提說，克魯格和希特勒在一起交談時，凱特爾走了進來，將倫德斯特在電話裡說的話告訴了他。希特勒馬上決定克魯格不再去東線，改去當西線總司令（任命摩德爾將軍取代布什為東線總指揮）。雖然這是一時衝動下作出的決定，但希特勒早就打算一旦形勢需要，就讓克魯格代替倫德施施特行使職權。

「克魯格是個精力充沛，進取心極強的軍人，」布魯門特提說，「他於七月六日來到位於聖日爾門的總部，作為西線總司令走馬上任。新官上任，一開始他情緒高昂，信心十足，確實很看好戰爭的前景。」

我們第一次談話，他就責備我不應批准並向上遞交隆美爾有關戰局吃緊的報告。他說不應該將這種充滿悲觀論調的報告遞交給元首，事先應當對其中的措詞進行修飾。當時倫德斯特還在聖日爾門，克魯格抵達後，倫德斯特還待了三天。我將克魯格的話告訴倫德斯特，他大為震驚，大聲強調：「這樣一份重要的報告必須原封不動遞交上去，這樣做完全正確。」

克魯格一開始顯然以為我們對局勢的描述過於悲觀，但他很快便改變了看法。他習慣於上任後儘快親臨戰場，他會見了第七軍司令豪塞爾（Hausser），第五裝甲兵團司令埃貝巴赫（Eberbach）和其他包括武裝親衛隊第一、第二軍在內的軍長。大家都向他指出，形勢十分嚴峻。幾天下來，克魯格變得清醒了，經常沉默寡言。他的報告不再充滿樂觀的語調，這引起了希特勒的不快。

十七日，隆美爾的座車在路上遭到盟軍飛機襲擊，他身受重傷。希特勒命令克魯格在擔任西線總司令的同時，負責指揮B集團軍。

三天後，七月二十日，希特勒在東普魯士的指揮部內遭到暗算。密謀者的炸彈沒炸死希特勒，卻對本已風聲鶴唳的西線戰場產生了可怕的影響。

那天克魯格在前線視察，我直到傍晚才聯繫上他。這時他已經得知刺殺希特勒的事件——一開始說刺殺成功，後來又說希特勒還活著。克魯格告訴我一年前就有參與密謀的軍官和他接觸，他和他們見過兩次，不過在第二次他表示自己不想參與密謀。然而他知道密謀仍在進行。元帥以前從沒和我談及此事，我對密謀也一無所知。

此後幾天，蓋世太保著手調查密謀，他們發現相關文件曾提及克魯格名字，於是他成為首要懷疑對象之一。接著發生的一件事又使情況變得更糟。巴頓將軍從諾曼第突破後不久，在阿夫朗什的決戰正在進行，克魯格卻與西總失去聯繫達十二個小時。當時他到前線去了，被盟軍強大的砲火困在那裡。此時他的無線電兵又被炸死，他沒法和外界聯繫。他在掩體中躲藏了好幾個小時才出來，然後經過長途跋涉趕回西總。與此同時，我們也遭受著來自後方的「猛烈轟炸」。元帥長時間的「失蹤」，立刻引起希特勒的疑心，他馬上聯想到密謀分子的文件。希特勒發來電報，嚴令「克魯格立刻離開阿夫朗什的戰場，到第五裝甲兵團戰術指揮部負責指揮諾曼第的戰鬥」。[28]

後來我聽說，希特勒之所以下這個命令是因為他懷疑元帥前往戰場是為了與盟軍聯繫，商討投降事宜。元帥的最終歸來並沒能使希特勒就此息怒，從那天起，希特勒發給克魯格的命令措詞都相當無禮，有時甚至還有污辱性的語言。元帥變得非常焦慮，他擔心隨時可能被逮捕，同時他也越來越明白，無論立下多少戰功都無法證明他的忠誠。本來多少還有一些阻止盟軍突破的機會，但這些事態致使局勢更加惡化。在這危機四伏的時刻，克魯格忐忑不安，如坐針氈，他沒法專注於前線的戰事，常常得回頭瞧瞧希特勒的最高統帥部會不會對他不利。

擔心自己被牽連到刺殺希特勒密謀事件的並非只有克魯格一人。這種恐懼感到處彌漫，在此後的幾個星期乃至幾個月內，高階軍官幾乎人人自危，工作陷於癱瘓。以七月二十日刺殺事件對德軍將領的影響為主題，可以寫成一本書。

巴頓從諾曼第突破後，西線處於崩潰狀態，八月十七日，摩德爾突然來到西線接任總司令。

摩德爾出現後給克魯格的第一個訊息就是後者被撤職了，突然替換指揮的做法在這裡已經成為慣例，此前在第十九軍團和第十五軍團都發生過突然撤換司令的事情。當時克魯格正在拉羅舍居伊翁B集團軍的指揮部。他在那裡待了二十四小時，向摩德爾說明現況。

我從聖日爾門趕到那裡與克魯格告別，看到他獨自一人。我走進屋子，他坐在桌子邊，面前攤著一張軍用地圖。他不停地用手指敲擊著阿夫朗什這個地名，巴頓就是在這裡突

28 施派德爾證實了這種說法，但是他說命令是要克魯格離開「法萊斯的包圍圈」，時間則是八月十二日。

> 破的，他對我說：「作為軍人，我一生英名毀於此地。」我試圖安慰他，但沒什麼用。他在房內來回踱步，滿面愁容，陷入沉思。他給我看元首來信，那是由摩德爾帶來的。信的措詞彬彬有禮，元首說緊張的戰鬥讓元帥不堪重負，最好還是作些人事變動。但末尾的一句話暗示著一種不祥的兆頭——「陸軍元帥克魯格必須回報自己在德國的行蹤。」——元帥對我說：「我已經給元首寫了封信，把當前的狀況和其他事務向他交代清楚」——但是他沒有給我看這封信。[29]
>
> 克魯格次日就回家了。他離開的那天傍晚，從梅斯來電話說克魯格死於心臟病突發。兩天後醫療報告稱他死於腦溢血。後來聽說要為他舉行國葬，由倫德斯特代表希特勒獻花圈和致悼詞。突然又說不再舉行國葬，然後我就聽說屍檢報告稱克魯格是服毒自殺。像東線其他軍官一樣，克魯格隨身攜帶含毒膠囊，準備在被紅軍俘虜時吞下，雖然許多人在被俘時並沒服毒自殺。克魯格在車上吞了一顆毒藥，還沒到梅斯就死了。我認為他自殺不是因為撤職，而是他確信一回國就馬上會被蓋世太保逮捕。

克魯格是主願自殺的，一個月後，隆美爾則是被迫自殺，當時他還沒有完全康復。兩個將官帶著希特勒的命令來到隆美爾家，和他一起驅車外出。他們在車上向他出示了希特勒的命令，他必須自殺，否則將蒙辱受審，遭到處決。隆美爾肯定捲入了密謀，他早就明白西線毫無希望，並準備反戈一擊。他的參謀告訴我，在盟軍登陸之前，隆美爾就已經對防守喪失信心，並不斷批評希特勒不切實際。

盟軍在諾曼第成功構築進攻據點後，隆美爾就對參謀說：「一切都完了。我們現在最好立刻結束戰爭，即使受英國人的統治，也比被無望的戰爭拖死要好。」知道希特勒是和平的主要障礙，隆美爾公開說唯一的辦法就是除掉希特勒，向盟國靠近。希特勒的寵將已經完全改變態度，這非同小可。隆美爾為此丟了性命，要拯救德國為時已晚。

巴頓從諾曼第的灘頭堡突破後，德軍全線崩潰。布魯門特提又透露了一個重要的情況。「希特勒和最高統帥部的參謀以為如果需要，德軍會有時間後撤，並在後方建立新的防線，抱著這樣的幻覺，他們便儘量推遲撤退。他們寄望於英軍的謹慎和美軍的笨拙，倫德施特的老朋友貝當（Petain）元帥曾多次告誡，美軍一旦有了經驗，其前進速度會加快。戰局的演變證明了這一點。最高統帥部指望的新防線尚未成形，就已經在巴頓一連串的側翼進攻下分崩離析。」

＊＊＊

瓦里蒙特從最高統帥部的角度對我詳談了最後關鍵時期希特勒指揮部的反應，所言所述讓人明白了一些內情。

七月，希特勒承受著巨大的壓力。紅軍發起反攻，德國在東線的中央集團軍隨之瓦解。

29 後來在繳獲的德國檔案中發現了這封信。克魯格在表示接受撤職之後，承認主要是因為沒能在阿夫朗什成功地阻擊盟軍的突破，接著寫道：「當您讀到這封信時……我已經不在人世。要說是因我的錯誤致使西線失守，我不能忍受這樣的責備，也無從為自己申辯。成千上萬的將士已經捐軀沙場，我決定與他們同赴黃泉。生命對我已經沒什麼意義，我心裡明白誰將作為戰犯被押上審判席。」接著他詳解了阿夫朗什潰敗的必然性，委婉地批評了希特勒沒將隆美爾和克魯格在關鍵時刻發來的警告當回事。「我們對軍情的判斷並非為悲觀情緒所左右，而是基於客觀事實的冷靜分析。莫德爾元帥身經百戰，我不知道他能否控制局勢。我由衷地希望他能夠力挽狂瀾。但是，如果他也無能為力，如果您寄予厚望的新型武器不能成功，那麼，我的元首，下決心停止戰爭吧。德國人民遭受的苦難一言難盡，這種惶恐的狀態該結束了。肯定有辦法達到結束戰爭的目的，首先要確保帝國不能匍匐在布爾什維克的腳下。」信的最後讚頌了希特勒的偉大，也表明克魯格的忠誠至死不渝。

在東西兩個戰場，盟國首次在戰略上協同作戰，七月二十日的刺殺事件更是雪上加霜。在七月末的那些日子裡，克魯格幾乎每天早上十點左右都會來電話，繪聲繪影地告訴我諾曼第的情況日趨危急。他為什麼向我說這些，卻不向希特勒本人匯報或親自告訴約德爾，我只能猜測。（約德爾為了適應希特勒的習慣，也經常工作到深夜。）我盡可能將克魯格的話仔細記錄在案，送給約德爾，作為上呈希特勒的午間軍情報告。在此之前，不會作出任何決定。

我很想飛到法國，親自了解諾曼第的真實情況，但約德爾一直不同意。克魯格的電話內容促使我不斷請求親臨法國，八月一日終於放行，那時盟軍已經在阿夫朗什突破。動身之前，我問約德爾，如果克魯格沒能堵截阿夫朗什的缺口，對他下一步行動有何指示。與布魯門特提的說法相反，最高統帥部曾多次討論過這個問題。作為最高統帥部副作戰廳長，我每天向希特勒匯報戰況，可時至今日，我對下一步的作戰綱要依然毫無頭緒，更不用說能得到一個直接的指令。約德爾平時沉默寡言，對我的問題也是避而不談，但是他特意安排我晚上和希特勒會面。希特勒給我的指示十分簡單：「你可以告訴克魯格，他的眼睛只要盯著前線就行了，後方任何事情都用不著他來操心，最高統帥部自有部署。」

八月一日晚，我在慕尼黑附近機場停留時，約德爾打來電話，關照我要特別留意西線高階軍官對七月二十日刺殺事件的態度。有些情況當時我一無所知，戰後約德爾才告訴我，我一走，希特勒就將約德爾叫到他的小屋裡，關照他立刻將我召回，希特勒懷疑我去見克魯格的目的是要重新策劃反對他的陰謀。約德爾的勸解打消了希特勒的懷疑，並打電話要我注意軍官們的動態，這才讓希特勒放心。但是在離開統帥部的八天裡，我得時時向約德爾回報自己的行蹤，最後他命令我立刻回去。

我在聖日爾門停留片刻會晤布魯門特提後，於八月二日下午來到克魯格位於拉羅舍居伊翁指揮部。諾曼第前線的情況日趨惡化，在諾曼第西南角，許多獨立作戰的德軍步兵營駐守著一條薄弱的防線，這些部隊大多是從布列塔尼海防師調來的，兵力太弱，難以抵禦盟軍的進攻。在其他戰線，尤其是康城周圍，德軍還在盡最後的努力，死守著支離破碎的防線。制空權完全為盟軍所掌控。

早在八月三日我前往第七軍團之前，克魯格給我看了一份來自最高統帥部的電令，命令他由東向西發起反攻，奪回在阿夫朗什被盟軍突破的陣地。這個決策固然不錯，克魯格本人對此也早有考慮，可是因為兵力不足，他還是放棄了。如今上面命令他進行反攻，卻又不提供任何增援部隊和補給。這再次證明無論是發指示下命令，還是為達到目的搭配必要的手段，希特勒都根本無視指揮作戰的基本準則。

接到希特勒的命令，為了完成任務，克魯格一早就著手在諾曼第各個前線陣地集結部隊準備反攻。在那些日子裡，我欣喜地看到克魯格、豪塞爾、埃貝巴赫和芬克（Funk）在極其困難的情況下，積極準備反攻。他們一致認為此戰將決定諾曼第前線德軍的命運，各位都盡力而為。然而儘管他們作出極大的努力，無奈戰車和火砲實在太少，尤其是幾乎完全喪失了制空權。

反攻開始之前，我已於八月七日前往東普魯士。八月八日中午我回來時，反攻失利的消息已經傳到這裡。那天早上，希特勒派了最高統帥部的另一位軍官帶來命令，要克魯格在第一次進攻失敗後，再準備發起第二次攻勢，可還是沒有給這支已經被打敗的軍隊提供任何增援部隊和武器裝備。

新的作戰方案基於如下設想，承認盟軍在諾曼第的突破已不可阻擋，巴頓將會兵指巴黎。德軍的意圖是從阿夫朗什東部出動一支裝甲部隊，另一支部隊則從法萊斯出發向馬耶納

（Mayenne）進攻，目的是打擊向東迂迴的美軍的側翼和後方。這種想法完全脫離現實，我認為克魯格不會把它當回事。況且命令還要求克魯格「等待」天氣變化使盟軍難以發揮其空中優勢！

八月八日下午，在向希特勒報告諾曼第之行的情況時，我特別強調，為爭取阿夫朗什反攻的最終勝利，克魯格已經在他職權範圍內盡了最大努力。希特勒神態不安地聽著，沒有插話，也沒提問。我講完後，他冷冷地說：「沒能取得勝利，是因為克魯格根本不想取勝。」希特勒如此偏激的議論，使得身為最高統帥的他和將領之間的關係蒙上了一層陰影。

* * *

德國最高統帥部認為，盟軍的突破具有決定性的影響。所以在此有必要作一些補充，讓曾經鏖戰疆場的指揮官來談談事情的經過和他們的感受。

德軍將領艾菲爾特（Elfeldt）向我生動地描述了美軍突破阿夫朗什時的情況。當時他是駐守在瑟堡半島的第八十四軍軍長。盟軍決定性攻勢剛剛打響時，他才被派到那裡。此前他是第四十七師師長，駐守在加萊和布倫涅戰區。

記得是在七月二十八日，我接到命令立刻去克魯格的指揮部。到了那裡後，他告訴我由我取代第八十四軍軍長寇爾帝茲將軍（Choltitz）。他說他不同意寇爾帝茲的防守策略，但沒說具體有哪些分歧。他告訴我這支部隊是由七個師的殘部拼湊而成的。他還說第一一六裝甲師將向西發起反攻，以減輕防守的壓力，這個師也歸我指揮。和元帥談了一晚，次日早晨我便驅車前往勒芒，來到位於阿夫朗什以東十到十五公里的第七軍團作戰指揮部。有人將我帶進軍團部，我記不起具體的位置，它藏身於遠離村莊的樹林中。一切都亂了套，盟國空軍在整個地區如入無人之地。第二天，我去巡視部隊。兵力實在太弱，陣地也是斷斷續續的。有些師僅剩三〇〇個步兵，火砲寥寥無幾。

我下達的第一個命令是靠近阿夫朗什的拉西河（River La See）以南所有部隊負責防守南岸，東面的部隊繼續堅守陣地，等到第一一六裝甲師抵達後，一起參加反攻。但是第一一六裝甲師並沒有來，它在半路上轉到別的地方去救急了。三十一日早上美軍戰車攻向布萊希（Brescy），衝到阿夫朗什以東十五公里的拉西河。當時我的指揮部位於布萊希以北，差點就被美軍的這次側翼進攻分割。指揮部的成員整天都在前線作戰，有幸的是這些美軍衝勁不是很足。

在接下去的兩天裡，來了兩個師的增援部隊，第一一六裝甲師也趕到了，部隊實力因此大增。我將另外七個師的殘部組成一支部隊。我命令部下阻止盟軍在布萊希和維爾河之間的進一步突破，延遲美軍從阿夫朗什向東南方的突破，因為由芬克將軍率領的裝甲軍很快就會反攻。埃貝巴赫第五裝甲兵團的戰車也全被調來，增大了這次反攻的規模。

艾菲爾特繼續詳述了局勢是如何惡化的。裝甲部隊沒能攻到阿夫朗什，他的左翼反而漸漸被包圍。他逐漸向東轉移，從前線撤離的裝甲部隊引起了一些混亂，使撤退行動增加了難度。好在美軍對他的正面和側翼的壓力尚未形成巨大的威脅——巴頓的第三軍團迂迴的範圍太大。

與我正面交鋒的美軍第一軍團在戰術上並不十分機智，他們喪失了很多機會。有好幾次他們本來能將我軍分割開來，最可怕的是盟國空軍。等到我們回到奧恩河，整個防線變得比以前更狹窄了。我的軍部顯得有點多餘，就從前方陣地暫時撤了下來。但是，第二天早上，加拿大軍向南突破，直奔法萊斯。我接到命令構築防線加以阻擊。可供調動的部隊所剩無幾，通信又完全中斷。加拿大部隊的砲火向我的指揮部猛烈轟擊，大約發射了上千顆砲彈，幸運的是沒造成多大的傷害。砲彈在我的小屋子周圍四處開花，但沒人受傷。在白天，我還能重新建構一條防線，不過在我的右翼外緣，可以看到英軍的戰車正開到迪沃河（Dives）的對岸，朝著特倫（Trun）方向進軍。我們的退路被切斷了。

第二天我接到命令跟在這些裝甲部隊的背後朝東北方向突圍。我那裡的英軍太強大了，我們很快就明白突圍是不可能的。於是我向第七軍團司令豪塞爾將軍建議將我的部隊歸傘兵部隊的曼德爾將軍（Meindl）統一指揮。曼德爾正率領傘兵部隊在聖蘭伯特（St. Lambert）附近向東南方突圍。在我看來，集中力量進行突圍要比零星的小規模突破更有效。曼德爾突圍成功，但等到我第二天早上趕到聖蘭伯特，缺口又被封堵了。我用僅剩的兵力，兩輛戰車和二〇〇個士兵發起進攻。一開始還不錯，後來撞上了波蘭第一裝甲師。經過兩個小時激戰，我軍彈藥不濟。後面的部隊先投降，剩下我和幾個戰士被分割在前端，我們也不得不投降。波蘭裝甲師師長相貌英俊，頗有紳士風度，他把最後一根煙給了我。他的部隊處境也相當困難，連水也用完了——雙方的窘境難分高下。

* * *

我乘機問艾菲爾特，德軍士兵相比第一次世界大戰表現如何。他的看法與布魯門特提不同。

步兵和一戰時一樣優秀，砲兵比那時更強。武器更為先進，戰術也大有長進。但還有些其他因素。在一戰的最後兩年，傾向和平的社會主義思想在部隊中傳播，影響了士氣。在這次戰爭中，納粹主義則反之——它能提升士氣。

「相較於兩場世界大戰，德軍軍紀的狀況如何？」「這個問題不易回答。納粹主義使將士更為狂熱——這對紀律而言有利也有弊。官兵關係比一戰時要好，這有利於維持紀律。官兵關係的改善部分原因是國防軍吸取一戰的教訓，加強了軍紀教育。另一個原因是納粹主義多少填平了官兵之間的鴻溝。普通士兵表現更為主動，比一戰時更善於動腦子，尤其是在單兵作戰或小組作戰時。」在這點上，艾菲爾特的看法與英軍指揮的評價不謀而合。英軍指揮官常說，德國士兵在單獨或幾個人作戰時要比對手更厲害。這個評價與一戰的經驗相反，也與如今還在流傳的觀點不同，人們通常認為德國人擅長整體行動，獨自發揮則稍遜一籌。因為納粹主義十分強調集體本能，所以人們自然會設想，在納粹主義下長大的一代德國人在戰場上個人主動性肯定不如其父輩。我問艾菲爾特對此該作何解釋。他說他本人也感到困惑難解，但又補充道，「可能是因為受過童子軍訓練的關係，這些年輕人都加入過『希特勒青年團』組織。」

幾天後我在和德軍將領海因里希、勒里希特和貝希托爾斯海姆交談時觸及到比較兩次大戰德國軍人的優劣問題。海因里希認為一戰時的德軍更為訓練有素，紀律則未必比後來好。勒里希特和貝希托爾斯海姆同意他的看法。勒里希特補充道：「在波蘭和西線戰役之間，部隊需要長時期的休整，以便加強訓練，尤其是對士官的訓練。作為參謀本部訓練署主管，我對這個問題有直接的感受。不過，二戰後期德軍的士氣和紀律要好於一戰後期。一九一六到一九一八年，軍隊的士氣逐漸受到社會主義思想的侵襲，人們認為他們是在為皇帝當砲灰。這一次士兵堅信希特勒，面對各種困難，仍然保持必勝的信念。」

海因里希和貝希托爾斯海姆對這種說法表示贊同，勒里希特繼續說：「然而，由於在戰場上疲於奔命，加上親衛隊又搶走最優秀的軍人，德軍的士氣逐漸低落。在東線，部隊一直沒有機會休息，難免大傷元氣。」

在談到納粹主義對軍隊的影響時，勒里希特說：「其影響是比較複雜的。它帶來一些問題，削弱了我們對士兵的控制。但它也強化了士兵的愛國情操，愛國主義比一九一四年時更深入人心，這次沒有出現過去那種戰爭狂熱。精神因素使他們在逆境中更富有韌性。」海因里希同意勒里希特的看法，同時強調個人崇拜的作用比制度更大。「無論你喜歡與否，部隊對希特勒的極端信念是主導因素。」

＊＊＊

德國將領對其西方對手看法如何？對此他們意見不一，我在談話時，收集了一些這方面的內容。在談到盟軍將領時，倫德斯特說：「蒙哥馬利和巴頓是我遇到最為傑出的將領。蒙哥馬利作戰中規中矩。」他補充道：「如果你有足夠的兵力和足夠的時間，這樣做當然不錯。」布魯門特提也持同樣的看法。他對巴頓的進攻速度表示欽佩，他又說：「蒙哥馬利從沒打過敗仗。他的行動就像這樣」——布魯門特提小心翼翼地在地上踩了幾步，步伐很小，但每一步都很用力。

布魯門特提還談了他對英美軍隊的不同印象。他說：「美軍進攻時充滿激情，善於機動作戰，但如果遭到猛烈砲火，他們通常都會後退，哪怕已經獲得成功的突破。相反，一旦被英軍咬住，只要陣地佔領達二十四小時以上，他們決不會輕易動搖。對英軍進行反擊總會讓我軍付出很大的代價。一九四四年秋天，我的右翼對陣英軍，左翼對陣美軍，所以有很多機會觀察這種有趣的差異。」

談到德軍在法國崩潰後的戰略格局，布魯門特提說：「盟軍最佳策略是集中優勢兵力，攻破亞琛到魯爾河（Ruhr）的地區。無論是在戰略上或政治上，最終目標無疑是柏林。德國兵力主要部署在北方，南方並不受到重視。誰控制德國北部，誰就掌控了整個德國。一旦突破，加上盟軍掌握制空權，就能將德軍脆弱的防線打得支離破碎，一舉結束戰爭。西線盟軍能在紅軍之前搶佔柏林和布拉格。在萊茵河背後沒有德軍設防，在八月底的時候，我軍的防線幾乎是大門洞開。」

「九月，盟軍在亞琛突破後就更易攻克魯爾，加速進軍柏林。盟軍部隊從亞琛迅速北上，德軍的第十五和第一傘兵軍團就被釘死在馬士河和萊茵河河口，沒法向東逃回德國境內。」

布魯門特提認為盟軍的進攻拉得太開，兵力分佈過於平均，他特別批評盟軍對梅斯（Metz）的進攻。他指出在這裡防守摩澤爾河（Moselle）沿線的德軍要比其他地方守軍更強。「沒有必要直接進攻梅斯，可以對梅斯的要塞圍而不打。相反，如果朝北向盧森堡和比特堡（Bitburg）進攻，就能大獲全勝，擊潰德軍第一軍團的右翼，隨後擊潰第七軍團。以這樣的北向側翼運動將第七軍團分割包圍，不讓它逃往萊茵河對岸，這樣就能殲滅萊茵河以西的德軍殘餘的大部隊。盟軍進而向馬格德堡（Magdeburg）和柏林發動攻擊。與此同時，各路助攻經過法蘭克福（Frankfurt）、緬因河（Main）和愛爾福特（Erfurt）向同一個方向聚集。」

和我交談過的德軍將領都認為盟軍失去了一次極好的機會，否則在一九四四年秋就能結束戰爭。他們贊同蒙哥馬利的觀點，認為最佳策略是集中所有兵力，向北突破，直指柏林。

司徒登也強調這一點，他當時在防線的側翼指揮所謂的「第一傘兵軍團」。他說：「英軍的裝甲部隊突然衝進安特衛普，這完全出乎元首統帥部的意料。這時無論是在西線還是德國境內，我們都沒有像樣的預備隊可供調動。九月四日，我出任位於亞伯特運河西線右側陣地的指揮，手下只有一些新兵和殘餘部隊，再加上一個從荷蘭過來的海防師。後來才補充了一個裝甲分隊——只有二十五輛戰車和自走砲！」他的防線卻長達一〇〇英里。

第二十二章　布魯門特提重提刺殺希特勒事件

七月二十日密謀事件已被人們從多個角度探討過，可是迄今尚未有人探討過這個事件與軍事問題的直接關係。炸彈在東普魯士希特勒的統帥部爆炸，希特勒死裡逃生。在柏林發生的一系列事件，以及密謀者在關鍵時刻如何沒能抓住機會，事件的整體畫面已經比較清晰了。然而為使這幅畫更為完整，就必須追溯那生死攸關的一天在西線總部裡所發生的事。布魯門特提詳談過此事件以及後來的反應，我作了很多記錄。在此全文引述是很有價值的，這不僅是直接的證據，更在於它能傳遞出當時的真實狀況。

布魯門特提的敘述

一九四四年頭幾個月，許多人造訪過位於聖日爾門的西線總司令部，在那裡花了不少時間探討戰局。他們經常探討的問題是元帥們是否應該聯手向希特勒提出建議，敦促他向盟國求和。

三月底的一天，隆美爾在他的參謀長史派德的陪同下來到聖日爾門。臨走之前，史派德對我說，他有些話想和我私下談談。我們離開屋子，史派德對我說，他是代表隆美爾和我說話，他說：「現在我們必須告訴元首，這場戰爭已經沒法再繼續下去。」我們都認為此事應該先向倫德施特提出，於是便告知了倫德斯特。我們發現他也持同樣的看法。我們向最高統帥部發了一份電報，請求元首到聖日爾門來視察，看看法國的形勢有多麼嚴峻。但是沒有收到任何答覆。

史派德為此事再來見我，他說國內有些人要對希特勒下手。他提到魏茲萊本元帥（von Witzleben）、貝克將軍、霍普納將軍和格德勒。他還說隆美爾批給他幾天假，讓他到司徒加特（Stuttgart）和其他人商量此事——史派德和隆美爾都來自符登堡邦，與格德勒是老相識。不過，在這次談話中，史派德從沒暗示過有人預謀刺殺希特勒。

倫德斯特在與凱特爾通電話時語氣激動，堅持認為應當結束戰爭。後來克魯格便接替倫德斯特成為西線總司令。在此之前，密謀活動並無進一步的動作。總司令換人一事我還得多說幾句，希特勒知道倫德斯特在軍中頗有人望，連敵軍也對他尊敬幾分。盟國的廣播宣傳經常暗示，倫德斯特及其部下與希特勒有意見上的分歧。值得注意的是，西線總司令部也從來沒有被盟軍空襲過，元帥本人也從未受到法國地下組織的威脅。那可能跟他主張善待法國人有關吧。德國情治單位向上回報的這些情況，自然會引起希特勒的關注。雖然希特勒表面對倫德施特敬重有加，超過對其他的將領，但內心卻時時加以提防。倫德施特強諫停戰議和，希特勒便乘機將他解職。

克魯格於七月六日來到聖日爾門。十七日，隆美爾遇襲受傷。克魯格便趕到拉羅舍居伊翁的司令部，指揮那裡的戰鬥。留下我在聖日爾門負責。

七月二十日

我最早得知刺殺希特勒的消息是在下午三點左右，是芬克上校（Finck）告訴我的，他六週前剛從東線調來西線。他走進我的屋子說：「將軍，元首死了，蓋世太保在柏林發動叛亂。」我大吃一驚，忙問他消息是從哪裡來的。芬克說是駐法軍事總督史圖爾普納格

（von Stulpnagel）將軍打電話告訴他的。

我想與在拉羅舍居伊翁司令部的克魯格取得聯繫，得知他上前線去巡視了。於是我用十分謹慎的措辭在電話裡對史派德說，出大事了，我將驅車前來親自告訴他到底怎麼回事。下午四時左右，我離開聖日爾門，約在五時三十分到達拉羅舍居伊翁。

克魯格剛剛回到那裡。我走進他的房間時，看到克魯格面前放著一份電台廣播的抄本，大意是說有人企圖謀害希特勒，但是沒有成功。克魯格告訴我，在此之前他已經收到兩次德國打來的電話，但打電話的人沒有透露身份，只說：「元首已死，你必須作出抉擇。」

克魯格繼續說，大約在一年前，魏茲萊本、貝克和另外一些人曾到過他家，探聽接近希特勒的途徑，以及如何操作。他還說他有那次談話的記錄。

我們正在交談時，從聖日爾門有電話過來，說收到一份匿名電報聲稱希特勒已經死了。克魯格感到十分困惑，不知道哪個是真的，懷疑廣播電台的報導會不會有假。談了一會兒，我就給最高統帥部約德爾的副手瓦里蒙特將軍打電話。打了好久才打通，只是說瓦里蒙特不在，他和凱特爾正在忙。

於是克魯格和我又一起商量，下一個電話該打給誰。我們打電話給駐巴黎的親衛隊隊長，他說除了廣播中所說的消息，別的他一無所知。我們又給陸軍總司令部的編制廳長斯迪夫將軍（Stieff）打電話。我和斯迪夫很熟，但並不知道他是密謀的核心人員，直到事後才知道。斯迪夫馬上就問：「你們是從哪裡知道元首已經死了？」他又說：「元首安然無恙，精神也很好。」說完就掛了電話。打完這個電話，我們深感不安，意識到情況撲朔迷離。斯迪夫的回答和態度如此怪異，這只能說明一個事情。我對克魯格說：「這是一次失敗的刺殺行動。」克魯格告訴我，如果密謀成功，他要做的第一步是下令停止V1火箭對英國攻擊，第二步是與盟軍指揮官取得聯繫。

克魯格指示我打電話給史圖爾普納格將軍，叫他到拉羅舍居伊翁來。我同時也通知了西線空軍指揮施佩勒元帥前來。

下午七點三十分，史圖爾普納格先到，陪同他的是霍法克中校（Hoffacker）。他倆和克魯格、史派德和我一起坐下，如今倖存在世的只有我和史派德了。史圖爾普納格先說：「讓霍法克中校來解釋吧。」我們很快就明白，霍法克對刺殺希特勒密謀早就一清二楚，他負責史圖爾普納格和魏茲萊本之間的聯絡。他回溯密謀的來龍去脈，一開始只是打算向希特勒請願，要求他停止戰爭。後來了解希特勒不可能聽從求和的意見，盟軍也不可能接受希特勒的議和請求之後，事情就演變成軍事政變了。霍法克詳述史陶芬堡（von Stauffenberg）是如何策劃並實施這場密謀的。

他講完以後，克魯格失望地說：「先生們，密謀失敗了。一切都完了。」史圖爾普納格尖聲叫道：「元帥，我看你了解整個密謀，你必須有所行動。」克魯格答道：「什麼都別想做，元首還活著。」我注意到史圖爾普納格臉色一沉，起身走向陽台。回來後，他就幾乎一言不發了。

施佩勒到達後只呆坐了幾分鐘，他拒絕與克魯格共進晚餐的邀請。我想施佩勒不想參與我們的談話，或者說他不願捲入此事，免得以後說不清楚。

我們其餘的人就去吃晚餐。克魯格似乎顯得很輕鬆，無憂無慮的樣子。史圖爾普納格則悶悶不樂，沉默寡言。過了一會兒，他對克魯格說：「我能和你私下再談一下嗎？」克魯格表示同意，又對我說，「你也一起來吧。」我們走進一個小房間，史圖爾普納格告訴我，他離開巴黎前已經採取了「防範措施」。克魯格驚叫道：「老天爺呀！你幹了什麼？」「我下令逮捕巴黎所有的親衛隊隊員。」他指的不是武裝親衛隊，而是指親衛隊保安處。克魯格拉高嗓門說：「我可沒有命令你那樣做。」史圖爾普納格答道：「我下午給你打過電話，可你不在司令部，所以我只能自作主張。」克魯格說：「好吧，那你自己負責。」

後來他們就沒再繼續吃飯。

克魯格叫我打電話給史圖爾普納格的參謀長，詢問是否確實已經採取逮捕親衛隊員的行動。接電話的是林斯托上校（Linstow），他現在也死了。[30]他告訴我，已經採取行動，並說，「無法阻止」。克魯格便對史圖爾普納格說：「你瞧瞧，你現在最好是換上便服，躲藏起來。」他命令史圖爾普納格立刻釋放已被捕的親衛隊成員。

史圖爾普納格走後，我對克魯格說：「我們應當幫他一把。」克魯格想了想，叫我開車去追趕史圖爾普納格，勸他在巴黎隱藏一段日子。嚴格來說，克魯格應該將他逮捕。

我開車回到聖日爾門。剛到那裡，參謀便拿來許多我離開時發來的電報。其中一份電報來自凱特爾，說所有關於元首已死的報導全是誤傳。根據誤傳所發的命令均屬無效。另一封電報來自伏羅姆，聲稱希姆萊已經從他那裡接管了國民軍的指揮權。希特勒不再相信國內任何一位將領。第三封電報是希姆萊打來的，只是通知說他已經接管境內軍隊的指揮權。我在看電報時，西線海軍司令克朗克將軍（Krancke）打電話來，問我能否到巴黎去見他。克魯格沒想到叫他來參加會談。

午夜一時左右，我出發前往巴黎。到了之後，發現海軍司令部的成員都聚集在那裡。克朗克給我看魏茲萊本發來的電報，內容很長，說元首已經死了，他正在著手組建臨時政府。於是克朗克便給最高統帥部打電話，正巧接電話的是海軍上將鄧尼茲，他證實電報內容都是假的。

30 布魯門特提在講述時不時會插入「死了」一詞。

然後我來到親衛隊保安處，他們都剛從牢中釋放出來。一碰到我，他們就問究竟發生了什麼事，為什麼無緣無故把他們給抓了。他們的舉止頗為得體，表示願意儘快息事寧人。我問秘密警察的頭目奧貝格（Oberg）現在人在哪裡，他們說奧貝格和史圖爾普納格在一家旅館裡。

凌晨兩點，我來到那家旅館，那裡好像正在舉行舞會，德國駐法大使阿貝茲（Abetz）也在那裡。奧貝格拉我進另一個房間，說他也搞不清事情的內幕，應就下一步行動達成共識。我必須承認，奧貝格的態度始終非常配合，為了軍隊的穩定儘量平息事態。他建議將實施逮捕行動的部隊軟禁在營房裡，告訴他們這不過是一次演習。史圖爾普納格認為難免走漏消息，於是我向他傳達了克魯格的建議，勸他先躲藏起來。但是當我回到聖日爾門時，就看到最高統帥部來電，命令史圖爾普納格立即去柏林遞交一份報告。

那天下午，史圖爾普納格驅車前往柏林，路經凡爾登和梅斯。除了司機，還派了一名軍人護送，以防法國游擊隊。車子即將抵達凡爾登時，史圖爾普納格下令停車，說是馬上就要進入游擊隊活動區域，最好先下車，朝樹上打幾槍，試試手槍有沒有故障。上車開到凡爾登舊戰場時，他又下令停車，一戰時他曾在這裡打過仗，說是故地重遊，要陪他們到處看看。走了一小段路後，史圖爾普納格對他們說：「你們就在這裡待一會兒，我獨自到前面一個地方看看。」他們建議一起去，怕萬一碰見游擊隊。但他說沒必要一起去。過了一會兒，他們聽到一聲槍響，跑過去看到他浮在運河上。入水前他先朝自己開了一槍，打算如果沒能一槍斃命就會淹死。但是自殺沒有成功。兩個人將他救上岸，送進了醫院。子彈打瞎了一隻眼睛，另一隻因傷勢過重也得摘除。

奧貝格對我講了這些詳細情況。他認為史圖爾普納格很可能捲入謀殺希特勒事件。奧貝格曾駕車去醫院看望史圖爾普納格，對平息事態還抱有一線希望。他告訴我，史圖爾普納格拒絕說話。住院兩週後，上面命令將他轉移到柏林，對他進行審判，最後處以絞刑。與此同時，在巴黎的德軍軍官人人自危，唯恐會成為嫌疑人。奧貝格收到許多電報要他逮捕各種各樣的人，最先是霍法克，接著是芬克，總共逮捕了三、四十人，有軍人，也有平民。幾天後，奧貝格來電話要我去見他。他告訴我霍法克在預審時提到了克魯格。奧貝格說，他不相信克魯格會參與密謀。

我陪同奧貝格去見克魯格，向他匯報有關進展。克魯格對奧貝格說：「就按照你的職責進行這次審訊吧。」奧貝格對我說，他並不喜歡這樣做，但也沒法推辭，希望能用儘量溫和的方式進行。因此他安排我的一個下屬軍官列席審訊。在此有必要提一下，無論是我還是史派德，都沒對七月二十日傍晚的那次會議向任何人吐露過隻字片言。

此後不久，克魯格去巴黎的醫院看望隆美爾。回來時他告訴我，隆美爾的態度與敦促希特勒求和時截然不同，他對刺殺希特勒表示大為震驚。

在以後的那些日子裡，我發現克魯格憂心忡忡。他經常談起他自己和一些與他有關的事情。有一次他憂鬱地說：「事有必然，聽天由命吧。」後來摩德爾毫無預警前來接替克魯格。如前所述，在回家的途中，他服毒自盡，死在車中。

除了七月二十日傍晚的那次談話，克魯格從來沒有向我提到過推翻希特勒的密謀。我於一九四二年一月調離克魯格的司令部，直到一九四四年七月前，與他沒有密切的接觸。特雷斯科（von Tresckow）將軍曾經擔任克魯格的參謀長，也許他更受元帥的信任，但是他也已經死了。[31] 一九四五年五月德國投降後，我和鄧普西將軍（Dempsey）在什列斯威

31 出於宗教信念，特雷斯科堅決反對希特勒，可是當他的上司被調到西線時，特雷斯科被留在東線。所以他沒能在關鍵時刻發生作用。

（Schleswig）談到這件事。即便在戰後那段時間，我還能清楚地看到，德國老百姓對希特勒的看法分為兩派。一派對於將領參與推翻希特勒的密謀感到震驚，對這些軍人無法諒解——軍中反應同樣如此。另一派則抱怨將領為何不早點除掉希特勒。

事件餘波

接任西線總司令後，摩德爾坐鎮B集團軍司令部。他到那裡一、兩天後，打電話給我，說他收到元首大本營發來一則令人不安的消息。「如今他們的所言所思離不開七月二十日事件，現在他們要把史派德作為嫌疑人帶走。」他向凱特爾一再強調，當前形勢危急，集團軍司令部無法沒有參謀長。結果史派德一直在那裡待到九月的第一個星期。後來他被解職，跑來見我，說他受命回國。他一到家就被蓋世太保逮捕了。

史派德離開後，來電說魏斯特伐將接替我，我必須在九月十三日到元首大本營報到。我感到有點鬱悶！動身前，我先去科布倫茲見倫德斯特，重新出掌西線總司令之後，他將司令部設在那裡。

他剛剛復職，又聽到我被調離，這讓他感到非常惱火。他馬上向最高統帥部提出抗議，要求我留下來作為他的參謀長。但他的請求沒獲得批准，上面的理由是我曾一再申請當主將。在當時的情況下，這種說詞讓人難以信服。

九月九日，我離開科布倫茲，為防不測，我先抓緊時機去馬爾堡（Marburg）看望家人。十日是星期天，我一直待在家裡。電話鈴聲一響，或者聽到門外汽車駛近的聲音，我都會情不自禁地哆嗦，不時走到窗邊張望。

十一日，我乘上開往柏林的火車。火車在卡塞爾（Kassel）因空襲而耽擱，我打電話告訴他們，我被堵在這裡，趕不上夜晚從柏林開往東普魯士的特快列車。火車繼續開往柏林，由於軌道被炸毀，我只好在波茨坦（Potsdam）下車。剛下火車，突然在黑暗中聽到有人問：「布魯門特提將軍在哪裡？」我又是一陣戰慄。聽到我的回答後，一名軍官走過來，一個手持衝鋒槍的士兵陪伴著他。他彬彬有禮地向我問好，說他受命護送我去柏林的阿德隆旅館（Adlon）。到了那裡後，門房告訴我有一封密件。我打開一看，裡面裝著一張前往東普魯士安格堡（Angerburg）的車票。峰迴路轉，但也只能給我帶來片刻的輕鬆。

我還得等待，不知道元首大本營等著我的將是什麼結局。

次日晚上，我乘上列車，十三日早上抵達安格堡。來接我的是凱特爾的副官，他領我到凱特爾專屬列車。我在那裡吃了早餐，留下行李。他們告訴我元首太累了，不想馬上見我，不過，如果願意的話，我可以參加中午舉行的例會。我決定去參加會議。

在會議室外，我看到不少將領。我走上前向古德林報到，他最近剛升任為參謀總長。我注意到他不想和我握手，而凱特爾和其他人則冷冷地站在一旁。古德林大聲對我說：「西線出了這麼多事，你居然還敢來這裡。」[32]我給他看了命令我前來報到的電報。這時一位親衛隊軍官過來說，元首還是決定來參加例會。幾分鐘後，我看到希特勒緩步穿過樹林，略顯疲態，有五、六個人陪伴在他身邊。

古德林轉身對我冷冷地說：「現在你自己向元首報告吧。」出乎意料，希特勒高興地和我打招呼，說：「你在西線辛苦了，我知道盟國空軍佔盡優勢，有多厲害。會後我想和

---

32 古德林告訴我：「我已經記不清楚布魯門特提描述的場景。我對他從來不抱任何偏見。」他認為布魯門特提或許是因為過於憂慮才對他有所誤解，也可能他當時只是開玩笑。（古德林富有幽默感，經常喜歡開玩笑。）

你談談。」

會議結束時，古德林對我說：「我們來談談東線的情況。」我答道：「恕我暫時沒有興趣。」接著我和希特勒單獨談了十分鐘，他的態度還是十分和善。

我出來後，發現許多將領都等在外面，他們立刻上來問我：「元首對你說了什麼？」我答道：「他很高興。」他們都顯得很高興。凱特爾邀請我一起喝茶。我說我打算今晚就離開，回家去看看。「已經有兩年多沒有和家人在一起了。」凱特爾說：「恐怕不行吧。」

我說：「但元首同意我走，要我隨後去向倫德斯特報到，倫德斯特會委派我出任西線的軍長。」凱特爾叫我等半小時。他見了希特勒後，出來後告訴我可以走了。

在這次談話中，凱特爾談起克魯格，說他們有書面證據證明克魯格參與叛亂密謀。凱特爾說，他們截獲盟軍總部要與克魯格聯絡的電報，還說：「這就說明為什麼克魯格會在阿夫朗什長時間失蹤的原因。」我提出異議，表示這種懷疑有失公允。我解釋當時克魯格被迫藏身掩體，因為無線電壞了，所以他有幾個小時與外部失去聯絡。但凱特爾顯然不相信這種解釋。

離開前，我去見了約德爾。約德爾不和我握手，他說：「你在西線的表現並不好呀。」我反駁道：「你最好親自到前線去了解一下那裡的戰況。」聽說我當晚就走，他很驚訝。

我回到凱特爾的列車取行李，勤務兵給了我一瓶波爾多葡萄酒。他說：「今天早餐您所坐的位置，之前斯迪夫曾經坐過。」我感到自己有一種逃過劫難的感覺。即使我後來回到家中，電話鈴聲響，我還是會感到驚恐。直到我重回前線，指揮新的部隊後才稍覺心安，但內心的焦慮始終揮之不去。[33]

從那時起直到戰爭結束，幾乎是人人自危，陰雲籠罩在人們心頭，唯恐成為懷疑對象。一九四五年三月，我在荷蘭坐鎮時，曾收到最高統帥部發來的電報，要我回報家屬的行蹤。這看來像是個不祥之兆，似乎要將家屬扣為人質。我察看了一下地圖，美軍正在向馬爾堡挺進，已經不到六十公里距離。於是我決定不回覆這份電報！我認為在美軍佔領區家屬更為安全。

七月二十日以後，德軍將領經常私下商議是否應該與盟軍聯繫，就像克魯格以為希特勒已死的那天晚上所想的那樣。阻止他們這麼做的原因如下：

（一）他們曾發誓忠於元首。（他們會爭辯道：「我們曾發誓忠於元首。如果他死了，誓言自然就無效了。」所以大多數人願意相信希特勒死了。）

（二）德國人民不了解真實的戰況，也就不能理解將軍們為求和所採取的行動。

（三）東線官兵會責怪西線導致戰爭失敗。

（四）懼怕成為叛國者留名史冊。

33 從我掌握的其他一些資料看，布魯門特提的恐懼似乎是出於多慮。「最高統帥部考慮要加強對西線的控制，維斯特伐有三年北非和義大利作戰經歷，更適宜這個位子，所以讓他取代布魯門特提。至於召布魯門特提到東普魯士，那是因為希特勒想親自授予他鐵十字騎士勳章。布魯門特提並沒對元首刻意奉迎，但他是少數幾個始終受到希特勒寵信的將領之一，他出身南德世家或許是最主要的因素。」對布魯門特提恐懼心理的說明並不等於他的敘述沒有價值。一個受獨裁者如此寵信的人，在被召見時還感到心驚肉跳，足見當時氛圍是何等恐懼。

第二十三章　突出部之役——希特勒孤注一擲

一九四四年十二月十六日凌晨，大霧彌漫，天色陰沉，德軍在阿登發動猛攻。進攻讓盟軍大吃一驚，盟軍指揮官曾自信德軍沒有能力再發動一場攻勢。德軍的進攻很快就突破美軍在阿登的防線，盟軍面臨被分割的危險，這使他們更為震驚。各方此時才驚覺，大後方的倫敦更為驚惶。這猶如一場惡夢，謠言四起，說什麼德軍將衝到英吉利海峽，敦克爾克潰敗的一幕行將重演。

這是希特勒的孤注一擲，也是他最為魯莽的冒險一搏。

從德國人的角度來看，一切大不相同。這次攻勢不僅勝率極低，而且簡直就是胡來。盟軍將這次進攻稱為「倫德施特攻勢」，給它加上這個稱號是因為這次作戰如同用紅布去招惹公牛，但倫德斯特對進攻計畫一直持強烈反對的態度。實際上，這次作戰他也沒有多大作為，許多事情只是以他的名義去執行而已。既然說服不了希特勒，又認為這是一場必輸無疑的豪賭，倫德斯特乾脆置身事外，讓約德爾去操作。

是希特勒決定發動攻勢，進攻的戰略也出自希特勒之手。這原本能再一次證明他出色的謀略，但前提是他要擁有足夠的軍隊和裝備來完成。進攻初戰告捷，主要應歸功於年輕軍官曼陶菲爾提出的戰術，年僅四十七歲的曼陶菲爾說服希特勒採納這個方案。希特勒不信任資深將領，對他們的建議往往愛理不理，對年輕軍官和他們的建議則態度截然不同。希特勒認為曼陶菲爾是他發現的青年才俊，後者喜歡大膽出奇的戰術。

確保作戰計畫秘而不宣是突襲成功的另一個原因，但過分的保密搞不好也會弊大於利。它會引起很多混亂，使進攻前功盡棄。當阿登作戰失利後，希特勒固執己見，堅持應繼續進攻，嚴禁德軍後撤。如果盟軍行動更快一點，德軍很可能被會殲滅。結果德軍雖然沒有全軍覆沒，但還是戰力受損。此戰的損失，對德軍後來的守勢有著致命性的影響。

德軍高階將領對戰事的看法，具有啟發性，其中層級最高的是倫德施特。九月初，盟軍逼近萊茵河，希特勒亟須一個有威望的將領讓挫敗的軍隊重振士氣，倫德斯特因此重新擔任西線總司令。倫德施特之下是摩德爾，摩德爾算不上偉大的戰略家，但他有本事竭盡全力從這個山窮水盡的國度拼湊出預備隊，他也是敢於當面頂撞希特勒的少數將領之一，摩德爾在戰爭行將結束時自殺身亡。摩德爾之下是兩位裝甲兵團司令，狄特里希和曼陶菲爾。狄特里希是親衛隊領袖，從前處處不得志，但為人爭強好勝，因此贏得希特勒的寵信。倫德斯特將進攻關鍵時刻的失誤，歸咎於狄特里希。曼陶菲爾屬於青壯派的職業軍人，具有貴族氣質。他舉止莊重，頗有倫德斯特的風度，他同時也是新戰術的有力支持者。在一年時間內，他從裝甲師師長晉升為軍團司令。他不僅制定阿登作戰，而且正是他成功的突破，給盟軍造成巨大的威脅。因此我將大量引用他的敘述，並利用其他資料進行查核和補充。

曼陶菲爾富於軍人氣質，樂於在討論中「重溫往日戰事」。他善於從哲學的高度分析問題，而不會過分拘泥於細節的得失。他具有幽默感，所以能熬過艱難的牢獄生活。那時被俘的德軍將領被囚禁在戰俘營裡，他們終日惶恐不安，為家人的命運擔憂，不知此生是否還能和妻兒老小團聚。陰氣沉沉的戰俘營隱身於遙遠的高山深谷中，即使沒用鐵絲網隔離，壓抑的氣氛也足以讓人患上幽閉恐懼症。在一個天氣陰沉的冬天，我來到格雷茲德爾（Grizedale）。[34]我對曼

---

34 編註：盟軍在位於英格蘭坎布里亞郡開設專為關押德國軍官的一號戰俘營（No 1 POW camp），因這裡以關押德軍潛艇官兵為主，因此也稱「U艇飯店」。

陶菲爾說，冬季待在這種地方可不好受，到夏天可能會好一點。他微笑著說：「哦，也可能更糟。我認為明年冬季，我可能會在一個荒島或錨泊在大西洋中間的船上渡過。」

作戰計畫

曼陶菲爾說：「阿登作戰的計畫完全是由最高統帥部制定的。然後作為『元首命令』再下達給我們。計畫是動用兩個裝甲兵團，狄特里希的第六裝甲兵團和我的第五裝甲兵團，以在西線取得決定性勝利。第六裝甲兵團向東北進攻，渡過位於列日和于伊（Huy）之間的馬士河，直取安特衛普。我的部隊則進行長距離的曲線行軍，渡過那慕爾和迪南之間的馬士河，向布魯塞爾推進，掩護側翼。到第三天或第四天，由布魯門特提率領，由武裝親衛隊第十二軍增強的第十五軍團，朝東北馬斯垂克附近的馬士河挺進，配合第六裝甲兵團向安特衛普的攻勢。元首的想法是阿登作戰將會消耗大量增援美軍的部隊。這樣的話，儘管規模不大，第二次進攻就有機會取勝。」

「作戰目的是切斷英軍與其補給基地之間的聯繫，迫使英軍退出歐洲大陸。」

希特勒的如意算盤是重演敦克爾克撤退，英國就會退出戰爭，德國因此獲得喘息的機會，進而能阻止紅軍的進攻，穩住東線。

十月二十四日，開始執行攻擊計畫。倫德斯特說明他當時的反應：「我大為震驚，希特勒事先根本沒有向我詢問過此戰的可行性。在我看來，這個計畫期望絕對過高，我軍有限的兵力顯然難以承擔，摩德爾和我有同樣看法。事實上，沒有一個軍人會相信能夠達到目標安特衛普。不過，我知道此時再向希特勒說什麼可行不可行已經無濟於事。在與摩德爾和曼陶菲爾商議後，我認為唯一的希望就是提出一個折衷方案，勸說希特勒對其野心勃勃的計畫略加收斂，接受我們比較實際的方案。那就是將進攻的目標限於夾擊突出在亞琛一帶的盟軍先頭部隊。」

曼陶菲爾說明他們商討的情況和結論。

我們就反對原進攻方案達成共識。首先戰略部署就有問題，如果不能增強兩側的兵力，我軍側翼將受到極大的威脅。再說有限的彈藥也無法支撐如此龐大的攻勢。盟軍的絕對制空權將使我們難以達到此戰的目的，更何況盟軍在法國和英國都有著強大的後備戰力。我還特別強調要防備駐在英國的空降師前來助戰。我還指出馬士河那邊良好的道路系統，也將會為盟軍的行動提供極大的便利。

我們草擬一份報告上呈最高統帥部，指出現有的兵力難以完成原定的進攻任務，同時提出修正建議。修正計畫意在強大的右翼部隊配合下，第十五軍團向亞琛北部發動攻勢，目標是馬斯垂克。第六裝甲兵團向亞琛南部進攻，從其後面插入，最終目的是在列日的馬士河岸建立橋頭堡。其主要意圖是吸引盟軍的注意。第五裝甲兵團穿過阿登高原，從艾費爾高原（Eifel）向那慕爾進攻，目的是奪取那裡的橋頭堡。然後部隊向北運動，包抄馬士河沿岸的盟軍。如果盟軍頂不住德軍的攻勢，德軍便可乘勝向安特衛普進軍，倘若不行，所冒的風險也不至於很大。

曼陶菲爾說他們最希望能夠殲滅越過亞琛來到魯爾河（River Roer）一帶的美軍，不過他本人寧願引而不發，讓盟軍先發起攻勢，集中德軍的裝甲部隊攻其一點。布魯門特提向我證實，倫德施特也有同樣觀點。「元帥確實反對我方再發起進一步的攻勢。他主張在魯爾河加強防禦，將所有的裝甲部隊保存起來，一旦陣線被突破，便動用這些裝甲部隊進行反攻。他希望採取防守戰略。」由於希特勒拒絕接受這種觀點，要想讓他改變主意，唯一的希望便是提出一種風險較小的計畫，勸誘他對原有方案的修正。

曼陶菲爾認為，這個作戰計畫的範圍和進攻方向與希特勒原本的計畫比較相似。在提出用新方案取代原方案時，他們強調如果敵軍防守崩潰，就可以乘勝進攻安特衛普，力圖使計畫顯得更具有說服力。「我記得在十一月四日，這個變通方案遞交給最高統帥部，請求希特勒批准。計畫強調發起攻勢的日子不可早於十二月十日，而希特勒原定的計畫是十二月一日。」

曼陶菲爾繼續說：「這個更為收斂的計畫遭到希特勒的否決，他堅持原定的方案。由於估計希特勒通常不會馬上批閱，而是讓我們久等，於是我們同時就著手對計畫做最低限度的準備工作。我的第五裝甲兵團所有的戰鬥師都已集結待命，但是部隊之間還是保持一定的距離，分別駐在特里耳和克萊菲爾德（Kerefeld），這樣盟國的情報系統和當地的百姓便難以察覺部隊的動向。部隊都被通知準備迎戰盟軍即將對科隆進行的攻勢，只有極少數參謀得知真實的計畫是什麼。」

第六裝甲兵團集結的地點更靠後，位於漢諾威（Hanover）和威悉河（Weser）之間的地帶，戰鬥部隊調離前線進行休整和重新裝備。奇怪的是，事先既沒有將作戰計畫告知狄特里希，也沒有向他甄詢要由他去實施的作戰方案，直到開戰之前才對他下令，其他師長都是在開戰前幾天才接到通知。曼陶菲爾的裝甲部隊也是花了三個夜晚才抵達攻擊前預定地。

缺陷

戰略上的虛虛實實，是突襲的關鍵，但對內過度的保密也讓德軍付出了很大代價，對第六裝甲兵團來講尤其如此。指揮官臨時才獲知攻擊計畫，沒有時間研究問題、偵察地形並做好充分的準備。結果忽略了很多事情，開戰後就出現許多問題。希特勒和約德爾在他的大本營裡擬定詳細的計畫，似乎已將一切都考慮周全。他忽視了局部情況的特殊性，以及各級將領個人能力所造成的問題。對於作戰部隊的需求，他也顯得過於樂觀。倫德斯特指出：「增援部隊嚴重不足，彈藥供應少。雖然裝甲師數量不少，但所擁有的戰車卻不多，簡直就是外強中乾、虛張聲勢。」（曼陶菲爾說，兩個裝甲兵團的戰車總數約為八〇〇輛，這與盟國聲稱的數字相去不遠。盟國是依據德軍裝甲師的數量來估算戰車的數量，照那樣的推算，德軍為此戰集結的戰車之多堪稱二戰之最。）

汽油短缺最為嚴重。曼陶菲爾說：「約德爾曾向我們保證有足夠的燃料讓部隊的戰鬥力得以充分發揮，完成進攻任務，這種保證結果完全落空。錯誤在於最高統帥部只會就一個裝甲師推進一公里所需的燃料作出固定的計算，東線作戰的經驗告訴我，在實戰中所需的燃料至少要多一倍，這個約德爾根本不懂。」

「阿登高原地形複雜，又是冬季作戰，肯定會有許多意想不到的困難，我當面對希特勒說，所需汽油應當是通常標準的五倍。事實上，進攻開始後，提供給我們的汽油只有通常標準的一倍半。更糟糕的是裝載大部分汽油的車隊遠在萊茵河東岸。一旦雲開霧散，天氣晴朗，盟國空軍一出動，必將使車隊難以前行。」

德軍大部分將士無從獲知這些潛在缺陷，他們絕對相信希特勒，對勝利的保證充滿信心。倫德斯特說：「進攻伊始，全軍士氣高昂，他們確實相信勝利在望，只有高級指揮官才對實際情況心知肚明。」

改變戰術

進攻旗開得勝得益於兩大因素。首先是美軍在阿登防守較為薄弱。德軍的情報顯示，在七十五英里漫長的防線上僅駐守著四個師的兵力。希特勒慣於行動出其不意，他抓住了這個弱點。這同時也表明，儘管一九四〇年德軍曾在同一地點發起攻勢，但盟軍高級指揮官還是沒有吸取教訓，對突襲毫無準備。

第二個有利因素是所採取的戰術得當。最初的方案並沒有包括這些戰術。曼陶菲爾告訴我：

當我看到希特勒的進攻命令時大吃一驚，命令對進攻的具體方法和時間都作了死板的規定。上午七點三十開砲，十一點步兵進攻。其間幾小時則由空軍轟炸敵人的司令部和交通要道。步兵大部隊取得突破後，裝甲部隊才能出擊。砲擊的範圍包括整個進攻區域。

在我看來這樣做在很多方面顯得太愚蠢，於是我馬上擬定了與之相反的戰術，並向摩德爾解釋我的戰術好在哪裡。摩德爾表示同意，但又用嘲諷的口吻說：「你能說服元首就好了。」我答道：「行，如果你能一起去的話，我就去和他爭辯。」十二月二日，我們倆人在柏林晉見希特勒。

我先說：「沒人能確知進攻那天的氣候，面對盟軍的空中優勢，你能確保德國空軍能夠順利完成任務嗎？」我提醒希特勒早先乎日山脈（Vosges）兩次經歷已經證明裝甲部隊在白天難以展開行動。我接著說：「七時三十分開砲只不過是驚醒美軍，使它有三個半小時準備迎戰我軍即將發起的進攻。」我還指出，我軍步兵的實力已大不如前，要進行深入突破，尤其是在地形險惡的阿登，對他們有點勉強。美軍的防線環環相扣，其主要的防守陣地相當靠後，很難突破。

我向希特勒提議對原方案做出多項修改。首先將進攻的時間提早到清晨五點三十分，這時天還沒亮，可以掩護進攻。當然這也會使砲火難以瞄準每個目標，但可以集中轟擊已確定的重要目標，如砲兵陣地、彈藥庫和指揮部。

其次，我建議在每個步兵師之下，各自挑選精兵，組成一個突襲營（Storm Battalion）（由我親自挑選軍官）。清晨五時，這些突襲營借著夜幕摸進美軍的前線陣地。儘量避免與敵軍交戰，直到抵達後方。

突襲營可以經由防砲部隊探照燈直射雲層，再反射到地面的光線行動。不久前，我看到過這種操演，因此留下深刻印象，認為這是天亮前迅速滲透敵營的關鍵因素。（奇怪的是曼陶菲爾似乎不知道英國人早就發明了這種「人工月光」。他提到我在一九三二年出版的《步兵的未來》（The Future of Infantry）一書曾給他留下一定的印象，但他忘了運用這種新發明正是那本書提出的主要建議之一。）

曼陶菲爾繼續說：

向希特勒直陳我的建議後，我爭辯道，若希望進攻成功，除此別無他途。我強調：「下午四時天就暗了，所以如果上午十一時才發起進攻，進行突破的時間僅有五個小時，要在這點時間內完成突破談何容易。如果你採用我的計畫，就能有多五個半小時來完成任務。然後，等到夜幕降臨，戰車就可以出動。戰車可以整晚向前推進，並超過步兵，到次日拂曉就可以沿著已經掃清的通道向敵人的主要陣地猛攻。」

根據曼陶菲爾的說法，希特勒一言未發便接受了這些建議。這很有意思，看來希特勒願意傾聽他信任的將領的意見，這樣的人為數不多，摩德爾也是其中之一。希特勒對大多數資深將領有一種出自本能的反感。他信任身邊的參謀，同時也明白他們缺乏實戰經驗。

凱特爾、約德爾和瓦里蒙特都沒上過戰場。他們缺乏實戰經驗，容易低估實際困難，經常慫恿希特勒作一些異想天開的想法，讓部隊去實施那些根本不可能完成的任務。希特勒願意聽取有實戰經驗將領的意見，他們的建議比較實際。

儘管戰術的改變增加獲勝的希望，但兵力的削弱最終還是使勝利化為烏有。前線指揮官不久就得到令人沮喪的消息，由於紅軍的進攻，東線壓力加大，原先答應調配給阿登作戰的部隊無法前來。結果布魯門特提對馬斯垂克的助攻取消，這樣一來，盟軍便能輕鬆地從北方調來增援部隊。更糟的是，第七軍團本應向前推進，從側翼掩護進攻。可這時僅剩下幾個師，一輛戰車也沒有。聽到這個消息，曼陶菲爾更為失望。他在二日曾向希特勒進言，指出美軍將從色當一帶向巴斯通（Bastogne）反攻。「我指出，許多大路均通往巴斯通。」

野心勃勃的進攻目標，並未因此而做出任何修正。奇怪的是，希特勒和約德爾似乎對進攻的進度無法有準確的估計。曼陶菲爾告訴我：「從來沒有認真商討過抵達馬士河的時間。我原以為希特勒應當知道，時值冬季，還有種種牽制，部隊不可能迅速推進。但是後來得知希特勒以為行軍速度可以比實際上更快。但我們不可能如約德爾所期望的，在兩三天內抵達馬士河。約德爾和凱特爾就是喜歡慫恿希特勒自鳴得意，想入非非。」

希特勒拒絕「保守方案」後，倫德施特退居幕後，讓能夠影響希特勒的約德爾和曼陶菲爾去爭取在希特勒允許範圍內對原計畫作些技術性的修正。布魯門特提挖苦道：「事實上，任何問題都不再向西線總司令諮詢。他只要按照元首的作戰指令，亦步亦趨地實施進攻就行了。那些命令定得極細，下級不能按照自己的想法略加改變。」十二月十二日，在位於巴特瑙海姆（Bad Nauheim）附近的齊倫貝格（Ziegenberg）西線總司令部召開進攻前最後一次會議，倫德斯特只是按照行程到場而已。希特勒親臨會場，掌控全部議程。

錯失好牌

有一次交談，我向曼陶菲爾詢問運用傘兵部隊的事情。我說，戰前我曾到過阿登的許多地方。我驚訝地發現，並不像通常所認為的，尤其是保守的法國高級指揮官所想像的那樣，事實上，戰車是可以在那個地區行進。不過那裡確實地形險惡，河流交錯，峽谷陡峭，只要嚴加防守，要攻破它絕非易事。在我看來，攻取之道在於以空降部隊先行佔據戰略要道，然後再動用戰車推進。所以在阿登作戰開始時，我認為德軍會出動傘兵。但事實上，德軍並沒有。我向曼陶菲爾詢問其中的緣由。

曼陶菲爾答道：「我完全同意你對阿登特點的分析。我想，按照你的建議動用空降部隊是個不錯的主意。那就可能打開缺口。不過，我不記得在制定作戰計畫時是否有談論到這個問題，畢竟可供動用的空降部隊實在太少。首先，我們運輸機不足，而且在發起進攻時，也沒有傘兵可供調配。東線吃緊，迫使希特勒只能將空降部隊當作步兵去堵住缺口。其他空降部隊在義大利，忙於那裡的戰鬥。由於這些因素，阿登作戰開始時，能夠參戰的傘兵只有九〇〇名。他們部署在第六裝甲兵團的陣地。」

曼陶菲爾繼續談到自一九四一年佔領克里特島後，德國傘兵再也沒能有效的發揮，他們的作用被忽略了。他談到當時曾計畫讓空降部隊進攻馬爾他和直布羅陀，但最後並沒有執行。司徒登曾經想在東線使用空降部隊，但被希特勒否決。希特勒本想將傘兵部隊保留起來，用於突襲作戰。結果反而被當作地面部隊虛耗，沒能發揮其應有的特殊功用。曼陶菲爾總結道：「在我看來，裝甲部隊和傘兵協同作戰效果最佳。」

托馬也曾和我談到空降部隊，他說：「古德林和傘兵司令司徒登一直配合得很好，但是戈林總是對他們協同作戰的建議橫加阻撓。他就想保持空軍的實力，出手吝嗇，不願為傘兵部隊提供運輸機。」

從司徒登口中，我得知阿登戰役時傘兵部署的詳情。德軍在法國崩潰後，盟軍在九月初衝進比利時，司徒登受命在荷蘭南部構築一條新防線。為了完成這個任務，讓他擔任所謂的傘兵第一軍團司令。這支部隊是臨時拼湊起來的，由一些損兵缺將的步兵師和在司徒登手下受訓的少量傘兵組成。新防線組成後，盟軍的進攻受到遏制，在荷蘭的德軍組建成H集團軍，包括傘兵第一軍團和新成立的第二十五軍團，司徒登同時擔任該集團軍總司令。

十二月八日，司徒登被告知即將發動的攻勢，並指示他挑選合格傘兵組成一個突襲營，此時距離攻擊時間只有一星期。傘兵突襲營由一千名士兵組成，營長是海德上校（von der Heydte），該營隸屬狄特里希的第六裝甲兵團。海德上校在與空軍總部取得聯繫後，發現負責空運的大多數機組人員沒有人員空投的經驗，必要的裝備也不齊全。直到十三日，海德才見到狄特里希，狄特里希卻說他不想用傘兵了，因為他擔心那樣反而會使盟軍有所警覺，但希特勒堅持要用傘兵。

最終派給傘兵部隊的任務，不是在裝甲部隊之前去搶佔難以對付的要道，而是空降在馬爾默—奧伊彭—韋爾維耶（Malmedy-Eupen-Verviers）十字路口附近的瑞吉山（Mont Rigi），從側翼阻截來自北方的盟軍增援部隊將其牽制住。儘管海德提出異議，為了防止驚動盟軍，還是命令傘兵在夜晚而不是在黎明著陸。進攻前夜，運送傘兵去機場的汽車卻沒來，空降延遲到次日夜晚，那時地面進攻已經打響了。結果僅有三分之一的飛機抵達預定的空降區，大風將許多傘兵吹到森林和雪山上，造成很大傷亡。此時此刻，大路上已經擠滿向南奔襲的美軍，海德集結起來的傘兵只有約一、二百人，沒法佔領十字路口和構築陣地阻擋敵軍。幾天來，他只能帶著小部隊在路上對盟軍進行騷擾。看不到任何狄特里希率領部隊前來增援的跡象，他企圖向東走去和大部隊會合，但在半路卻成了盟軍的俘虜。

「這是我們最後一次傘兵行動，」司徒登說，「在諾曼第D日時，我軍有十五萬名傘兵，組成六個像樣的空降師。其中訓練有素的佔五萬人，其餘的還在受訓當中。老是派他們去參加地面作戰，根本沒法完成傘兵訓練。五個月後，當阿登戰役需要這些傘兵出力時，能上戰場的傘兵少得可憐。他們被充當步兵消耗殆盡，沒有發揮傘兵應有的功用。」

出擊

阿登攻勢是盟軍一九四二年以來，所面對最為震撼的事件。其實德軍真正的力量並沒有如盟軍當時所描繪的那麼可怕，日後從繳獲的德軍作戰指令清楚表明這個事實。曼陶菲爾在敘述戰事時相當克制，他沒有強調德軍戰敗是因為實力不濟。哪怕再有理由，也不願為自己的失敗找藉口，他就是這種人。

十二月十六日，進攻開始。德軍沿著蒙紹（Monschau，亞琛南部）和埃希特納赫（Echternach，特里耳西北）之間長達七十英里的戰線發起猛攻。但是第七軍在南部的攻勢沒有多大作用，因為它只有四個步兵師。預定的主攻方向為僅有十五英里的狹窄地帶，由狄特里希的第六裝甲兵團負責。武裝親衛隊第六裝甲軍團是由武裝親衛隊第一和第二裝甲軍組成，再加上第六十七軍（步兵）。雖說它的裝甲師多於第五裝甲兵團，但相對其任務而言，還是顯得力不從心。

狄特里希的右翼攻勢，一開始就遭到駐在蒙紹的美軍頑強抵抗。他的左翼進攻突破了盟軍的防線，德軍越過馬爾默，在十八日渡過施塔沃洛（Stavelot）那邊的昂布萊沃河（Amblève）。

但是德軍在一個狹窄的隘口前遭到阻擊，然後被美軍的反攻逼入困境。美軍的增援部隊源源不斷地趕到戰場，德軍的一再努力均未成功，武裝親衛隊第六裝甲軍團進攻失敗。

曼陶菲爾進攻的範圍較大，寬達三十英里，他在地圖上展示部隊的部署和路線給我看。他右翼是以步兵為主的第六十六軍，正對著聖維特（St. Vith）。「這樣的部署是有原因的，因為那裡的地形比南方更為複雜，部隊無法迅速推進。」中路是第五十八裝甲軍，位於普呂姆（Prum）和瓦克斯韋勒（Waxweiler）之間。第四十七裝甲軍部署在左邊，位於瓦克斯韋勒和比特堡之間，面對巴斯通。一開始這兩個軍只有三個裝甲師，儘管後來得到補充，各自所擁有的戰車也只有六十到一百輛之間，只有正常編制的三分之一或一半，狄特里希的裝甲師戰車數量也好不了那裡去。

曼陶菲爾的進攻開局不錯。「我的突擊營就像雨水一般迅速滲入到美軍的陣地。下午四時，戰車藉由『人造月光』向前推進。奧爾河（Our River）上也架起浮橋。裝甲部隊在半夜過橋，早上八點抵達美軍的主要陣地，然後呼叫火砲支援，突破敵陣。」

「巴斯通很難突破，部分原因是第七軍團實力不濟，它的任務是封鎖從南方通往巴斯通的道路。」在達斯堡（Dasburg）渡過奧爾河後，第四十七裝甲軍還必須在沃爾茲河（Woltz）的克萊沃（Clervaux）突破另一個難以攻克的隘口。天寒地凍，關隘重重，致使行軍速度一再延誤。「戰車一到，敵軍的防守便容易動搖。但是裝甲部隊推進的速度太慢，這就抵消了戰役初期敵軍防守薄弱對我的有利條件。等到裝甲部隊趕到巴斯通，盟軍的力量已經增強。」

從發動攻擊經過將近三十英里的路程，德軍在十八日逼近巴斯通。但是，在十七日夜晚，艾森豪已經將漢斯（Rheims）附近的八十二和一〇一空降師調撥給布萊德雷。八十二空降師的任務是加強北部陣地，一〇一空降師則沿公路迅速攻進巴斯通。與此同時，美軍第十裝甲師一部及時趕到巴斯通，協助已被打得焦頭爛額的第二十八師頂住德軍最初的攻勢。十八日晚，一〇一空降師抵達巴斯通，這個交通樞紐的防守大為加強。此後兩天，德軍從正面和側翼一再發起猛攻，但都無功而返。

二十日，曼陶菲爾決定不再為攻克這個難關而耗損更多的時間。

我親自率領裝甲教導師繞過巴斯通，在二十一日向聖修伯特（St. Hubert）前進。德軍第二裝甲師從巴斯通的北面繞行，為了掩護繞道行動，掩飾我軍的真正動向，我用第二十六國民擲彈兵師圍攻巴斯通市鎮，從裝甲教導師調來一個裝甲擲彈兵團助攻。與此同時，第五十八裝甲軍急速朝北轉向，威脅在聖維特附近阻擊第六十六軍的盟軍側翼，幫助第六十六軍向前進攻。然後第五十八裝甲軍從霍法里茲（Huffalize）和拉羅什推進。儘管如此，對巴斯通的佯攻，還是讓我進攻的兵力分散，增加了按時攻向迪南附近馬士河的困難。況且第七軍團還被擋在維爾茨（Wiltz）過不來。在它右邊的第五傘兵師穿過我的陣地，向巴斯通通往南面的一條公路逼近，但沒有穿過這條路。

情況對德軍越來越不利，曼陶菲爾沒想到潛在的危機更大。盟軍的增援部隊雲集各地，兵力大大超過投入進攻的德軍。突出部以北的所有盟軍暫歸蒙哥馬利統一指揮，英軍第三十軍向馬士河前進，支援美軍第一軍團。南面是巴頓第三軍團的兩個軍向北迅速出擊。其中一個軍在二十二日向從阿爾隆（Arlon）通往巴斯通的公路攻擊。雖然它推進速度不算快，但它構成的威脅迫使曼陶菲爾不斷從主攻的部隊中分兵應付。

機會最大的幾天已經過去了，雖然曼陶菲爾向馬士河方向的迂迴突破讓盟軍感到震驚，但畢竟為時已晚，難以構成真正嚴重的威脅。根據德軍的計畫，原定在第二天就要拿下巴斯通，可直到第三天都還沒到達那裡，等到第六天才繞過去。二十四日，第二裝甲師小股部隊抵達距迪南幾英里處，但這已是德軍這次進攻的極限，不久這股攻勢就被瓦解了。

道路泥濘，汽油短缺，德軍的推進遭到極大的阻礙。由於汽油短缺，只有一半的火砲能夠投入戰鬥，空軍的支援也未能彌補這些缺陷。攻勢開始幾天，大霧彌漫，盟軍戰機沒法起飛，這有利於德軍的滲透。但是到二十三日天氣放晴，就再也無法蒙住敵軍了。德國空軍力量單薄，根本擋不住盟軍戰機不斷的狂轟濫炸，地面部隊沒有足夠的空中掩護，損失相當慘重。希特勒也為自己的決策付出沉重的代價，武裝親衛隊第六裝甲軍團作為主力部隊安置在北方，那裡空間狹窄，沒有迴轉的空間。

在第一週，德軍的進攻就沒達到他們所希望的目標，第二週開始時，進攻速度加快，但結果也是徒勞無功，美軍已經牢牢地守住交通樞紐，德軍深入的結果只是使自己被夾在這些交通樞紐之間。聖誕夜那天，曼陶菲爾直接給希特勒的大本營打電話，回報實際戰況，並提出自己的建議。他對約德爾指出，時間已經所剩無幾，巴斯通導致太多問題，而第七軍團行動遲緩，沒法掩護他的側翼。他估計盟軍很快就會沿著南面公路大舉反攻。「今晚務必讓我知道元首的想法，現在的問題是我應該竭盡全力攻克巴斯通，還是用小部隊佯攻，主力部隊轉向馬士河。」

我接著指出，我軍最大的希望在於抵達馬士河，並舉出幾個理由。第一，圍攻巴斯通已經耗費了很多時間。第二，第七軍團沒有封鎖南面所有道路的實力。第三，作戰時間超過八天後，盟軍肯定會加強馬士河的防禦，我軍難以攻克如此堅固的防守陣地。第四，武裝親衛隊第六裝甲軍團沒能深入突破，而是被攔截在蒙紹施塔沃洛一線。第五，我們顯然得在馬士河的這一邊打一仗。因為我截獲了盟軍在于伊交通管制處的電報，他們定期通報增援部隊經過馬士河大橋的情況。當時我們已經破譯盟軍的密碼。

然後曼陶菲爾提出自己的建議——部隊向北靠近馬士河的一邊迂迴進攻，將河東的盟軍包圍起來，殲滅在河灣一帶。這樣就能如其所願保持強勢。「為了達到目的，我敦促歸我統領，包括由最高統帥部和裝甲親衛隊第六裝甲軍團增援的預備隊，集中到拉羅什周圍的烏爾特瑟河（Ourthe）的南面，然後走一條環形路線，通過馬爾什（Marche），向列日進攻。我說：『將那些預備隊給我，我將佔領巴斯通，到達馬士河，再轉向北方，幫助武裝親衛隊第六裝甲軍團突破前進。』我最後強調這幾點，要求當晚給我明確的答覆。最高統帥部的預備隊必須備足汽油，我還需要空中支援。直到那時，我只看到敵軍的飛機！」

那天晚上，元首副官約翰邁耶少校（Johannmeier）來見我。交談之後，他打電話給約德爾。最後我接過電話，親自詢問約德爾。但是他說元首還沒作出決定，他目前所能做到的就是增派給我一個裝甲師。

直到二十六日，才將其餘的預備隊派給我，可那時他們已經沒法行動了。正當需要他們的時候，卻因汽油短缺來不了，部隊前後長達上百英里，在公路上滯留不前。（諷刺的是，在施塔沃洛附近的昂德里蒙（Andrimont）盟軍有一個大型油庫，儲藏著二五〇萬加侖的汽油，其儲備量是德軍已奪取的最大油庫的一百倍大。十九日，德軍已經推進到距離那裡不到四分之一英里。）

我問曼陶菲爾如果當時馬上將後備調給他，有足夠的汽油，並在十二月二十四日發動攻擊，他是否認為仍有戰勝的可能。

他回答：「我認為仍有可能取得有限的勝利——抵達馬士河，或許能攻佔河對岸的橋頭堡。」然而在深入探討後，他承認從長遠看，太晚攻佔馬士河陣地不利因素可能大於有利因素。

我們還沒來得及展開新的攻勢，盟軍就開始反攻了。我請約德爾轉告希特勒，我將讓突前的部隊後撤到拉羅什—巴斯通一帶。但是希特勒不准我們後撤。我軍沒能主動及時撤退，結果是被盟軍的進攻逼得步步後退，遭受無謂的重創。到一月五日，情況更為危急，我十分擔心蒙哥馬利會切斷我們兩支主要部隊的退路。雖然我們盡力避免這個危險的結局，但部隊損失極為慘重。戰役後期我軍的損失要遠遠大於初期，這正是希特勒下令「不准後退」所造成的。德軍經受不起如此沉重的打擊，已經瀕臨絕境。

作戰失敗後

曼陶菲爾用兩句話總結戰爭後期的狀況：「阿登作戰失敗後，希特勒開始進行『小部隊作戰』。德軍不再有大規模的作戰計畫，只有許多零星的戰鬥。」

他繼續說：「看到阿登攻勢受阻，我想實施全面撤退。先退到進攻起始點，然後退到萊茵河，但希特勒聽不進我的話，致使德軍主力在萊茵河西岸這場毫無希望的戰鬥中喪失殆盡。」

倫德斯特認同曼陶菲爾的看法，但是他澄清，雖然德軍擅長進攻，但在這次戰役中根本沒能發揮所長。「阿登攻勢每推進一步，側翼的危險就增加一分，因為側翼拉得越長，越容易遭到盟軍反擊。」倫德施特邊談邊在地圖上指給我看。「我在戰役初期就提出停止進攻，因為它顯然難以達到目標。但希特勒大為惱火，一意孤行。再度重演史達林格勒的悲劇。」

「攻擊是最好的防禦」，阿登攻勢則荒唐地將這一軍事信念導向極端。事實證明，阿登攻勢反成了「最壞的防禦」——它毀掉了德國繼續頑強抵抗的機會。此後，德軍指揮官最關心的似乎不是能否阻擋盟軍的進攻，而是盟軍為何不快點進攻，趁早結束戰爭。

希特勒的策略和希姆萊的警察，已經將德國將領羈勒在各自的位置上，但是他們祈望能早日解脫。在戰爭最後的九個月日子，他們大多數都是在商議如何與盟軍聯絡，安排投降事宜。

和我交談過的德軍將領都曾說過，盟國的「無條件投降」要求延長了戰爭。他們告訴我，要不是顧慮到這一點，他們可能早就各自或集體投降了。二戰期間，德軍普遍都會「偷聽」盟國的廣播電台，但盟國的宣傳從來沒有正面談論什麼是和平的條件，以鼓勵德軍放下武器，停止戰鬥。盟國對投降事宜的緘默，反而容易印證納粹的宣傳，即投降不會有好下場。本來德軍早就準備放下武器，但盟國的失策使納粹得以持續控制部隊和民眾，讓他們繼續苦戰下去。

第二十四章　曼陶菲爾評希特勒

在一次有關阿登作戰的談話中，曼陶菲爾向我講述了希特勒的軍人氣度，他的描述與老將們對希特勒的印象顯然不同。他的評述值得重視，它能更深入地說明希特勒的權勢和失敗。

曼陶菲爾引起希特勒重視的經過就頗能說明問題。一九四三年八月，曼陀菲爾被任命為第七裝甲師師長，隆美爾在一九四〇年指揮過這支部隊，它曾隸屬於曼斯坦的集團軍。那年秋季，紅軍攻勢如潮，他們衝過聶伯河，攻克基輔，然後迅速向西面的波蘭邊境進軍。曼斯坦沒有現成的預備隊來應付當時的危局，就委派曼陶菲爾盡其所能網羅零星的部隊，隨機應變發起反擊。曼陶菲爾打入正在進攻的紅軍後方，在夜晚發起突襲，將敵軍逐出日托米爾（Zhitomir），並向北乘勝前進，重新佔領克羅斯坦（Korosten）。曼陶菲爾將有限的兵力分成多個戰鬥小組，虛張聲勢，以出其不意的反擊迫使紅軍暫停進攻。

從此以後，曼陶菲爾進一步發揮這個戰術，深入突襲，在紅軍縱隊中穿插作戰，從敵人的背後發起襲擊。「紅軍不依賴正常的後勤系統，這多少影響到我的戰術發揮。我在『深入』突襲時從來沒有遇到過紅軍的輜重部隊，只在背後打擊紅軍主力時佔領過他們的指揮中心，這種滲透突襲的戰術能有效地引起敵軍的混亂。當然，要實施這種戰術，裝甲師必須能夠自給自足，作戰時就能自由行動，不必依賴補給線。」（顯然曼陶菲爾所實施的戰術正是霍巴特（Hobart）一九三四—一九三五年在索爾茲伯里平原（Salisbury Plain）所應用過的戰術，當時他只是英軍第十一裝甲旅旅長，英軍參謀本部並不認同這種戰術的可行性。）

這種新戰術讓希特勒十分欣喜，他急於了解這方面更多的情況。於是他邀請曼陶菲爾和他的戰車團團長舒爾茲上校到東普魯士安格堡附近的元首大本營共度聖誕。希特勒向曼陶菲爾表示祝賀後說：「作為聖誕禮物，我送給你五十輛戰車。」

一九四四年初，曼陶菲爾受命指揮新擴編的大德意志裝甲擲彈兵師。希特勒經常派他率領這支部隊到各地去堵住被突破的缺口，或者去營救被紅軍如潮水般攻勢所包圍的德軍。九月，他成功地殺開一條血路，營救出被紅軍包圍在里加（Riga）周圍波羅的海海岸一帶的德軍。因此他被破格擢升，出任西線第五裝甲兵團司令。

在一九四四年，曼陶菲爾見到希特勒的次數比別的將領更多，因為希特勒經常召他到元首大本營商討緊急軍情，聽取他對裝甲戰的看法。頻繁的近距離接觸，使曼陶菲爾對希特勒有更深入的了解，而不像其他將領那樣被希特勒的表像所嚇倒和迷惑。

希特勒極具個人魅力，確實能讓人為之折服。這對於那些要去向希特勒報告自己觀點的將領來說，有著很大的影響。他們一開始是去提出自己的異議，漸漸地卻為希特勒的個人魅力所征服，結果反而接受與自己原意相違背的觀點。在戰爭後期，我對希特勒了解頗深，我知道該如何堅持自己的觀點，不讓他扯開話題。我不像許多人那樣，見到希特勒就會誠惶誠恐。日托米爾之捷讓希特勒對我刮目相看，自從被邀請到「狼穴」共度聖誕後，他經常在這裡召見我，向我探詢戰況。

希特勒讀過不少軍事文獻，喜歡聽軍事講座。作為士兵，他參加過一戰，因此他了解低層級作戰的情況——各種武器的性能、地形和氣候的影響、部隊的精神狀態和士氣狀況，他尤其能夠評估官兵對事情的想法。在探討這類問題時，我幾乎都會附和他的觀點。在另一方面，他對高層次的綜合戰略、戰術問題就顯得不是那麼一回事了。他可以很好地處理一個師級部隊的行動和作戰，卻不懂如何進行軍團層級的作戰指揮。

曼陶菲爾繼續談到「刺蝟」防禦體系的來源，希特勒又是如何使這種戰術運用過頭的。

紅軍的進攻迫使我軍後撤，敗退的德軍就像被磁鐵吸引那樣，集中到後方原有的防守據點。他們自然而然地集結在那裡，進行頑強的抵抗。希特勒很快就看到這些據點的價值，了解維持它們的重要性。但是他忽略了必須給這些據點的指揮官合理的空間，使他們能夠自行調整部署，在必要時主動撤退。他固執己見、事必躬親，結果經常是沒等到他作出決策，紅軍已經突破了德軍岌岌可危的防線。

在戰略戰術上，他確實獨具天賦，尤其是在突襲方面。但是他缺乏正確實施戰略、戰術的基本軍事技能。而且他常常自我陶醉在數字和數量之中。在和別人討論問題時，希特勒常常會拿起電話，打給某個部門的頭頭，詢問「有多少，我們能夠有多少？」然後對與他爭辯的人拋出這些數字說：「就是這些。」似乎這樣就能解決問題。他總是相信紙面上的數字，而從不過問這些數字是否等於實際的存在。不管談論什麼東西，在他看來，戰車、飛機與步槍、圓鍬都是同一回事。

通常他會打電話給負責軍工廠的史佩爾（Speer）或布勒（Buhle）。布勒總在身邊帶著一本小冊子，裡面記著希特勒關心的各種數字，而他的回答也總是能投希特勒所好。然而即便真的生產出那麼多的武器，那也還是在工廠裡，根本沒到部隊手裡。戈林也有樣學樣，他曾表示，只要發出通知以後，空軍在短時間之內就能夠派出十個師的兵力支援東線戰場。然而，他卻忘了帶領這些部隊的軍官只受過空中作戰的訓練，投入地面作戰還要再接受相應的訓練才行。

我對曼陶菲爾說，聽了越多德軍將領對戰爭的看法，越使我產生這樣的印象。一方面，希特勒在戰略、戰術上具有天才的創意；另一方面，德軍參謀本部非常能幹，卻缺乏創見。我從許多將領那裡得到這種印象：希特勒對軍事技能的誤解使他們感到震驚，以致他們容易低估他的創見，而希特勒則對將領們的保守固執惱怒萬分。因此在我看來，希特勒與將領之間似乎沒能做到相互協調，反而像拔河那樣相互拉扯。曼陶菲爾完全同意我的看法，這就點出了德國軍方矛盾不斷的要命處。「一九四三年我與希特勒共度聖誕，談到裝甲部隊指揮與那些傳統將領的觀點分歧時，也對他講過類似的話。在新的戰爭格局下，越資深的將領往往越是難理解作戰部隊的想法。」

結論

研究戰時德國高層的記錄和作戰過程，我們將得出什麼結論呢？在戰爭政策和大戰略上的徹底失敗，同時也不乏戰略、戰術上的非凡之舉，儘管兩者並不完全相等，這個解釋具有雙重意義。老派的職業軍官是在參謀本部體系下訓練出來的，他們精明能幹韌性十足，但缺乏天賦；能力極強，但還是有其侷限。他們指揮作戰循規蹈矩就如下棋，但不像歷史上大師級人物般具有藝術風範。他們看不慣有創新思想的同僚，如果那些新思維出自非正規軍事專業出身的人，就更易遭到他們的鄙視。同時，大多數老派軍人對軍事領域以外的事物所知有限。

對於新思維、新武器和新的人才，希特勒卻十分敏感，他能很快發現他們的價值。他比參謀本部更早了解裝甲部隊與機動作戰的潛在威力，他支持德國新式武器的鼓吹者古德林，這是二戰初期德軍旗開得勝的關鍵因素。在運籌帷幄和指揮作戰時，希特勒常常會犯一些小錯誤，但他確實不乏軍事天賦。他選拔的年輕將領往往具有類似的氣質——尤其是隆美爾，最受寵信的軍中「新貴」。這類人物稟賦非凡，思維如天馬行空，擅長出其不意、克敵制勝，實在難能可貴。他們給戰爭帶來新氣象，宣告統領軍隊達半個世紀以上的軍事謀略已經過時，傳統教條已不再適用於現代戰爭。希特勒的成功證明正統軍事教條的謬誤，這使他在與軍人的較量中佔據上風。對於德國軍事階層（military hierarchy），希特勒的態度是儘快加以利用，而不是加強團結。

事實證明，非專業軍人對近期單一事情的直覺是正確的，職業軍人則善於對長期的精準運籌。從長遠看，後者的勝率更高。但是兩派人物的相互嫉妒、由觀點不同產生的激烈衝突所造成的致命後果，要比任何一方自身的錯誤更為嚴重。主要責任應歸咎於盤根錯節的軍事階層。導致這樣的結果勢所難免，因為戰爭不是傳經授道，也不是對立觀點的摻和。基於希特勒的決策和脾氣，在任何情況下要對他加以制約都不容易，但是軍方委曲求全的態度、希特勒屢次應驗的判斷，卻使他看起來更為高明，他也就能隨心所欲、肆無忌憚。雙方都沒能意識到各自的侷限性。

不管怎樣，二戰中德軍將領的專業素質終究是一流的。如果他們的視野更為開闊，思想更具深度，他們應能表現得更為出色。但，如此他們就不再是軍人，而是一名哲學家了。

附錄　德國最高統帥部與將領簡歷

德國最高統帥部

國防軍最高統帥：

布倫堡（一九三三－一九三八）

希特勒、凱特爾（一九三八－一九四五）

陸軍總司令：

傅利奇（一九三三－一九三八）

布勞齊區（一九三八－一九四一）

希特勒（一九四一－一九四五）

參謀總長：

貝克（一九三三－一九三八）

哈爾德（一九三八－一九四二）

柴茲勒（一九四二－一九四四）

古德林（一九四四－一九四五）

書中人物簡歷

倫德施特

一九三九年（波蘭），南集團軍總司令

一九三九年—一九四〇年（西線），A集團軍總司令

一九四一年（蘇聯），南面集團軍總司令

一九四二年—一九四四年二月七日、一九四五年四月九日—三月十八日，西線總司令

波克

一九三九年（波蘭），北集團軍

一九三九—一九四〇年（西線），B集團軍

一九四一年（蘇聯），中央集團軍

一九四二年初，退役

李布

一九三九—一九四〇年（西線），C集團軍

一九四一年年（蘇聯），北面集團軍

一九四二年初，免職

賴赫勞
一九三九年（波蘭），第十軍團
一九四〇年（西線），第六軍團
一九四一年（蘇聯），第六軍團
一九四一年十二月（蘇聯），南面集團軍
一九四二年一月，病逝

克魯格
一九三九年（波蘭），第四軍團
一九三九—一九四〇年（西線），第四軍團
一九四一年（蘇聯），第四軍團
一九四二—一九四三年（蘇聯），中央集團軍，（因空難受傷）
一九四四年七—八月，西線總司令，後被撤職查辦，自殺身亡

克萊斯特
一九三九年（波蘭），裝甲兵團
一九四〇年（西線），裝甲兵團
一九四一年（蘇聯），第一裝甲兵團
一九四二年十月—一九四四年（蘇聯），A集團軍，退役

曼斯坦

一九三九年—一九四〇年一月（波蘭和西線），任倫德施特的參謀長

一九四〇年（西線），第三十八軍

一九四一年（蘇聯），第五十六裝甲軍

一九四一年九月—一九四二年十一月（蘇聯），第十一軍團

一九四三年（蘇聯），南面集團軍

一九四四年三月，退役

隆美爾

一九四〇年（西線），第七裝甲師

一九四一年—一九四三年四月（北非），非洲軍，後為非洲裝甲軍團

一九四三年（慕尼黑），B集團軍

一九四四年（西線），B集團軍

一九四四年七月受傷，十月，被令自殺謝罪

托馬

一九三六年—一九三九年（西班牙），兀鷹軍團

一九三九年（波蘭），裝甲旅

一九四〇年，機動部隊，參謀長

一九四一年—一九四二年（蘇聯），裝甲師、裝甲兵團

一九四二年九月—十一月，非洲裝甲軍團，在阿拉曼被俘

摩德爾

一九四〇年（西線），第十六軍團參謀長

一九四一年（蘇聯），第三裝甲師師長，後任裝甲軍軍長

一九四二年—一九四三年（蘇聯），第九軍團司令

一九四三年十月—一九四四年八月（蘇聯），分別擔任北面集團軍、北烏克蘭集團軍和中央集團軍總司令

一九四四年—一九四五年（西線），B集團軍（一九四四年八月末，暫代西線總司令）

海因里希

一九四〇年（西線），第十二軍

一九四一年（蘇聯），第四十三軍

一九四二年—一九四四年五月，第四軍團

一九四四—一九四五年，第一裝甲兵團

一九四五年三月，維斯瓦河集團軍，衛戍柏林

提佩爾斯基希

一九四一年—一九四二年（蘇聯），第三十步兵師

一九四三年—一九四四年（蘇聯），第十二軍

一九四四年五月—七月（蘇聯），第四軍團（飛機失事受傷）

一九四五年初（義大利），第十四軍團

一九四五年四月（德國東部），第四軍團

曼陶菲爾
一九四〇年（西線），一九四一年（蘇聯），隸屬隆美爾第七裝甲師第七步槍團第二營，
後接任第六步槍團團長
一九四二年（蘇聯），第七裝甲師第七步兵旅
一九四三年年初（突尼西亞），「曼陶菲爾」混編師
一九四三年－一九四四年（蘇聯），第七裝甲師和大德意志裝甲擲彈兵師
一九四四年九月－一九四五年（西線），第五裝甲兵團

布魯門特提
一九三九年（波蘭），一九四〇年西線，倫德施特A集團軍作戰處長
一九四一年（蘇聯），克魯格第四軍團參謀長
一九四二年，陸軍總司令部後勤處長
一九四二年九月－一九四四年九月（西線），參謀長
一九四四年十月－一九四五年五月（西線），軍長、軍團司令

戰敗者的觀點 全新典藏版

軍事戰略大師「李德哈特」必讀經典——尊重戰敗者，洞悉你的競爭對手

作者　李德哈特（Sir B. H. Liddell Hart）
譯者　張和聲
主編　洪源鴻
責任編輯　洪源鴻
行銷企劃總監　蔡慧華
行銷企劃專員　張意婷
封面設計　虎稿．薛偉成
內頁排版　宸遠彩藝

社長　郭重興
發行人兼出版總監　曾大福
出版發行　八旗文化／遠足文化事業股份有限公司
地址　新北市（二三一）新店區民權路一〇八—二號九樓
電話　（〇二）二二一八—一四一七
傳真　（〇二）二二一八—八〇五七
客服專線　〇八〇〇—二二一—〇二九
信箱　gusa0601@gmail.com
部落格　gusapublishing.blogspot.com
臉書　facebook.com/gusapublishing
法律顧問　華洋法律事務所／蘇文生律師
印刷　通南彩色印刷有限公司

出版　二〇二二年七月／二版一刷
　　　二〇二二年十月／二版二刷
定價　五六〇元

ISBN　9786267129487（平裝）
　　　9786267129500（ePub）
　　　9786267129494（PDF）

◎本書初版為《戰敗者的觀點：德軍將領談希特勒與二戰時德國的興衰》（2016.05）

國家圖書館出版品預行編目 (CIP) 資料

戰敗者的觀點
軍事戰略大師「李德哈特」必讀經典——尊重戰敗者，洞悉你的競爭對手
李德哈特（Sir B. H. Liddell Hart）著／張和聲譯／二版／新北市／八旗文化出版／遠足文化事業股份有限公司發行／2022.07
400 面；17×22 公分
譯自：The other side of the hill : Germany's generals, their rise and fall, with their own account of military events, 1939-1945.
ISBN 978-626-7129-48-7（平裝）

1. 第二次世界大戰　2. 德國史

712.84　　111009325